ANTROPOLOGIA

O GEN | Grupo Editorial Nacional – maior plataforma editorial brasileira no segmento científico, técnico e profissional – publica conteúdos nas áreas de ciências sociais aplicadas, exatas, humanas, jurídicas e da saúde, além de prover serviços direcionados à educação continuada e à preparação para concursos.

As editoras que integram o GEN, das mais respeitadas no mercado editorial, construíram catálogos inigualáveis, com obras decisivas para a formação acadêmica e o aperfeiçoamento de várias gerações de profissionais e estudantes, tendo se tornado sinônimo de qualidade e seriedade.

A missão do GEN e dos núcleos de conteúdo que o compõem é prover a melhor informação científica e distribuí-la de maneira flexível e conveniente, a preços justos, gerando benefícios e servindo a autores, docentes, livreiros, funcionários, colaboradores e acionistas.

Nosso comportamento ético incondicional e nossa responsabilidade social e ambiental são reforçados pela natureza educacional de nossa atividade e dão sustentabilidade ao crescimento contínuo e à rentabilidade do grupo.

Marina de Andrade Marconi
Zelia Maria Neves Presotto

8ª EDIÇÃO

ANTROPOLOGIA
UMA INTRODUÇÃO

Atualização
Roberto Jarry Richardson

- As autoras deste livro e a editora empenharam seus melhores esforços para assegurar que as informações e os procedimentos apresentados no texto estejam em acordo com os padrões aceitos à época da publicação, e todos os dados foram atualizados pelas autoras até a data de fechamento do livro. Entretanto, tendo em conta a evolução das ciências, as atualizações legislativas, as mudanças regulamentares governamentais e o constante fluxo de novas informações sobre os temas que constam do livro, recomendamos enfaticamente que os leitores consultem sempre outras fontes fidedignas, de modo a se certificarem de que as informações contidas no texto estão corretas e de que não houve alterações nas recomendações ou na legislação regulamentadora.

- As autoras e a editora se empenharam para citar adequadamente e dar o devido crédito a todos os detentores de direitos autorais de qualquer material utilizado neste livro, dispondo-se a possíveis acertos posteriores caso, inadvertida e involuntariamente, a identificação de algum deles tenha sido omitida.

- Atendimento ao cliente: (11) 5080-0751 | faleconosco@grupogen.com.br

- Direitos exclusivos para a língua portuguesa
Copyright © 2019, 2022 (2ª impressão) by
Editora Atlas Ltda.
Uma editora integrante do GEN | Grupo Editorial Nacional

- Travessa do Ouvidor, 11
Rio de Janeiro – RJ – 20040-040
www.grupogen.com.br

- Reservados todos os direitos. É proibida a duplicação ou reprodução deste volume, no todo ou em parte, em quaisquer formas ou por quaisquer meios (eletrônico, mecânico, gravação, fotocópia, distribuição pela Internet ou outros), sem permissão, por escrito, da Editora Atlas Ltda.

- Capa: OFÁ Design | Manu
- magens de capa: Rui Baião; kudryashka | 123RF
- Editoração Eletrônica: Padovan Serviços Gráficos e Editoriais
- Ficha catalográfica

CIP-BRASIL. CATALOGAÇÃO NA PUBLICAÇÃO
SINDICATO NACIONAL DOS EDITORES DE LIVROS, RJ

M275a
8. ed.

Marconi, Marina de Andrade
Antropologia : uma introdução / Marina de Andrade Marconi, Zélia Maria Neves Presotto ; atualização Roberto Jarry Richardson. – 8. ed. [2a Reimp.] - São Paulo: Atlas, 2022.

Inclui bibliografia
ISBN 978-85-97-02187-5

1. Antropologia. I. Presotto, Zélia Maria Neves. II. Richardson, Roberto Jarry. III. Título.

19-58022
CDD: 301
CDU: 572

Leandra Felix da Cruz – Bibliotecária – CRB-7/6135

Prefácio à 8ª edição

Esta 8ª edição de *Antropologia – Uma Introdução* confirma a sua posição de destaque como texto de estudo no Brasil. Apresenta uma cobertura abrangente de conceitos fundamentais, origem e desenvolvimento dessa ciência, absolutamente necessários para compreender a riquíssima diversidade sociopolítica e cultural brasileira. O conteúdo apresentado nos ajuda no entendimento da importância da Antropologia para compreendermos nossa evolução e nosso cotidiano; a entender as mudanças culturais e, por último, a nos fornecer um importante histórico das perspectivas teóricas e metodológicas que permitam enquadrar esses entendimentos em um trabalho que contribua para o desenvolvimento social.

Em geral, o texto ajuda o leitor a compreender a importância da cultura material e imaterial dos brasileiros, particularmente, dos indígenas e dos afrodescendentes, de influência crucial para o Brasil de hoje: a vida dos grupos, sua economia, suas políticas, suas vidas partilhadas, suas culturas etc.

No entanto, nas últimas décadas, a situação social do mundo tem mudado fundamentalmente. Estamos vivendo uma profunda crise social, econômica e cultural, produzida pela incapacidade dos paradigmas vigentes de responder às necessidades e aspirações de grande parte da população mundial. Hoje em dia, as tecnologias da informação e da comunicação vêm configurando novos modos de produção de saber, modificando, inevitavelmente, objetos e sujeitos de estudo. O pesquisador deve compreender e aceitar a mudança de seu sujeito-objeto de estudo. Isso não acontece com a disciplina antropológica. No início, o sujeito-objeto de estudo da Antropologia foi o exótico, o distante e o outro diferente.

Nas últimas décadas, a Antropologia tem sido duramente criticada pela sua visão conservadora da cultura e da sociedade. Hoje em dia, a mudança não é mais vista como um problema teórico ou metodológico, mas como uma propriedade inerente da vida social. A maioria dos autores centram suas críticas nos aspectos metodológicos da Antropologia.

Em tempos de trens-bala, aviões a jato, internet, comunicação virtual, empresas transnacionais, TVs a cabo etc., torna-se particularmente evidente que a cultura e as pessoas estão em movimento permanente, e as estruturas sociais se estendem no espaço de tal forma que, a partir de um ponto de vista local, só se pode obter uma imagem incompleta do cotidiano das pessoas. Uma das consequências desse processo é que a cultura, as relações sociais e as instituições se alteraram profundamente com o surgimento de novas formas de comunicação vinculadas às tecnologias digitais. Tais transformações impactaram o modo como fazemos ciência. É necessária uma nova Antropologia que procure responder à seguinte pergunta: em que consiste a natureza do local como experiência vivida num mundo globalizado e desterritorializado?

Assim, considerando a urgência de um texto que contribua para uma Antropologia do século XXI, propõe-se a presente atualização, além de uma revisão do texto apresentar três das mais importantes correntes atuais que procuram responder às críticas acima mencionadas: Antropologia da globalização; Antropologia das redes sociais; Antropologia feminista.

Procuremos e alcancemos um degrau mais alto, onde, apesar de nossas capacidades individuais e concepções do mundo, os antropólogos se juntem, aprendam uns com os outros, e trabalhem solidariamente com outras ciências, para enfrentar os problemas mundiais.

Roberto Jarry Richardson

Sumário

1 **Antropologia** 1
   1.1 Origens... 1
   1.2 Evolução... 2
   1.3 Objeto de estudo.. 3
   1.4 Objetivos.. 3
   1.5 Campos 4
      1.5.1 Sociologia.. 5
      1.5.2 Psicologia 5
      1.5.3 Economia e política... 6
      1.5.4 Outras ciências.. 6
   1.6 Metodologia da Antropologia... 7
      1.6.1 Método indutivo.. 7
      1.6.2 Método dedutivo 8
      1.6.3 Método hipotético-dedutivo 8
   1.7 Técnicas de pesquisa da Antropologia 8
   1.8 Etnografia.. 8
      1.8.1 Observação... 9
      1.8.2 Estudo de caso 10
      1.8.3 Grupos focais 10
      1.8.4 O "método" genealógico....................................... 11
      1.8.5 Entrevista.. 11
      1.8.6 Questionário 11
   1.9 Antropologia Aplicada... 12

2 **Cultura e Sociedade**.. 13
   2.1 Natureza da cultura 13
      2.1.1 Conceituação... 14
   2.2 Características da cultura... 15

VIII Sumário

2.3 Enfoques da cultura..16

2.4 Conteúdo cultural..16

2.5 Culturas material e imaterial..16

2.6 Elementos da cultura..17

    2.6.1 Símbolos e linguagem...17

    2.6.2 Conhecimento...18

    2.6.3 Crenças...18

    2.6.4 Valores..18

    2.6.5 Normas...19

2.7 Funções da cultura...20

2.8 Manifestações da cultura..20

    2.8.1 Relativismo cultural...20

    2.8.2 Etnocentrismo...21

2.9 Estrutura da cultura...21

    2.9.1 Traços culturais...21

    2.9.2 Padrões culturais...22

2.10 Processos culturais...23

    2.10.1 Mudança cultural..23

    2.10.2 Difusão cultural...25

    2.10.3 Aculturação..25

    2.10.4 Endoculturação...26

2.11 Diversidade cultural...27

    2.11.1 Região Norte...27

    2.11.2 Região Nordeste..27

2.12 Contracultura..27

2.13 Cultura e sociedade..29

2.14 Cultura global e imperialismo cultural...29

3 Origens da Humanidade..31

3.1 Evolução humana...31

    3.1.1 Um longo caminho evolutivo...32

3.2 Eras e períodos geológicos...32

    3.2.1 Períodos..33

    3.2.2 Clima..34

    3.2.3 Glaciações...34

3.3 Classificação zoológica do homem..35

    3.3.1 Primatas..36

    3.3.2 Fósseis humanos..36

    3.3.3 Processos de datação..36

3.4 Fases do desenvolvimento humano...37

Sumário IX

3.5 Tese sobre a origem do homem 39
3.6 Raças humanas 39
   3.6.1 Conceituação 40
   3.6.2 Critérios de classificação 41
   3.6.3 Fatores de diferenciação 42
3.7 Raças no Brasil 44
   3.7.1 Miscigenação 44

4 Passado Cultural do Homem 47
4.1 Estágios da evolução cultural humana 48
   4.1.1 O Paleolítico 49
   4.1.2 Mesolítico 51
   4.1.3 Neolítico 53
   4.1.4 As primeiras civilizações 55

5 Família e Sistema de Parentesco 57
5.1 Família 57
   5.1.1 Conceituação 58
   5.1.2 Evolução da família 58
   5.1.3 Tipos de família 59
   5.1.4 Funções da família 61
5.2 Casamento e união 62
   5.2.1 Casamento 62
   5.2.2 União 63
   5.2.3 Aspectos legais do casamento 63
   5.2.4 Modalidades de casamento 64
   5.2.5 Formas de casamento 64
   5.2.6 Obtenção da noiva 65
   5.2.7 Divórcio ou dissolução 66
5.3 Sistema de parentesco 67
   5.3.1 Primeiros estudos antropológicos do parentesco 67
   5.3.2 Conceituação de parentesco 68
   5.3.3 Elementos de parentesco 68
   5.3.4 Conjunto de denotações 69
   5.3.5 Critérios de classificação 70
   5.3.6 Critérios de identificação 71
   5.3.7 Tipos de sistemas de parentesco 71
   5.3.8 Princípios de descendência 73
5.4 A família brasileira contemporânea 74

6 Organização Econômica 77
6.1 Conceituação 78

Sumário

6.2 Organização econômica e desenvolvimento da humanidade........................... 78
    6.2.1 Economia no Paleolítico 78
    6.2.2 Economia no Mesolítico 78
    6.2.3 Economia no Neolítico..79
6.3 Características dos sistemas econômicos primitivos..........................80
    6.3.1 Divisão do trabalho..81
    6.3.2 Organização das unidades de produção..........................83
    6.3.3 Sistema e meios de troca 83
    6.3.4 Controle da riqueza e do capital 85
    6.3.5 Distribuição e consumo 85
    6.3.6 Organização da produção 85
    6.3.7 Recrutamento..86
6.4 Propriedade..86
    6.4.1 Natureza da propriedade 86
    6.4.2 Direitos de propriedade...88
    6.4.3 Posse da terra 88
6.5 Aldeamento...89
    6.5.1 Padrões de aldeamento..90

7 Organização Política 91

7.1 Conceituação...91
7.2 Elementos da organização política....................................92
    7.2.1 Parentesco..92
    7.2.2 Religião..92
    7.2.3 Economia 92
7.3 Natureza da organização política.....................................93
    7.3.1 Estado 93
    7.3.2 Governo 94
7.4 Níveis de desenvolvimento 97
    7.4.1 Bandos ou hordas...97
    7.4.2 Tribos e nações...97
    7.4.3 Chefaturas 98
    7.4.4 Estados 99
7.5 Processo político 100
    7.5.1 Funções 101
    7.5.2 Atributos...101

8 Religião 103

8.1 Conceito...103
8.2 Características 104
8.3 Origens..105

8.4	Evolução	106
8.5	Cultos religiosos	107
8.6	Religião no Brasil	108

9 Cultura Material **111**

9.1 Habitações 112

   9.1.1 Cavernas...112

   9.1.2 Anteparos 113

   9.1.3 Tendas 113

   9.1.4 Abrigos semissubterrâneos...113

   9.1.5 Cabanas...114

   9.1.6 Técnicas de construção primitivas 114

9.2 Transportes 114

   9.2.1 Transportes terrestres...115

   9.2.2 Transportes aquáticos...115

9.3 Indumentária 116

   9.3.1 Vestuário...116

   9.3.2 Adornos...118

9.4 Alimentos e estimulantes...118

   9.4.1 Alimentos 118

   9.4.2 Bebidas 119

   9.4.3 Estimulantes...119

9.5 Recipientes e têxteis 120

   9.5.1 Cestaria 120

   9.5.2 Cerâmica...120

   9.5.3 Tecidos..121

9.6 Instrumentos e armas...122

   9.6.1 Ferramentas..122

   9.6.2 Armas 123

10 Cultura Imaterial **125**

10.1 Conceito..125

10.2 Características 126

10.3 Exemplos de bens imateriais 126

   10.3.1 Pintura..127

   10.3.2 Arte egípcia 128

   10.3.3 Pintura no século XX 129

10.4 A dança 131

   10.4.1 Dança na Pré-história..132

   10.4.2 Danças milenares 133

   10.4.3 Dança no século XX..134

XII **Sumário**

10.4.4 Danças populares (folclóricas ou típicas) do Brasil 142

10.5 Fotografia 144

 10.5.1 Introdução 144

 10.5.2 Importância da fotografia 144

 10.5.3 Fotógrafos do mundo 145

10.6 Cinema 148

 10.6.1 Importância do cinema 148

 10.6.2 Cinema no Brasil 151

11 Cultura e Personalidade 153

11.1 Introdução 153

11.2 Indivíduo, sociedade e cultura 155

 11.2.1 Indivíduo 156

 11.2.2 Sociedade e cultura 157

11.3 Personalidade 159

 11.3.1 Componentes da personalidade 159

 11.3.2 O cérebro e a personalidade 160

11.4 Cultura e personalidade 165

12 As Artes 169

12.1 Conceituação 170

12.2 Arte e simbolismo 171

12.3 As artes 172

 12.3.1 Origem 172

 12.3.2 Tipos 173

 12.3.3 Significado e funções da arte 174

12.4 Arte pré-histórica 175

 12.4.1 Arte do Paleolítico 176

 12.4.2 Arte do Neolítico 178

 12.4.3 Civilização megalítica 179

12.5 Arte indígena no Brasil 181

 12.5.1 Arte plumária 181

 12.5.2 Pintura corporal 183

 12.5.3 Cerâmica 184

13 Teorias da Cultura 187

13.1 Evolucionismo cultural 187

 13.1.1 Primeiros evolucionistas 188

 13.1.2 Representantes 188

 13.1.3 Postulados básicos 189

 13.1.4 Aspectos negativos e positivos 190

 13.1.5 Neoevolucionismo 190

13.2 Difusionismo 191

    13.2.1 Origem 191

    13.2.2 Difusionismo inglês 192

    13.2.3 Difusionismo alemão-austríaco 192

    13.2.4 Difusionismo norte-americano 194

    13.2.5 Postulados básicos 195

    13.2.6 Aspectos negativos e positivos 195

13.3 Funcionalismo 196

    13.3.1 Representantes 196

    13.3.2 Postulados básicos 198

13.4 Configuracionismo 198

    13.4.1 Caracterização 198

    13.4.2 Representantes 199

    13.4.3 Críticas e contribuições 200

13.5 Estruturalismo 201

    13.5.1 Principal representante 201

    13.5.2 Estrutura e relações sociais 201

    13.5.3 Estrutura e modelos 202

    13.5.4 Natureza e história 202

    13.5.5 Culturas simples e complexas 203

    13.5.6 Postulados básicos 203

13.6 Aproximações teóricas contemporâneas 203

    13.6.1 Materialismo cultural 203

    13.6.2 Antropologia Simbólica 208

14 O Indígena Brasileiro.. 213

14.1 O índio e a realidade brasileira 213

14.2 Origens 215

    14.2.1 Antigos povoadores americanos 216

    14.2.2 Antigos povoadores do Brasil 217

14.3 Culturas e famílias linguísticas 217

    14.3.1 Conceituação de índio 218

    14.3.2 Diversidade indígena 219

    14.3.3 Troncos ou famílias linguísticas 220

14.4 Índios e brancos no Brasil 221

    14.4.1 Os primeiros contatos e o escambo (século XVI) 222

    14.4.2 A interiorização do Brasil (séculos XVII e XVIII) 223

    14.4.3 O século XIX 224

    14.4.4 População indígena no século XX 224

14.5 Aculturação indígena 228

14.5.1 Frentes de expansão da sociedade nacional.................228
14.5.2 Integração dos grupos tribais à sociedade nacional.................229
14.6 Aculturação intertribal 231
14.7 Política indigenista brasileira.................233
14.7.1 Antecedentes.................233
14.7.2 Serviço de Proteção aos Índios (SPI).................233
14.7.3 Fundação Nacional do Índio (FUNAI) 235
14.7.4 Rondon e as missões religiosas 235
14.7.5 Conquistas recentes 236
14.7.6 A questão indígena: atualidade e abrangência 236

15 Culturas Negras no Brasil.................241
15.1 Introdução.................241
15.2 Aspectos históricos 242
15.2.1 Primórdios da escravidão africana.................243
15.2.2 O Escravo na economia brasileira 244
15.3 Origens africanas 246
15.3.1 Diversidade de grupos e culturas 247
15.3.2 Distribuição no território nacional 248
15.4 Contribuição cultural dos negros.................249
15.4.1 Cultura imaterial.................250
15.4.2 Cultura material 252
15.5 Processos de miscigenação 252
15.5.1 Resultante biológico.................254
15.5.2 Resultante cultural.................256

16 Linguagem e Cultura: em um Contexto Antropológico 259
16.1 Homem, linguagem e cultura 260
16.2 Sistema aprendido e transmitido.................261
16.3 Origem e mudança.................261
16.3.1 No Brasil 262
16.4 Difusão e declínio 263
16.4.1 No Brasil 263
16.5 Diversificação e universalidade 264
16.6 Generalidades distintivas das línguas 266

17 Línguas Indígenas Brasileiras 267
17.1 Introdução: a língua é a raiz da cultura.................267
17.2 Classificação das línguas indígenas brasileiras.................269
17.3 Família ou tronco Tupi-Guarani 270
17.4 Família ou tronco Macro-Jê 271
17.5 Família linguística Karib 271

17.6 Família linguística Aruák	272
17.7 Famílias linguísticas menores	272
17.8 Línguas isoladas	273
17.9 História da etnologia brasileira: do empirismo à sistematização	274

18 Antropologia Jurídica **279**

18.1 Histórico	279
18.2 Conceitos	280
18.3 Costumes e leis	282
18.4 Natureza, cultura e comportamento	282
18.5 Correntes anglo-saxões	283
18.6 Cultura jurídica	284
18.7 Pluralismo jurídico	285
18.8 Direito internacional dos indígenas	286

19 A Antropologia no Século XXI **289**

19.1 Críticas à Antropologia	289
19.1.1 Crítica epistemológica	290
19.1.2 Crítica etnográfica	290
19.1.3 Crítica teórica	290
19.2 O que deve mudar	291
19.3 O futuro	292
19.4 Antropologia da globalização	294
19.4.1 Origem do conceito globalização	294
19.4.2 Conceitos	295
19.4.3 Características da globalização	295
19.4.4 Fatores que contribuem para a globalização	296
19.4.5 O futuro da globalização	296
19.4.6 Desafios da globalização	297
19.4.7 Consequências da globalização: Zygmunt Bauman	299
19.4.8 Antropologia da globalização	301
19.5 Antropologia das redes sociais	302
19.5.1 As redes sociais	302
19.5.2 Conceito	303
19.5.3 Características	303
19.5.4 Tipos de redes sociais	306
19.5.5 Desafios	308
19.5.6 Antropologia e redes	308
19.5.7 Ciborgues: o corpo pós-humano	309
19.5.8 Antropologia da internet	310
19.6 Antropologia e gênero	310

XVI Sumário

19.6.1 Considerações preliminares 310

19.6.2 Antropologia Feminista 312

19.6.3 Definição 313

19.6.4 Origens e evolução da Antropologia Feminista 315

19.6.5 Características da Antropologia Feminista 316

19.6.6 Desafios 317

Referências Bibliográficas **319**

1
Antropologia

1.1 Origens

O estudo científico do homem foi constituído no século XVIII e adotou o nome de Antropologia. No zelo enciclopédico do século de luzes, Diderot deu conta de alguns significados do conceito, segundo os quais:

> Forma de se expressar dos escritores sagrados que atribuíam a Deus as partes, ações ou condições exclusivas dos homens. Na economia animal de Techmeyer e Drake (1739), Antropologia é definida como o estudo do homem (DIDEROT, 1785, p. 740).

Os antecedentes do pensamento antropológico manifestam-se no acompanhamento do processo de colonização generalizada do mundo pelos europeus, a partir de 1492. Primeiro, foi a perplexidade ante o chamado "novo mundo", após a conquista dos povos nativos e da colonização, compreendida como a imposição material, social e simbólica da Europa sobre os grupos indígenas.

Buffon e Saint-Hilaire representam dois pensadores indiscutíveis do surgimento da Antropologia. O primeiro pode ser considerado o pioneiro do domínio da disciplina. Saint-Hilaire fez uma contribuição fundamental para o estudo dos elementos autoformativos da espécie humana. Pode-se considerar pioneiro o trabalho de Buffon, *Historia natural, general y particular* (BUFFON, 1794).

No século XIX, houve uma intensa atividade científica pela qual se constituíram e estabeleceram as principais disciplinas científicas e suas práticas. A Antropologia não foi exceção e, ainda mais, foi um bom objeto de estudo para entender os processos institucionais da ciência. Assim, em 1799, Louis-François Jauffret e Joseph de Maimieux fundam em Paris a primeira sociedade antropológica *Société des Observateurs de l'Homme* (BROCA, 1870, apud HERNÁNDEZ, 2015).

A palavra "antropologia" aparece pela primeira vez na academia do Renascimento francês. No entanto, como disciplina acadêmica é relativamente jovem. Suas raízes podem ser encontradas no Iluminismo do século XVIII e início do século XIX na Europa e na América do Norte. Na medida em que as nações europeias estabeleceram colônias em diversas regiões do planeta, e os norte-americanos expandiam-se para o Oeste e para o Sul dominando os territórios indígenas, ficou claro para os colonizadores que a humanidade era extremamente variada. A Antropologia começou, em parte, como uma tentativa dos membros das sociedades científicas de registrar objetivamente e compreender essa variação. A curiosidade relacionada com esses povos e seus costumes motivaram os primeiros antropólogos amadores. Por profissão, eles eram naturalistas, médicos, clérigos cristãos, ou exploradores. A partir da segunda metade do século XIX, a Antropologia foi considerada uma disciplina acadêmica nas universidades norte-americanas e ocidentais. Hoje, é uma ciência estudada no mundo inteiro (O'NEIL, 2013).

Em suma, podemos definir Antropologia como uma ciência que objetiva descrever no sentido mais amplo possível o que significa ser humano (LAVENDA & SCHULTZ, 2014).

1.2 Evolução

Na história da humanidade, o homem sempre teve curiosidade a respeito de si mesmo, independentemente do seu nível de desenvolvimento cultural. Observou e especulou, registrando a ocorrência de costumes diferentes, de similitudes e desigualdades entre os povos.

Na Idade Clássica, os gregos foram os que mais reuniram informações sobre povos diferentes, deixando substanciosos registros e relatos dessas culturas. Nasce, assim, a Antropologia, no século V a.C., com a figura de Heródoto, que descreveu minuciosamente as culturas circundantes. É considerado o "Pai da Antropologia". Chineses e romanos também deixaram descrições de povos diferentes.

Até o século XVIII, a Antropologia pouco se desenvolveu. Nos três séculos anteriores, foi importante a contribuição dos cronistas, viajantes, soldados, missionários e comerciantes que procuravam as regiões recém-conhecidas (América, por exemplo) e habitadas por povos exóticos e estranhos.

Exemplos: no Brasil: Pero Vaz de Caminha, Hans Staden, André Thevet, Saint-Hilaire etc.; na América Latina: Bartolomeu de Las Casas, e outros.

A partir de meados do século XVIII, a Antropologia adquire a categoria de ciência, quando Linneu, ao classificar os animais, relaciona o homem entre os primatas. Foi um dos primeiros a descrever as raças humanas (veja Seção 3.6.1).

No século XIX, à medida que os fósseis humanos e os restos arqueológicos foram descobertos, a Antropologia progrediu cada vez mais. Na década de 1840, o investigador francês Boucher de Perthes, pela primeira vez, refere-se ao homem pré-histórico, baseado em seus achados (utensílios de pedra) de idade bastante recuada. John Lubbock recompilou dados existentes sobre a Cultura da Idade da Pedra e estabeleceu as diferentes culturas do Paleolítico e Neolítico (1865).

A Antropologia sistematiza-se como ciência após Darwin ter trazido à luz a teoria evolucionista, com a publicação de suas duas obras: *Origem das espécies* (1859) e *A descendência do homem* (1871). A Antropologia Física tem, a partir daí, grande impulso, e surgem os primeiros teóricos da nova ciência: Tylor, Morgan, Bachofen, Maine, Bastian.

O progresso da Antropologia no século XX é resultado das descobertas anteriores relativas ao homem. Seus especialistas passam a desenvolver constantes pesquisas de campo, de caráter científico, incentivadas a partir dos trabalhos de Franz Boas, que é considerado o "Pai da Antropologia Moderna".

1.3 Objeto de estudo

A leitura da literatura antropológica desde suas origens e até mesmo a mais especializada dos tempos recentes adota como objeto de estudo em um grau menor ou maior a questão da hominização (passagem do macaco para o hominídeo) e humanização (desenvolvimento das potencialidades e capacidades do homem). O primeiro é assunto tratado por aqueles que estudam o processo que levou os Hominídeos a se separarem dos macacos e limitam o seu trabalho ao estudo da natureza biológica do homem. O outro grupo está interessado no processo de humanização dos hominídeos. Eles começam sua tarefa a partir do momento no qual podem-se identificar que o ser humano possui os atributos conhecidos da vida coletiva do homem (HERNÁNDEZ, 2015).

1.4 Objetivos

A Antropologia é uma **Ciência** – um

> estudo sistemático que visa, através da experiência, observação e dedução, produzir explicações confiáveis de fenômenos, com referência ao mundo material e físico (WEBSTER'S NEW WORLD ENCYCLOPEDIA, 1993, p. 937).

4   Capítulo 1

Assim, o objetivo principal da Antropologia é estudar a sociedade humana, instituições sociais e cultura, em sua forma mais elementar. Além de ser útil para a compreensão das sociedades humanas atuais, contribui no conhecimento da história humana e natureza das instituições sociais. Portanto, a Antropologia Social está intimamente relacionada com a História e a Arqueologia (NEENA, 2011).

Guerra (2018) complementa, afirmando que a Antropologia investiga as culturas humanas no tempo e no espaço, suas origens e desenvolvimento, suas semelhanças e diferenças. Tem seu foco de interesse voltado para o conhecimento do comportamento cultural humano, adquirido por aprendizado social. A partir da compreensão da variedade de procedimentos culturais dentro dos contextos em que são produzidos, a Antropologia, como o estudo das culturas, contribui para erradicar **preconceitos** derivados do etnocentrismo, fomentar o relativismo cultural e o respeito à diversidade.

1.5 Campos

Quando perguntado o que eles fazem, a maioria dos antropólogos responde que estudam Antropologia Biológica, Arqueologia, ou alguma outra subdisciplina do campo. O âmbito da Antropologia é tão amplo hoje, que poucos se consideram competentes em todas as áreas. Em um extremo, antropólogos biológicos exploram os fatos relativamente objetivos e quantificáveis da Biologia Molecular e os mecanismos de herança genética e evolução. No outro, os antropólogos culturais abordam a realidade subjetiva das atitudes, percepções e crenças culturais (O'NEIL, 2013).

Pela diversidade de assuntos tratados, a Antropologia tornou-se um conjunto de quatro campos ou disciplinas especializadas:

- **Antropologia Biológica ou Física:** estuda as bases biológicas do comportamento humano, bem como a evolução do homem. Inclui disciplinas como a Genética, Paleoantropologia (estudos da evolução humana a partir de fósseis de hominídeos), Primatologia, Etologia, Sociobiologia etc.
- **Arqueologia:** estuda vestígios materiais de culturas humanas desaparecidas, como ossadas, palácios, pirâmides, fortalezas, vias de comunicação, ferramentas etc.; busca conhecer o passado das sociedades humanas. Descreve o auge e a decadência de culturas e os fatores que influenciaram o seu desenvolvimento. A Antropologia contribui na explicação das práticas culturais, tais como guerra, caça, horticultura, estratificação social etc.
- **Antropologia Linguística:** estuda a variedade de línguas faladas pelo homem, a sua função e origem, bem como a influência da linguagem na cultura e vice-versa.
- **Antropologia Cultural ou Social:** o estudo comparativo das sociedades humanas: sua variabilidade cultural, estilos de vida, práticas, costumes, tradições, instituições, normas e códigos de conduta do passado e do presente (FERNANDEZ, 2014).

A Antropologia, embora autônoma, relaciona-se com outras ciências, trocando experiências e conhecimentos.

Como ciência social, oferece e recebe dados teóricos e metodológicos da Sociologia, da História, da Psicologia, da Geografia, da Economia e da Ciência Política. Como ciência biológica ou natural, liga-se à Biologia, à Genética, à Anatomia, à Fisiologia, à Embriologia, à Medicina. Também a Geologia, a Zoologia, a Botânica, a Química e a Física vêm oferecendo indispensável contribuição aos estudos antropológicos na busca da compreensão dos problemas comuns a todas essas disciplinas.

A Antropologia, considerada a mais jovem das ciências, teve que aguardar o desenvolvimento dos conhecimentos ligados à Geologia, à Genética, à Biologia, à Sociologia para que pudesse se desenvolver. Pode-se afirmar que, somente após os conhecimentos da célula e da evolução terem sido formulados e aplicados ao homem, é que a Antropologia se sistematizou e progrediu como ciência do homem.

Mantém relações interdisciplinares mais íntimas com as ciências que centram seu interesse especificamente no estudo do homem e que emprestam a ela os dados pesquisados e acumulados em relação a todos os aspectos da existência humana: Sociologia, Psicologia, Economia Política, Geografia Humana, Direito e História.

A Antropologia vem firmando-se como ciência do homem que exige, cada vez mais, a cooperação entre os seus especialistas e os de outras ciências, pois cada série de problemas requer a utilização de métodos específicos altamente técnicos.

1.5.1 Sociologia

De todas as ciências sociais, a Sociologia é a que mantém relações mais íntimas com a Antropologia, em função de seus interesses teóricos e práticos, salvaguardando a especificidade de cada uma. Antropólogos e sociólogos emprestam-se mutuamente os dados obtidos nas pesquisas, que passam a ter, com esses especialistas, tratamento teórico adequado.

Antropologia e Sociologia auxiliam-se na compreensão do caráter global do homem, enquanto reunido em sociedade. A primeira empresta o seu conceito de cultura, largamente utilizado pela Sociologia, que, por sua vez, enfatiza o conceito de sociedade. Como afirma o antropólogo Kluckhohn (1972, p. 284), "a abordagem sociológica tem-se inclinado para o que é prático e presente, a antropológica, para o que é pura compreensão e passado".

Ambas valem-se de teorias, conceitos, métodos e técnicas desenvolvidos pelos seus especialistas.

1.5.2 Psicologia

As relações entre essas duas ciências são bastante estreitas, uma vez que ambas têm como foco de interesse o comportamento humano. A Antropologia ocupa-se do comportamento grupal, e a Psicologia, do comportamento individual.

Os antropólogos buscam, nos dados levantados pelos psicólogos, explicações para a complexidade das culturas e do comportamento humano e para a interpretação dos sistemas culturais relacionados com os tipos de personalidade correspondentes. Indagam-se, assim, quais seriam os motivos da conduta social e qual o papel da cultura no processo de adaptação humana.

6   Capítulo 1

Fatores biológicos, ambientais e culturais são as variáveis explicativas das diferenças individuais que determinam os diversos tipos de personalidade básicos das culturas. Na tarefa de proceder a esse conhecimento, antropólogos e psicólogos auxiliam-se mutuamente, fornecendo dados que propiciam a compreensão de problemas comuns.

1.5.3 Economia e política

As relações interdisciplinares com a Economia e a Política são justificadas, uma vez que a Antropologia, ao se preocupar com a globalidade da cultura, enfatiza o conhecimento das instituições econômicas e políticas.

Todo grupo humano, por mais simples que seja, tem sua organização econômica sistematizada, com base nos recursos disponíveis e no trabalho realizado.

A Economia, tendo criado uma série de teorias, é capaz de explicar, de modo geral, todo o procedimento econômico humano. Por outro lado, a Antropologia, documentando numerosos sistemas existentes na Terra, tem uma perspectiva mais ampla das organizações econômicas. Desse modo, ambas podem trocar informações valiosas para a melhor compreensão desse setor da cultura.

Toda sociedade se organiza politicamente por meio de um complexo de instituições que regula o poder, a ordem e a integridade do grupo. Nas sociedades simples, a organização política varia muito, relacionando-se quase sempre com o ritual, o sagrado e os laços de parentesco.

Antropólogos e cientistas políticos encontram um ponto em comum. Se, por um lado, a Política se desenvolveu no sentido de compreender as várias modalidades de formas de governo e de Estado, por outro, os focos de interesse da Antropologia, sob esse aspecto, são imensos. O intercâmbio de ideias enriquece o campo das duas ciências do homem.

1.5.4 Outras ciências

A História permite a reconstrução das culturas que já desapareceram, indagando, muitas vezes, sobre as origens dos fenômenos que se relacionam com o homem. Por meio da Etno-história, é possível a reconstrução de culturas ágrafas do presente que estiveram ou estão em contato com a civilização.

A contribuição da Geografia Humana aos estudos antropológicos é inestimável, interessando-se ambas pela adaptação do homem e pela modificação do meio ambiente. O geógrafo estuda as mudanças do *habitat* provocadas por tecnologias novas, por inovações culturais etc. O estudo do meio físico de um grupo tribal é foco de atenção tanto do antropólogo quanto do geógrafo humano.

O conhecimento da Biologia, em geral, e da Biologia Humana, em especial, deve fazer parte da formação do antropólogo físico, que tem seu interesse centrado na evolução do homem. Antropologia e Biologia mantêm íntimas relações que facilitam sobremaneira a tarefa dos seus especialistas.

As ciências auxiliares, em geral, que se interessam por variadas áreas de experiência humana estão em condições de dar respostas adequadas a questões e problemas específicos.

Além dessas, várias outras ciências como a Geologia, a Paleontologia, a Metalurgia, a Arquitetura, a Engenharia, a Zoologia, a Botânica, a Fisiologia, a Anatomia, a Farmacologia, a Astronomia e as Artes, em geral, podem colaborar com o antropólogo nas suas mais variadas atividades.

1.6 Metodologia da Antropologia

O propósito da ciência é criar conhecimento científico. Conhecimento científico refere-se a um corpo generalizado de leis e teorias para explicar um fenômeno ou comportamento adquiridos usando o método científico. As **leis** são padrões observados de fenômenos ou comportamentos, enquanto as **teorias** são explicações sistemáticas do fenômeno ou comportamento. Por exemplo, em Física, as leis de movimento de Newton descrevem o que acontece quando um objeto está em um estado de repouso ou movimento (a primeira lei de Newton), a força necessária para mover um objeto em repouso ou deter um objeto em movimento (a segunda lei de Newton) e o que acontece quando dois objetos colidem – ação e reação (terceira lei de Newton).

A estratégia utilizada em qualquer pesquisa científica fundamenta-se em uma rede de pressupostos ontológicos e da natureza humana que definem o ponto de vista que o pesquisador tem do mundo que o rodeia. Esses pressupostos proporcionam as bases do trabalho científico, fazendo que o pesquisador tenda a ver e a interpretar o mundo sob determinada perspectiva. É absolutamente necessário que possam ser identificados os pressupostos do pesquisador em relação ao homem, à sociedade e ao mundo em geral. Fazendo isso, pode-se identificar a perspectiva epistemológica utilizada pelo pesquisador. Essa perspectiva orientará a escolha do método, metodologia e técnicas a serem utilizados em uma pesquisa.

1.6.1 Método indutivo

A indução é um processo pelo qual, partindo de dados ou observações particulares constatados, podemos chegar a proposições gerais. Por exemplo, este gato tem quatro patas e um rabo, esse tem quatro patas e um rabo. Os gatos que eu tenho visto têm quatro patas e um rabo. Assim, pela lógica indutiva, posso afirmar que todos os gatos têm quatro patas e um rabo.

Assim, o método indutivo parte de premissas dos fatos observados para chegar a uma conclusão que contém informações sobre fatos ou situações não observadas. O caminho vai do particular ao geral, dos indivíduos às espécies, dos fatos às leis. As premissas que formam a base da argumentação (antecedentes) apenas se referem a alguns casos. A conclusão é geral, utilizando o pronome indefinido *todo*.

Segundo Lakatos e Marconi (1983, p. 48), para não cometer equívocos, impõem-se três etapas que orientam a processo indutivo:

1. certificar-se de que é essencial a relação que se pretende generalizar;
2. assegurar-se de que sejam idênticos os fenômenos ou fatos dos quais se pretende generalizar uma relação;
3. não perder de vista o aspecto quantitativo dos fatos – impõe-se essa regra, já que a ciência é essencialmente quantitativa.

8   Capítulo 1

1.6.2   Método dedutivo

Tal método faz o caminho oposto ao método indutivo. Enquanto o método indutivo parte de casos específicos para tentar chegar a uma regra geral (o que, muitas vezes, leva a uma generalização indevida), o método dedutivo parte da compreensão da regra geral para então compreender os casos específicos.

1.6.3   Método hipotético-dedutivo

O método hipotético-dedutivo deve seu nome a duas fases fundamentais da pesquisa: a formulação da hipótese e a dedução de consequências que deve ser contrastada com a experiência. Surge de uma crítica profunda ao indutivismo metodológico. Esse método pressupõe o uso de inferências dedutivas como teste de hipóteses.

1.7   Técnicas de pesquisa da Antropologia

No campo biológico, são utilizadas técnicas clássicas da Antropologia Física, ou seja, a mensuração, ao lado de outras mais modernas, de datação. Para tanto, a coleta intensiva de dados vem sendo feita há mais de um século, usando-se a mensuração como principal técnica no trato desse material.

As informações descritivas das medidas antropométricas (cabeça, rosto, corpo, membros) são o primeiro passo para o conhecimento do material investigado. Quando se trata de restos fósseis, as técnicas usadas são as de datação (veja Seção 3.3.3).

No campo cultural, o antropólogo desenvolve recursos e técnicas de pesquisa ligados à observação de campo. Este é o seu laboratório, onde aplica a técnica da observação direta, que se completa com a entrevista e a utilização de formulários para registro de dados.

1.8   Etnografia

Em geral, qualquer projeto de pesquisa qualitativa, no qual a intenção é fornecer uma descrição detalhada, em profundidade da vida cotidiana é identificado como etnografia. Assim, a etnografia é um processo de pesquisa, não um método. Pode ser definida como um processo de pesquisa qualitativa ou estratégica (o pesquisador faz uma etnografia) e o produto é uma etnografia que permitirá relatar eventos e detalhes de experiência. Especificamente, o investigador tenta explicar como esses fatos ou eventos participam de construções culturais.

Para obter as informações o pesquisador (etnógrafo) utiliza diversas técnicas etnográficas (KOTTAK, 2011):

1.   Observação direta do comportamento, incluindo a *Observação participante*.
2.   Conversação em grupo com diferentes graus de formalidade, do bate-papo diário que ajuda a manter o relatório e fornece conhecimento sobre o que está acontecendo, até entrevistas demoradas que podem ser não estruturadas ou estruturadas (questionários), incluindo *grupos focais*.
3.   O *"método" genealógico*.

4. Trabalho detalhado com consultores ou informantes para obter dados sobre a vida da comunidade ou grupo, incluindo *estudo de casos*.
5. Entrevistas em profundidade destinadas a obter *histórias de vida* de determinadas pessoas.

1.8.1 Observação

A técnica mais utilizada na Antropologia Cultural e Social tem uma longa tradição na pesquisa etnográfica. De acordo com Neena (2011), o uso pensativo e criterioso da observação fornece uma das maneiras mais eficazes para começar a entender o que se passa em ambientes reais. Dependendo do grau de participação do observador, a observação pode ser classificada como participante e não participante.

Observação participante. O pesquisador participa no grupo ou comunidade pelo tempo necessário para a perfeita compreensão da cultura em estudo. O seu objetivo é obter familiaridade com um determinado grupo de indivíduos (um grupo religioso, ocupacional, subcultura, ou uma determinada comunidade) e suas práticas. A técnica originou-se na pesquisa de campo de antropólogos sociais, especialmente Bronisław Malinowski.

Por exemplo, por meio da observação participante, o antropólogo tem a oportunidade de viver entre os grupos tribais, participando intensamente das conversas, dos rituais etc., observando todas as manifestações materiais e espirituais do grupo, as reações psicológicas de seus membros, seu sistema de valores e seu mecanismo de adaptação.

Figura 1.1 – Dança de uma família massai.

Capítulo 1

Quadro 1.1 – Tipos de observação

TIPO DE OBSERVAÇÃO PARTICIPANTE	GRAU DE ENVOLVIMENTO
Não participante	Sem contato com população ou grupo em estudo.
Participação passiva	O pesquisador possui um papel coadjuvante.
Participação moderada	O pesquisador mantém um equilíbrio entre ativo e passivo.
Participação ativa	O pesquisador torna-se membro do grupo com plena compreensão das competências, das práticas e costumes.
Participação total	O pesquisador está totalmente integrado no grupo ou comunidade em estudo. Já é considerado membro dessa população.

O pesquisador deve lembrar que as observações gravadas sobre um grupo de pessoas ou evento nunca serão uma descrição completa. Isso se deve à natureza seletiva de qualquer tipo de processo de coleta de informações, inevitavelmente influenciado pelo que o pesquisador acredita ser importante. O mesmo acontece com a análise dessas informações.

1.8.2 Estudo de caso

O estudo de caso é uma forma de pesquisa descritiva qualitativa utilizada para aprofundar o conhecimento individual, de um pequeno grupo de participantes, ou um grupo como um todo, de processos sociais ou culturais. O pesquisador coleta dados dos participantes usando, entre outros, observações diretas, entrevistas, protocolos, testes e exames de registros.

Geralmente, o estudo se estende por um longo período de tempo para verificar a história natural da unidade, de modo a obter informações suficientes para o desenho de inferências corretas.

Exemplos: grupo de professores planeja melhorar atividades em sala de aula; vivência escolar de um aluno com dificuldade na fala.

1.8.3 Grupos focais

Abreu, Baldanza e Gondim (2009, apud Gatti, 2015) apoiando-se em vários autores, consideram o grupo focal como uma reunião de pessoas face a face para conversar sobre um assunto específico, em uma dada sessão de trabalho em que usam técnicas de intervenção em grupo para facilitar a interação entre pessoas, promovendo a troca de ideias, sentimentos e experiências.

A estratégia de grupos focais tem como objetivo captar, a partir das trocas realizadas no grupo, conceitos, sentimentos, atitudes, crenças e experiências que não seria possível usando outras técnicas, por exemplo, questionários, entrevistas ou observação (GATTI, 2015).

Exemplos: um pesquisador busca compreender as impressões de um grupo sobre o ensino da Matemática. Em um projeto piloto de moradia, o pesquisador deseja testar uma ideia, materiais, procedimentos, produtos etc.

1.8.4 O "método" genealógico

Estratégia da Antropologia Cultural que permite o estudo do parentesco com todas as suas implicações sociais: estrutura familiar, relacionamento de marido e mulher, pais e filhos e demais parentes; informações sobre o cotidiano, a vida cerimonial (nascimento, casamento, morte) etc. Por meio do levantamento genealógico, não apenas o pesquisador terá a confirmação dos dados já observados, mas também novas informações poderão vir à luz.

É necessária a presença de um informante que revele os nomes das pessoas, a filiação clânica, sua posição dentro da estrutura social, o relacionamento entre as pessoas, indivíduos ausentes ou já falecidos.

Exemplos: sistema de parentesco dos índios Tupi; genealogia de grupos étnicos minoritários (japoneses, poloneses e outros).

1.8.5 Entrevista

Trata-se do contato direto, face a face, entre o pesquisador e o entrevistado, a fim de que o primeiro obtenha informações úteis a seu trabalho.

Pode ser:

a. *dirigida*: quando segue um roteiro preestabelecido;

b. *não dirigida ou livre*: quando é informal e não há um roteiro a ser seguido, e o pesquisador leva o entrevistado a manifestar suas ideias espontaneamente.

1.8.6 Questionário

O questionário pode ser definido como um instrumento de coleta de dados que inclui diversas questões escritas apresentadas a entrevistados com o propósito de obter informações sobre conhecimentos, atitudes, aspectos sociodemográficos etc.

De acordo com o tipo de pergunta, os questionários podem ser classificados em três categorias: questionários de perguntas fechadas, questionários de perguntas abertas e questionários que combinam ambos os tipos de perguntas.

Existem duas maneiras de aplicar questionários a uma população: contato direto e questionários por correio.

1.9 Antropologia Aplicada

A Antropologia Aplicada, ou *Prática*, é o uso de dados antropológicos, perspectivas, teorias e estratégias para identificar, avaliar e resolver problemas contemporâneos envolvendo o comportamento humano e as forças sociais e culturais, condições e contexto (ver ERVIN, 2005). Por exemplo, os antropólogos médicos trabalham como intérpretes culturais em programas de saúde pública para facilitar sua integração na cultura local.

Hoje, a maioria dos antropólogos vê seu trabalho radicalmente fora da perspectiva colonial; a Arqueologia é aplicada em gestão de recursos culturais e preservação histórica. Antropólogos biólogos trabalham em saúde pública, nutrição, aconselhamento genético etc. Antropólogos forenses trabalham com a polícia, médicos legistas, tribunais para identificar vítimas de crimes, acidentes, guerras e terrorismo. Antropólogos linguísticos estudam, por exemplo, a interação professor-aluno e a influência dos dialetos na aprendizagem em sala de aula.

O objetivo da maioria dos antropólogos aplicados é encontrar formas humanitárias e eficientes na ajuda a grupos ou povos nativos ou marginalizados.

Uma das ferramentas mais valiosas na aplicação da Antropologia é a Etnografia. Os etnógrafos vivem e aprendem nas comunidades, são observadores participantes que participam dos eventos do grupo ou comunidade (KOTTAK, 2011).

2
Cultura e Sociedade

2.1 Natureza da cultura

A cultura, para os antropólogos em geral, constitui-se no "conceito básico e central de sua ciência", afirma Leslie A. White (In KAHN, 1975, p. 129).

O termo *cultura* (*colere*, cultivar ou instruir; *cultus*, cultivo, instrução) não se restringe ao campo da Antropologia. Várias áreas do saber humano – Agronomia, Biologia, Artes, Literatura, Sociologia, História etc. – valem-se dele, embora seja outra a conotação. Muitas vezes, a palavra *cultura* é empregada para indicar o desenvolvimento do indivíduo por meio

14   Capítulo 2

da educação, da instrução. Nesse caso, uma pessoa "culta" seria aquela que adquiriu domínio no campo intelectual ou artístico. Seria "inculta" a que não obteve instrução.

Os antropólogos não empregam os termos *culto* ou *inculto*, de uso popular, e nem fazem juízo de valor sobre esta ou aquela cultura, pois não consideram uma superior à outra. Elas apenas são diferentes quanto à tecnologia ou à integração de seus elementos. Todas as sociedades – rurais ou urbanas, simples ou complexas – possuem cultura. Não há indivíduo humano desprovido de cultura, exceto o recém-nascido e o *Homo ferus*; um, porque ainda não sofreu o processo de endoculturação, e o outro, porque foi privado do convívio humano.

Para os antropólogos, a cultura tem significado amplo: engloba os modos comuns e aprendidos da vida, transmitidos pelos indivíduos e grupos, em sociedade.

2.1.1   Conceituação

Desde o final do século passado, os antropólogos vêm elaborando inúmeros conceitos sobre cultura. Apesar de a cifra ter ultrapassado 160 definições, ainda não chegaram a um consenso sobre o significado exato do termo. Para alguns, cultura é comportamento aprendido; para outros, não é comportamento, mas abstração do comportamento; e para um terceiro grupo, a cultura consiste em ideias. Há os que consideram como cultura apenas os objetos imateriais, enquanto outros, ao contrário, aquilo que se refere ao material. Mas também encontram-se estudiosos que entendem por cultura tanto as coisas materiais quanto as não materiais.

Alguns conceitos, para melhor esclarecimento, serão apresentados aqui, obedecendo a uma ordem cronológica e com as diferentes abordagens.

Para Kahn (1975, p. 29), Edward B. Tylor foi o primeiro a formular um conceito de *cultura*, em sua obra *Cultura primitiva*. Ele propôs:

> Cultura... é aquele todo complexo que inclui o conhecimento, as crenças, a arte, a moral, a lei, os costumes e todos os outros hábitos e aptidões adquiridos pelo homem como membro da sociedade (In KAHN, 1975, p. 29).

O conceito de Tylor, que engloba todas as coisas e acontecimentos relativos ao homem, predominou no campo da Antropologia durante várias décadas.

Para Ralph Linton, a cultura de qualquer sociedade "consiste na soma total de ideias, reações emocionais condicionadas a padrões de comportamento habitual que seus membros adquiriram por meio da instrução ou imitação e de que todos, em maior ou menor grau, participam" (1959, p. 316). Este autor atribui dois sentidos ao termo cultura: um, geral, significando "a herança social total da humanidade"; outro, específico, referindo-se a "uma determinada variante da herança social".

Franz Boas define cultura como "a totalidade das reações e atividades mentais e físicas que caracterizam o comportamento dos indivíduos que compõem um grupo social [...]" (1964, p. 166).

Malinowski, em *Uma teoria científica da cultura*, conceitua cultura como

> o todo global consistente de implementos e bens de consumo, de cartas constitucionais para os vários agrupamentos sociais, de ideias e ofícios humanos, de crenças e costumes (1962, p. 43).

Clifford Geertz (1973) propõe:

> a cultura deve ser vista como um conjunto de mecanismos de controle – planos, receitas, regras, instituições – para governar o comportamento.

Para ele, "mecanismos de controle" consiste naquilo que G. H. Mead e outros chamaram de símbolos significantes, ou seja, "palavras, gestos, desenhos, sons musicais, objetos ou qualquer coisa que seja usada para impor um significado à experiência" (In GEERTZ, 1973, p. 37). Esses símbolos, correntes na sociedade e transmitidos aos indivíduos – que fazem uso de alguns deles, enquanto vivem –, "permanecem em circulação" mesmo após a morte dessas pessoas.

Mais recentemente, Laraia define cultura como "o modo de ver o mundo, as apreciações de ordem moral e valorativa, os diferentes comportamentos sociais e mesmo as posturas corporais são assim produtos de uma herança cultural, ou seja, resultado da operação de uma determinada cultura (2003, p. 68).

Pelo visto, o conceito de cultura varia no tempo, no espaço e em sua essência. Tylor, Linton, Boas e Malinowski consideram a cultura como ideias. Para Kroeber e Kluckhohn, Beals e Hoijer ela consiste em abstrações do comportamento. Keesing e Foster a definem como comportamento aprendido. Leslie A. White apresenta outra abordagem: a cultura deve ser vista não como comportamento, mas em si mesma, ou seja, fora do organismo humano. Ele, Foster e outros englobam no conceito de cultura os elementos materiais e não materiais da cultura. A colocação de Geertz difere das anteriores, na medida em que propõe a cultura como um "mecanismo de controle" do comportamento.

2.2 Características da cultura

As definições anteriormente referidas indicam a presença de diversos atributos fundamentais da cultura (KOTTAK, 2010):

- A cultura é apreendida: toda pessoa começa, ao nascer, a interação com os outros e pelo processo de enculturação internaliza uma tradição cultural.
- A cultura é simbólica: cultura consiste em ferramentas, implementos, utensílios, vestuário, ornamentos, costumes, instituições, crenças, rituais, jogos, obras de arte, linguagem etc. (WHITE, 1959, p. 3).
- A cultura é compartilhada: ela é um atributo do indivíduo como membro de grupos.
- A cultura e a natureza: a cultura toma as necessidades biológicas naturais compartilhadas com outros animais e nos ensina como expressá-las em determinadas formas. Por exemplo, as pessoas têm que comer, mas a cultura nos ensina o que, quando e como.
- A cultura é totalizante: está profundamente enraizada na sociedade e configura completamente as nossas vidas: personalidade, valores e forma de viver.
- Os elementos da cultura estão interligados: as culturas não são uma coleção aleatória de costumes. As culturas são sistemas integrados e estruturados. Se uma parte muda (por exemplo, a Economia) as outras partes também mudam.

16 Capítulo 2

2.3 Enfoques da cultura

As diversas definições, referidas anteriormente, permitem apreender a cultura como um todo, sob os vários enfoques.

A cruz, por exemplo, pode ser vista sob essas diferentes concepções:

a. **ideia**: quando se formula sua imagem na mente;
b. **abstração do comportamento**: quando ela representa, na mente, um símbolo dos cristãos;
c. **comportamento aprendido**: quando os católicos fazem o sinal da cruz;
d. **coisa extrassomática**: quando é vista por si mesma, independentemente da ação, tanto material quanto imaterial;
e. **mecanismo de controle**: quando a Igreja a utiliza para afastar o demônio ou para obter a reverência dos fiéis.

A cultura, portanto, pode ser analisada, ao mesmo tempo, sob vários enfoques: ideias (conhecimento e filosofia); crenças (religião e superstição); valores (ideologia e moral); normas (costumes e leis); atitudes (preconceito e respeito ao próximo); padrões de conduta (monogamia, tabu); abstração do comportamento (símbolos e compromissos); instituições (família e sistemas econômicos); técnicas (artes e habilidades) e artefatos (machado de pedra, telefone).

2.4 Conteúdo cultural

Refere-se ao caráter simbólico, dimensão artística e valores culturais que têm por origem ou expressam identidades culturais (UNESCO, 2005).

Para Neena (2011), cada sociedade tem uma cultura própria. Assim, no mundo, as pessoas em diferentes sociedades têm culturas diferentes. Essas culturas não são apenas diversificadas, mas também desiguais. Com as diversidades e disparidades culturais, podem-se observar certas semelhanças culturais. Os povos podem adorar deuses diferentes em maneiras diferentes, mas todos têm uma **religião**. Eles podem ter ocupações diversas, mas todos procuram ganhar a vida. Detalhes de seus ritos, cerimônias, costumes etc. podem diferir, mas todos eles, no entanto, têm alguns rituais, cerimônias, costumes etc. Além disso, as pessoas das diversas sociedades possuem diversos bens materiais. Assim, esses componentes materiais e imateriais constituem o "conteúdo cultural" de uma sociedade.

2.5 Culturas material e imaterial

A **cultura material** nada mais é que a importância que determinados objetos construídos ou fabricados pelo homem possuem para determinado povo e sua cultura. É também pela cultura material que se ajuda a criar uma identidade comum. Esses objetos fazem parte de um legado de cada sociedade. Cada objeto produzido tem um contexto específico e faz parte de determinada época da história de um país. A cultura material se aplica a quase toda produção humana (COELHO, 2016). **Exemplos:** vestimentas, igrejas, monumentos, obras de arte, utensílios.

Figura 2.1 – Taj Mahal, localizado em Agra – Índia.

Todo povo possui um patrimônio que vai além do material, de objetos. Esse patrimônio é chamado de **cultura imaterial**: linguagem, valores, crenças etc. Ou seja, cultura imaterial é uma manifestação de elementos representativos, de hábitos, de práticas e costumes. A transmissão dessa cultura se dá muitas vezes pela tradição. Os maiores exemplos de cultura imaterial no Brasil são o folclore, a capoeira, frevo etc. (COELHO, 2016).

A união de ambas representa a **identidade cultural** de um grupo ou sociedade.

2.6 Elementos da cultura

2.6.1 Símbolos e linguagem

Componentes centrais da cultura. Referem-se a qualquer coisa que as pessoas atribuem significado e que podem ser utilizados para se comunicar com os outros. Mais especificamente, os símbolos são palavras, objetos, gestos, sons ou imagens que representam algo mais em vez de si mesmos. O pensamento simbólico é único e crucial para os seres humanos e para a cultura. É a capacidade humana de dar uma coisa ou evento um significado arbitrário e compreender e apreciar esse significado. Não há nenhuma conexão óbvia natural ou necessária entre um símbolo e o que ele simboliza (DODA, 2005).

2.6.1.1 Linguagem

A linguagem pode ser definida como um sistema verbal e, em muitos casos, símbolos escritos que obedecem determinadas regras que estabelecem sua utilização. É uma capacidade característica dos seres humanos; um elemento-chave da cultura. A cultura engloba a língua, e, por meio da língua, a cultura é comunicada e transmitida. Sem língua, seria impossível desenvolver, elaborar e transmitir a cultura à geração futura.

2.6.2 Conhecimento

Todas as culturas, sejam simples ou complexas, possuem grande quantidade de conhecimentos que são cuidadosamente transmitidos de geração em geração. Por exemplo, os indivíduos aprendem principalmente aquilo que lhes permite a sobrevivência, ou seja, proteção contra as intempéries, contra os animais ferozes etc.

O conhecimento engloba uma grande quantidade de aspectos referentes, por exemplo, ao meio ambiente, à obtenção de alimentos, às construções de abrigos ou habitações; aos meios de transporte, à organização social; à estrutura do parentesco, aos usos e costumes; às crenças, às técnicas de trabalho etc.

2.6.3 Crenças

Definida como a aceitação verdadeira de uma proposição comprovada ou não cientificamente. Consiste em uma atitude mental do indivíduo que serve de base à ação voluntária. Em termos empíricos, as crenças não são nem verdadeiras, nem falsas.

2.6.4 Valores

Valor é algo significativo, importante, para um indivíduo ou grupo social. Os valores fundamentais dos indivíduos, por sua vez, constituem motivações poderosas das ações individuais. Os valores, no entanto, são constituídos socialmente e, por conseguinte, é preciso compreender a sociedade para compreender determinados valores e como alguns deles se tornam dominantes na totalidade da vida social ou fundamentais para determinados indivíduos (VIANA, 2014). Uma forma de entender os valores e suas interconexões é estudá-los com referência a quatro subsistemas funcionais: governo, família, Economia e religião.

Os valores geralmente sugerem como as pessoas devem se comportar, mas elas não refletem exatamente como as pessoas se comportam. A gravidez prematura e as drogas são exemplos que indicam que o valor por si só não é suficiente para poupar adolescentes das consequências desses atos (OPENSTAX, 2013).

O juramento de Hipócrates na profissão médica dita que os profissionais devem, entre outras coisas, manter os segredos dos pacientes, fornecer-lhes qualquer ajuda que puderem, não fazer mal aos pacientes deliberadamente etc. Esse é um exemplo de valor positivo. Os valores são dinâmicos, ou seja, mudam com o tempo. Eles também são estáticos, o que significa que tendem a persistir sem nenhuma modificação significativa. Os valores também são diversificados, o que significa que variam de lugar para lugar e cultura para cultura.

2.6.5 Normas

As normas também são elementos essenciais da cultura. São princípios implícitos da vida social, do relacionamento e da interação. Constituem regras detalhadas e específicas para situações específicas. Prescrevem o que deve ser feito, como fazer algo, o que fazer, o que não fazer, quando fazê-lo, por que fazê-lo etc. As normas são derivadas de valores. Isso significa que, para cada norma específica, existe um valor geral que determina o seu conteúdo.

As normas sociais podem ser divididas em três. Elas são *folkways*, mores e leis.

– *Folkways* (cultura popular). Padrões não obrigatórios de comportamento social exterior constituem os modos coletivos de conduta, convencionais ou espontâneos, reconhecidos e aceitos pela sociedade. Praticamente, regem a maior parte da nossa vida cotidiana, sem serem deliberadamente impostos. Indicam o que é adequado ou socialmente correto. Não têm caráter obrigatório, mas são bastante difundidos.

Exemplos de *folkways*: convenções, formas de etiqueta, celebração da puberdade, estilos de construções, rituais de observância religiosa, rotinas de trabalho e lazer, convenções da arte ou da guerra, maneiras de cortejar, de vestir etc.

– *Mores*. "São as normas moralmente sancionadas com vigor", segundo Ely Chinoy (1971, p. 60). Constituem comportamento imperativo, tido como desejável pelo grupo, apesar de restringir e limitar a conduta. São essenciais e importantes ao bem-estar da sociedade e aparecem como normas reguladoras de toda cultura. Apesar da obrigatoriedade e imposição, são considerados justos pelo grupo que os compartilha.

A não conformidade com os mores provoca desaprovação moral. A reação do grupo é violenta e séria, como no adultério, roubo, assassínio e incesto, na sociedade ocidental. Entretanto, há amplas variações nas atitudes dos grupos em relação a essas regras, de acordo com as diferentes culturas.

Exemplos de mores: atos de lealdade e patriotismo, cuidado e trato das crianças, enterro dos mortos, uso de roupas, monogamia etc., em nossa sociedade.

Os mores variam de sociedade para sociedade. Coisas terminantemente proibidas em determinadas culturas podem ser aceitas, permitidas e mesmo encorajadas em outras. Em algumas sociedades é permitido matar recém-nascidos e velhos desamparados, ter várias esposas. Esses mores, radicalmente diferentes dos conhecidos por nós, não só escandalizam como também causam repulsa e horror.

Tanto os mores quanto os *folkways* estão sujeitos a mudanças que nem sempre são lentas. A escravidão é um exemplo: considerada moral no passado, é imoral hoje.

O comportamento nas sociedades simples é regulado principalmente pelos costumes; nas sociedades complexas, além dos *mores*, há as leis.

– *Leis*. São "regras de comportamento formuladas deliberadamente e impostas por uma autoridade especial", escrevem Biesanz e Biesanz (1972, p. 58). São decretadas com a finalidade de suprir os costumes que começam a se desintegrar, a perder seu controle sobre os indivíduos.

A linha divisória entre leis e mores também não é fácil de ser traçada, tanto nas sociedades simples quanto nas complexas. Assim como os costumes podem transformar-se em leis, estas podem tornar-se mores.

As leis servem a diferentes propósitos:

20   Capítulo 2

a. impõem os mores aceitos pelo grupo cultural;

b. regulam novas situações, fora dos costumes;

c. substituem costumes antigos e ineficazes;

d. congregam os padrões reais com os ideais e os valores imperantes.

Exemplos de *mores* impostos por lei ou por ela reforçados: monogamia, bem-estar da esposa e dos filhos, a punição do roubo, do estupro, do assassinato etc.

2.7 Funções da cultura

A cultura cumpre diversas funções na sociedade.

– **Comunicação:** a cultura fornece o contexto para o desenvolvimento de sistemas de comunicação humanos, tais como linguagem verbal e não verbal (por exemplo, gestos).

– **Percepção:** a cultura dá significado a situações sociais, gerando papéis sociais e comportamentos. Em outras palavras, ela configura a nossa forma de ver e compreender o mundo social e natural. Por exemplo, para as culturas ocidentais o futuro é indeterminado, enquanto para algumas sociedades africanas o futuro está predeterminado e não pode ser controlado (OFFE, 2001).

– **Identidade:** a cultura influencia como as pessoas se veem e como veem as outras pessoas, em termos de ideias como gênero, idade, etnia etc.

– **Sistemas de valores:** as instituições culturais são uma fonte de valores e seus comportamentos são relativamente condicionados pelos valores culturais recebidos por meio do processo de socialização.

– **Produção e consumo:** a cultura define o que as pessoas "precisam, usam e valorizam" como parte do mecanismo global de sobrevivência. Por exemplo, as pessoas precisam estar motivadas para estudar (SHORTCUTSTV, 2015).

2.8 Manifestações da cultura

Cabe destacar duas noções fundamentais e opostas do pensamento antropológico: o relativismo cultural e o etnocentrismo.

2.8.1 Relativismo cultural

O relativismo cultural refere-se à situação em que existe uma atitude de respeito pelas diferenças culturais em vez de condenar a cultura de outras pessoas como incivilizada ou retrógrada.

Os padrões ou valores de certo ou errado, dos usos e costumes, das sociedades em geral, estão relacionados com a cultura da qual fazem parte. Dessa maneira, um costume pode ser válido em relação a um ambiente cultural e não a outro e, mesmo, ser repudiado.

Exemplo: no Brasil, come-se manteiga; na África, ela serve para untar o corpo. Pescoços longos (mulheres-girafas da Birmânia), lábios deformados (indígenas brasileiros),

Cultura e Sociedade 21

nariz furado (indianas), escarificação facial (entre australianos), deformações cranianas (índios sul-americanos) são valores culturais para essas sociedades. Esses tipos de adornos significam beleza. O infanticídio e o gerontocídio (morte dada a anciãos), costumes praticados em algumas culturas (esquimós), são totalmente rejeitados por outras.

2.8.2 Etnocentrismo

O conceito de Etnocentrismo acha-se intimamente relacionado com o de relativismo cultural. A posição relativista liberta o indivíduo das perspectivas deturpadoras do Etnocentrismo, que significa a supervalorização da própria cultura em detrimento das demais. Todos os indivíduos são portadores desse sentimento, e a tendência na avaliação cultural é julgar as culturas segundo os moldes da sua própria. A ocorrência da grande diversidade de culturas vem testemunhar que há modos de vida bons para um grupo e que jamais serviriam para outro.

Toda referência a povos primitivos e civilizados deve ser feita em termos de culturas diferentes e não na relação superior/inferior.

O Etnocentrismo pode ser manifestado no comportamento agressivo ou em atitudes de superioridade e até de hostilidade. A discriminação, o proselitismo, a violência, a agressividade verbal são outras formas de expressar o Etnocentrismo.

Entretanto, o Etnocentrismo apresenta um aspecto positivo, ao ser agente de valorização do próprio grupo. Seus integrantes passam a considerar e aceitar o seu modo de vida como o melhor, o mais saudável, o que favorece o bem-estar individual e a integração social.

2.9 Estrutura da cultura

Para analisar a cultura, alguns antropólogos desenvolveram conceitos de traços, complexos e padrões culturais.

2.9.1 Traços culturais

Em geral, os antropólogos consideram os traços culturais como os menores elementos que permitem a descrição da cultura. Referem-se, portanto, à menor unidade ou componente significativo da cultura, que pode ser isolado no comportamento cultural. Embora os traços sejam constituídos de partes menores, os itens, estes não têm valor por si sós.

Exemplo: uma caneta pode existir com um objetivo definido, mas só pode funcionar como unidade cultural em sua associação com a tinta, convertendo-se assim em um traço cultural. O mesmo ocorre com os óculos: precisa da associação da lente com a armação; o arco e a flecha (arma).

Alguns traços culturais são simples objetos, ou seja, cadeira, mesa, brinco, colar, machado, vestido, carro, habitação etc. Os traços culturais não materiais compreendem atitudes, comunicação, habilidades.

Exemplo: aperto de mão, beijo, oração, poesia, festa, técnica artesanal etc.

22   **Capítulo 2**

Nem sempre a ideia de traço é facilmente identificável em uma cultura, ante a integração, total ou parcial, de suas partes. Muitas vezes, fica difícil saber quando uma "unidade mínima identificável" pode ser considerada um traço ou um item.

Exemplo: o feijão, como prato alimentício, é um traço cultural material; mas o feijão, como um dos ingredientes da feijoada, torna-se apenas um item dessa dieta brasileira.

Os estudiosos da cultura, na verdade, estão mais preocupados com o significado e a maneira como os traços se integram em uma cultura do que com o seu total acervo.

O mesmo material, utilizado e organizado por pessoas pertencentes a duas sociedades diversas, pode chegar a resultados diferentes; vai depender da utilização e da importância ou do valor do objeto para cada uma dessas culturas.

Exemplo: um artesão pode, com fibras de junco, confeccionar cadeiras (Brasil) ou casas (Iraque).

Em cada cultura, portanto, deve-se estudar não só os diferentes traços culturais encontrados, mas, principalmente, a relação existente entre eles. "Todo elemento cultural (WHITE, In KAHN, 1975, p. 140-141) tem dois aspectos: subjetivo e objetivo" (o objeto em si e o seu significado).

Atualmente, parece que os antropólogos têm preferido o termo *elemento cultural*, em substituição a *traço cultural*. Hoebel e Frost (1981, p. 20 e seg.) definem elemento cultural como "a unidade reconhecidamente irredutível de padrões de comportamento aprendido ou o seu produto material".

2.9.2   Padrões culturais

Padrões culturais são, segundo Herskovits (1963, p. 231),

> os contornos adquiridos pelos elementos de uma cultura, as coincidências dos padrões individuais de conduta, manifestos pelos membros de uma sociedade, que dão ao modo de vida essa coerência, continuidade e forma diferenciada.

O padrão resulta do agrupamento de complexos culturais de um interesse ou tema central do qual derivam o seu significado. O padrão de comportamento consiste em uma norma comportamental, estabelecida pelos membros de determinada cultura. Essa norma é relativamente homogênea, aceita pela sociedade, e reflete as maneiras de pensar, de agir e de sentir do grupo, assim como os objetos materiais correlatos.

Herskovits aponta dois significados nos padrões, que, embora pareçam contraditórios, na verdade, são complementares:

a. **Forma:** quando diz respeito às características dos elementos. **Exemplo:** casas cobertas de telha e não de madeira.
b. **Psicológico:** quando se refere à conduta das pessoas. **Exemplo:** comer com talher e não com pauzinhos.

Os indivíduos, por meio do processo de enculturação, assimilam os diferentes elementos da cultura e passam a agir de acordo com os padrões estabelecidos pelo grupo ou sociedade. O padrão cultural é, portanto, um comportamento generalizado, estandardizado e regularizado; ele estabelece o que é aceitável ou não na conduta de uma dada cultura.

Nenhuma sociedade é totalmente homogênea. Existem padrões de comportamento distintos para homens e mulheres, para adultos e jovens. Quando os elementos de uma sociedade pensam e agem como membros de um grupo, expressam os padrões culturais do grupo.

O comportamento do indivíduo é influenciado pelos padrões da cultura em que vive. Embora cada pessoa tenha caráter exclusivo, devido às próprias experiências, os padrões culturais, de diferentes sociedades, produzem tipos distintos de personalidades, característicos dos membros dessas sociedades. O padrão se forma pela repetição contínua. Quando muitas pessoas, em dada sociedade, agem da mesma forma ou modo, durante um largo período de tempo, desenvolve-se um padrão cultural.

Exemplo: o matrimônio, como padrão cultural brasileiro, engloba o complexo do casamento, que inclui vários traços (cerimônia, aliança, roupas, flores, presentes, convites, agradecimentos, festa, jogar arroz nos noivos, amarrar latas no carro etc.); o complexo da vida familiar, de cuidar da casa, de criar filhos, de educar as crianças.

Ir à igreja aos domingos, participar do carnaval, assistir futebol, comer três vezes ao dia são alguns dos inúmeros padrões de comportamento que constituem a cultura total.

2.10 Processos culturais

Processo é a maneira, consciente ou inconsciente, pela qual as coisas se realizam, se comportam ou se organizam.

As culturas mudam continuamente, assimilam novos traços ou abandonam os antigos, por meio de diferentes formas. Crescimento, transmissão, difusão, estagnação, declínio, fusão são aspectos aos quais as culturas estão sujeitas.

2.10.1 Mudança cultural

Mudança é qualquer alteração na cultura, sejam traços, complexos, padrões ou toda uma cultura, o que é mais raro. Pode ocorrer com maior ou menor facilidade, dependendo do grau de resistência ou aceitação. O aumento ou diminuição das populações, as migrações, os contatos com povos de culturas diferentes, as inovações científicas e tecnológicas, as catástrofes (perdas de safras, epidemias, guerras), as depressões econômicas, as descobertas fortuitas, a mudança violenta de governo etc. podem exercer especial influência, levando a alterações significativas na cultura de uma sociedade.

A mudança pode surgir em consequência de fatores internos – *endógenos* (descoberta e invenção) ou externos – *exógenos* (difusão cultural). Assim, tem-se mudança quando:

a. novos elementos são agregados ou os velhos aperfeiçoados por meio de invenções;
b. novos elementos são tomados por empréstimo de outras sociedades;
c. elementos culturais, inadequados ao meio ambiente, são abandonados ou substituídos;
d. alguns elementos, por falta de transmissão de geração em geração, se perdem.

24 Capítulo 2

Quando os povos se mantêm isolados, ocorre a estagnação, pois a cultura permanece relativamente estática, modificando-se apenas em consequência de ações internas. Mas só as culturas totalmente isoladas podem manter-se estáveis.

Se os elementos culturais desaparecem, tem-se o declínio cultural. Muitas vezes, condições religiosas, sociais e ambientais levam ao desaparecimento ou mudança de um complexo cultural. Por um lado, se um simples traço ou toda uma cultura pode desaparecer, por outro lado, o renascimento cultural pode ocorrer, em consequência de fatores endógenos ou exógenos.

Quando os elementos novos, acrescentados a uma cultura, forem menos significativos em relação aos anteriores, desaparecidos, a cultura permanece estacionária ou declina.

O crescimento, no âmbito geral de uma cultura, não se processa no mesmo ritmo, em todos os setores. Esse retardamento ou diferença de movimento entre as partes de uma cultura recebe o nome de *demora* ou *retardamento cultural*.

As modificações na cultura, segundo Murdock (In SHAPIRO, 1966, p. 208 e seg.), estão relacionadas com quatro fatores: inovações, aceitação social, eliminação seletiva e integração.

– *Inovação.* Sempre começa com o ato de alguém e pode ser efetuada de cinco maneiras:

a. **variação:** representada por uma ligeira mudança nos padrões de comportamento;

b. **invenção ou descoberta:** pela criatividade. Os processos de descoberta e invenção podem ser atribuídos à casualidade ou à necessidade. Algumas invenções são absolutamente locais; outras exigem um meio geográfico propício para se desenvolverem, por isso são em número reduzido.

No campo das inovações, deve-se fazer distinção entre:

I. **descoberta:** aquisição de um elemento novo, coisa já existente (eletricidade, vapor);

II. **invenção:** aplicação da descoberta (lâmpada, máquinas).

As invenções, em geral, são atribuídas a substâncias concretas, mas o termo pode ser aplicado às coisas imateriais, como um novo costume, uma nova organização. A invenção pode ser **não volutiva** ou acidental, e **volutiva**, ou seja, resultado de um processo racional.

Poucos elementos de uma cultura são inventos locais: a grande parte da herança cultural brasileira, por exemplo, proveio de Portugal, de algumas regiões da África, da Europa e de outras localidades.

c. **tentativa:** quando surgem elementos que tenham pouca ou nenhuma ligação com o passado. **Exemplo:** máquina de escrever e computadores.

d. **empréstimo cultural:** elementos vindos de outra cultura.

De todas as inovações, o empréstimo cultural é o meio mais comum e importante. Depende do contato humano e, nesse caso, o inovador é apenas o seu introdutor. O empréstimo cultural não necessita ser completo; às vezes, a única coisa emprestada é a forma. Muitas vezes resulta do desejo de adoção de um elemento cultural mais adequado. **Exemplo:** fumo, arado, zen-budismo, Papai Noel etc.;

e. **incentivo**: elemento alheio, aceito por um povo quando atende às suas necessidades. É essencial ao empréstimo cultural. **Exemplo:** rádio, televisão, robô e computador.

– *Aceitação social.* É a adoção de um novo traço cultural por meio da imitação ou do comportamento copiado. No início, esse elemento pode ser aceito apenas por um indivíduo, estendendo-se depois aos demais. Preconceitos preexistentes dos membros de uma sociedade receptora facilitam ou bloqueiam a aceitação ou o empréstimo de uma nova possibilidade cultural.

A aceitação de um traço depende, muitas vezes, do seu significado. Ele é avaliado, aceito com ou sem modificações, ou rejeitado, pela cultura receptora. A aceitação vai depender de sua utilização ou necessidade. Todavia, a sociedade pode aceitar traços não utilitários como um jogo, uma ideologia, mas a aceitação é mais demorada.

– *Eliminação seletiva.* Consiste na competição pela sobrevivência feita pelo elemento novo. Quando um traço cultural ainda se revela mais compensador do que suas alternativas, ele perdura; mas quando deixa de satisfazer as necessidades do grupo, cai no desuso e desaparece, numa espécie de processo seletivo.

Exemplo: a liteira, a carruagem, o trole, que foram substituídos pelo automóvel, a bicicleta, a motocicleta etc.

– *Integração cultural.* O processo de integração, segundo Ralph Linton (1959, p. 377), consiste no "desenvolvimento progressivo de ajustamento cada vez mais completo, entre os vários elementos que compõem a cultura total". A integração nunca é perfeita, pois há sempre modificações na cultura. Na integração deve haver adaptação progressiva, ajustamento recíproco entre os elementos culturais.

2.10.2 Difusão cultural

Difusão "é um processo, na dinâmica cultural, em que os elementos ou complexos culturais se difundem de uma sociedade a outra", afirmam Hoebel e Frost (1981, p. 445). As culturas, quando vigorosas, tendem a se estender a outras regiões, sob a forma de empréstimo mais ou menos consistente. A difusão de um elemento da cultura pode realizar-se por imitação ou por estímulo, dependendo das condições sociais, favoráveis ou não, à difusão. O tipo mais significativo de difusão é o das relações pacíficas entre os povos, numa troca contínua de pensamentos e invenções.

Um traço, vindo de outra cultura por meio do empréstimo, pode sofrer reformulações quanto à forma, à aplicação, ao significado e à função.

2.10.3 Aculturação

Aculturação é a fusão de duas culturas diferentes que entrando em contato contínuo originam mudanças nos padrões da cultura de ambos os grupos. Pode abranger numerosos traços culturais, apesar de, na troca recíproca entre as duas culturas, um grupo dar mais e receber menos. Dos contatos íntimos e contínuos entre culturas e sociedades diferentes resulta um intercâmbio de elementos culturais. Com o passar do tempo, essas culturas fundem-se para formar uma sociedade e uma cultura nova. O exemplo mais comum relaciona-se com as grandes conquistas.

Assimilação. A assimilação, como uma fase de aculturação, seria o processo mediante o qual os grupos que vivem em um território comum, embora procedentes de lugares diversos, alcançam uma "solidariedade cultural".

O termo *aculturação*, no entanto, vem sendo empregado ultimamente, também, como fusão de subculturas ou cultura rural *versus* cultura urbana.

No processo de aculturação deve haver a fusão completa dos grupos de origens diversas, supressão de um grupo ou de ambos, e a persistência dos dois no equilíbrio dinâmico da sociedade.

Segundo Herskovits, o termo *aculturação*

> não implica, de modo algum, que as culturas que entram em contato se devam distinguir uma da outra como 'superior' ou 'mais avançada', ou como tendo um maior "conteúdo de civilização", ou por diferir em qualquer outra forma qualificativa.

Exemplo: a cultura brasileira resultou, em princípio, da fusão das culturas europeia, africana e indígena.

O processo de aculturação inclui o processo de sincretismo e transculturação.

Sincretismo. Em religião, sincretismo seria a fusão de dois elementos culturais análogos (crenças e práticas), de culturas distintas ou não. **Exemplo:** macumba, que contém traços do catolicismo, do fetichismo africano e indígena e do espiritismo.

Em linguagem, consiste no uso de uma forma gramatical particular, a fim de realçar as funções de outra ou de outras, além da sua. **Exemplo:** abacaxi (fruta ou problema); pão (alimento ou rapaz bonito).

Transculturação. Consiste na troca de elementos culturais entre sociedades diferentes. **Exemplo:** os sírio-libaneses trouxeram o quibe e a *esfiha* para o Brasil, e adotaram o arroz com feijão.

A aculturação consiste, pois, em uma forma especial de mudança. A sociedade que sofre o processo de aculturação modifica sua cultura, ajustando ou conformando seus padrões culturais aos daquela que a domina. Entretanto, embora sofra grandes alterações no seu modo de vida, conserva sempre algo de sua própria identidade.

Em nenhuma sociedade os processos de aculturação ocorrem total ou instantaneamente; a mudança é sempre mais rápida e aceita com maior facilidade em relação a traços materiais.

Quando um traço novo entra em competição com outro já existente e o substitui, tem-se a deculturação. **Exemplo:** o fogão a gás que substituiu o fogão a lenha.

2.10.4 Endoculturação

O processo de "aprendizagem e educação em uma cultura desde a infância" é chamado *endoculturação* tanto por Felix Keesing quanto por Hoebel e Frost. Herskovits emprega o termo *enculturação* para conceituar a mesma coisa, significando, além disso, o processo que estrutura o condicionamento da conduta, dando estabilidade à cultura.

Cada indivíduo adquire as crenças, o comportamento, os modos de vida da sociedade a que pertence. Ninguém aprende, todavia, toda a cultura, mas está condicionado a certos aspectos particulares da transmissão de seu grupo.

As sociedades não permitem que seus membros ajam de forma diferenciada. Todos os atos, comportamentos e atitudes de seus membros são controlados por ela.

2.11 Diversidade cultural

Para Wagner de Cerqueira e Francisco (S/D), a diversidade cultural refere-se aos diferentes costumes de uma sociedade, entre os quais podemos citar: vestimenta, culinária, manifestações religiosas, tradições, entre outros aspectos. O Brasil, por conter um extenso território, apresenta diferenças climáticas, econômicas, sociais e culturais entre as suas regiões. Apresentam-se, como exemplos, manifestações culturais da Região Norte e Nordeste.

2.11.1 Região Norte

A quantidade de eventos culturais do Norte é imensa. As duas maiores festas populares do Norte são o Círio de Nazaré, em Belém (PA); e o Festival de Parintins, a mais conhecida festa do boi-bumbá do país

2.11.2 Região Nordeste

Entre as manifestações culturais da região, estão danças e festas como o bumba meu boi, maracatu, caboclinhos, carnaval, ciranda, coco, terno de zabumba, marujada, reisado, frevo, cavalhada e capoeira. Algumas manifestações religiosas são a festa de Iemanjá e a lavagem das escadarias do Bonfim. A literatura de Cordel é outro elemento forte da cultura nordestina

2.12 Contracultura

De um lado, o termo "contracultura" pode se referir ao conjunto de movimentos de rebelião da juventude que marcaram os anos 1960. De outro lado, o mesmo termo pode também se referir a alguma coisa mais geral, mais abstrata, um certo espírito, um certo modo de contestação, de enfrentamento diante da ordem vigente, de caráter profundamente radical e bastante estranho às forças mais tradicionais de oposição a esta mesma ordem dominante (PEREIRA, 1992).

Como movimento, a contracultura tem origem nos EUA. A geração do pós-Segunda Guerra Mundial passou a refletir sobre a condição de existência dos indivíduos e das sociedades a partir de novos referenciais. Os espectros cartesiano, racionalista e empirista parecem ter dado lugar às forças místicas, aos referenciais simbólicos e às representações subjetivas, à negação da ordem e dos valores que se hegemonizaram com a sociedade capitalista. Na década de 1960, o movimento de caráter libertário, com forte apelo à juventude, veiculou o florescimento de novos paradigmas e atitudes comportamentais questionadoras, libertadoras, fazendo surgir culturas novas e autênticas.

28 Capítulo 2

A expressão do protagonismo juvenil e de uma contracultura que florescia tomou forma com as expressões musicais e artísticas. Na música, os Beatles começavam a tocar nos rádios e a embalar a juventude; além de Bob Dylan, Janis Joplin, Jimi Hendrix, e outros. Com o início do movimento hippie, vários jovens começaram a sair de suas casas, começando uma jornada na qual nenhum bem material lhes valia, apenas a procura pela tão esperada paz. O movimento hippie, com sua negação dos valores burgueses e com o enfrentamento da cultura de guerra, promovia passeatas pela paz e questionava o *establishment* (o sistema) (SOCIOLOGIA, 2016).

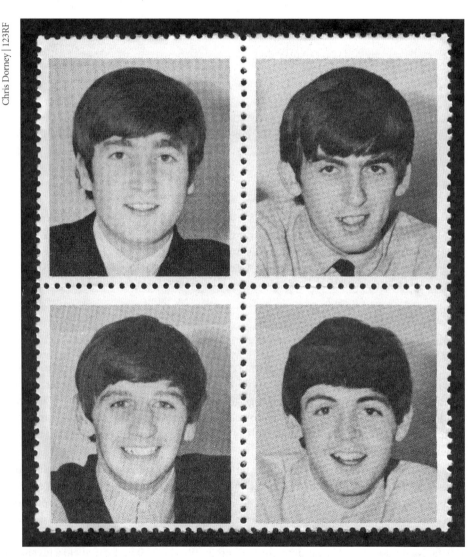

Figura 2.2 – Selo que traz o rosto dos quatro integrantes da banda britânica The Beatles.

No Brasil, a contracultura pode ser observada com o desenvolvimento do movimento *hip-hop*. Embalados pelo *beat* eletrônico e letras com rimas ácidas, diversos jovens da periferia dos grandes centros urbanos absorveram um gênero musical estrangeiro para retratar a miséria e a violência que se alastravam em várias cidades do país. Atualmente, essa manifestação se diversificou e protagoniza a realização de diversos projetos sociais que divulgam cultura e educação (SOUZA, 2017).

2.13 Cultura e sociedade

Segundo Hoebel e Frost (1981, p. 28), a sociedade e a cultura

> não são uma coisa só. A sociedade humana é constituída de pessoas; a cultura é constituída de comportamento de pessoas. Podemos dizer que a pessoa pertence à sociedade, mas seria errôneo afirmar que a pessoa pertence a uma cultura; o indivíduo manifesta a cultura.

Para Fichter (1973, p. 166), a sociedade consiste em uma

> estrutura formada pelos grupos principais, ligados entre si, considerados como uma unidade e participando todos de uma cultura comum (ver Capítulo 15).

As culturas atendem aos problemas da vida do indivíduo ou do grupo, e as sociedades necessitam da cultura para sobreviverem. Ambas estão intimamente relacionadas: não há sociedade sem cultura assim como não há cultura sem sociedade (homens).

2.14 Cultura global e imperialismo cultural[1]

Para concluir este capítulo, cabe destacar algumas questões do intercâmbio cultural no mundo globalizado de hoje. Um dos principais aspectos da globalização é que uma cultura mundial relativamente uniforme está tomando forma hoje no mundo. A cultura global pode implicar que todo o mundo fale a mesma língua, compartilhe os mesmos valores e normas etc. A cultura global pode também estar associada ao **imperialismo cultural**, ao intercâmbio cultural desigual no sistema global pelo qual as culturas materiais e não materiais ocidentais desempenham um papel dominante, por exemplo, sobre as culturas indígenas dos países em desenvolvimento..

A cultura global é estimulada pela:

- Propagação global do capitalismo.
- Consumismo e a cultura de consumidor.
- O crescimento da mídia, particularmente, meios de massa eletrônicos, tais como BBC, CNN, Globo etc. Esses meios, os meios de comunicação, promovem seu sistema de valores como algo superior e preferível àqueles de outras culturas não ocidentais (DODA, 2005).

---

[1] Consultar o Capítulo 18 – Antropologia Jurídica.

3
Origens da Humanidade

3.1 Evolução humana

O conhecimento do ser humano exige o estudo das diferentes fases pelas quais a humanidade passou, desde o procônsul primitivo até o homem atual.

A Paleontologia Humana e a Arqueologia, juntas, estudam a evolução biocultural da humanidade, tentando compreendê-la melhor, embora o conjunto de dados fósseis ainda seja insuficiente.

Como começou a extraordinária aventura da humanidade? Qual foi a origem do homem?

32 Capítulo 3

Devemos pensar que a odisseia da humanidade não poderia sequer começar a ser contada se não fosse por *Charles Darwin*, que propôs, em 1857, que todos nós descendemos dos macacos, em vez de termos sido criados no ano de 4004 a.C., como postulado pela Igreja.

A árvore genealógica do homem ainda está para ser resolvida... ainda há grandes incógnitas no processo de humanização que motivam debates científicos intensos. Mas um fato é incontestável: foi na África que a evolução do homem começou (NIGRO, 2017).

3.1.1 Um longo caminho evolutivo

Cerca de 65 milhões de anos atrás, quando os dinossauros foram extintos, uma espécie de mamífero arborícola com aparência de esquilo começou a se desenvolver. Vivia exclusivamente nos galhos das árvores e por milhões de anos permaneceu alheio ao que aconteceu a poucos metros abaixo (NIGRO, 2017).

De acordo com o autor, no transcurso do tempo, alguns desses mamíferos de árvores adquiriram certos traços biológicos especiais: uma boa visão frontal, mãos capazes de segurar objetos firmemente e um maior volume cerebral, emergindo assim um estranho macaco que frequentava as florestas tropicais 10 milhões de anos atrás: o **Procônsul**. Era um antropoide sem cauda muito primitivo, arborícola e terrestre, mas ainda se movia em quatro patas! Foi o último ancestral comum de chimpanzés, gorilas, orangotangos e hominídeos (ou primeiros humanos). Com o procônsul, começa a separação definitiva do tronco comum de primatas antropoides e da espécie humana... ambas as famílias então evoluíram em direções diferentes.

Quatro milhões de anos atrás, as condições climáticas endureceram e a seleção natural favoreceu uma espécie mais inteligente e mais bem adaptada à savana africana: ***Australopithecus*** (do latim: macaco do Sul). Em 1974, foram descobertos os restos fósseis do hominídeo mais antigo conhecido e apelidado de "Lucy". Considerada "a avó da humanidade". Mas, *o que é um hominídeo? Um hominídeo é um primata que caminha ereto sem descansar as mãos no chão.* Os hominídeos são classificados em dois gêneros: o primeiro gênero é dos *Australopithecus*, e o segundo gênero é o *Homo*, ao qual pertencem os humanos (NIGRO, 2017).

3.2 Eras e períodos geológicos

Os mais antigos documentos da história primitiva do homem remontam a uma antiguidade bem longínqua, a quarta e última Era geológica, a Cenozoica, com início há cerca de 70 milhões de anos.

A Era Cenozoica abrange dois períodos:

1. Terciário (de 70 a 2 milhões de anos), dividido em cinco épocas: Paleoceno, Eoceno, Oligoceno, Mioceno e Plioceno.
2. Quaternário (de 2 milhões a 10 mil anos), dividido em duas épocas: Pleistoceno e Holoceno (Recente ou Atual).

Dentro da Era Cenozoica, as épocas Mioceno, Plioceno e, principalmente, Pleistoceno são de capital importância para o estudo dos antecessores do homem. Este último período representa a fase em que os hominídeos se desenvolveram.

3.2.1 Períodos

O Pleistoceno estende-se de 2 milhões de anos a 10 mil anos passados. É considerado a etapa mais importante da evolução humana, em virtude de o homem ter sofrido, nesse período geológico, a maior parte de suas alterações.

Os paleontólogos dividem o Pleistoceno em três épocas principais, chamadas: Pleistoceno inferior, médio e superior. Para estabelecer a cronologia do Pleistoceno foram utilizados três métodos:

1. dados climatológicos;
2. dados paleontológicos;
3. mudanças culturais.

Ultimamente, estão sendo utilizados métodos radioativos.

a. *Pleistoceno inferior*: abrange a maior parte desse tempo. Compreende o Vilafranquiano, que vai de 1 milhão a 700 mil anos, mais ou menos, antes do aparecimento da glaciação Gunz. O final do Pleistoceno inferior situa-se, geralmente, na primeira glaciação Gunz, há uns 500 mil anos.
b. *Pleistoceno médio*: vai desde o início da glaciação Mindel até o final da glaciação Riss, incluindo completamente a segunda interglaciação Mindel/Riss. Abrange um tempo que vai de 500 a 150 mil anos.
c. *Pleistoceno superior*: engloba o período de 150 a 10 mil anos. Estende-se desde o início da terceira glaciação Würm até o final.

O Holoceno ou Recente, também chamado Atual, inicia-se, portanto, há cerca de 10 mil anos.

Quadro 3.1 – Divisões do tempo geográfico

ERAS	PERÍODOS	ÉPOCAS		IDADES
Cenozoica	QUATERNÁRIO	Holoceno, Recente ou Atual		10 mil anos
		Pleistoceno	Superior	150 mil anos
			Médio	500 mil anos
			Inferior	2 milhões de anos
	2 milhões de anos			
	TERCIÁRIO	Plioceno		13 milhões de anos
		Mioceno		25 milhões de anos
		Oligoceno		40 milhões de anos

continua

ERAS	PERÍODOS	ÉPOCAS	IDADES
		Eoceno	60 milhões de anos
		Paleoceno	70 milhões de anos
	70 milhões		

Fonte: Leakey e Lewin (1980, p. 35 e 84).

3.2.2 Clima

O Pleistoceno teve um clima bastante instável, com fases úmidas, de chuvas pesadas, e com períodos de glaciações intercalados de períodos de seca. O avanço e o recuo das geleiras ocasionaram grandes mudanças no clima, afetando a vida animal e vegetal da Terra e interferindo nos rios, lagos e costas.

Os avanços glaciares ocorreram quatro vezes (alguns autores colocam cinco) durante o Pleistoceno. As condições climáticas oriundas do Polo Norte estenderam-se, levando gelo e neve para o interior da Europa, Ásia e América do Norte. O gelo não atingiu a África, mas determinou fases muito úmidas, com períodos de grande pluviosidade.

Muitas formas animais e vegetais, perante essa instabilidade climática de chuva, gelo e seca (interglaciações), emigraram ou extinguiram-se, ocasionando uma seleção natural entre os seres vivos.

3.2.3 Glaciações

Glaciação é a cobertura de grandes zonas da Terra por uma grossa camada de neve e gelo. A Europa, a Ásia e a América do Norte foram cobertas por quatro glaciações, no Pleistoceno: Gunz, Mindel, Riss e Würm, separadas por períodos interglaciares.

Sabe-se que houve glaciações anteriores a esse período, o que leva a crer encontrar-se a Terra em uma fase interglacial.

As glaciações têm denominações diferentes nas diversas partes do mundo, mas podem ser mais ou menos correlacionadas.

Quadro 3.2 – Glaciações e pluviosidades no Pleistoceno

ÉPOCAS	GLACIAÇÕES		PLUVIOSI-DADE
	EUROPA	AMÉRICA DO NORTE	
HOLOCENO	PÓS-GLACIAL		**PÓS-PLUVIAL**
	Glaciações Alpinas		

continua

| ÉPOCAS | | GLACIAÇÕES | | PLUVIOSI-DADE |
		EUROPA	AMÉRICA DO NORTE	
PLEISTOCENO	Superior	Retirada Glaciária		
		WÜRM	WISCONSIN	GAMBLIANO
		Interglacial Riss/Würm		
	Médio	RISS	ILLINOIS	Interpluvial
		Interglacial Mindel/Riss		KAMJERANO Interpluvial
		MINDEL	KANSAS	KAMASIANO
	Inferior	Interglacial Gunz/Mindel		Interpluvial
		GUNZ	NEBRASKA	KAGERANO
		VILAFRANQUIANO	?	?

Fonte: Beals e Hoijer (1969, p. 72).

Os períodos interglaciares foram mais longos do que os glaciares; e a segunda e a terceira glaciações – Riss e Mindel – talvez tenham sido as mais rigorosas.

Depois da última glaciação, com o progressivo aquecimento solar, começaram a surgir florestas no Norte da Europa e da América.

A instabilidade do clima, durante o Pleistoceno, afetou grandemente os mamíferos terrestres e até mesmo o homem primitivo. O avanço e recuo das geleiras, durante a última Idade do Gelo, desempenharam importante papel na dispersão do *Homo sapiens*.

A fauna e a flora sofreram alterações, e, durante as fases interglaciares mais quentes, os animais espalharam-se para longe das regiões equatoriais, penetrando na Europa.

3.3 Classificação zoológica do homem

A classificação zoológica baseia-se na estrutura. Sendo assim, o homem pode identificar-se como do(a):

1. *Reino*: animal.
2. *Filo dos cordados*: em virtude da medula espinhal e do sistema nervoso.
   2.1 *Subfilo dos vertebrados*: em razão da coluna vertebral, de segmentos ósseos e da estrutura esquelética.

36   **Capítulo 3**

3. *Classe dos mamíferos*: por ter sangue quente, pela prática em amamentar os filhos e pelos métodos de parição.
4. *Ordem*: primata.
5. *Gênero*: *homo* (homem, único sobrevivente).
6. *Espécie*: *homo sapiens*.
   6.1 *Subespécie*: *homo sapiens sapiens*.

Os primatas surgiram há cerca de 70 milhões de anos, durante o Paleoceno, oriundos dos mamíferos.

O homem origina-se da evolução de antigos primatas. Não descende dos macacos, mas ambos têm um tronco primata comum.

3.3.1   Primatas

Primata significa primeiro em posição ou ordem. Para Linneu, esta seria a mais alta ordem dos animais.

Características mais importantes dos primatas:

a. vivem ou viveram em árvores;
b. têm mobilidade dos dedos e dos artelhos, capacidade preênsil das mãos com dedo opositor (polegar), mão em pinça e cinco dedos nos pés;
c. unhas planas em vez de garras, almofadas táteis altamente sensíveis, habilidade em agarrar.

3.3.2   Fósseis humanos

Fósseis (*fossilis*, extraído da terra) são "restos ou quaisquer outros vestígios deixados por seres que habitavam a Terra nos tempos pré-históricos" (MENDES, 1965, p. 3). Eles são importantes porque documentam a evolução dos seres humanos ao longo do tempo geológico.

Os tipos mais comuns de fossilização dos seres humanos são:

a. *petrificação*: ou seja, substituição do material proteínico por substâncias minerais (pirita, sílica, carbonato de cálcio etc.);
b. *impressões, pegadas ou pistas*: rastros de marcha (Neanderthalensis).

3.3.3   Processos de datação

Para verificar a idade dos fósseis, são empregados vários processos de datação. Por meio de aparelhos especiais, pode-se medir a quantidade de elementos (carbono, potássio, flúor etc.) encontrados nos fragmentos. Comparando a quantidade encontrada com a existente no ser vivo, obtém-se a idade aproximada do fóssil.

3.4 Fases do desenvolvimento humano

A evidência da evolução do homem, a partir de ancestrais pré-humanos, encontra-se nos registros de fósseis descobertos.

De modo geral, podem-se reconhecer cinco fases estruturais básicas:

1. *Pré-homínida*, do Australopithecus;
2. *Homo habilis*;
3. *Homo erectus*, do Pithecanthropus;
4. *Homo sapiens*, do Neanderthal;
5. *Homo sapiens sapiens*, do Cro-Magnon.

O Quadro 3.3 apresenta uma síntese das principais características de cada um dos ancestrais mencionados anteriormente.

Quadro 3.3 – A evolução da espécie humana

NOME	PERÍODO	CRÂNIO	LOCAL	CARACTERÍSTICA
Australopithecus	4,2 – 1,4 milhão	700 cm³	África	Postura semiereta, uso de ferramentas
Homo habilis	2 – 1,5 milhão	750 cm³	África	Fabricação de artefatos rudimentares
Homo erectus	1,5 milhão – 300 mil	900 cm³	África, Ásia, Europa	Coluna ereta, controle do fogo, caçador habilidoso
Homo sapiens neanderthalensis	200 – 40 mil	1300 – 1600 cm³	África, Ásia, Europa	Fala, religiosidade, cerimoniais fúnebres
Homo sapiens sapiens	100 mil - hoje	1300 – 1600 cm³	Todos	Todas as atuais

Fonte: Ascari (2017).

Capítulo 3

Árvore genealógica da espécie humana de acordo com o Grupo Atapuerca*

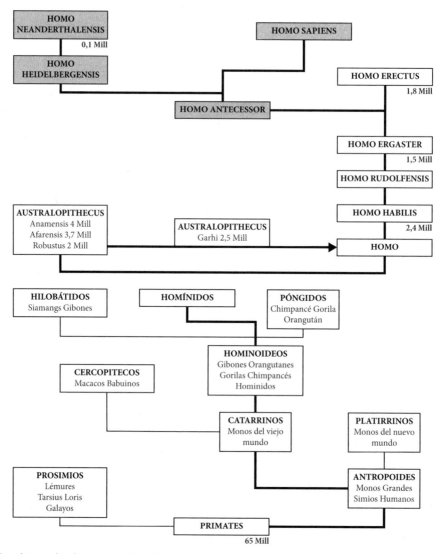

* Grupo de pesquisadores do conjunto arqueológico de Atapuerca (Espanha)

Fonte: Profesor3.cero (2014).

Figura 3.1 – Árvore genealógica humana.

3.5 Tese sobre a origem do homem

Um novo estudo comparativo do DNA (material genético) de asiáticos, europeus e africanos, publicado na revista da Academia de Ciências dos Estados Unidos (1997), reforça a teoria de que os humanos são originários da África. Os cientistas da Universidade de Utah, de Helsinki e da Pensilvânia estudaram o DNA de 63 asiáticos, 72 africanos e 120 europeus e descobriram maior diversidade genética entre os africanos – um sinal de que são a população mais antiga.

Quadro 3.4 – Períodos climáticos do Pleistoceno correlacionados com o gênero Homo

PERÍODOS	ANOS	ÉPOCAS	PERÍODOS CLIMÁTICOS	HOMO
Quaternário	10.000	HOLOCENO	Pós-Glacial	Moderno
		PLEISTOCENO Superior	Retirada do Gelo WÜRM III	Homo sapiens Homo sapiens
	40.000		WÜRM II WÜRM I	Homo sapiens
	150.000		3º Interglacial	
		PLEISTOCENO Médio	RISS	
			2º Interglacial	Homo erectus
			MINDEL	
	500.000			
		PLEISTOCENO Inferior	1º Interglacial	Australopithecus
			GUNZ	e
			VILAFRANQUIANO	Homo habilis

Fonte: Beals e Hoijer (1969, p. 72).

3.6 Raças humanas

O estudo das raças é um dos campos da Antropologia Física que vem preocupando os estudiosos desde o século XVIII. A despeito dos esforços realizados pelos cientistas, ainda não se chegou a um consenso sobre o que seja raça, em virtude da:

40   Capítulo 3

a. relatividade do tempo;
b. extrema diversidade das características físicas;
c. distribuição espacial do homem.

Há, porém, um ponto em comum: todos concordam em que o homem pertence ao mesmo gênero, *Homo*, e à mesma espécie, *sapiens*.

No passado, houve um tronco comum, mas ninguém sabe quando nem como começou a diversificação.

3.6.1 Conceituação

A palavra "raça" vem do latim *ratio*, que quer dizer *categoria*. Dividir algo em raças é categorizar. Do ponto de vista científico, a raça é um subgrupo das espécies.

Um pouco mais tarde, o sábio alemão Blumenbach (1806), baseado na cor da pele, divide a humanidade em cinco raças: caucásia (branca), mongólica (amarela), etiópica (negra), americana (vermelha) e malaia (parda).

Demoulins (1825) amplia para 16 essa divisão; separa os hotentotes e os etíopes dos negros africanos, acrescenta os negros da Oceania e os ainos do Japão.

Huxley (1870) evidencia a importância dos australianos. Deniker (1900) reconheceu 27 raças e 22 sub-raças, considerando a cor da pele, a forma do cabelo e o formato do nariz, reunidas em quatro grupos principais: primitivas, negras ou negroides, brancas e amarelas, mais ou menos relacionadas com os continentes.

Como é possível constatar, durante o século XIX e a primeira metade do século XX, raça era definida em termos biológicos, uma categoria das espécies de seres vivos, determinada pela cor da pele e características físicas, associadas à origem social dos indivíduos. Um sinônimo mais adequado da palavra seria cor. Por exemplo, em vez de usar "a raça negra sofre preconceito no Brasil", usa-se "as pessoas de cor negra sofrem preconceito no Brasil".

O conceito biológico de raça caiu em desuso, restringindo a sua aplicação aos animais (SIGNIFICADOS, 2016).

Recentemente, no relatório da Organização das Nações Unidas para a Alimentação e a Agricultura (FAO), "World Watch List for Domestic Animal Diversity" (SCHERF, 2000), existe uma definição razoável, de raça: grupo subespecífico de animais domésticos com características externas definidas e identificáveis que lhe permitam diferenciar-se pela apreciação visual de outros grupos definidos da mesma espécie.

A comunidade científica praticamente abandonou o uso do termo "raça". Da mesma maneira, muitos autores da Sociologia concordam que o conceito de raça é apenas uma noção socialmente construída e perpetuada pelo preconceito.

Dentro desse contexto, Giddens (2004) descreve o conceito de raça como um conjunto de relações sociais que permite situar os indivíduos e os grupos e determinar vários atributos ou competências com base em aspectos biologicamente fundamentados.

Atualmente, a maioria dos estudiosos argumenta que "raça" não tem relação com a natureza humana. Uma minoria ainda afirma que existe essa relação. Para Wade (2011), "raça" é uma categoria cultural que pode se tornar uma parte material da experiência humana. Tal materialização ajuda a explicar a ideia de raça.

De acordo com Lopez e Arias (2007), as raças humanas não existem. O conceito de raça é uma categoria de classificação de Biologia que é usada para definir um grupo de organismos ou população geneticamente diferenciada no seio de uma espécie, sendo as características distintivas do tipo hereditário. Mas este conceito é problemático quando aplicado aos seres humanos. Por quê? Porque tem sido demonstrado que as diferenças na espécie humana são culturais e sociais, mas não biológicas.

No mesmo sentido, José Marín Gonzáles (2003) enfatiza que as raças não existem, nem biogeneticamente ou cientificamente. Os homens por sua origem comum pertencem ao mesmo repertório genético. As variações que possam existir não são o resultado de genes diferentes. De se manter o conceito, existe apenas uma "raça": humana. No entanto, podemos dizer que existem raças de cães, gatos ou vacas, que são o produto da manipulação genética.

3.6.2 Critérios de classificação

O naturalista sueco Linneu (1758) foi o primeiro a fazer uma classificação de raça, dividindo a espécie humana em quatro grupos: o homem *europeu*, o homem *americano*, o homem *asiático* e o homem *africano*. Essa classificação levou em conta caracteres físicos e sociais. Foi bastante difundida e ainda hoje é aceita por alguns antropólogos.

Da classificação de Linneu, podemos deduzir o seguinte: *Americanus* (índio americano) – "tenaz, satisfeita, livre, governada por costumes"; *Europeus* – "descuidada, vivaz, inventiva, regida por ritos"; *Asiaticu* – "severa, altiva, mesquinha, regida pela opinião"; *Afer* (Africano) – "astúcia, serena, negligente, governada por seu capricho". A falha dessa classificação é que não classifica nada. Evidentemente, pessoas satisfeitas, vivazes e negligentes podem ser encontradas em qualquer lugar (EDUCABOLIVIA, 2007).

Outros autores utilizaram medidas de partes do corpo e suas proporções, especialmente a cabeça (ver Quadro 3.3). As raças foram caracterizadas pela forma do crânio, juntamente com várias combinações particulares de outras características genéticas (cor da pele, olhos etc.). As raças seriam populações que diferem na frequência relativa de alguns de seus genes. Assim, a diferença de um único gene seria suficiente para constituir uma alteração racial (EDUCABOLIVIA, 2007).

Para Suzane Jardim (2018), a ideia de "raças humanas", a despeito de não ter veracidade biológica, foi criada e usada para dividir os seres humanos de acordo com uma hierarquia que ainda hoje influencia o modo em que vivemos. Nessa hierarquia, criada pelo racismo científico corrente no final do século XIX até a primeira metade do século XX, a raça branca teria uma superioridade moral, cultural, política e econômica em relação às demais raças, sendo a raça negra a que estaria supostamente no mais baixo nível evolutivo possível, fator que justificava a escravidão e o domínio do continente africano por colonizadores europeus.

Para essa autora, sabemos hoje que a classificação das raças humanas é reflexo de um mundo eurocêntrico que buscava legitimidade para seus empreendimentos desumanos, e que nada tem a ver com a realidade biológica e científica. Um dos fatores que comprovam o caráter social e político presente nos termos "raça" e "racismo" é o fato de que o racismo opera de modos diferentes em cada parte do mundo, relacionando-se com a história e as dinâmicas particulares da localidade. O racismo contra os negros brasileiros é muito diferente do racismo vivenciado pelos negros sul-africanos. As raças humanas não existem, mas a divisão artificial da população em raças continua trazendo consequências que precisam ser entendidas e explicadas para assim serem combatidas. Consequentemente, manter o uso do termo "raça" torna-se válido quando analisamos a questão do racismo para além da Biologia, compreendendo-o como fator político e sociológico (JARDIM, 2018).

3.6.3 Fatores de diferenciação

As diferenças existentes entre grupos isolados são explicáveis pela atuação de fatores determinantes da mudança evolutiva.

– Seleção natural. O processo pelo qual as mutações prejudiciais para a sobrevivência da espécie são eliminadas e os benefícios são preservados. Os que possuem qualidades adaptativas sobrevivem; os que não as têm tendem a desaparecer na luta pela existência. Quem seleciona os seres que vão sobreviver e procriar é o ambiente físico. Em regiões com neve, por exemplo, todo coelho que tenha nascido com a cor preta (mutação da melanina) será caçado mais facilmente por seus predadores do que os brancos.

Nos homens, com raras exceções, peles de pigmentação escura são distribuídas em regiões de altas temperaturas e umidade, e vice-versa. Por exemplo, na Índia, o câncer da pele restringe-se aos europeus; e o câncer do rosto aos marinheiros brancos. A pigmentação protege a pele contra os danos da irradiação.

Charles Darwin (1809-1882) foi o naturalista britânico que mudou a história da humanidade, atestando a evolução da espécie mediante a seleção natural. No século XIX, sua teoria mudou os rumos da ciência, revolucionando as áreas da biologia, sistemática, classificação, geologia, paleontologia.

– Mutação. Alteração sofrida por um gene (que teve um antigo caráter) que se manifesta sob nova forma. Sem a mutação, não há mudança evolutiva significativa.

As mutações estão ocorrendo constantemente em um indivíduo e, a longo tempo, propagam-se aos outros. A cor preta da pele dos negros, se for aceita a coloração branca como original no homem, pode ter surgido de genes mutantes. Por exemplo, onças com pele de duas cores (amarelo e preto), devido a uma mutação da melanina, preservarão a cor preta. Essa cor será transmitida aos seus descendentes. A mutação constitui a matéria-prima com a qual a evolução trabalha para formar raças e espécies.

A **variação** é a matéria-prima da evolução. Sem variação genética, não é possível a evolução. A fonte final de toda variação genética é a mutação. Uma mutação é uma mudança estável e hereditária no material genético. Mutações alteram a sequência de DNA e, portanto, introduzem novas variantes. Muitas dessas variantes são eliminadas, mas ocasionalmente algumas podem ser bem-sucedidas e incorporadas em todos os indivíduos da espécie. A mutação é um fator que aumenta a diversidade genética.

– Isolamento. Separação de um grupo de todos os demais da mesma espécie, com cruzamento entre si. Os grupos pequenos são mais homogêneos e a distribuição dos genes mais uniforme, havendo certa estabilidade.

No entanto, mais cedo ou mais tarde, esse grupo isolado entra em contato com outro grupo e, com os possíveis cruzamentos, perde a sua homogeneidade. Se depois desse cruzamento o grupo volta a se reproduzir em isolamento, os novos genes recebidos acabam sendo distribuídos dentro da população, que novamente recupera o equilíbrio genético e a nova uniformidade.

– Pendor genético. Ocorre nas populações reduzidas e isoladas. As formas de reprodução locais permitem a sobrevivência, a difusão e a combinação dos genes mutantes. Os que não possuem valor adaptativo (positivo ou negativo) podem fixar-se na população. Essas mutações, ocasionais, tanto podem atuar geneticamente como extinguir-se. Têm papel importante na evolução do homem.

– Hibridação. Significa a união de indivíduos que diferem em um ou mais genes. Há duas espécies:

1. entre indivíduos;
2. entre populações.

Os dois tipos de hibridação são importantes na evolução humana. Há uma troca de atributos biológicos, adaptativamente valiosos, entre ambos; um compensando as deficiências do outro.

A hibridação produz alterações de traços físicos (estrutura) e fisiológicos (funcionais), aumentando o valor adaptativo da prole. Leva ao desaparecimento das distinções raciais ou ao aparecimento de grupos intermediários. Com a troca de genes, pode-se verificar: aumento de tamanho, de fecundidade, resistência a moléstias, revigoramento dos níveis de inteligência, diminuição das anormalidades congênitas (vigor híbrido ou heterose).

– Seleção sexual. Consiste no processo de escolha do cônjuge. O homem seleciona a mulher à base de um padrão de beleza: gorda ou magra, cabelos lisos ou enrolados, loira ou morena etc. Com o tempo, o tipo sexualmente preferido torna-se dominante, em detrimento do preterido. Por exemplo: em um grupo no qual o cabelo crespo é preferido, os indivíduos de cabelos lisos desaparecerão. A preferência do moreno por um sexo loiro do outro, e vice-versa, ilustra como a seleção sexual mantém uma distribuição equilibrada desses tipos. É difícil avaliar o papel desempenhado pela seleção sexual na história da evolução humana, mas talvez ela tenha sido mais importante no passado recente do que no passado remoto.

– Seleção social. Trata da regulamentação dos cruzamentos. Algumas sociedades elaboram estatutos que regulam as uniões entre os indivíduos, impedindo o casamento ao acaso. Esse procedimento leva a diferenças distintas nos segmentos da população. O queixo

44   Capítulo 3

dos Habsburgos, da família real espanhola, é um exemplo. No passado, a seleção social deve ter influído na diferenciação das populações e dos grupos dentro dessas populações.

– **Migração.** O intercâmbio de genes entre povos, em virtude da migração dos indivíduos, é outro fator importante de modificação genética nas populações.

A diversidade genética é absolutamente indispensável à sobrevivência da espécie humana. Cada indivíduo humano é único e se distingue de todos os indivíduos passados, presentes e futuros, não apenas no plano morfológico, imunológico e fisiológico, mas também no plano dos comportamentos. É absurdo pensar que os caracteres adaptativos sejam no absoluto "melhores" ou "menos bons", "superiores" ou "inferiores" que outros. Uma sociedade que deseja maximizar as vantagens da diversidade genética de seus membros deve ser igualitária, isto é, oferecer aos diferentes indivíduos a possibilidade de escolher entre caminhos, meios e modos de vida diversos, de acordo com as disposições naturais de cada um. A igualdade supõe também o respeito do indivíduo naquilo que tem de único, como a diversidade étnica e cultural e o reconhecimento do direito que tem toda pessoa e toda cultura de cultivar sua especificidade, pois, fazendo isso, elas contribuem para enriquecer a diversidade cultural geral da humanidade (Munanga, 2003).

3.7 Raças no Brasil

De acordo com Harris (1970) apud Kottak (2012), o Brasil utiliza mais de 500 identificações raciais.

A classificação racial brasileira utiliza **fenótipos** – características físicas – em vez de **genótipos** – características internas hereditárias. Genótipo é o que você é geneticamente, não pode mudar; fenótipo é o que você parece ser, pode mudar, por exemplo, por motivos ambientais, como os raios de bronzeamento do sol ou os efeitos da umidade no cabelo.

Segundo Kottak (2011), gêmeos idênticos e clones têm o mesmo genótipo, mas seus fenótipos variam como se tivessem sido criados em ambientes diferentes. Fenótipo descreve os traços marcantes de um organismo, seu "manifesto biológico" – fisiologia e anatomia, incluindo cor da pele, forma do cabelo, características faciais etc.

Kottak (2011), relatando sua experiência em Arembepe (Bahia), opina que um brasileiro pode mudar sua "raça" (digamos de "índio" para "mestiço"), alterando o seu modo de vestir, linguagem, localização (por exemplo, rural para urbano), ou mesmo a atitude (por exemplo, adotando o comportamento urbano). Por exemplo, as identificações raciais/étnicas índio e *caboclo*, utilizadas no Brasil, caracterizam alguém com "aparência de índio", mas que usa roupas modernas e participa da cultura brasileira, em vez de viver em uma comunidade indígena.

3.7.1 Miscigenação

Para Orson Camargo (2018), a miscigenação ocorre na união entre brancos e negros, brancos e amarelos e entre amarelos e negros. O senso comum divide a espécie humana entre brancos, negros e amarelos, que, popularmente, são tidos como "raças" a partir de um traço peculiar – a cor da pele. Todavia, brancos, negros e amarelos não constituem raças no sentido biológico, mas grupos humanos de significado sociológico.

Origens da Humanidade 45

Figura 3.2 – Brancos, negros e amarelos não constituem raças no sentido biológico, mas grupos humanos de significado sociológico.

No Brasil, há o "Mito das três raças", desenvolvido tanto pelo antropólogo Darcy Ribeiro como pelo senso comum, em que a cultura e a sociedade brasileiras foram constituídas a partir das influências culturais das "três raças": europeia, africana e indígena.

Contudo, esse mito não é compartilhado por diversos críticos, pois minimiza a dominação violenta provocada pela colonização portuguesa sobre os povos indígenas e africanos, colocando a situação de colonização como um equilíbrio de forças entre os três povos, o que de fato não houve. Estudos antropológicos utilizaram, entre os séculos XVII e XX, o termo "raça" para designar as várias classificações de grupos humanos; mas desde que surgiram os primeiros métodos genéticos para estudar biologicamente as populações humanas, o termo "raça" caiu em desuso.

Enfim, "o mito das três raças" é criticado por ser considerado uma visão simplista e biologizante do processo colonizador brasileiro (CAMARGO, 2018).

4
Passado Cultural do Homem

Os seres vivos mostram notáveis adaptações a uma enorme variedade de ambientes. Geralmente, tais adaptações têm sido alcançadas pela reprodução preferencial de formas que estavam mais bem adaptadas para sobreviver e se multiplicar em certos ambientes. As características mais bem-sucedidas foram passadas para os descendentes. Esta é a adaptação pela seleção natural, alcançada lentamente. No transcurso do tempo, foram desenvolvendo-se mecanismos que permitiriam adaptações mais rápidas. Entre eles, a capacidade de aprender com a experiência dos outros. Essa é a própria essência do conceito de cultura, e requer alguma forma de comunicação. A aprendizagem pode ocorrer por simples imitação (CAVALLI-SFORZA, 1986).

48   Capítulo 4

Hoebel e Frost (1981, p. 77) afirmam que

> para compreender a cultura humana devem-se conhecer as fases pelas quais a humanidade se transformou, do antropoide dominado pelo instinto ao ser humano adaptável culturalmente. Desde o tempo das origens primitivas da cultura, todo desenvolvimento humano foi biológico e cultural. Nenhuma tentativa de estudar a humanidade pode ignorar este fato.

4.1 Estágios da evolução cultural humana

O desenvolvimento cultural do homem é uma realidade atestada pelos restos arqueológicos, ou seja, pela presença de artefatos rudimentares manufaturados. As condições distintivas para a humanização seriam a fabricação de instrumentos, resultado da transformação intencional e não acidental da matéria-prima (pedra, osso, madeira) em utensílios.

O desenvolvimento cultural do homem acha-se intimamente associado a sua evolução psicobiológica, o que lhe permitiu conquistas, cada vez mais aperfeiçoadas e complexas, no mundo cultural.

O homem se torna, então, um ser cultural, capaz de produzir, ou seja, capaz de criar e acumular experiências e principalmente de transmiti-las socialmente. Desenvolve padrões de comportamento grupal, hábitos e costumes diferentes, sempre renovados, que foram de fundamental importância para sua sobrevivência.

Brace (1970, p. 67), analisando a cultura como mecanismo primário de adaptação humana, afirma:

> a mais singular característica do ser humano é a sua capacidade para partilhar da experiência acumulada e transmitida pelos seus semelhantes. Esta deve, portanto, ser considerada a mais importante forma de adaptação do homem.

O composto psicobiológico do homem desenvolveu-se paralelamente ao componente cultural, e, para melhor compreensão desse complexo, é necessário levar em conta alguns aspectos: o tempo, as evidências fósseis (hominídeos) e as manifestações culturais (indústrias, economias), no espaço geográfico.

Podemos definir a Pré-história como um período anterior ao aparecimento da escrita. Portanto, esse período é anterior a 4.000 a.C., pois foi por volta desse ano que os sumérios desenvolveram a escrita cuneiforme (RAMOS, 2018). Foi uma fase importante, pois o homem conseguiu vencer as barreiras impostas pela natureza e prosseguir com o desenvolvimento da humanidade na Terra. Aos poucos, o ser humano foi desenvolvendo soluções práticas para os problemas da vida. Inventando objetos e soluções a partir das necessidades. Ao mesmo tempo, foi desenvolvendo uma cultura muito importante. Esse período pode ser dividido em três fases: Paleolítico, Mesolítico e Neolítico.

4.1.1 O Paleolítico

Paleolítico (*palaiós* – antigo; *lithos* – pedra = pedra antiga) ou Idade da Pedra Lascada faz referência ao primeiro período da pré-história, que aconteceu há aproximadamente 2,5 milhões de anos a.c., em que o homem utilizava pedra lascada como principal arma de caça. Naquele período os homens eram nômades e caçadores-coletores, por isso precisavam estar sempre se deslocando para conseguir alimentos. Como eles não tinham ainda desenvolvido habilidade de criar suas próprias armas de caça, eles pegavam pedras pontudas e esfregavam-na no chão até que a ponta ficasse ainda mais fina e pudesse perfurar algum animal para matar e eles comerem. Eles utilizavam essa mesma técnica para transformar não só pedra, mas também madeira e osso em armas de caça.

As características mais importantes da cultura paleolítica eram os abrigos provisórios, o uso de ferramentas simples de pedra lascada e, a partir de 38.000 a.c. e somente em algumas regiões, as obras de arte. São especialmente notáveis as pinturas das cavernas e as estatuetas femininas produzidas na Europa.

Há evidências conclusivas de que esses grupos paleolíticos não viviam isolados, e que frequentemente ocorriam contatos "comerciais" para troca de ferramentas, enfeites e ideias. Graças a esses contatos, as inovações passavam de um grupo para outro, generalizando as descobertas mais interessantes.

Os estudiosos do tema costumam dividir esse período em três partes: Paleolítico Inferior, Médio e Superior.

4.1.1.1 Paleolítico Inferior (500.000 a 150.000 anos)

Geograficamente, as regiões habitadas nesse período encontram-se na Ásia, África e Europa, onde foram descobertos e recolhidos os artefatos manufaturados pelos primeiros hominídeos:

a. *Homo habilis* e os dois espécimes *australopithecus* (*robustus* e *africanus*): talvez tenham sido os primeiros seres a adquirir cultura, manufaturando intencionalmente seus instrumentos. Esses artefatos, considerados os mais antigos da indústria lítica conhecida, são de pedra e bem rudimentares (seixos, quartzo, sílex etc.).

b. *Homo erectus*: habitava tanto no Oriente quanto no Ocidente, desenvolveu atividades que se assemelham: eram caçadores rudes e astutos, utilizando instrumentos manufaturados, continuando a tradição dos artefatos de seus antecessores. Data daí a utilização do fogo, uma das significativas conquistas do homem. A indústria lítica era composta de instrumentos cortantes, pedaços de quartzo rudemente lascados, lascas afiadas etc.

A tecnologia desenvolvida por essas culturas é: a indústria de seixos e das lascas.

4.1.1.2 Paleolítico Médio (de 150.000 a 40.000 anos)

Caracteriza-se pela presença do *Homo pré-sapiens* ou *sapiens* e ocorre no início do Pleistoceno Superior, cerca de 150 a 40 mil anos. A subsistência dependia ainda da caça e da coleta, mas as técnicas de fabricação de instrumentos foram-se aperfeiçoando, permitindo designar esse *Homo* como *sapiens* (inteligente).

Nesse período que surgiu o homem de Neanderthal, que era um pouco mais inteligente que seus antecessores. Começaram a explorar mais a distribuição geográfica e passaram a ocupar a Europa enquanto desenvolviam um pouco mais as suas técnicas de talhe, também chamadas de indústria musteriense. Nessa época, também surgiram os sambaquis, que foram os primeiros hominídeos encontrados na América do Sul, situados principalmente em áreas litorâneas (CASSIA, S/D).

No Paleolítico Médio, os homens começaram com a tradição cultural de reservar um lugar para depositar os restos mortais de seus entes queridos e todos os pertences deles: vestes, colares, cerâmicas e ferramentas – além de também depositarem no mesmo local conchas e restos mortais de animais. Era um conceito primitivo de religião formando-se.

4.1.1.3 Paleolítico Superior (40.000 a 12.000 anos)

Nesse período, ocorreu a quarta glaciação – principalmente no norte da Europa – e com isso os homens foram forçados a recuarem ainda mais para a vida nas cavernas. Foi aí que se desenvolveu o homem de Cro-Magnon, que já era uma espécie do homem moderno propriamente dito. Por não poderem sair da caverna todos os dias para caçar, eles começaram a sentir necessidade de capturar animais maiores e que a carne pudesse durar mais tempo, por exemplo, os mamutes. Para conseguir esse grande feito, eles começaram a desenvolver alguns tipos de armadilhas que eram montadas no chão para capturar animais de grande porte, e depois os matavam, cozinhavam sua carne em fogueiras e comiam (CASSIA, S/D).

Comparado com os períodos anteriores, o Paleolítico Superior teve duração relativamente curta, caracterizando-se, entretanto, por significativas mudanças que afetaram profundamente o desenvolvimento cultural. Seu início data de, aproximadamente, 35 a 40 mil anos, estendendo-se até 12 mil anos a.C.

A multiplicidade de achados determinou grande variedade de nomes, quase sempre relacionados com o local onde foram encontrados. O mais antigo fóssil e as mais remotas manifestações culturais do Paleolítico Superior estão na caverna de Shanidar (Iraque). Seguem-se os achados de Monte Carmelo (Israel), os de Hana Fteah (norte da África) e os do grupo Cro-Magnon (associado, às vezes, às designações Grimaldi, Chancelade e Combe-Capelle).

O *Homo sapiens sapiens* do Paleolítico Superior continua desenvolvendo atividades predatórias, mas, no seu final, atingiu grande desenvolvimento cultural e tecnológico. O homem está preparado para a passagem de predador a produtor de alimentos. Continua sendo coletor, caçador e pescador, usando, entretanto, técnicas mais refinadas que representam o avanço, não apenas material, mas também intelectual do homem.

O Paleolítico Superior caracteriza-se também pelo surgimento de manifestações artísticas (veja Capítulo 2). Expressaram-se por meio da gravura, da pintura, da escultura e da modelagem. Desenhos de animais (cavalo, mamute, cabrito montês, rena, rinoceronte, bisão, leão, vaca etc.), gravados nas paredes das cavernas; figuras femininas esculpidas, baixos-relevos, esculturas em osso, pedra e marfim aparecem sobretudo na Europa Ocidental e no Norte da África.

Observa-se, nessas representações, grande realismo de expressão, desde os simples traços gravados até figuras complexas de grandes animais. Era uma arte policrômica, isto é, empregava-se uma ou várias cores (vermelho, amarelo, preto e marrom), com delicados sombreados. Encontra-se, essa arte mural, nas cavernas ou grutas; entre as mais conhecidas estão: Altamira (Espanha), Lascaux, Niaux, Fonte de Gaume, Les Trois-Frères, Genière (França) etc.

O estudo da arte Paleolítica traz à luz aspectos significativos da cultura desses grupos humanos e de suas reações emocionais. Além de ser a expressão da criatividade dos indivíduos, tem finalidades mágicas ou rituais, sendo também utilitária. O homem de Cro-Magnon dava grande importância a seus mortos. Em sepulturas, cavadas nas moradias, colocavam os defuntos cobrindo-os com pedras. Assim, ossos humanos são encontrados não só nas sepulturas, mas também espalhados por várias localidades. Essas ossadas humanas parecem ter sido submetidas a tratamento ritual e sugerem a prática do canibalismo.

A possível veneração pelos animais talvez tenha levado esses homens à prática do culto animal, sendo o mais conhecido a adoração ao urso, que começou com o homem de Neanderthal e se manteve até o final do Paleolítico.

Trata-se de uma espécie extinta, o chamado "urso das cavernas", animal de grande porte e extremamente feroz. Era intensamente procurado e caçado pelo homem paleolítico, possivelmente para obtenção de sua carne e pele. A grande quantidade de ossos de ursos empilhados em muitas cavernas indica a prática desse culto.

As tradições do Paleolítico Superior, na África, no Oriente Médio e no Sudeste da Ásia, tiveram desenvolvimento paralelo ao da Europa, com poucas diferenças.

4.1.2 Mesolítico

O termo **Mesolítico** (*meso*, média; *lítico*, pedra), segundo Zvelebil, está relacionado com as culturas pós-glaciais de caçadores-coletores, na Europa, mas o sentido desse termo ainda está em debate quanto à sua funcionalidade. Em 1872, Hodder M. Westropp foi quem cunhou pela primeira vez o termo "Mesolítico". Em seguida, foi utilizado por Brown, em 1893, mas não foi completamente aceito até às décadas de 1920 e 1930. De acordo com Zvelebil, o conceito mesolítico originalmente tinha a função de datar o hiato entre o Paleolítico e o Neolítico – entre 10.000 a.C. e 5.000 a.C. (ZVELEBIL, 2009).

52   Capítulo 4

O Mesolítico foi um período de transição, porém representou grandes avanços no sentido de garantir melhores condições de sobrevivência para o homem pré-histórico, além de ser caracterizado pelo fim da última das grandes deglaciações e ressurgimento da vida aquática. Também marcou o início do período Holocênico ou "o estágio da produção incipiente de alimentos". Os homens adaptaram igualmente técnicas de preservação e armazenagem dos excedentes alimentares, reduzindo assim os "períodos de fome". As ferramentas se tornaram mais refinadas e especializadas (TIWARI, S/D).

É no Mesolítico, fase intermediária na qual se verificou a transição de culturas e economias, que o homem se prepara para a fase seguinte, isto é, de predador ele se torna um produtor de alimentos.

Para Cassia (s/d), os homens eram nômades estacionais, ou seja, no inverno refugiavam-se em cavernas e no verão saíam a fazer explorações e acampamentos às margens de rios. Foi nessa época que eles começaram a descobrir outras utilidades para o fogo, como cozinhar alimentos, iluminar a caverna e protegê-la de predadores e a principal delas: proteger do frio. Os relacionamentos e o convívio humano também foram mais desenvolvidos no período mesolítico. Começaram a desenvolver armas de caça mais modernas e eficientes, que serviam também para proteger toda a comunidade dos predadores. Passaram a utilizar o rio não só como fonte de água, mas também como fonte de alimento: aprenderam a pescar. Também começaram a se acostumar com uma vida menos nômade, aprenderam que os animais de grande porte gostavam de lugares altos (como montanhas), pois lá eles tinham uma maior possibilidade de alimentação.

Nesse período, a arte começou a registrar aspectos do cotidiano dos habitantes. Mas não apresentava nova técnicas.

De acordo com Sua Pesquisa (S/D), os principais avanços do período Mesolítico foram os seguintes:

– Domínio do fogo: com essa conquista, o homem da Pré-história conseguiu espantar os animais selvagens que lhe representavam perigo. Foi possível também esquentar e iluminar a moradia, além de possibilitar o consumo de alimentos e carne cozida ou assada.

– Domesticação dos animais: possibilitou garantir uma reserva de alimento para o momento que houvesse necessidade, eliminando a dependência da caça.

– Desenvolvimento da agricultura: com esse avanço, o homem da Pré-história deixou de ser nômade para ser sedentário. Diminuindo a dependência da natureza, a agricultura garantiu maior quantidade de alimentos.

– Divisão de trabalho por sexo: os homens ficaram responsáveis pelo sustento da família e segurança do local, enquanto às mulheres cabiam as funções de cuidar dos filhos e da organização da habitação. Essa divisão de trabalho melhorou a organização social na Pré-história, favorecendo o desenvolvimento das famílias.

Muitos historiadores e antropólogos defendem a ideia de que as raízes das primeiras sociedades camponesas estavam presentes nas comunidades de coletores e caçadores complexos do período mesolítico.

Figura 4.1 – Reconstrução de casa mesolítica no sítio arqueológico Lepenski Vir, Sérvia.

4.1.3 Neolítico

O Neolítico (*neo*, novo; *lítico*, pedra) ou Idade da Pedra Nova ou Polida tem seu início por volta de 10.000 a.C. no Médio e no Próximo Oriente, prolongando-se até a Idade dos Metais, a chamada Proto-história (cerca de 4.500 anos a.C.). Estende-se pela Europa, Leste e Sudeste da Ásia, África, Américas e Austrália.

Grandes mudanças ocorreram nos modos de pensar e agir do homem neolítico, que, a partir de então, tinha sua autossuficiência assegurada. Desenvolve-se o culto à fecundidade e a mulher ganha *status* na sociedade, por plantar e reproduzir. A sobrevida do homem se amplia e o aumento populacional é evidente, formando-se grandes aglomerados.

O Neolítico teve seu início no chamado Fértil Crescente, que abrange a região do rio Nilo e se estende pela margem oriental do Mediterrâneo até os rios Tigre e Eufrates (Oriente Médio).

Ao longo dos rios e dos grandes lagos, estabeleceram-se, inicialmente, grupos de coletores e, posteriormente, de agricultores, permitindo o seu desenvolvimento. O Nilo, o Tigre e o Eufrates ofereceram condições para a concentração populacional, no seio da qual eclode esse período.

Somente com o advento da Idade dos Metais (cobre, bronze e ferro) é que o homem deixa de usar a pedra como matéria-prima para as suas manufaturas (veja Figura 4.2).

Era	Período	Anos	Épocas	Períodos Climáticos	Culturas Paleolíticas		Épocas Culturais	Homo
CENOZOICA			Holoceno	Pós-Glacial		Idade do Metais	Prata e ouro Ferro Bronze Cobre	
						Pedra Polida	Neolítico	**Moderno**
		10.000		Würm III		Idade do Osso	Mesolítico	
			Pleistoceno Superior	Würm II	Magdaleniense 35 a 20 mil	Solutrense 40 a 30 mil	Ind. Folha Foliácea	Paleolítico Superior	*sapiens – sapiens* **sapiens**
					Aurignaciense 70 mil			
	QUATERNÁRIO	40.000		Würm I		Perigordiense		
				3º interglacial	Musteriense 140 a 70 mil	Levaloisense 250 a 70 mil	Ind da Lâmina Esquírola	Paleolítico Médio	*sapiens*
		150.000	Pleistoceno Médio	Riss 2º interglacial Mindel	Acheulense 400 a 150 mil	Clactoniense	Ind. Lasca	Paleolítico Inferior	*erectus*
					Chelense	Abeviliense 540 a 400 mil			
		500.000		1º interglacial					
			Pleistoceno Inferior	Gunz	Pré-chelense		Ind. Seixos	Pré-paleolítico ou Eolítico	*Australopithecus e H. habilis*
		1 milhão 2 milhões		Pré-Gunz Vilafranquiano	Olduvaniense				

Figura 4.2 – Períodos geológicos, climáticos e épocas culturais correlacionadas com o gênero *homo*.

4.1.4 As primeiras civilizações

As primeiras civilizações surgiram nos planaltos, terras que tinham quantidades adequadas de precipitação para apoiar a agricultura para os habitantes locais. Posteriormente mudaram-se para as planícies, em torno dos rios Nilo, Tigre e Eufrates, Indus etc.

Cerca de 3500 a.c., a metalurgia surgiu com o uso de cobre, prata, ouro e, mais tarde, bronze e ferro (Idade do Bronze). Em torno de 3000 a.c., o uso da roda para veículos e vela para navios facilitou o transporte de cargas maiores.

Foi em torno de 1500 a.C. que o ferro começou a ser usado. Foi um marco fundamental, uma vez que aumentou a produtividade agrícola, armas mais eficazes, o que tornou a guerra um elemento significativo da vida política. A revolução tecnológica moderna começou com a Revolução Industrial, que significou uma profunda transformação econômica, tecnológica, política e social. A **Revolução Industrial** ocorreu na Inglaterra, em meados do século XVIII, dando início à era do **capitalismo**.

Os séculos XX e XXI testemunharam avanços importantes no campo dos transportes e da comunicação e incluem ferrovias, transporte aéreo, transporte marítimo, telefone, rádio, televisão, computadores, comunicação via satélite, internet, fax etc. As culturas variam no acesso e utilização desses avanços tecnológicos (TIWARI, s/d).

Para muitos grupos étnicos e sociedades, as mudanças não têm significado melhorias das condições de vida. Assim, como resultado, temos técnicas e culturas "primitivas" que coexistem com essas tecnologias modernas.

5
Família e Sistema de Parentesco

Em todas as sociedades humanas, encontra-se uma forma qualquer de família. Sua posição, dentro do sistema mais amplo de parentesco, pode oscilar muito, desde um lugar central e dominante (sociedade ocidental) até uma situação de reduzida importância (povos ágrafos), que dá maior destaque ao grupo de parentesco, mais amplo do que a unidade representada por marido, mulher e filhos.

5.1 Família

A família, em geral, é considerada o fundamento universal das sociedades, por se encontrar em todos os agrupamentos humanos, embora variem as estruturas e o funcionamento.

Se, originariamente, a família foi um fenômeno biológico de conservação e reprodução, transformou-se depois em fenômeno social. Sofreu considerável evolução até regulamentar suas bases conjugais conforme as leis contratuais, normas religiosas e morais.

Toda sociedade humana tem regras que abrangem as relações sexuais e a procriação de filhos, situando a criança em determinado grupo de descendência. Todavia, essas regras não são as mesmas em toda parte.

De modo geral, é o casamento que estabelece os fundamentos legais da família, mas pode haver famílias sem casamento.

5.1.1 Conceituação

Historicamente, Murdock (1949, p. 1) definiu família como "um grupo social caracterizado pela residência comum, com cooperação econômica e reprodução". Para Lucy Mair (1972, p. 96), ela consistia em "um grupo doméstico no qual pais e filhos vivem juntos". Beals e Hoijer (1969, p. 475) definiram família como "um grupo social cujos membros estão unidos por laços de parentesco", ou, ainda, "um grupo de parentes afins e seus descendentes que vivem juntos" (GUIA PRÁTICO DE ANTROPOLOGIA, 1971, p. 98).

Em consideração às mudanças das características da família, o conceito deve ser descrito nos parâmetros atuais. A instituição familiar é fundamental na formação do indivíduo e em sua integração na sociedade. Ela é a primeira instituição de socialização da sociedade. Qualquer pessoa capaz de criar um filho é livre para fazê-lo, independentemente de sua condição sexual ou do parceiro com quem dividirá sua responsabilidade (LOCHS, 2015).

De acordo com Significados (2015), designa-se por **família** o conjunto de pessoas que possuem grau de parentesco entre si e vivem na mesma casa formando um lar. Uma **família** tradicional é normalmente formada pelo pai e mãe, unidos por matrimônio **ou** união de fato, e por um **ou** mais filhos, compondo uma **família nuclear ou elementar**.

5.1.2 Evolução da família

No século XIX e primeira metade do século XX, a família era constituída unicamente pelo casamento, não cabia falar de outro meio de constituição familiar, como a união estável. Como consequência, impensável falar de divórcio, representaria uma quebra de uma instituição concretizada pelo casamento. Assim, em tal modelo, a família é vista como uma instituição, na qual a felicidade e a liberdade de seus membros é um ideal secundário e que somente era levado em conta se atendido o ideal primário, que era o fortalecimento econômico/patrimonial da instituição familiar (AUGUSTO, 2015).

Atualmente, tal ideia de família é inaceitável, arcaica e às vezes repudiada. Porém, isso somente se deu pela evolução pela qual passou a sociedade ao lutar pela igualdade entre os indivíduos e pela valorização da dignidade da pessoa humana, conquistas estas que se encontram estabelecidas hoje em nosso mais alto regramento jurídico, a Constituição Federal de 1988.

Portanto, é errôneo não reconhecer a influência das conquistas sociais na elaboração do conceito de família, sendo, inclusive, este o motivo de tal conceito ser mutável ao longo do tempo (AUGUSTO, 2015).

5.1.3 Tipos de família

As sociedades apresentam diferenças na maneira como se organizam ou estruturam seus grupos familiares, variáveis no tempo e no espaço. A família pode ser: elementar, extensa, composta, conjugada-fraterna e fantasma.

– **Elementar.** A família elementar (nuclear, natal-conjugal, simples, imediata, primária) é uma unidade formada por um homem, sua esposa e seus filhos, que vivem juntos em uma união reconhecida pelos outros membros de sua sociedade. Quando os pais não são casados, sua relação recebe o nome de concubinato. Ela constitui a base da estrutura social, na qual se originam as relações primárias de parentesco. Todavia, a família elementar é bastante efêmera. À medida que os filhos crescem e deixam o lar, o grupo familiar diminui; eventualmente, pode desaparecer com a morte dos pais.

– **Nuclear.** A família nuclear encontra-se, em quase toda parte, como tipo dominante ou como componente de famílias extensas e compostas. Do ponto de vista ocidental, com sua insistência sobre a monogamia, as unidades polígamas podem parecer estranhas ou imorais, mas o fato é que florescem amplamente. Tem como principal característica o fato de ser um conceito de família que foi desenvolvido no Ocidente para se referir ao grupo familiar que é formado pelos pais - pai, mãe, filhos (INNATIA, S/D).

– **Família natal-conjugal.** A família natal-conjugal complexa consiste em dois ou mais segmentos de famílias natais-conjugais. Isso ocorre quando no interior da família natal--conjugal é permitida a poligamia, seja poligínica ou poliândrica. Poligamia significa casamentos múltiplos; nessas relações, a poligínia corresponde à forma de família na qual um marido tem mais de uma esposa ao mesmo tempo, e poliandria aquela em que uma mulher tem mais de um esposo ao mesmo tempo (FROST E HOEBEL, 2006). **Exemplo:** Esquimós.

– **Extensa.** A família extensa (grande, múltipla) é uma unidade composta de duas ou mais famílias nucleares, ligadas por laços consanguíneos; série de familiares próximos pela linha masculina ou feminina, geralmente não por ambas, e, ainda, duas ou mais gerações.

Uma família extensa é, primeiramente, uma estrutura consanguínea, no sentido de que certo número de parentes consanguíneos está ligado entre si por deveres e direitos mútuos, reconhecidos. Pode abranger, além da nuclear, avós, tios, sobrinhos, afilhados etc. **Exemplos:** Nyar, Kalinga.

– **Composta.** A família composta (complexa, conjunta) é uma unidade formada por três ou mais cônjuges e seu filhos.

Pode existir em sociedades monogâmicas, quando um segundo casamento dá origem às "relações de adoção" do tipo madrasta, padrasto, enteados, com a presença de apenas dois cônjuges simultaneamente.

Numa sociedade matrilocal (unilinear), a família complexa compõe-se do *Ego* (eu) *f* (feminino), seus pais, irmãs casadas e solteiras, irmãos solteiros, os filhos de Ego, assim como os de suas irmãs casadas e respectivos maridos.

A família composta refere-se a um núcleo de famílias separadas, mas ligadas pela sua relação com um pai comum. São encontradas em:

a. *Sociedades poligâmicas*: ou seja, duas ou três famílias conjugadas, tendo como centro um homem ou uma mulher e seus cônjuges. **Exemplo:** Baganda (África), Tanala (Madagáscar).

b. *Sociedades monogâmicas*: isto é, por meio de relações de adoção (madrasta, padrasto, enteados).

– Conjugada-fraterna. Refere-se a uma unidade composta de dois ou mais irmãos, suas respectivas esposas e filhos. O laço de união é consanguíneo.

– Fantasma. Consiste em uma unidade familiar formada por uma mulher casada e seus filhos e o fantasma. O marido não desempenha papel de pai, é apenas o genitor (pai biológico). A função de *pater* (pai social) cabe ao irmão mais velho da mulher (fantasma). **Exemplo:** Nuer, da África.

Para Oliveira (2017), historicamente a família sempre esteve ligada à ideia sacralizada. Mesmo hoje em dia, existem opiniões que defendem a família heterossexual, matrimonializada e hierarquizada. Esse é um pensamento ligado ao tempo de estreitamento entre o Estado e a Igreja, em que as "leis divinas" norteavam as questões familiares.

A partir da Constituição de 1988, passou-se a reconhecer outras formas de família, além do "casamento entre homem e mulher".

Quais seriam as novas classificações dos tipos de família? (OLIVEIRA, 2017)

- **Família matrimonial:** formada pelo casamento.
- **Família informal:** formada pela união estável.
- **Família monoparental:** qualquer um dos pais com seu filho (ex.: mãe solteira e seu filho).
- **Família anaparental:** sem pais, formadas apenas pelos irmãos.
- **Família reconstituída:** pais separados, com filhos, que começam a viver com outra pessoa também com filhos.
- **Família unipessoal:** apenas uma pessoa, como uma viúva, por exemplo.
- **Família paralela:** o indivíduo mantém duas relações ao mesmo tempo, por exemplo, casado que também possui uma união estável.
- **Família eudemonista:** formada unicamente pelo afeto e solidariedade de um indivíduo com o outro, buscando principalmente a felicidade.

Figura 5.1 – Exemplo de família monoparental.

É importante destacar que não existem apenas essas modalidades de família, podendo, com o tempo, surgir outras. Portanto, é necessário que a noção de "família" seja ampliada e tratada com o devido respeito e sem discriminação. Apenas assim será possível garantir o cumprimento dos direitos já existentes e também a sua evolução (OLIVEIRA, 2017).

5.1.4 Funções da família

Entre as diversas funções da família, que têm variado através dos séculos, os estudiosos apontam quatro funções básicas e quatro subsidiárias.

– **Básicas**. As funções básicas ou fundamentais, encontradas em todos os agrupamentos humanos, são:

   a. *Sexual*: atende às necessidades sexuais permitidas por meio da institucionalização da união ou casamento, que estabelece um pai legal para os filhos.
   b. *Reprodução*: visa à perpetuação por meio da prole. Mesmo em sociedades onde há liberdade sexual, a procriação de filhos é regulamentada com normas e sanções que legitimam a reprodução.
   c. *Econômica*: assegura o sustento e a proteção da mãe e dos filhos, mas esses cuidados podem ser satisfeitos não só pelo pai-marido, como também pelos parentes consanguíneos. A organização e a divisão do trabalho entre o casal dá a cada um o direito sobre os serviços, bens e propriedades do outro.

d. *Educacional*: o cuidado das crianças é assunto de suma importância e universalmente reconhecido. Algum homem ou grupo deve arcar com a responsabilidade da educação. Para normalizar a transferência de *status*, de geração em geração, deve haver paternidade legal. Na educação das crianças, faz-se necessária a combinação cooperativa do homem e da mulher.

A família contemporânea não só aumenta os seus valores como também as suas funções (PEDAGOGIA AO PÉ DA LETRA, 2012).

A relação baseada no amor não se limita aos papéis tradicionais acima referidos, cuja natureza, de qualquer maneira, se modificou à medida que se alteraram as funções da família. A função emocional, que tem como base a complementariedade dos sexos, garante aos membros da família a saúde mental e a harmonia do lar, que geram o equilíbrio emotivo. Mas nem só de emoções vive a família.

A educação continua sendo uma das funções principais da família, prolonga a precedente e proporciona à prole os meios necessários para participar da vida em grupo. A vida na sociedade requer longo aprendizado, que só pode ser ministrado por meio de uma ação perseverante e carinhosa que é atenta aos mínimos detalhes.

Contudo, a família ainda tem a função da procriação, que garante a permanência e a eventual expansão do grupo. Continuando assim a constituição da responsabilidade da família, todavia, alguns pais, progressivamente, procuram assistência externa e não raro esperam que as escolas se ocupem de boa parte do ônus da socialização da criança e a prepare para papéis adultos.

A função econômica, pela qual a família procura os meios de sobrevivência e conforto, é a base material imprescindível ao desempenho das demais funções. Geralmente se realiza pela divisão do trabalho entre marido e mulher, assim sendo, o casal trabalhando com fins monetários, alivia o orçamento do lar e aumenta o conforto da família.

5.2 Casamento e união

Nas sociedades, em geral, há duas formas de relações entre os sexos: união e casamento.

5.2.1 Casamento

Para Leite, "casamento é o vínculo jurídico entre homem e mulher que se unem material e espiritualmente para constituírem uma família. Estes são os elementos básicos, fundamentais e lapidares do casamento" (LEITE, 2005, p. 47).

O casamento torna o casal membro de uma família elementar diferente daquela em que nasceu. Assim, em cada sociedade, um adulto normal pertence a duas famílias nucleares: a de Orientação (onde nasceu) e a de Procriação (que constituiu). Na primeira, ele é filho e irmão; na segunda, marido e pai.

Os costumes relacionados com o casamento são complexos, em face das variações existentes e dos diferentes fatores psicológicos envolvidos.

As sociedades, de modo geral, estabelecem certas regras para o casamento, permitindo alguns, proibindo ou restringindo outros.

5.2.2 União

O conceito de união estável deve acompanhar as transformações sociais e culturais da sociedade, não sendo nada fácil conceituar inicialmente família e delimitar o que seja a abrangência da união estável.

Para Glanz, citado por Leite (2005), união estável, na perspectiva do constituinte de 1988, é a "união duradoura entre homem e mulher formadora da família, sem casamento".

A união estável nasce da convivência de fato de um homem e uma mulher com o objetivo da vida em comum com o respeito ao amor e ao companheirismo, tal qual como no casamento. Por força de preceito constitucional e a pedido dos interessados, poderá ser convertido em casamento, desde que seja uma união de forma livre, ou seja, não maculada de qualquer impedimento (LEITE, 2005).

Nesse sentido, Diniz afirma que "ao matrimônio contrapõe-se o companheirismo, consiste numa união livre e estável de pessoas de sexos diferentes, que não estão ligadas por casamento civil" (DINIZ, 2009, p. 373).

5.2.3 Aspectos legais do casamento

– Endogamia. Significa a regra de casamento que obriga o indivíduo a escolher seu cônjuge dentro do mesmo grupo (local, de parentesco, de *status*, étnico ou outro grupo a que pertença) (*endo*, dentro; *gamos*, casamento).

Um pouco mais de 10% das culturas mundiais são ou tendem a ser endogâmicas. O exemplo mais típico de endogamia encontra-se nas castas da Índia. Pode ser observada também entre populações que habitam áreas das florestas chuvosas da América do Sul, os índios Pueblos da América do Norte, grupos fechados como os judeus ortodoxos, católicos e não católicos etc.

– Exogamia. Quer dizer regra social que exige o casamento de uma pessoa com outra fora do grupo (local, de parentesco, de *status* ou qualquer outro gênero a que ela pertença) (*exo*, fora; *gamos*, casamento). Pode ser:

a. *Simples ou indiferenciada*: quando a proibição de casar-se com um parente é aplicada, sem discriminação, a todos os parentes genéticos. Aparece em todas as sociedades nas quais o parentesco é organizado bilateralmente. **Exemplos:** índios da América do Norte (83%), populações mediterrâneas (34%).

b. *Restrita*: quando a proibição refere-se a certas categorias de parentes genealógicos, que não são culturalmente definidos como parentes. É, portanto, seletiva. A restrição abrange certas categorias de parentes, enquanto para outras o casamento é preferido ou requerido. **Exemplo:** casamento entre primos paralelos.

Usualmente, as famílias exogâmicas apresentam a figura de um líder, e, em cada família, existe a posição de um chefe, escolhida de forma hereditária. Isso faz com que se torne impossível não ocorrer divergências entre cada grupo. Clastres (1975) já discutiu a respeito das características principais das lideranças indígenas, e nessas situações o líder existe como um conciliador que não utiliza nenhuma forma de coerção oriunda da autoridade para lidar com os problemas (SILVA, 2017).

64   Capítulo 5

– **Pré-Marital**. A maioria das sociedades aceita a experiência pré-marital sem grande desaprovação. Das 863 sociedades constantes do Atlas Etnográfico de Murdock, 67% impõem pequena restrição ao comportamento sexual pré-marital.

A maior proporção (75%) das sociedades que o permitem encontra-se na área do Pacífico; a mais restrita do mundo é a mediterrânea (41%).

5.2.4   Modalidades de casamento

Em relação ao número de cônjuges, os casamentos podem ser monogâmicos ou poligâmicos.

– **Monogamia**. A monogamia consiste no casamento de um homem ou mulher com apenas um cônjuge, como ocorre na sociedade ocidental.

– **Poligamia**. A poligamia refere-se ao casamento do homem ou da mulher com dois ou mais cônjuges.

Poligamia significa casamentos múltiplos; nessas relações, a poliginia corresponde à forma de família na qual um marido tem mais de uma esposa ao mesmo tempo, e poliandria aquela em que uma mulher tem mais de um esposo ao mesmo tempo (FROST E HOEBEL, 2006, p. 209 apud SANTIAGO E FEITOSA, 2011).

De acordo com Miranda (s/d), no Brasil, existem quatro modalidades de casamento previstas em lei: Comunhão parcial de bens; Comunhão universal de bens; Participação final nos aquestos; Separação legal (ou total) de bens.

– **Comunhão Universal de Bens**. Universaliza o patrimônio do casal, ou seja, torna comum tudo o que o casal possui. Tanto o patrimônio trazido para o casamento, quanto o havido por qualquer forma de aquisição no estado civil anterior.

– **Comunhão Parcial de Bens**. Os bens que cada um dos cônjuges leva para o casamento, ou seja, um imóvel adquirido por qualquer forma no estado civil anterior não é considerado patrimônio comum do casal.

– **Bens Aquestos**. São os adquiridos na vigência do matrimônio. Determina que à época da dissolução da sociedade conjugal cabe a cada cônjuge o direito à metade dos bens adquiridos pelo casal, a título oneroso, na constância do casamento.

– **Separação de Bens**. O patrimônio de um e outro não se comunica, ou seja, cada um é dono de si na questão patrimonial.

5.2.5   Formas de casamento

As regras que proíbem a certas pessoas tornarem-se cônjuges podem ser acompanhadas por regras que designam outras como particularmente aprovadas ou como os únicos esposos(as) adequados(as). Há seis modalidades:

a. *Permitido*: quando não há restrições quanto ao cônjuge.

b. *Obrigatório ou prescrito*: quando o homem ou a mulher têm de casar com uma pessoa de determinada categoria: econômica, social, religiosa, de *status* etc.

c. *Preferencial*: quando o homem ou a mulher são incentivados ou obrigados a se casar com alguém de determinada categoria: casamento por afinidade. **Exemplos:** índios dos Estados Unidos, nativos australianos.

d. *Fictício ou simulado*: casamento realizado apenas com a finalidade de conseguir um título, uma herança. As relações e a procriação serão com outra pessoa e não com o cônjuge. **Exemplos:** os Nuer, da África; os Kwakiutl, dos Estados Unidos; os nativos de Trobriand.

e. *Proibido*: relações ou casamento entre duas pessoas ligadas por um laço de parentesco real, pressuposto ou artificial, considerado como barreira para relações sexuais. A proibição entre parentes culturalmente identificados é conhecida como proibição do incesto.

f. *Arranjado*: os casamentos podem ser manipulados tendo em vista interesses diversos, no campo econômico, político, religioso etc. **Exemplo:** realeza europeia.

5.2.6 Obtenção da noiva

O Portal São Francisco (s/d) oferece uma excelente análise do casamento. De acordo com esse portal, a união e a família fazem parte de uma realidade social, construída junto com a evolução da humanidade. Durante séculos, as pessoas passavam por rituais de corte, com um parceiro, e então partiam diretamente para casamentos que deveriam ser para toda a vida. Uma união que pretendia a procriação passou também por questões ligadas ao valor da propriedade, à conquista das terras e aos acordos políticos entre a nobreza. O casamento era essencialmente um ato de aquisição: o noivo "adquiria" a noiva, a transação era selada por meio do pagamento de uma moeda de ouro ou prata. Na maioria das vezes, o casamento era arranjado pelos pais do casal, transformando-se numa união forçada, prevalecendo a dominação do homem sobre a mulher. A escolha dos padrinhos para o casamento estabelecia uma situação de compadres socialmente reconhecida, hoje a situação mudou radicalmente, podem ser familiares e pessoas próximas, que convivem no dia a dia. Muitas vezes, a quantidade de padrinhos "depende do tamanho do altar" (PORTAL SÃO FRANCISCO, s/d).

A obtenção de uma noiva varia de uma sociedade para a outra. Foram registradas sete maneiras formalizadas, além da usual; apenas duas – o casamento por captura e por fuga – não envolvem intimamente a participação ativa dos grupos de parentesco dos noivos.

a. *Preço da progênie*, ou compra da noiva: em muitas sociedades existe a regra de que se deve pagar pela noiva certo preço ou quantia. Esse preço, chamado riqueza do casamento, é calculado principalmente em gado ou outros animais, cereais, instrumentos, armas etc.

Na África negra, a forma de pagamento, em geral, é pelo gado. Em Madagáscar, o preço da noiva corresponde a 10 ou 12 cabeças de gado.

b. *Serviço do pretendente*: um modo não dispendioso, mas talvez difícil de ser realizado, é o do rapaz trabalhar para o pai da noiva, podendo ser ajudado por alguns de seus amigos ou parentes. Com isso, ele consegue direitos sobre a mulher e os filhos que tiver com ela. **Exemplo:** nativos do Chaco, da Bolívia e da Sibéria.

66 Capítulo 5

c. *Troca de presentes*: outra forma de conseguir a noiva. Quando ambas as famílias fazem trocas de presentes do mesmo valor, a família do rapaz oferece os presentes, que, se aceitos pela família da moça, são distribuídos proporcionalmente entre seus membros. Por sua vez, a família dela retribui, oferecendo presentes de valor idêntico. **Exemplo:** índios Cheyene, dos Estados Unidos.

d. *Herança*: quando o homem herda a viúva de seu irmão (cunhada) e seus filhos. É o caso do sororato. **Exemplo:** algumas tribos da Nigéria permitem ao homem receber de herança até as mulheres de seu avô.

e. *Fuga*: ocorre quando o casamento não é deixado à livre escolha das pessoas que querem se casar. Em certas sociedades, a fuga é um recurso mais ou menos institucionalizado, que escapa aos acordos familiares. **Exemplos:** Cheyene, dos Estados Unidos, e tribos australianas.

f. *Captura*: o casamento por captura é comum em várias culturas. Mas esse rapto, na maioria das vezes, é simulado. O rapaz, quando rouba a noiva, deve escapar não só à pancadaria dos parentes dela como conseguir conservá-la em seu poder. Só assim conseguirá o casamento. **Exemplos:** Bosquímanos e Bahima da África.

g. *Adoção*: em famílias patrilineares (veja Seção 5.3.7), quando não há filhos, o recurso é adotar o genro como filho. Ele e seus filhos passarão a pertencer à família da noiva. **Exemplos:** Ainos do Japão e nativos da Indonésia.

5.2.7 Divórcio ou dissolução

Apesar do desejo dos parentes de manter o vínculo do casamento, algumas vezes, esse vínculo é frágil, ocorrendo o divórcio ou dissolução.

Os fatores mais comuns apontados para a separação do casal são: adultério, esterilidade, incapacidade sexual, repugnância, negligência com a família, maus-tratos, abandono, doenças, desinteresse e preguiça.

No Brasil, o divórcio não era reconhecido ou aceito social e oficialmente nos textos constitucionais vigentes até 1977. Com a aprovação da Emenda Constitucional n. 9 de 1977, promoveu-se alteração na Constituição de 1969, dando início à possibilidade da dissolução do matrimônio. Nesse mesmo ano, sancionou-se a Lei do Divórcio (n. 6.515/77), a qual dispunha sobre a possibilidade da separação judicial, como forma de dissolver a sociedade conjugal, e do divórcio, como meio de romper vínculo do matrimônio. Somente a partir de 1988, com o advento da nova Constituição Federal, o divórcio aparece como opção por meio de sucessivas alterações ao texto da Lei do Divórcio. Com o advento do Código Civil de 2002 (BRASIL, 2002), cessam essas mudanças, por considerar que a matéria foi totalmente disciplinada, mantendo-se a separação judicial como procedimento prévio, ao lado do divórcio, concretizado por conversão ou de forma direta, após o decurso do prazo legal estabelecido. Já em 2007, foi promulgada a Lei n. 11.441, que trata da realização da separação e do divórcio, por via administrativa ou extrajudicial (ALBUQUERQUE, 2016).

Cabe mencionar as Leis federais n. 8.971/84 e n. 9.278/96. A primeira dispõe a respeito do direito dos companheiros a alimentos e à sucessão. Já a segunda reconhece como entidade familiar a união estável entre homem e mulher, estabelecida com o fim de constituir família (SIQUEIRA, 2010).

De acordo com o Ministério Público do Paraná (MPPR, s/d), desde 2010, não há exigência de tempo mínimo de casamento para que um casal decida pelo divórcio. O legislador adotou o entendimento de que o término do casamento pode ocorrer pelo simples fato de que acabou o afeto entre as partes, excluindo-se com isso, inclusive, o debate quanto à culpa pela dissolução do vínculo. Dessa forma, qualquer das partes pode tomar a iniciativa, mesmo aquela que tenha infringido algum dos deveres previstos pelo Código Civil como inerentes ao casamento (fidelidade recíproca, vida em comum, mútua assistência, sustento, guarda e educação dos filhos e respeito e consideração mútuos).

Os motivos causadores do divórcio, geralmente não são previsíveis, sendo impossível identificar apenas um motivo que leve à dissolução das uniões, demonstrando a natureza multifatorial da separação, que compreende variáveis pessoais, contextuais e familiares. Alguns cônjuges atribuem à presença de um relacionamento extraconjugal, o esfriamento sexual, as brigas constantes, interferência dos sogros, a falta de dedicação ao casamento; outros simplesmente alegam a perda do amor (ARAÚJO, 2011).

5.3 Sistema de parentesco

Segundo Pontes de Miranda (2001), parentesco é a relação que une duas ou mais pessoas por vínculos genéticos (descendência/ascendência) ou sociais (sobretudo pelo casamento ou adoção). O sistema de parentesco é um dos universais da cultura; o seu estudo, a partir do final do século XX, tornou-se o centro de preocupações da Antropologia, quando esta começou a ser encarada cientificamente. Mesmo nas comunidades humanas de terminologia simples, as categorias básicas da relação biológica são importantes meios para o reconhecimento e a ordenação das relações sociais. As genealogias oferecem algumas categorias que permitem distinguir as relações existentes entre uma pessoa e o grupo ao qual ela pertence. Talvez este seja o tópico mais estudado pela Antropologia, por oferecer aspectos mais regulares e recorrentes, permitindo a construção, o teste de generalizações e o entendimento da estrutura social de sociedades tribais.

O parentesco estabelecido mediante um ancestral em comum é chamado *parentesco consanguíneo*, enquanto o criado pelo casamento e outras relações sociais recebe o nome de *parentesco por afinidade*. Chama-se de parentesco em linha reta quando as pessoas descendem umas das outras diretamente (filho, neto, bisneto, trineto etc.), e parentesco colateral quando as pessoas não descendem uma das outras, mas possuem um ancestral em comum (tios, primos etc.) (FERNANDES, 2013).

5.3.1 Primeiros estudos antropológicos do parentesco

Os antropólogos, já no século XIX, estudando as mais variadas populações, descobriram diferentes maneiras de classificar os parentes, havendo, no sistema de parentesco, complexas posições de relações.

Edward Tylor foi um dos primeiros a perceber algumas dessas relações, as quais denominou "adesões".

68 **Capítulo 5**

Morgan, por sua vez, enfatizou a validade científica do estudo dos sistemas de parentesco. Concentrou-se nos estudos evolutivos do parentesco e tentou demonstrar que os diferentes costumes, relacionados com o casamento, é que determinavam os vários sistemas de parentes. Morgan não só deu grande importância à terminologia do parentesco como deixou bases sólidas sobre ela, por meio de suas próprias observações e de um conjunto de questionários.

Rivers foi outro nome importante no campo do sistema de parentesco. Aperfeiçoou a metodologia etnográfica, coletou genealogias de parentesco e gráficos e elaborou os sistemas ideais reunidos por Morgan. Demonstrou a existência de costumes que se valiam de outras terminologias.

Além desses, Murdock, Kroeber, Lowie, Lévi-Strauss, Radcliffe-Brown, Malinowski e outros se dedicaram ao estudo desse assunto.

5.3.2 Conceituação de parentesco

As culturas, em geral, possuem uma terminologia própria que indica as diversas relações de parentesco. A compreensão da maioria das sociedades, passadas ou presentes, requer o conhecimento do sistema de parentesco pelo antropólogo. Ele é importante porque:

a. fornece um modo de transmitir *status* e propriedades de uma geração a outra;
b. estabelece e mantém grupos sociais efetivos.

5.3.3 Elementos de parentesco

A origem do sistema de parentesco encontra-se no fato de o indivíduo pertencer, ao mesmo tempo, a duas famílias nucleares: a de Orientação (onde nasceu) e a de Procriação (que constituiu). Pertencendo às duas, ele estabelece um elo entre os membros de ambas. A ramificação dessas séries de elos vai unindo um grupo de indivíduos a outros, por meio dos laços de parentesco; cada família terá seus próprios parentes.

Tipos de parentes. São três os tipos de parentes: primário, secundário e terciário.

a. *Primário*: aplicado aos que pertencem à mesma família nuclear: pai, mãe, irmãos de Ego (Família de Orientação); marido, esposa e filhos (Família de Procriação). Os parentes primários são ligados por laços de sangue ou parentesco biológico (consanguinidade), com exceção de marido e mulher (afinidade).
b. *Secundário*: partindo de Ego, refere-se ao pai do pai, pai da mãe (avós); irmão do pai, irmão da mãe (tios).
c. *Terciário*: tomando Ego como referência, seriam: bisavô, esposa dos tios e outros parentes mais remotos.

5.3.4 Conjunto de denotações

É muito importante indicar com clareza os tipos de relações. Em várias sociedades, o irmão da mãe, por exemplo, pode ser considerado um parente totalmente diferente do irmão do pai, mas as suas propriedades e até seu *status* serão herdados por alguém. Por outro lado, o irmão do pai pode encontrar-se na mesma categoria de irmão mais velho, mas nem por isso terá algum significado na vida social ou econômica de determinada pessoa.

A sociedade ocidental coloca ambos na categoria de tios. Todavia, há uma diferença entre eles no que se refere ao *status*. O irmão do pai poderá vir a ser pai ou padrasto de alguém, casando-se com a viúva, o que não é raro nas diferentes culturas. Todavia, o tio materno não pode casar-se com sua irmã, ante a proibição universal do incesto.

A análise do parentesco leva, muitas vezes, a relações bastante complexas, tais como: a filha da filha, do irmão do pai, do pai de Ego.

Símbolos e abreviaturas. Os antropólogos usam símbolos para indicar consanguinidade e afinidade, abreviaturas (sílabas em inglês) e letras para denominar cada um dos símbolos.

a. *Símbolos*: o triângulo é usado para o sexo masculino e o círculo para o sexo feminino; um traço horizontal indica consanguinidade e dois traços paralelos, afinidade. A posição pais acima e filhos abaixo determina geração.

sexo masculino	consanguinidade
sexo feminino	afinidade

Para maior precisão, o sistema deve ser visto e analisado a partir de um ponto de referência. Nesse caso, usa-se o símbolo Ego, ou seja, um triângulo escurecido. Ego pode vir acompanhado de *f* (sexo feminino) ou *m* (sexo masculino).

O diagrama de parentesco deve ser pequeno, por questão de espaço.

b. *Abreviaturas*: a denominação dos símbolos é feita com abreviaturas em inglês, empregando-se as duas primeiras letras da palavra. **Exemplo:** Father (Fa), Mother (Mo), Brother (Br) etc.

Pode-se usar também abreviaturas em português. Nesse caso, empregam-se letras maiúsculas para o sexo masculino e letras minúsculas para o sexo feminino.

Exemplo:

Pai = P	Irmã da mãe = im
Mãe = m	Esposo = E
Irmão = I	Esposa = e
Irmã = i	Irmã do pai = iP
Filho = F	Irmão da mãe = Im
Filha = f	Pai do pai = PP
Irmão do pai = IP	Mãe da mãe = mm etc.

70   Capítulo 5

Quando a intenção é referir-se ao irmão do pai, usa-se FaBr; para filho do irmão do pai, FaBrSo. A idade também pode ser indicada, acrescentando-se a letra *e* (*elder*) entre parênteses.

Exemplo: A mulher do irmão mais velho do pai = Fa(e) BrWi.

Sibling: significa o conjunto de irmãos e irmãs de Ego.

Uma das alternativas é empregar o termo nativo original; desse modo, evita-se o emprego incorreto das palavras traduzidas. A outra seria a utilização de letras, tendo-se dessa maneira as letras A, B, C, D, E e F.

5.3.5   Critérios de classificação

Há três maneiras de se classificar os termos de parentesco: uso, estrutura linguística e aplicação (MURDOCK, 1949).

– Critério de uso. Os termos de parentesco dependem de o Ego estar falando *com* ou *sobre* seus parentes. Dividem-se em:

a. *Vocativo*: fala-se diretamente com a pessoa.

   Exemplo: Papai, posso sair hoje à noite?

b. *Referência*: refere-se a uma terceira pessoa.

   Exemplo: Meu pai viajou.

Na coleta de termos de parentesco, devem-se registrar todos os termos relativos de tratamento e de referência.

Exemplo: o termo **tama** é, geralmente, traduzido como **pai**, mas pode ser usado para o irmão do pai, embora com outro significado, ou seja, "indivíduo masculino da primeira geração ascendente, do lado paterno".

– Critério linguístico. Pelo critério linguístico, há três categorias:

a. *Elementar*: quando se usa um termo irredutível, que não pode ser analisado em seus componentes léxicos (pai).

b. *Derivativo*: quando aparecem dois termos – um elementar e um léxico –, mas que, primariamente, não podem ter significado de parentesco (tio paterno).

c. *Descritivo*: quando há combinação de dois ou mais termos elementares, indicando uma relação específica (tio-avô).

– Critério de aplicação

Um termo de parentesco aplicado apenas a um *status* genealógico particular é chamado **particularizante** ou **descritivo**.

Os ocidentais costumam empregar os termos *pai* e *mãe* apenas para os pais reais, quando se referem aos parentes, diferindo de algumas sociedades tribais que os empregam também para os tios. Todavia, como os sistemas não são totalmente particularizantes, usam-se alguns termos classificatórios como avô, tio, sobrinho, primo, neto etc.

Dessa maneira, a terminologia enfatiza a exclusividade da família natal primária, diferenciando os parentes mais distantes. Isso demonstra que há um significado diferente entre os parentes mais chegados (família natal) e os colaterais.

5.3.6 Critérios de identificação

Segundo Kroeber e Kluchohn (1952), há nove critérios de identificação (estruturais), sendo seis fundamentais e três derivativos.

- *Fundamentais*:

a. *Geração*: diferença nos níveis de geração, reconhecida através de Ego (pai, filho; avô, neto).
b. *Sexo*: diferença biológica relativa aos parentes, reconhecida na terminologia de parentesco (irmão, irmã; tio, tia).
c. *Afinidade*: diferença entre os parentes consanguíneos e os ligados pelo matrimônio, que amplia a rede de parentesco (mãe; mãe do marido).
d. *Colateralidade*: diferença entre o relacionamento linear e o colateral. Na geração de Ego, alguns parentes estão mais relacionados do que outros e todos os colaterais são primos (irmãos e primos paralelos do mesmo sexo).
e. *Bifurcação*: diferença do sexo da pessoa por meio da qual se estabelece o relacionamento. Aplica-se somente a parentes secundários e remotos (irmão do pai, irmão da mãe; pai do pai, pai da mãe; filho do irmão da mãe da mãe etc.).
f. *Polaridade*: diferença de *status* ou condição de vida da pessoa pela qual se estabelecem as relações sociais (vivo ou morto; solteiro ou casado).

- *Derivativos*:

a. *Idade relativa*: diferença nos níveis de idade dentro da mesma geração (irmão mais velho e irmão mais moço; irmã mais velha da mãe).
b. *Sexo de quem fala*: diferença do sexo de quem fala (homens e mulheres podem ter sistemas separados de termos: ego masculino, ego feminino).
c. *Descendência*: refere-se a parentes secundários e está sujeito à pessoa pela qual o parentesco é traçado. Não é muito importante, mas está condicionado ao fator morte (sororato, levirato).

5.3.7 Tipos de sistemas de parentesco

Embora haja, teoricamente, um grande número de sistemas de parentesco, as sociedades, em geral, classificam seus parentes de forma semelhante.

A caracterização dos sistemas de parentesco apresenta os problemas gerais de seleção encontrados em qualquer esquema de ordenação, mas certos princípios devem ser observados.

72 Capítulo 5

Para a classificação dos sistemas de parentesco, os antropólogos valem-se de dois tipos de critérios: 1. geração dos pais; 2. geração de Ego, de acordo com o grau de fusão ou bifurcação do parentesco linear (de uma geração para a seguinte) ou colateral (mesma geração).

– Geração dos pais. No nível dos pais, o critério de classificação de parente linear e colateral leva a quatro tipos de sistema de parentesco: linear, geracional, fusão bifurcada e colateral bifurcada.

a. *Linear* (denonativo): termo usado apenas para parentes situados em uma categoria de parentesco fixada pela geração, sexo e conexão genealógica.

b. *Geracional* (classificatório): agrupa parentes colaterais (irmão do pai) e lineares (pai) ou não os distingue entre si.

c. *Bifurcação inclusiva*: quando o pai e o irmão do pai são tratados pelo mesmo termo, embora o irmão da mãe tenha designação diferente.

d. *Bifurcação colateral*: sistema em que os tios e tias são diferenciados dos pais e entre si. Pai, irmão do pai, irmão da mãe têm terminologias próprias.

– Geração de ego. Murdock, com base nos critérios de fusão e particularização da prole, dos primos cruzados e paralelos, desenvolveu uma tipologia para o sistema de parentesco na relação de primos. Estabeleceu seis tipos: havaiano, esquimó, iroquês, sudanês, crow (índios corvos) e omaha.

a. *Havaiano*: não há diferença entre primos e irmãos (*sibling* de Ego); todos são considerados parentes (irmãos) por afinidade.

b. *Esquimó*: todos os primos são iguais entre si, mas distintos do *sibling* de Ego.

c. *Iroquês*: os irmãos e primos paralelos são igualados com o mesmo termo, enquanto primos cruzados pertencem a uma categoria diferente.

d. *Sudanês*: há termos específicos para o *siblings* e para cada um dos primos.

e. *Crow* (índios corvos): está relacionado com a estrutura social de matrilinhagem ou clã. Os primos cruzados são diferentes uns dos outros. Há termos para o filho ou a filha da irmã do pai e o filho ou filha do irmão da mãe; estes também diferem dos primos paralelos e dos irmãos.

Entretanto, os primos cruzados paternos estão englobados com a irmã do pai e com o pai, de acordo com o sexo. Reproduzimos a seguir o relacionamento de estrutura social mencionada.

f. *Omaha*: baseia-se na matrilinhagem, ao contrário dos Crow. A mãe e a filha do irmão da mãe estão englobadas em um único termo (membro feminino da patrilinhagem ou clã de minha mãe). A filha da irmã do pai (prima cruzada patrilinear) funde-se com a filha do irmão do pai (filha de uma mulher da patrilinhagem ou clã de meu pai).

O esquema é contrário ao dos Crow.

5.3.8 Princípios de descendência

Descendência é uma regra que filia o indivíduo, ao nascer, a um grupo de parentes. A família elementar ou natal está ligada a uma série mais ampla de grupos de parentesco. A descendência baseia-se na distinção entre princípios bilaterais e unilaterais (patrilinear, matrilinear, dupla).

Figura 5.2 – Descendência é uma regra que filia o indivíduo, ao nascer, a um grupo de parentes.

A descendência pode ser:

a. *Bilateral* (cognática): o parentesco é estabelecido pelo vínculo de descendência dos dois progenitores (sexo masculino e feminino). Limita o número de parentes próximos, excluindo alguns membros de parentela do pai e da mãe.
b. *Unilateral*: os membros recebem sua identidade pelo vínculo de descendência apenas de um dos progenitores: sexo masculino ou feminino. Pode ser:
Patrilinear: sistema que associa Ego a pessoas cujos laços de parentesco são traçados pelo sexo masculino; pai a filhos, a filhos dos filhos etc.
As crianças de ambos os sexos pertencem ao grupo de seu pai, o que é, por sua vez, o grupo do pai de seu pai, pai do pai de seu pai, e assim por diante.
Matrilinear: sistema que liga Ego a grupos de parentes relacionados pela linha feminina.

74 Capítulo 5

Os filhos de ambos os sexos pertencem ao grupo de sua mãe, que, por sua vez, é o grupo da mãe de sua mãe; a mãe da mãe de sua mãe, e assim por diante. O relacionamento é uterino.

Descendência dupla ou dual (matripatrilinear): quando os grupos de parentesco patrilinear e matrilinear existem lado a lado dentro de uma sociedade. Os tipos de propriedade são herdados pelos diferentes sexos.

5.4 A família brasileira contemporânea

A família brasileira continua passando por transformações influenciadas por ideologias sociais. O meio econômico, a industrialização e a urbanização são as principais influências que realizam essas mudanças.

O Brasil mantém, desde a sua descoberta, um modelo clássico trazido pelos imigrantes da Europa. Por outro lado, no início da história brasileira, havia a população vinda da África que era tratada como escravos. Essa população se dividia quando era vendida nas feiras para os grandes fazendeiros, mas com tantos maus-tratos começaram a haver as modificações de leis em relação a esses negros. A Lei do Ventre Livre foi a primeira mudança no sentido do reconhecimento do direito da mãe negra ao seu filho, que não poderia ser negociado. A partir dessas famílias começou-se a amplificação da população brasileira, havendo assim a miscigenação. A miscigenação deu-se entre imigrantes europeus, índios e negros libertos. Formava-se então o início da família brasileira (PEDAGOGIA AO PÉ DA LETRA, 2012).

Da Matta (1987) apud Alves (2009) opina que a família no Brasil Colônia era considerada uma instituição indispensável para a vida social. O vínculo familiar era cultuado como um valor indissolúvel e vigorava associado à ideia de prestígio social.

> Quem não tem família já desperta pena antes de começar o entrecho dramático; e quem renega sua família tem, de saída, a nossa mais franca antipatia (DA MATTA, 1987, p. 125).

No Brasil Colônia, "família" passou a ser sinônimo de organização familiar latifundiária, o que provocou a instalação dessa sociedade do tipo paternalista, em que as relações de caráter pessoal assumiram vital importância. Nesse contexto, Samara enfatiza que a família patriarcal era a base desse sistema mais amplo

> por suas características quanto à composição e relacionamento entre seus membros, [que] estimulava[m] a dependência na autoridade paterna e a solidariedade entre os parentes (SAMARA, 2003, p. 73).

A família patriarcal era, portanto, a espinha dorsal da sociedade e desempenhava os papéis de procriação, administração econômica e direção política. Na casa-grande, nasciam os numerosos filhos e netos do patriarca, traçavam-se os destinos da fazenda e educavam-se os futuros dirigentes do país. Cada um com seu papel, todos se moviam segundo intensa cooperação. A unidade da família devia ser preservada a todo custo, e, por isso, eram comuns os casamentos entre parentes. A fortuna do clã e suas propriedades se mantinham assim indivisíveis sob a chefia do patriarca (FREYRE, 1981).

Dessa forma, a família nuclear também teve grande importância no processo de formação da sociedade brasileira. Esse tipo de estrutura familiar difere da tradicional família patriarcal, pois é composta apenas pelo núcleo principal representado pelo chefe da família (pai), sua esposa e os seus descendentes legítimos.

Assim, as mudanças que ocorreram na sociedade brasileira modificaram a estrutura da família. Sua transformação de sociedade rural, na qual predominava a família patriarcal e fechada em si mesma, para uma sociedade de bases industriais, mesmo que incipientes, com as suas implicações de mobilidade social, geográfica e cultural, acarretou transformações igualmente marcantes na estrutura do modelo tradicional de família (ALMEIDA, 1987). Da segunda metade do século XX em diante, outras transformações, mais radicais, aconteceriam: saída da mulher para o mercado de trabalho, a educação dos filhos, a impessoalidade nas relações sociais, o controle de natalidade e o enfraquecimento dos laços de parentesco foram as grandes mudanças apontadas sobre a família moderna (ALMEIDA, 1987).

6
Organização Econômica

A organização econômica é um ramo da Antropologia que "trata do funcionamento e da evolução dos sistemas econômicos das sociedades primitivas e rurais" (GODELIER, In COPANS, 1971, p. 221). Refere-se ao modo como os indivíduos conseguem, utilizam e administram seus bens e recursos.

Faz parte da organização social e encontra-se em todas as sociedades, mesmo entre as mais simples. Todavia, os aspectos da produção e consumo variam muito de cultura para cultura, no tempo e no espaço.

78 Capítulo 6

6.1 Conceituação

Ao falar de Economia, fazemos referência à forma de organização de indivíduos e sociedades para o uso de recursos limitados para atender às suas necessidades ilimitadas. Ao estudar a organização econômica de uma sociedade particular, o seguinte é considerado:

a. como essas sociedades conseguem sua subsistência;
b. quais as fontes de seus alimentos;
c. como o trabalho é organizado;
d. como são distribuídos os bens e serviços;
e. quais os bens mais apreciados;
f. qual o calendário das atividades sazonais;
g. qual o tempo dedicado aos diferentes tipos de trabalho.

6.2 Organização econômica e desenvolvimento da humanidade

6.2.1 Economia no Paleolítico

A Economia na fase do Paleolítico era essencialmente depredadora, de subsistência, ou seja, não acumulavam nem produziam para o comércio, mas apenas para a sobrevivência do grupo. Os bens de produção do grupo (ferramentas, utensílios e outros objetos) eram de propriedade coletiva.

Alimentavam-se de caça, pesca e coleta de frutos silvestres, raízes, larvas, ovos e crustáceos. As mulheres dedicavam-se à coleta e os homens à caça de mamutes, tigres--dentes-de-sabre, bisões etc. Alguns grupos de caçadores centravam sua atenção em animais de grande porte (guanaco, búfalos, ursos); outros preferiam animais menores (renas). Vários dependiam quase exclusivamente dos mamíferos marinhos (foca, morsa, baleia). A caça estendia-se também a aves e pássaros.

Habitavam temporariamente em lugares de fácil acesso à água e com caça abundante. Quando os recursos começavam a escassear, mudavam para outro lugar. Viviam uma vida nômade. Em geral, agrupavam-se em clãs ou grupos familiares autossuficientes e isolados, sendo seus mecanismos de controle e interação social baseados mais no sistema de parentesco do que na organização política. Possuíam poucos bens materiais e facilmente transportáveis.

Como moradias, procuravam cavernas, e quando o tempo permitia ficavam a campo aberto ou tendas feitas de pele. Usavam o fogo para aquecer a tribo, iluminar cavernas, espantar animais e fabricar utensílios de pedra lascada (OROZCO, 2012).

6.2.2 Economia no Mesolítico

Foi durante o fim do Paleolítico e início do Mesolítico (por volta de 10.000 a.C. até 5.000 a.C.) que a Terra sofreu alterações geológicas e climáticas, o que levou a diversas transformações na vida do homem pré-histórico. Ocorreu uma das últimas glaciações e a temperatura ficou mais amena permitindo uma nova vida à população (veja Capítulo 4).

O homem nômade do Paleolítico, que vivia sua vida caminhando em busca de abrigo e comida, estava inserido num clima muito hostil, denominado "Era do Gelo". Assim, diante de tantas intempéries, para sobreviver, o homem do Paleolítico habitava as cavernas para se proteger do frio extremo, bem como fugir dos animais ferozes. Já no Mesolítico, os homens, "nômades estacionários" (relativos às estações do ano), muitas vezes habitavam as cavernas durante o inverno e nos verões acampavam próximos aos rios, o que os levaram a aprender técnicas de pesca e a construírem novas ferramentas (anzóis, flechas, redes, arpões etc.). Em resumo, a vida nas cavernas do Paleolítico foi substituída pela vida ao ar livre (TODA MATÉRIA, 2015). Isso foi essencial para que eles começassem a se sedentarizarem (permanecerem num local), o que foi sendo resolvido gradualmente por fatores como a amenização do clima na Terra. De tal modo que, no Mesolítico, eles já começam a construir pequenos abrigo de pedra, madeira, folhas.

A forragem intensiva é anterior à domesticação das plantas. Refere-se a populações que são, ao mesmo tempo, vegetarianas e carnívoras, mas com predominância das plantas silvestres na sua dieta. Vivem, portanto, mais da coleta do que da caça. Corresponde ao final do Paleolítico Superior e ao Mesolítico. Ainda hoje, entretanto, encontram-se grupos humanos que combinam coleta e caça.

Um avanço importante nesse período foi a divisão de trabalho por sexo: os homens ficaram responsáveis pelo sustento da família e segurança do local, enquanto às mulheres cabiam as funções de cuidar dos filhos e da organização da habitação. Essa divisão de trabalho melhorou a organização social, favorecendo o desenvolvimento das famílias.

Muitos historiadores e antropólogos defendem a ideia de que as raízes das primeiras sociedades camponesas estavam presentes nas comunidades de coletores e caçadores complexos do período Mesolítico. Vários grupos fixaram moradia em cavernas localizadas no alto das montanhas, onde conseguiam passar um bom tempo sem sentir a necessidade de migrar. Aprenderam também a domesticar alguns animais, fazendo com que sempre tivessem por perto um animal e, quando não encontravam nenhum outro na caça, o matavam e o comiam.

Durante esse período, apareceram grupos de caçadores-coletores especializados em recursos abundantes e seguros, que podiam ser armazenados durante boa parte do ano, o que lhes permitiu aumentar a demografia e tornarem-se sedentários. A acumulação de bens teria provocado as primeiras desigualdades sociais e a aparição de hierarquias, encabeçadas por aqueles que se teriam encarregado da gestão dos excedentes. Além disso, a domesticação dos animais possibilitou garantir uma reserva de alimento para o momento que houvesse necessidade, eliminando a dependência da caça. Por tudo isso, no Mesolítico, se estabelecem as bases econômicas da sociedade (MUNDO EDUCAÇÃO, 2015).

6.2.3 Economia no Neolítico

Entre as grandes conquistas desse período, estão a agricultura e a domesticação de animais; por isso, os grupos humanos daqueles tempos ficaram conhecidos como agricultores e pastores.

A agricultura incipiente (iniciante) ou elementar, chamada cultura da enxada ou da lavoura (horticultura), tem origem nesse período, quando o homem começou a plantar ervas, raízes e árvores e a domesticar os animais (de 7.500 a 6.000 anos antes de Cristo).

80 Capítulo 6

Uma grande variedade pôde ser cultivada para servir de dieta ao homem. As primeiras plantas domesticadas foram a cevada e o trigo, e os ancestrais silvestres dessas duas gramíneas montanhosas ainda podem ser encontrados em regiões dos Bálcãs, Crimeia, Ásia Menor, Cáucaso, Palestina e Iraque. O pastoreio origina-se do fato de os habitantes primitivos, de extensas pastarias e desertos, não terem condições de se tornarem horticultores. É um complexo econômico africano-asiático.

Em geral, o Neolítico se caracterizou pelo surgimento de uma economia agrícola que levou à sedentarização e à divisão de trabalho, impulsionando uma economia de trocas que prenunciava o aparecimento de comércio. Data dessa época o aparecimento da família e sua organização em aldeias.

Para Estevam (2012), com o desenvolvimento de agricultura e da domesticação de animais, foi correndo aos poucos uma valorização cada vez maior das terras de plantio e de pastagem. Em decorrência desse processo, um pequeno grupo de homens foi pouco a pouco se apossando das terras, rebanhos e manadas que constituíam até então propriedade coletiva, ou seja, de toda a comunidade. No processo de transição para a civilização, essa apropriação individual dos bens antes comunitários trouxe como consequência o aparecimento das primeiras noções de propriedade privada.

De acordo com o autor, o surgimento da propriedade privada conjugado à separação entre o trabalho manual e o trabalho "intelectual" começou a gerar diferenciações sociais no interior das comunidades neolíticas. Esse processo aos poucos foi dando origem à formação das classes sociais e à substituição das antigas comunidades igualitárias por sociedades hierarquizadas, formadas por sacerdotes, aristocratas, camponeses, pastores e, finalmente, escravos. Inicia-se a partir daí a transição da Pré-História para a civilização, período denominado como Idade dos Metais.

6.3 Características dos sistemas econômicos primitivos

O fator básico na diferenciação de uma economia primitiva é o baixo nível de tecnologia. Mesmo que haja um *habitat* rico, aspectos climatológicos favoráveis, a exploração dos recursos naturais fica restrita devido às técnicas rudimentares que limitam a capacidade de produção.

Forde e Douglas (In SHAPIRO, 1966, p. 381-396) apresentam sete características básicas em uma economia primitiva:

a. Preocupação com o abastecimento diário e sazonal: uma vez que tem sua sobrevivência condicionada ao meio ambiente e às estações do ano.

b. Frequência dos contratempos: impossíveis de serem controlados, mesmo com uma tecnologia avançada (chuva ou seca em demasia, fora de época, granizo, pragas etc.).

c. Limitações de transportes: dado o desconhecimento desses meios.

d. Dificuldade de armazenamento: por não haver condições de preservação de certos produtos ante as condições climáticas (calor, umidade) e dos insetos (cupim, formiga).

e. Equipamento de produção: em geral, os instrumentos são simples, rudimentares e de pouca durabilidade.

Organização Econômica 81

f. Falta de diversificação: dependência de um ou dois recursos naturais, que devem atender a praticamente todas as necessidades básicas do grupo: dieta, habitação, instrumentos.

g. Insegurança: pela constante preocupação com a sobrevivência.

De acordo com Dey (S/D), os princípios fundamentais da organização econômica primitiva são os seguintes:

1. As relações econômicas baseiam-se na troca e na permuta. Não há provisão de moeda. Não há bancos e outras sociedades de crédito.

2. Sistema econômico baseia-se nos costumes sociais, condições físicas e fé em antepassados. Quase nenhum primitivo cruza seus limites. O lucro raramente é o motivo das atividades econômicas. As obrigações mútuas e a unidade desempenham a função de motivação. A base do sistema econômico é dar e tomar.

3. A cooperação mútua e empresas coletivas são características da economia primitiva. Por exemplo, as tribos indígenas apresentam uma forte organização comunal.

4. Não há mercados regulares. Mercados semanais são a base das trocas. Não há concorrência desleal ou monopólios característicos da sociedade "civilizada".

5. Até inícios da Idade do Bronze, não existia a propriedade privada. A terra era propriedade coletiva, dividida igualmente entre as famílias, e cada família cultiva sua terra. Existia mais consumo do que produção. O consumo incluía alimentos, roupas e habitação.

6. Com o passar do tempo, os valores econômicos mudam. Na economia primitiva, os valores que predominavam eram estabilidade, igualdade e simplicidade. Isso é particularmente válido para procedimentos e técnicas. Não existia a especialização.

7. A divisão do trabalho estava baseada no sexo. Os homens dedicavam-se à caça e pesca e as mulheres intensificavam suas funções para cuidar dos filhos, da cabana e da aldeia. Então consideravam-se as características biológicas do ser humano: a mulher servia para amamentar enquanto os homens, por ter aptidões físicas adequadas, faziam trabalhos que exigiam esforço. Com essa divisão do trabalho, surgiram as primeiras formas de discriminação social. As mulheres por não se prestarem a serviços de uso da força eram consideradas menos importantes do que os homens.

6.3.1 Divisão do trabalho

A divisão do trabalho é universal e pode ser encontrada em todas as sociedades do presente e do passado. Tem sua origem nos primórdios da vida humana grupal.

Embora a lista de ocupações entre povos de tecnologia simples não seja grande, trabalhos e tarefas são distribuídos aos vários tipos de pessoas. À medida que os indivíduos crescem, vão aprendendo habilidades necessárias a essa ou àquela produção.

O trabalho e o esforço obedecem a um esquema relacionado com o ciclo anual de atividades, tanto de produção quanto de cerimonial.

6.3.1.1 Critérios utilizados para divisão do trabalho

Quatro são os critérios particularmente importantes: sexo, idade, *status* e aptidão ou especialidade, e os dois primeiros são os mais comuns.

Sexo. A divisão do trabalho por sexo decorre de dois fatores: biológico e cultural. Certas tarefas são consideradas apropriadas aos homens e outras, às mulheres. Em muitas sociedades, os homens acham que certos tipos de trabalho estão além das capacidades das mulheres e, às vezes, que certos tipos de tarefas estão abaixo da sua dignidade. O papel de cuidar dos filhos, alimentá-los, cuidar da casa, em geral, cabe às mulheres, enquanto o de caçar, lutar, construir abrigos está associado aos homens.

Entre os Xavantes e os Timbiras, as mulheres são responsáveis pelas atividades coletoras.

Algumas tarefas, todavia, são determinadas social e culturalmente, variando de sociedade para sociedade. Entre povos pastores africanos, são as mulheres que devem ordenhar as vacas; na Índia, entre os Toda, as mulheres são proibidas de se aproximar do estábulo.

Figura 6.1 – A divisão do trabalho pode ser encontrada em todas as sociedades.

Idade. Outro fator incluído na divisão do trabalho é a idade, tendo como base diferenças fisiológicas: infância, juventude, maturidade e velhice. Lutar, caçar, pastorear e outras atividades que exigem força física são atribuídas aos homens. Resolver disputas, tomar decisões importantes, que exigem conhecimento e experiência, são desempenhadas pelos mais velhos. As crianças fazem trabalhos apropriados a sua idade: os meninos pastoreiam pequenos animais domésticos e as meninas tomam conta das crianças menores ou buscam água. Aos jovens, cabem tarefas intermediárias; por exemplo, podar os ramos das árvores, que, após queimadas, servem para fertilizar o solo para plantio. Certas pro-

Organização Econômica **83**

fissões, como curandeiro, sacerdote, artífice, são atribuídas aos homens. **Exemplo:** entre os antigos Tupinambás (século XVI), as moças encarregavam-se de mastigar as raízes de mandioca para a fabricação do cauim (bebida fermentada).

Status **ou classe social.** Também as diferenças de *status* interferem na distribuição das tarefas em quase todas as sociedades. O *status* é determinado, em primeiro lugar, pelo parentesco biológico; depois, pela idade, sexo, prestígio, ocupações etc., embora variem muito de uma sociedade para a outra.

Na Índia, o sistema de castas é o que apresenta maior rigidez na distribuição hereditária das atividades. Baseia-se mais em qualificação atribuída do que em adquirida.

A relação simbiótica entre os Bahima (pastores) e os Bairu (agricultores) de Uganda, África, é outro exemplo. Os primeiros pertencem a uma classe superior, por isso não cultivam; isso compete aos camponeses, os Bairu. Todavia, os Bahima reivindicam parte dos produtos obtidos pelos Bairu.

Especialidade ou aptidão. A divisão do trabalho pode basear-se também em habilidades especiais. Quando o indivíduo demonstra aptidão para uma atividade, ele pode vir a se tornar um especialista, desde que ela não seja prerrogativa de determinada classe, a que ele, evidentemente, não pertence.

Outro fator que leva à especialização, além da habilidade ou aptidão da pessoa, é o acesso ao material necessário a sua atividade. O artesão, em muitas sociedades ágrafas, é de certo modo um mágico, estando o seu trabalho sujeito a regras e precauções. Entre os Trobriandeses, a construção de canoas para longos percursos é intercalada de recitações, a fim de torná-las velozes, navegáveis e encherem seu dono de glórias.

Todas as sociedades têm seus especialistas: artesãos, ceramistas, carpinteiros e outros. Entretanto, como ele deve prover de alimento sua família, trabalha no campo, pastoreia, caça ou pesca, no intervalo de sua atividade artesanal.

6.3.2 Organização das unidades de produção

As sociedades primitivas não possuem uma organização cujas tarefas sejam restritas à produção. Segundo Nash (In TAX, 1966, p. 125), a "unidade de produção, organização social que produz bens, depende e deriva de outras formas da vida social". A organização econômica faz parte de um contexto social mais amplo, ou seja, uma rede de relações entre pessoas e entre grupos, na qual são considerados valores, símbolos, padrões de comportamento e normas de conduta. As relações econômicas são, ao mesmo tempo, relações sociais. E, em muitas sociedades, os elos de parentesco formam a base da maioria delas.

Em um sistema de linhagem patrilinear, por exemplo, há relações de serviços verticais entre o pai e o filho e entre outros parentes na mesma linhagem, mas podem ocorrer relações de serviços laterais e até diagonais.

Ligações territoriais e estruturas políticas também são frequentemente utilizadas como mecanismos de organização da unidade de produção.

6.3.3 Sistema e meios de troca

Nas sociedades primitivas, pequenas e isoladas, nas quais a tecnologia é simples, os produtos são usados diretamente pela pessoa que os produziu; podem ocorrer, contudo, algumas trocas, dentro ou fora do grupo. A troca tem várias funções:

Capítulo 6

a. facilitar o processo de produção;
b. complementar os recursos do grupo;
c. valorizar as relações definidas ou laços de parentesco e de matrimônio;
d. apaziguar brigas;
e. compensar crimes;
f. divertir-se etc.

Muitas vezes pode unir os parentes com fortes laços de cooperação e obrigação.

A necessidade da troca surge em razão da divisão do trabalho, por um lado, e do direito de propriedade, por outro; ou seja, da posse de certos produtos escassos ou valiosos por diferentes indivíduos ou grupos.

Modalidades de trocas. Segundo Polanyi (apud Hoebel e Frost, 1981, p. 271-272), há três modalidades de trocas:

a. *Recíproca*: consiste na troca direta de bens e serviços entre pessoas e grupos, de determinados *status*, sem uso do dinheiro. Quando não se utiliza a moeda, pode-se ter os seguintes tipos de troca:

- produtos por produtos: tabaco por peles, entre os Bosquímanos da África;
- produtos por serviços: inhames pelos serviços dos sobrinhos (filhos da irmã), entre os Trobriandeses;
- serviços por serviços: abertura de "cata" por lavação de cascalho, entre garimpeiros do Brasil.

O mais famoso exemplo de troca recíproca é o Kula, registrado entre os Trobriandeses, os quais trocam colares vermelhos e pulseiras brancas (de conchas) antes da troca de produtos (estudados por Malinowski).

b. *Redistributiva*: ocorre quando um chefe político pode exigir bens ou serviços como tributos. De posse desses bens, após retirar o necessário ao seu sustento, distribui uma parte à população. A redistribuição pode ser equitativa ou não.
   Exemplo: sociedades tribais horticultoras, organizadas em Estado. O potlach, registrado entre os índios Kwakiutl (Estados Unidos), é outro exemplo. O chefe dá uma festa onde são consumidas enormes quantidades de comida e generosos presentes são dados aos representantes dos outros grupos; o que sobra é queimado.

c. *Comercial*: baseada no comércio direto, ou seja, na compra e venda através do dinheiro. Contudo, a troca comercial não significa, especificamente, moeda ou nota, mas determinado artigo valioso, que tenha seu peso, qualidade e quantidade determinados, servindo como padrão de valor.
   Exemplo: o uso do arroz como "dinheiro" pelos Ifugeos, das Filipinas.

Quando há mercados dentro dos sistemas econômicos de sociedades tribais, geralmente são periféricos. Nas organizações econômicas que utilizam o dinheiro, a troca sempre é livre das exigências de parentesco, vassalagem, chefes superiores, amizade pessoal etc.

6.3.4 Controle da riqueza e do capital

As sociedades primitivas valorizam em primeiro lugar a terra e os homens. A seguir, a máquina, os instrumentos, os animais domésticos etc., ou seja, aqueles bens que são úteis para a garantia da sobrevivência.

A distribuição de terras e de homens é controlada por normas convencionais e está mais relacionada com o sistema de parentesco, herança e matrimônio do que com contratos e outras transações comerciais.

O capital significa todos os bens armazenados, seja para ser consumidos, guardados ou utilizados. Incluem ferramentas, equipamentos de produção, comida, roupas, adornos, animais, pontes, celeiros, moradias etc.

Em geral, as economias primitivas são pobres em capital fixo. A baixa tecnologia limita a quantidade, a durabilidade, a eficiência e a serventia dos instrumentos, armas, habitações etc.

Quando há um sistema monetário, embora rudimentar, ele permite a poupança. Trocam-se mercadorias por moedas, que, por sua vez, geram novas transações, no momento ou posteriormente.

6.3.5 Distribuição e consumo

A distribuição, ou seja, a repartição de bens ou produtos, para consumo ou redistribuição, é uma ponte entre a produção e o consumo. Interessa ao antropólogo saber quais são os mecanismos dessa distribuição entre as sociedades mais simples.

Em geral, todos os elementos da população recebem o suficiente para sua sobrevivência; ninguém passa fome. Entretanto, alguns recebem mais. Onde predominam a cooperação e o coletivismo, por exemplo, as famílias recebem partes iguais, proporcionais ao seu tamanho, ou pelo menos o suficiente para o seu sustento. Todavia, existe uma graduação entre os que recebem mais e os que recebem menos, dependendo dos diferentes *status*, das relações de parentesco, de afinidades, cargos, prestígio, liderança, poder etc. Outro lado importante refere-se aos direitos sobre o que se produz, tanto em relação aos parentes quanto aos que mantêm relações econômicas com o grupo.

Muitos artigos são produzidos, permutados e conseguidos de forma padronizada. Às vezes, a acumulação de excedentes tem o objetivo de atender o grupo em períodos de escassez, situações de emergência, mas pode ter a finalidade de exibições e distribuição cerimoniais. O consumo pode ser:

a. *primário*: quando os produtos são consumidos pelo próprio produtor e os membros de sua família ou habitação;
b. *secundário*: quando comida e bens são utilizados também por indivíduos pertencentes a categorias de parentes secundários e até terciários.

6.3.6 Organização da produção

Por mais complexa que seja uma sociedade, nem todos os indivíduos são especialistas. Desse modo, a organização do trabalho, que englobe mais de uma unidade doméstica, deve somar a técnica de especialistas com a força muscular da mão de obra não especializada.

86   Capítulo 6

A preocupação do antropólogo consiste em saber como essa mão de obra é recrutada, dirigida e recompensada, nas diferentes sociedades simples, que variam muito de uma para a outra, no tempo e no espaço.

6.3.7   Recrutamento

O recrutamento da força de trabalho está mais na dependência das relações sociais do que de vantagens materiais, mas são elas que estabelecem quem vai trabalhar para quem e quando, ou seja, se o indivíduo deve primeiro preparar a sua própria terra ou ajudar seu vizinho.

A ajuda faz parte da reciprocidade das relações de parentesco. Desse modo, a mão de obra deve ser recrutada, em primeiro lugar, no seio da própria família ou dos parentes primários. Entre povos ágrafos da África, entretanto, quando algum trabalho da lavoura tem certa urgência, os vizinhos dão sua colaboração independentemente de serem ou não parentes de linhagem. Uma família pode receber ajuda de um pretendente. Nesse caso, o jovem forma uma equipe com seus companheiros de idade e oferece seus serviços ao provável sogro.

As diferentes formas de cooperação dependem do *status* e das relações sociais de quem pede e de quem ajuda.

Recompensa e motivações. A recompensa pelos serviços prestados pode ser maior ou menor, fixa ou impessoal, em forma de alimentos, presentes cerimoniais, serviços recíprocos etc. Não há preocupação com a equivalência entre a ajuda e a recompensa.

Quando uma família recebe a colaboração de estranhos, geralmente eles são recompensados com alimentos e bebidas, mas essa recompensa pode incluir outros elementos da cultura: adornos, ferramentas, roupas, moedas etc.

A motivação para o trabalho é basicamente a vontade de prover a sobrevivência da família (alimentos, vestuário e abrigo). No entanto, os incentivos podem ser variados: desejo de prestígio, aquisição de ferramentas, de *status*, acumulação de riqueza, posse de objetos, de uma esposa, satisfação do trabalho em conjunto, prazer da convivência ou da confecção de determinado objeto etc.

Exemplo: entre os Xavantes (Mato Grosso), a realização do casamento depende de uma caçada que o noivo deve realizar com a ajuda de seus companheiros de grupo, trazendo para a aldeia a maior quantidade possível de caça abatida.

6.4   Propriedade

A propriedade é um aspecto da cultura humana, universal, que delimita os direitos e privilégios que uma ou um grupo de pessoas têm sobre as coisas.

6.4.1   Natureza da propriedade

O conceito de propriedade abrange tanto coisas tangíveis, concretas, palpáveis (terra,

Organização Econômica 87

árvores, colheitas, animais, habitações, ferramentas, roupas etc.) quanto coisas intangíveis, não palpáveis, abstratas (canções, nomes, danças, habilidades, poesias etc.).

Existem regras sobre a posse, o manejo e a disposição da propriedade em todas as sociedades.

Os termos mais usados para indicar a natureza da propriedade são:

a. *Individual* (particular ou privada): pertencente a um indivíduo. Refere-se à propriedade pessoal: indumentária, armas, instrumentos, adornos etc.

b. *Grupal* (particular ou privada): pertencente a um grupo. Fala-se em propriedade conjunta: casas, ferramentas etc.

c. *Coletiva* (comum): pertencente à sociedade em geral. Diz respeito à sociedade comum: terras, matas, estradas, colheitas etc.

A propriedade pode ser fixa, imóvel (bens imóveis), ou seja, terra, habitações, poços, estradas; ou móvel (bens móveis), isto é, implementos agrícolas, gado, armas, instrumentos, equipamentos de especialidades etc.

A propriedade de implementos e equipamentos relaciona-se com a divisão do trabalho por sexo e por idade.

Incluem-se ainda nos bens móveis:

1. Objetos de uso pessoal: caça, vestimentas, adornos, moedas.
2. Objetos rituais: colares, alimentos, bebidas.
3. Artigos armazenados: alimentos, ferramentas etc.

A propriedade da terra e outros recursos naturais (bens imóveis) constituem o aspecto fundamental da organização econômica. De modo geral, ela envolve fatores religiosos, políticos e de parentesco.

Os laços de parentesco regulam a produção e a distribuição dos bens e serviços. O título de propriedade, muitas vezes, cabe a um chefe dominante, e a população está sujeita a tributos e ao controle do uso da terra. Os chefes de grupos, frequentemente, têm obrigações de caráter ritual, legal ou militar; também são responsáveis não só pelas cerimônias relativas a festividades, mas também por toda a magia relacionada com a terra.

A propriedade pode ser:

a. *Transferível*: por adoção, intercâmbio, venda, confisco ou herança. Há várias regras que regem a herança; tanto pode herdar o filho mais velho (primogenitura) quanto o mais moço (ultimogenitura) ou outros parentes.

Segundo Hoebel e Frost (1981, p. 280), a herança não é a transferência de posse, mas de *status*, uma vez que os filhos podem assumir a chefia enquanto os pais ainda vivem.

b. b. *Inalienável*: quando é intocável, ou seja, não pode ser doada, vendida, distribuída ou destruída. **Exemplo:** totem, templos, cemitérios.

6.4.2 Direitos de propriedade

Os direitos de propriedade apresentam três modalidades distintas:

a. *Direito de uso*: relativo não só à terra nua, como também a qualquer outro bem móvel ou imóvel. **Exemplos:** direito de cultivar a terra de outro; de usar uma ferramenta alheia, de tirar água do poço do vizinho etc. Entre os Bororo, cada clã tem direitos exclusivos a certos nomes, enfeites e outros objetos, e mesmo a certas técnicas.

b. *Direito de controle*: sobre pessoas e serviços. **Exemplos:** decisões sobre quem deve plantar ou colher em primeiro lugar; quem deve receber maior ou menor quantidade de alimentos; o preço da noiva etc.

c. *Direitos de transferência*: referentes a bens imóveis e móveis. **Exemplos:** direito de disposição de determinados objetos, vendendo, doando ou destruindo (cereais, cobertores, inhames). Entre os índios Mawé (Amazonas), a caça abatida pertence ao dono da arma e não ao caçador.

Ainda hoje, pode ser encontrada uma grande variedade de organizações econômicas primitivas e intermediárias, além das desenvolvidas. Sempre que houver contato entre primitivas e complexas, estas afetarão aquelas em alguns aspectos.

6.4.3 Posse da terra

A posse da terra é uma rede interligada de direitos, deveres, privilégios e imunidades de indivíduos sobre recursos. Significa o direito que as pessoas ou grupos têm sobre a terra: de uso, de receber o seu fruto, direta ou indiretamente, sem contribuir no trabalho.

Há direitos de transferir, alienar (vender ou doar) e conceder a outros o direito de uso.

A posse da terra implica não só as formas primárias de economia (cultura, pastos, florestas), mas também os usos subsidiários dela: reservas de combustível, suprimento de água, materiais para construção e cobertura de casas, terras para edificações, reservas de caça e pesca e áreas sagradas (cemitério, templo).

Os direitos da terra baseiam-se em duas razões:

1. *Economia*: quando a terra é necessária à sobrevivência.
2. *Mística*: quando está ligada a antepassados mortos, impedindo tanto a emigração quanto a entrada de estranhos.

As terras variam no modo como são utilizadas, o que, por sua vez, depende da cultura e das técnicas de subsistência empregadas.

Há diversas maneiras na disposição da propriedade: individuais ou grupais; permanentes ou temporárias; pequenas ou grandes.

Praticamente não há delimitação quando a terra é usada para a caça, coleta e pastoreio, entre indivíduos; outro grupo, inclusive, pode reivindicar direitos coletivos sobre determinadas áreas. Todavia, as terras reservadas à agricultura têm limites mais demarcados. De acordo com o seu contexto, a terra pode ser: familiar, de linhagem, de clã, de aldeia, do chefe etc. A terra ocupada, as que oferecem recursos para a sobrevivência e os abrigos construídos formam os aldeamentos.

6.5 Aldeamento

Aldeia é um grupo de casas separadas, mas consideradas unidades, colocadas de forma que seus habitantes se conheçam. Tem origem no Neolítico, talvez há 8.000 anos. Comunidade de aldeia compreende mais de uma família vivendo bem próximas, dividindo entre si as áreas de coleta, pastoreio e cultivo. São muitas as encontradas no mundo, atualmente.

Alguns fatores levam as populações a se fixarem em determinado local: fontes de alimentação, habilidade para utilizá-las, experiência de desenvolvimento, adaptação e as relações entre os grupos.

> A acomodação espacial de subgrupos de uma sociedade em relação uns com os outros, com seus recursos ambientais e com as outras sociedades é chamada padrão de aldeamento (HOEBEL e FROST, 1981, p. 125).

Figura 6.2 – Aldeia tradicional em Papua, Indonésia.

6.5.1 Padrões de aldeamento

Dois antropólogos – Bourguignon e Greenbaum (1973) – classificaram os padrões de aldeamento em cinco tipos, sendo três caracterizados pelo maior ou menor grau de nomadismo, e dois pelo sedentarismo.

– Nômades

a. *Bando migratório*: refere-se a grupos que mudam com certa frequência, procurando melhores locais para obtenção de produtos necessários à sobrevivência. **Exemplos:** coletores, caçadores, pescadores e forrageadores.

b. *Comunidade seminômade*: diz respeito aos semissedentários, ou seja, aos grupos que mudam ocasionalmente. Residem em uma localidade enquanto usufruem a terra, durante alguns anos, e depois a abandonam. **Exemplo:** horticultores, entre eles os Tupis-guaranis.

c. *Aldeias compactas*: são populações seminômades que permanecem poucos anos em determinado local e depois se mudam. **Exemplo:** pastoreadores lapões.

– Sedentários

a. *Vizinhança dispersa*: grupos que vivem da agricultura: preparo, plantio, irrigação e colheita. **Exemplo:** agricultores: Xavante aculturado.

b. *Aldeias permanentes*: onde o tipo de atividade leva os habitantes a se fixarem em determinada localidade. **Exemplos:** agricultores e artesãos: Astecas e Incas.

7
Organização Política

7.1 Conceituação

A organização política de um povo abrange o conjunto de instituições pelas quais se mantêm a ordem, o bem-estar e a integridade do grupo, sua defesa e proteção. Essas instituições regulam e controlam a vida da sociedade, garantindo a seus membros:

 a. *direitos individuais*: ao mesmo tempo em que exige o cumprimento de suas obrigações;
 b. *organização do governo local*: aldeia, cidade;

92   Capítulo 7

c. *sistema de governo*: tribal, nacional, estatal;

d. *defesa e proteção*: contra inimigos externos, por meio da organização militar.

Hoebel e Frost (1981, p. 321) definem organização política como "aquela parte da cultura que funciona explicitamente para dirigir as atividades dos membros da sociedade em direção às metas da comunidade", entendida esta como a depositária dos valores e ideias comuns a um grupo humano, que encontra correspondência na sociedade mais ampla.

Nadel (1966) vê no político uma organização para a paz interna e a guerra externa. A organização política é um aspecto da cultura encontrado em todos os grupos humanos, simples ou complexos. A condição necessária para a sua existência é a formação de grupos e subgrupos, cujas relações requerem controle social. Parentesco, sexo, religião e associações outras que servem de base para a segmentação das sociedades.

A característica essencial da organização política é o exercício do poder. Outros aspectos têm igual importância: participação, lealdade, tradições e símbolos comuns, governo e sistema de relações externas.

7.2 Elementos da organização política

Três elementos são considerados básicos na constituição do aspecto político das sociedades primitivas: o parentesco, a religião e a Economia.

7.2.1 Parentesco

A descendência, as regras de residência, os arranjos matrimoniais, os clãs, as linhagens, enfim, as relações de parentesco que unem as famílias formam um conjunto significativo e atuante no controle político. Quanto mais acentuados são os laços de parentesco mais se estreitam os laços políticos, fortalecidos sempre pela atuação da religião. As sociedades simples fundamentam-se quase exclusivamente no parentesco.

7.2.2 Religião

A religião exprime-se por meio das crenças, da mitologia e determina a visão de mundo das sociedades. Tem função política ou é o instrumento do político que regula as relações sociais. Torna-se necessário o conhecimento dos diferentes tipos de manifestação religiosa ante a inter-relação entre o político, o religioso e o social.

7.2.3 Economia

Indivíduos e grupos participam das múltiplas formas de produção que as sociedades apresentam, desde a coleta e a caça rudimentares, praticadas pelos aborígenes australianos, passando pela agricultura e criação intensivas até as complexas economias de Estado dos Incas e Astecas. Por meio dessas formas, organizam-se o trabalho, a produção e a distribuição dos recursos existentes (terra, água e outros bens). Esses elementos propiciam prestígio, poder e *status* que resultam em desigualdades no interior das sociedades, dando origem ao Estado.

7.3 Natureza da organização política

A organização política surge em qualquer sociedade segmentada em subgrupos, sendo um sistema que regula as relações entre os grupos e seus membros, que compartilham padrões e ideias em comum. Toda sociedade territorial participa de um sentimento de união, gerando interesses comuns entre os quais estão os interesses políticos.

Os conceitos de Estado e de Governo são considerados básicos na análise da organização política.

7.3.1 Estado

Costuma-se defini-lo como a nação politicamente organizada. Copans (1971, p. 27) afirma que o Estado é uma forma não primitiva de governo, um meio de governar sociedades, devendo ser compreendido em termos de território, população e governo. O território e a população são anteriores ao Estado, e o governo é o próprio Estado.

7.3.1.1 Elementos do Estado

a. *Território*: uma unidade territorial corresponde a uma unidade política. São áreas definidas, menores ou maiores, ocupadas respectivamente por pequenos agrupamentos (bandos ou hordas) ou por organizações maiores (tribos, confederações, impérios), ligados por padrões e ideias comuns.

b. *População*: grupos de indivíduos ligados por uma cultura comum. As populações formam sociedades, portadoras de interesses individuais e grupais.

c. *Governo*: consiste no instrumento executivo da organização política. Representa a autoridade que controla os membros da sociedade, por meio de normas preestabelecidas e dentro de um território definido. Ele se concretiza por meio de órgãos, onde pessoas especializadas exercem funções ligadas ao poder e se preocupam em executá-las, valendo-se da força e de poderes coercitivos (veja Seção 7.3.2).

Segundo alguns autores, o Estado é um elemento universal da organização social humana. Krader (1970, p. 27) defende a ideia de que o governo é universal, enquanto outros aspectos da cultura, como o Estado, não o são.

Consiste, pois, em uma instituição de governo, mas não a única instituição política existente para governar sociedades. Nem todos os grupos humanos possuem um Estado político. Segundo Copans (1971, p. 8), "ele tem um papel que é uniforme em toda parte: controlar e dirigir as vidas das pessoas sob seu império, por meio de poder social centralizado nas mãos de uns poucos".

Para Lowie (1927), o Estado existe potencialmente em todas as sociedades, concretizando-se em algumas delas. Em outras, encontra-se em forma incipiente. Sua presença indica que a sociedade atingiu certa complexidade.

A perspectiva histórica demonstra que os Estados, mesmo assumindo formas diferentes, apresentam uma base comum: território definido, população estável, grupos diferen-

94 Capítulo 7

ciados, instituições governamentais etc. A partir dessa base comum, o Estado acha-se em condições de cumprir seus objetivos: dirigir e assegurar as vidas dos cidadãos; controlar as relações entre os diversos Estados; garantir o bem-estar dos membros da sociedade.

Na história da humanidade, surgiram diferentes tipos de Estados (alguns já desapareceram e a maioria transformou-se em Estados modernos): cidades-Estado; Estados imperiais e teocráticos; tribos-Estado; Estados tribais consanguíneos; Estados nacionais e numerosas outras formas estatais.

O Estado Nacional, característico das sociedades modernas, originou-se na Europa e desenvolveu-se na América, Ásia e África, sendo, hoje, uma forma dominante de Estado, adaptando-se às diferentes ideologias (democracia, socialismo, comunismo).

7.3.1.2 Funções do Estado

De acordo com Fried (1960), todo Estado apresenta as seguintes funções especializadas:

1. *Controle populacional.* Estabelecimento de limites, categorias de cidadania, e realização de censos. Todo Estado precisa estabelecer limites territoriais para separá-lo de outras sociedades. Os censos permitem conhecer as características da população.
2. *Judiciário.* O Estado tem leis, procedimentos legais e códigos que regulam as relações entre indivíduos e grupos.
3. *Cumprimento da lei.* A presença de militares e policiais contribui à defesa do território e cumprimento das decisões judiciais.
4. *Fiscal:* Tributação. O Estado precisa de um sistema fiscal ou financeiro para regular a produção, distribuição e consumo de bens.

7.3.2 Governo

Entende-se por Governo a autoridade individual ou grupal que controla determinado território e que exerce poder sobre ele.

Pode também ser definido como a administração oficial dos negócios públicos, regidos por pessoas especializadas, com delegações de poderes. Em todas as sociedades, o governo atua por meio de arranjos políticos e processos legais e judiciais.

– *Características*: todo governo desenvolve relações formais e informais nas sociedades em geral. Nos grupos simples, o governo é informal, enquanto nas sociedades complexas é formalizado e relaciona-se diretamente com o Estado.

A característica fundamental consiste na concentração da força física nas mãos da autoridade central. Há uma série de restrições aos membros dos grupos no que tange aos seus direitos, como tirar a vida do outro. Entretanto, essas restrições não atingem o Estado, que tem o poder de vida e morte, confisco de bens e propriedades, sanções etc.

Nas sociedades sem Estado, a proteção e o controle são executados, quando necessários, pelo próprio grupo. Cessa quando a necessidade desaparece.

– *Formas de governo:* a mais elementar forma de governo encontra-se nos bandos ou hordas. São grupos de subsistência, nômades, com um conselho de homens que exercem o poder político. **Exemplos:** os esquimós e os bosquímanos.

Nas aldeias (populações sedentárias), a vida política torna-se mais complexa e mais interdependente. Os líderes são os responsáveis pelo controle social, pela ação coletiva e pela preservação da lei e da ordem.

O mesmo acontece nas associações, compostas de membros unidos por um fim comum, praticamente independentes da organização de parentesco e de vizinhança da sociedade. **Exemplo:** os índios Crow, das planícies dos Estados Unidos, organizam-se em associações.

Figura 7.1 – Indígenas da nação Crow (data aproximada 1878-1883).

Entre as sociedades ágrafas, o governo é sempre democrático; raramente aceitam lideranças políticas ditatoriais. **Exemplos:** a liga dos Iroqueses, chamada As Cinco Nações; os grupos tribais do Alto Xingu (Brasil), em sua aculturação intertribal, conservaram sua autonomia.

O controle político assume formas diferentes, de acordo com as culturas onde se manifesta.

No Brasil, uma definição clássica de formas de governo é a estabelecida por Darcy Azambuja,

> são formas de vida do Estado, revelam o caráter coletivo do seu elemento humano, representam a reação psicológica da sociedade às diversas e complexas influências de natureza moral, intelectual, geográfica, econômica e política através da História (AZAMBUJA, 2005, p. 200).

Passaes et al. (2012) apresentam um resumo muito didático dos tipos de formas de governo. A mais antiga classificação das formas de governo é a de Aristóteles, apresentada em sua obra *A política, que* pode ser explicada da seguinte forma: se o governo é exercido por um só, visando ao bem comum, é a monarquia, ou a realeza; se o governo é exercido por um só, mas no próprio interesse, oprimindo os governados, é a tirania ou *despotia*, a forma corrupta da monarquia; se o governo é exercido por uma minoria privilegiada, quer dizer, pela nobreza, em benefício de todos os governados, é a aristocracia; se o governo for exercido por essa minoria mas em proveito próprio, temos a forma corrupta de aristocracia, denominada oligarquia; se o governo é ou pode ser exercido por todos os cidadãos, visando ao bem comum, é a democracia; se o governo é exercido pelas multidões revoltadas, ou se estas influenciam diretamente os governantes, oprimindo os governados, temos a forma impura da democracia, que é denominada demagogia.

Continuando com Passaes et al. (2012), Maquiavel, na sua obra *Discursos sobre a primeira década de Tito Lívio*, apresenta a sua teoria de ciclos de governo. Partindo de um estado anárquico, que existiu no início da vida em sociedade, os homens, para se defender, escolheram como chefe o mais robusto. Após várias escolhas, perceberam que aqueles atributos não indicavam um bom chefe, passando a escolher o mais justo e sensato. Essa monarquia eletiva foi transformada em hereditária, que foi degenerada pelos próprios herdeiros, surgindo a tirania. Os mais ricos e nobres conspiraram, apoderando-se do governo, instituindo a aristocracia voltada para o bem comum. Os seus descendentes esqueceram os males da tirania e passaram a governar em proveito próprio, transformando a aristocracia em oligarquia. O povo, revoltando-se contra a oligarquia, destituiu os oligarcas, instaurando o governo popular ou democrático. O próprio povo degenerou a democracia, ao utilizar o governo para fins próprios, gerando a anarquia, voltando-se ao ponto de partida do ciclo de governo. Com a publicação da obra *De L'esprit des Lois*, por Montesquieu, surgiu a classificação que agrupa os governos em três grupos distintos: o Republicano, o Monárquico e o Despótico.

Nos Estados modernos, os tipos mais comuns de governo são a Monarquia e a República. A primeira pode ser definida como o sistema de governo em que o poder político está concentrado nas mãos de uma só pessoa, o qual é exercido por ela ou por delegação dela. A Monarquia pode ser absoluta ou constitucional. Na Monarquia absoluta o poder político é exercido pelo monarca e a sua vontade deve ser juridicamente a mais alta, não depende de nenhuma outra; o Estado é o rei. Na Monarquia constitucional, o monarca não tem poder absoluto, os seus poderes emanam da Constituição.

A República consiste no sistema político em que os cargos de chefe do Poder Executivo e dos membros do Poder Legislativo são eletivos, temporários e responsáveis. A República pode ser parlamentar e presidencialista. Na República parlamentar, o Poder Executivo é exercido pelo gabinete e não pelo Presidente da República. Na República presidencialista, o Poder Executivo é exercido pelo Presidente da República. É o governo de um Estado no qual o povo exerce a soberania diretamente ou por meio de representantes eleitos.

Exemplos de diversas formas de governo:

a. *Oligarquia*: poder nas mãos de uma classe social pequena. **Exemplo:** triunvirato militar na Grécia (1967-1973).

b. *Monarquia*: poder atribuído à pessoa de um rei. **Exemplos:** Holanda, Suécia, Ilhas Polinésias.

c. *Gerontocracia*: governo de homens idosos. **Exemplo:** os Andamaneses (negros da Baía de Bengala).

d. *Democracia*: poder investido no povo que o exerce direta ou indiretamente. **Exemplos:** Suíça, Finlândia.

e. *Teocracia*: governo por direção sobrenatural (sacerdotes). **Exemplos:** antigo Egito, Havaí, Tibete.

De todas essas formas de governo, a mais frequente entre os povos ágrafos é a gerontocracia.

O governo de mulheres em sociedades não civilizadas parece nunca ter existido. Matriarcado e matrilinearidade são formas de organização social que não devem ser confundidas com governo de mulheres.

7.4 Níveis de desenvolvimento

De acordo com Service, 1962 (apud KOTTAK, 2010), ao analisar os níveis de desenvolvimento sociocultural, os antropólogos distinguem os seguintes tipos:

7.4.1 Bandos ou hordas

O bando patrilocal, a mais simples e rudimentar forma de estrutura social, encontra-se em todas as partes da Terra. Os bandos constituídos por poucas famílias nucleares aparentadas (100 pessoas no máximo) são nômades, com economia de subsistência: coleta, caça e pesca.

"Não existe lá vida política separada, nem governo ou sistema legal acima da modesta autoridade informal dos chefes de família e dos líderes efêmeros", afirma Service (1962, p. 120); e conclui: "a família e o bando são a única organização econômica, política e religiosa e suas relações não são formalizadas, são apenas familiares". **Exemplos:** os esquimós do Alasca; os pigmeus da África.

7.4.2 Tribos e nações

O nível tribal de organização sociocultural das tribos e nações é mais complexo do que o do bando, do qual conservam ainda algumas características. São "organizações segmentares", marcadamente familiares, igualitárias, com laços baseados no parentesco.

Nesse nível, surgem instituições propriamente tribais que levam à integração das partes num todo cultural mais amplo e controlam as relações entre os vários grupos – etários, religiosos, econômicos etc. Entre esses outros grupos menores, como linhagens, anciãos, homens, mulheres etc., estabelece-se uma hierarquização não institucionalizada. **Exemplos:** os Tiv da Nigéria, estudados por Balandier; a tribo ou "nação" Tupi-guarani, da costa brasileira, do século XVI.

Nação é um povo fixado em determinada área geográfica possuindo certa organização, sentimentos de união, identidade de língua, etnia, religião etc. A formação de nações encontra-se com mais frequência no âmbito das sociedades civilizadas.

7.4.3 Chefaturas

Consistem em um tipo de organização política, mas ainda não estatal, embora tenham já certa autonomia em nível político e condições de passarem a Estado. Colocam-se entre os bandos e tribos e o Estado. Em vários aspectos da cultura – Economia, Arte, Religião, Política – contrastam com as tribos.

Politicamente, constituem-se em um regime governativo, primitivo, ainda baseado no sistema de parentesco, mas este assume importância secundária. Têm, entretanto, um território mais definido e uma autoridade legitimada.

As sociedades de chefaturas acham-se segmentadas em grupos distintos, com base em critérios socioeconômicos e religiosos. Por exemplo: nobres, escravos, homens livres.

São sociedades não mais igualitárias; não têm propriamente um governo, mas possuem autoridade centralizada. Não há propriedade privada, nem mercado, nem classes socioeconômicas definidas. Faltam-lhes uma hierarquia propriamente política e uma administração específica.

O que caracteriza fundamentalmente as chefaturas é a acentuada desigualdade entre os grupos, na sociedade. No alto da pirâmide social, encontra-se o chefe; abaixo dele, sucessivamente, as demais pessoas, com grande rivalidade de *status*.

As chefaturas encontram-se em muitas localidades da Terra. **Exemplos:** as civilizações arcaicas do Peru; os Ashanti da África.

Quadro 7.1 – Bases econômicas e regulação política de bandos, tribos, chefaturas e estados

TIPO SOCIOPOLÍTICO	TIPO ECONÔMICO	EXEMPLO	TIPO REGULAÇÃO
Bando	Coletores	Esquimós, Pigmeus	Local
Tribo	Horticultura, pastoreio	Yanomami, Masai, Tupi-guarani	Local, temporariamente regional
Chefatura	Horticultura produtiva	Civilizações peruanas, Ashantis	Regional permanente
Estado	Agricultura, Indústria	Mesopotâmia, Brasil contemporâneo	Regional permanente

Fonte: Kottak (2010). Adaptado pelo atualizador.

Na opinião de Kottak (2010), essa é uma visão evolucionista da sociedade. Hoje em dia, em uma visão estruturalista da sociedade (veja Capítulo 13), nenhuma dessas entidades deve ser estudada como uma unidade independente de organização política, uma vez que todas coexistem dentro dos Estados-Nação e estão sujeitas a controle estatal.

7.4.4 Estados

Nas sociedades organizadas em Estado, persistem muitas características das chefaturas, mas o que as distingue é uma nova forma de integração socioeconômica, que envolve a burocracia e a força legitimada. Elas têm uma existência legal, que interfere e regula as relações entre indivíduos e grupos.

7.4.4.1 Sociedades sem Estado

Mesmo os grupos humanos mais simples e isolados possuem alguma forma de governo. Por isso, o mundo primitivo oferece exemplos de diferentes e numerosos tipos. Nas sociedades sem Estado, o governo é informal, sem autoridade centralizada, onde as funções políticas são exercidas por subgrupos, não havendo propriamente um chefe.

Organização indiferenciada. Nesse tipo de organização, as relações sociais acham-se intimamente ligadas ao parentesco e são comumente encontradas nas hordas e bandos. Entre estes, a família, geralmente, é patriarcal, a descendência, patrilinear e o governo, gerontocrático (de homens idosos). **Exemplos:** os esquimós do Alasca; os bosquímanos do Sul da África.

Linhagem segmentária. Nesse sistema de organização política, atribui-se o poder de decisão às linhagens, ou seja, aos grupos de parentesco que se consideram descendentes de um ancestral comum (veja Seção 5.3.8, a). As tribos dividem-se em segmentos, e estes, em linhagens. São formações sociais baseadas também no parentesco. **Exemplo:** os Nuer do Sudão, segundo Evans-Pritchard, vivem em uma "anarquia organizada", sem instituições legais e onde os valores políticos são relativos.

Organização em grupos de idade. Sistema político pouco difundido, sendo o grupo de idade a base da organização e cujos chefes têm a direção dos assuntos de governo e a responsabilidade da integração política. **Exemplo:** os Nyakyusa.

Conselhos de aldeias e associações. Tipo de organização política em que a autoridade emana dos conselhos das aldeias que constituem o próprio governo tribal. **Exemplos:** os Pueblos dos Estados Unidos; os Ibos da África.

Aldeias com chefes. O papel do chefe ou líder ganha grande projeção nesse tipo de organização política, na qual o parentesco tem importância secundária. O indivíduo, investido de autoridade política, goza da confiança e recebe o apoio dos grupos vizinhos, responsabilizando-se pela união e pelo controle do seu grupo local. Suas qualidades pessoais permitem-lhe exercer essa liderança. **Exemplo:** os Shoshones dos Estados Unidos.

7.4.4.2 Sociedades de Estado

À medida que as sociedades se tornam mais complexas, em virtude da estabilidade econômico-social e da fixação em aldeias permanentes, vão exigindo lideranças mais estáveis e instituições governamentais mais efetivas.

Estabelecem-se as sociedades de Estado nas quais a autoridade é exercida por chefes, reis, conselhos e mesmo por associações de caráter apolítico, e abrange toda a sociedade.

Chefias. A necessidade de liderança faz surgir o chefe, que se distingue socialmente pela autoridade a ele conferida. O exercício da chefia, assim como suas funções e poderes, varia entre os diferentes grupos humanos, podendo ser hereditário ou não.

100   Capítulo 7

Muitas vezes, faz-se a distinção entre chefes de paz e chefes de guerra, com atribuições específicas nas relações tribais internas e externas. **Exemplos:** os Iroqueses e os Cheyennes dos Estados Unidos.

Em algumas tribos africanas, a função do chefe é múltipla: legisla, controla a distribuição e o uso da terra, organiza caçadas, cerimônias religiosas, como também orienta o grupo na defesa e na guerra.

Portadores de privilégios, os chamados "chefes cerimoniais" gozam de grande prestígio e são os promotores dos festins cerimoniais, contando ainda com a aprovação de todos os membros do grupo. **Exemplo:** os Trobriandeses.

Reinos. Não é mais a linhagem ou outro segmento que retém a autoridade, mas um governo central, com um chefe supremo exercendo o poder sobre toda a sociedade. É sempre hereditário e tem como função garantir a lei e a paz através da estabilidade na administração do governo. Se, por um lado, representa segurança para os membros da sociedade, por outro pode levar à tirania, à corrupção, em decorrência da possível incapacidade e incompetência de chefes que a hereditariedade colocou no poder.

Na Polinésia e na África, é comum a primogenitura, ou seja, o filho mais velho ser o sucessor do pai.

Considerando que nas sociedades ágrafas o mundo material acha-se em perfeita conexão com o sobrenatural, os chefes políticos e os chefes sacerdotais agem de forma harmoniosa e o controle das ações dos indivíduos está relacionado com o sobrenatural.

Nas sociedades de horticultores, os chefes têm poderes não apenas políticos, mas são responsáveis também pelo bom desenvolvimento da Economia e pela segurança religiosa do grupo. **Exemplo:** os Ashanti.

Conselhos. Acham-se presentes em todas as sociedades e compõem-se de um conjunto de conselheiros, geralmente homens adultos. Quando formado de homens idosos, chama-se gerontocracia. O conselho tem caráter democrático e é integrado pelos chefes dos bandos que participam das decisões. **Exemplos:** os aborígenes australianos e os astecas.

Associações. São grupos não políticos, extraestatais, que colaboram na determinação e na execução das normas políticas: grupos de homens, sociedades secretas (África, Melanésia), sociedades militares (Índios das Planícies, Estados Unidos), conselhos tribais, castas (Índia) e outros.

7.5 Processo político

Para Kottak (2010), o processo político forma parte de um sistema mais abrangente de controle social experienciado no cotidiano das pessoas. Ninguém vive em uma tribo, chefatura ou estado isolado.

Normalmente, os grupos estudados por antropólogos vivem em Estados-Nação onde os indivíduos convivem com diversos níveis e tipos de autoridade política e vivenciam outras formas de controle social.

7.5.1 Funções

As funções do processo político consistem em:

a. definir as normas comportamentais de conduta aceitável;
b. atribuir força e autoridade;
c. decidir as disputas;
d. redefinir as normas de conduta;
e. organizar os trabalhos públicos grupais (caçadas tribais, construções, consertos, hortas etc.);
f. ocupar-se do mundo sobrenatural através do controle religioso (rituais e cerimoniais);
g. organizar a Economia (manter mercados e desenvolver o comércio);
h. responsabilizar-se pela defesa do território e promover a guerra contra o inimigo.

A política é comportamento social não isolado, mas integrado aos demais aspectos da cultura: organização econômica, sistema de parentesco, hierarquização social, organização religiosa etc., como se pode inferir ao se proceder à análise das funções que o processo político deve desempenhar no interior das sociedades.

7.5.2 Atributos

Atributos específicos que permitem a fácil identificação do processo político:

a. *Público e não privado*: sua ação atinge toda a sociedade, amplamente considerada, tendo poder de decisão nas ocorrências de âmbito público, não sendo, portanto, um assunto nem individual, nem familiar.
b. *Orientado para uma finalidade*: tem o objetivo de satisfazer aos interesses públicos em detrimento dos interesses individuais ou grupais. Preocupa-se com os meios e os fins para atingir os seus propósitos, ou seja, compete à política a tomada de decisões pertinentes, de definições das normas sociais e dos valores da cultura.
c. *Atribui e centraliza o poder*: as pessoas que tomam decisões e exercem o poder na esfera pública estão investidas de autoridade política, presente mesmo nos grupos mais primitivos. É a autoridade que obriga o cumprimento das normas estabelecidas; para tanto, lança mão de sanções e de coerções.

Nas sociedades simples, o poder e as lideranças surgem naturalmente, enquanto nas sociedades complexas os mecanismos de controle do cargo, do poder de decisão, da legitimidade da administração política requerem maior complexidade, dadas as exigências impostas pela própria cultura.

8
Religião

8.1 Conceito

Para Hock (2002), um dos problemas com a definição do conceito de religião reside no fato de que o próprio conceito surgiu em um ambiente muito específico cultural e histórico que pertence predominantemente à história ocidental das ideias. Assim, quando tentamos aplicar o conceito de religião como um conceito universal a fenômenos em outros contextos históricos e culturais, nos encontramos com dificuldades inesperadas.

Devido à sua história e suas raízes profundamente incorporadas em certas necessidades humanas difíceis de especificar, a religião manifestou-se em inúmeras variantes.

Assim, é pouco provável caracterizar todos os elementos ou denominadores comuns dos fenômenos ligados à religião. Por exemplo, James H. Leuba, psicólogo norte-americano, especialista no estudo das religiões, descobriu pelo menos 48 definições (ALATAS, 1977).

Segundo Sarah F. Hoyt (1912), a etimologia, explicada pelo gramático romano (século 4 a.D.) Sérvius: *religio, id est metus ab eo quod mentem religet, dicta religio* (religião, ou seja, medo; é considerada religião, o que une o espírito. Traduzido pelo atualizador), foi apoiada pelo filósofo cristão Lactâncius (aprox. 313 a.D.), que cita a expressão do célebre poeta romano Lucrécio (c. 96 a 55 a.C.): *religionum animus nodis exsolvere* (procuro desatar da mente os nós da religião), como prova da relação entre ligação e religião. Santo Agostinho, um dos mais famosos santos da Igreja Romana, adota essa definição e descreve a "verdadeira religião" como aquela que tem a intenção de reconciliar ou "reatar" a alma – que foi separada de Deus, ou se afastou Dele – com Deus.

8.2 Características

Segundo Gaxiola (S/D), a religião é um sistema de crenças morais e normas que servem como um guia espiritual para o ser humano. A mitologia que a compõe e suas principais características variam entre cultura e cultura. Eis algumas delas:

– **Existência de livros sagrados.** As principais religiões têm livros sagrados que contam sua mitologia, seu sistema de crenças e seu código de ética. No cristianismo, encontra-se a Bíblia, o islamismo (Alcorão), o hinduísmo (Shruti e Smriti), o judaísmo (Torá) e o budismo (histórias sobre a vida de Gautama Buda).

– **Existência de deuses e profetas.** Outra característica comum entre as religiões é a adoração de uma ou mais divindades. Isso separa as religiões em duas variantes: monoteísta (adoração a um Deus) e politeísta (adoração a um grupo de divindades). Por exemplo, a religião cristã afirma que Deus colocou seu filho e profeta Jesus Cristo para predicar Sua palavra. Paralelamente, Alá é encontrado no Islã e seu Profeta Muhammad.

– **Contam com um lugar de adoração.** Um dos principais ícones da religiosidade são os templos, locais de culto cuja arquitetura, local e objetivos variam entre os grupos religiosos. Na religião judaica, estão as sinagogas, cuja posição característica indica que há praticantes judeus nas imediações. Para a religião católica, os templos variam de pequenas capelas a grandes catedrais; culturalmente, é um símbolo de refúgio. Para os seguidores da fé islâmica, esses sítios de adoração são chamados mesquitas.

– **Depois da morte?** Em alguns casos, um dos fundamentos da religiosidade é a crença em uma vida após a morte. A religião cristã fala de um lugar que se vai após a morte conhecido como paraíso (e seu homólogo como o inferno). O lugar designado dependerá do cumprimento dos estatutos religiosos e cumprirá as normas morais do cristianismo.

Religiões orientais como o hinduísmo e o budismo, por outro lado, gerenciam o conceito de reencarnação. Nessas religiões, o termo que existe é "karma", a força que controla o destino da vida; um bom karma ou um karma ruim vai influenciar a qualidade da vida futura.

– **Símbolos.** As diferentes religiões do mundo têm símbolos ou emblemas que as identificam. A religião católica tem uma cruz vertical em alusão à crucificação de Jesus Cristo.

Figura 8.1 – Símbolos das principais religiões.

O Islã é identificado por uma lua crescente e uma estrela, símbolo que também está associado ao Império Otomano e aparece nas bandeiras dos países que pertenciam a essa região. O judaísmo é representado pela estrela de Davi, símbolo das culturas hebraicas. Por sua parte, o hinduísmo é identificado com o mantra "Om". No dicionário indiano, Devanágari.

– Guia moral. Entre as religiões – como na filosofia – existem importantes diferenças nos estatutos éticos. Enquanto o Islã e o cristianismo preconizam um sistema de vida centrado no próximo, as religiões hindus, budistas e taoístas professam sistemas espirituais que buscam equilíbrio interior e natural. O mais importante é a introspecção pessoal. Todas as religiões têm um guia espiritual. No cristianismo, essa pessoa tem um papel como pastor ou sacerdote, o judaísmo tem rabinos; e o hinduísmo, gurus.

8.3 Origens

A partir de suas origens, o homem precisou da fé e do apoio em forças sobrenaturais, para ajudá-lo na sobrevivência. Nos primórdios, não foi a religião, mas a magia que lhe serviu na tentativa de dominar os fenômenos naturais. As pinturas rupestres são uma

106 Capítulo 8

amostra disso. Não é nessa cultura que o homem possui a habilidade de caçar, mas são as forças naturais que o permitem ou não (LA GUIA, 2010).

Em relação às origens da religião, existem importantes evidências de que o *Homo Neanderthalensis* sepultava seus mortos (veja Capítulo 3). Isso é uma prova do uso do ritual. Esses rituais funerários são considerados atividade religiosa, e não há nenhuma outra evidência de que a religião existiu na cultura humana antes de os seres humanos alcançarem a modernidade comportamental (MELLARS, 2004).

O indício mais antigo de prática relacionada com a religião do homem e mulher pré--históricos é o sepultamento. Está intimamente ligado as fontes mais antigas e numerosas da pré-história, que são as ossadas. A prática da inumação revela uma preocupação com a vida após a morte. Isso é mais ressaltado ainda, nos detalhes de preparação e adereços encontrados em inúmeras sepulturas. Por exemplo, o ocre vermelho salpicado em cadáveres é universalmente encontrado, podendo ser substituto do ritual do sangue, símbolo da vida. A posição em que o corpo é encontrado também é coberta de significado. Ele é virado para o leste, marcando a intenção de tornar o destino da alma solidário com o curso do Sol, portanto a esperança de um renascimento (BEZERRA S/D).

As formas mais numerosas, evidentes e explícitas de culto religioso feito pelo homem e mulher do Paleolítico até o momento é datado por volta de 35.000 a.C. Foram elas as grutas/santuários com suas pinturas e as inúmeras estatuetas femininas. Como as pinturas se encontram muito longe da entrada da gruta, sendo muito delas inabitáveis, com dificuldades de acesso, os pesquisadores concluíram que elas são uma espécie de santuário. As pinturas revelam ainda mais o caráter sagrado e ritualístico do lugar. Duas temáticas decifradas e discutidas por pesquisadores são as de danças rituais e seções xamânicas. As estatuetas femininas representam o "culto da fertilidade" praticado por esses humanos. Esculpidas em pedra, osso ou marfim, possuem nádegas, seios e barrigas volumosas, além de terem a vulva sempre à mostra. Representam a "Grande Mãe", a "Deusa". André Leroi-Gourhan (2007) constata que a arte desse período expressa alguma forma incipiente de religião, na qual figuras e símbolos femininos ocupam posição central. Esse pensamento vai ser corroborado quando das descobertas referentes ao período Neolítico (BEZERRA, S/D).

A Religião tem seu início ali, no pavor, mas também naquilo que há de cativante, no que sacode e silencia a alma humana que procura o sagrado. É também nas hierofanias que brota a Religião. Ela nasce das manifestações do sagrado, das já ocorridas, mas também das que continuam a acontecer, registrando cada vez e sempre ali sua origem (MARTINS, S/D).

A adoração ou deificação do fogo são reconhecidas por várias religiões. O fogo tem sido uma parte importante da cultura humana desde o Paleolítico Inferior; quando as pessoas não podiam diminuir ou apagar o fogo facilmente, eles começaram a reverenciá--lo (BHAGTANI; VISHNU; SANGEETA, 2011).

8.4 Evolução

Muitas vezes parece arbitrária a especulação sobre o momento das mudanças na vida na Terra, o surgimento dos animais, das plantas e do ser humano. A história da religião começa talvez há um milhão de anos, com a descoberta do fogo. Podemos chamar esse primeiro período do *Homo erectus* de Arcaico, ou Época **da Origem**. O segundo período podemos chamar de Mimético ou Mágico. Corresponde ainda ao Paleolítico, começando 200 mil anos atrás com o *Homo sapiens*. Passando do Mesolítico ao Neolítico, podemos distinguir o período Mítico, começando aproximadamente 12 mil anos atrás. O final desse período é conhecido como a "Idade do Bronze", cerca de 5 mil anos atrás. O período Axial começa há cerca de 2.600 anos. Mais uma vez, as cronologias variam, mas agora em centenas, em vez de dezenas ou centenas de milhares de anos. Basta dizer que a idade axial não é anteontem na nossa história (RICHARDSON, 2014).

– **Época da origem.** O ser humano precisa conhecer suas origens. Sabemos que o nosso ancestral desceu das árvores, tornou-se bípede, viveu entre leões e serpentes, aprendeu as qualidades de plantas comestíveis e procurou restos de carne.

– **Período da magia.** A vida do ancestral era curta. A morte andava junto. Xamãs, que tinham deixado para outra dimensão, regressaram para cuidar de nós. Os rituais eram intensos. Não eram símbolos da realidade, mas, eles criaram a realidade. Sem eles, tudo estava perdido. Procuravam-se para o melhor tempo de cultivar, para uma caça segura, para confiança na saúde e na doença, acalmando o chocalho da morte. Esculpiam-se figuras transformadas em deusas. O homem usava ornamentos de concha e marfim. Sepultavam--se os mortos com ocre vermelho.

– **Período mítico.** Incrementam-se viagens, organizam-se grupos sociais, o caçador nômade transformava-se em agricultor. Catalhuyuk (Turquia), uma importante cidade comercial Neolítica, continha capelas para a Deusa-mãe, representada como "senhora dos animais". Os antepassados estavam presentes, falando nas velhas vozes da sabedoria prática. Os homens fabricavam flautas de ossos, mantendo relação com o som dos antepassados.

À medida que as populações cresciam, também aumentava a quantidade e o tamanho dos templos e das cidades. Surgem os impérios. Na Babilônia, o sacerdote-chefe com seu rei construíram o zigurate (torre muito grande de forma piramidal) para consultar o grande disco solar alado. Na China, cada primavera o Imperador se recluía, emergindo no altar do céu para liderar os ritos de harmonia para a terra (quadrado) e o céu (círculo). No grande templo budista de Borobudur, vemos a mesma unidade.

Essas grandes formas, juntamente com a magia/mítico, a música e o ritual, e uma profusão de "interpretações" escritas, permanecem em nosso meio até hoje.

Isolada em América Central, existia uma cultura de magia e mitos, concentrada em Tenochtitlán (México), uma cidade de dois milhões de habitantes governada pelo deus--rei, Montezuma.

– **Período axial.** Em todo lugar, o profundo mundo mítico se afundou na Idade das Trevas. Uma chave axial foi a tradução da ética humana em ensinamentos e em livros sagrados. O ser humano adquiriu capacidades para a autocrítica e a autorreforma. Em cada continente, encontramos a Regra de Ouro (fazer aos outros apenas aquilo que desejaríamos que os outros nos fizessem, se estivessem em nossa situação), defendida pelos fundadores da Religião. O fundador axial no Ocidente foi Zaratustra ou Zoroastro (c. 600 a.C.), assassinado enquanto rezava no templo, diante do fogo sagrado.

8.5 Cultos religiosos

Na sua forma substantiva, **culto religioso** (culto do latim *cultus* – adoração a uma divindade) é uma maneira de mostrar devoção, respeito ou veneração para alguém ou algo considerado divino ou sobrenatural. Nas religiões, o culto compreende uma série de ritos, manifestações e celebrações religiosas como uma forma de homenagem a uma divindade, uma pessoa ou um objeto com características divinas ou sagradas (como um santo ou uma relíquia). Um culto religioso inclui orações, cantos e sacrifícios, tais como o jejum. Na questão pessoal, o culto religioso serve para que uma pessoa se relacione com uma divindade. Na questão social, a adoração religiosa relaciona-se com a ideia da comunidade e com a criação e fortalecimento da ideia de grupo (SIGNIFICADOS, 2016).

Os espaços de culto nas modalidades católicas ou protestantes se transformaram em palcos com grande ênfase no louvor, caracterizado pela música, que se diferencia do padrão dos hinários tradicionais, adotando a musicalidade dos ritmos e gosto em voga, com introdução de instrumentos eletrônicos e de percussão. Somente são distintas das músicas em execução na mídia em geral pelas suas letras, com suas alusões sacras. Alguns dos novos hinos são cantados indistintamente em ambas as vertentes religiosas, especialmente aqueles dedicados ao Espírito Santo. A dança ou expressão corporal se associam à música, em ambos os contextos, influenciados pelo modelo Gospel das igrejas evangélicas negras norte-americanas (ANDRADE, 2009).

No Brasil, a Constituição Federal de 1988, no seu Art. 5º assegura o seguinte:

> **Art. 5º** Todos são iguais perante a lei, sem distinção de qualquer natureza, garantindo-se aos brasileiros e aos estrangeiros residentes no País a inviolabilidade do direito à vida, à liberdade, à igualdade, à segurança e à propriedade, nos termos seguintes:
> **VI** – é inviolável a liberdade de consciência e de crença, sendo assegurado o **livre exercício dos cultos religiosos e garantida, na forma da lei, a proteção aos locais de culto e a suas liturgias** (destaque do atualizador).

No Brasil Colônia, todos os indivíduos em solo brasileiro eram instruídos a serem católicos. Àqueles que perdessem a fé ou aderissem a outros cultos, restava a força da Santa Inquisição, que foi ativa no país e condenou sua parcela de dissidentes religiosos à prisão, a multas, ao exílio ou à morte. Lentamente, essa situação mudou até os dias de hoje. Segundo a Constituição Federal, o Estado não possui religião e, portanto, não pode ser titular de direito de crença ou culto – apenas seus cidadãos. Os cidadãos continuam livres para crer e cultuar da maneira que desejarem em suas casas, templos e mesmo em outros espaços públicos como praças, parques e ruas (SOTTOMAIOR, 2014).

Lamentavelmente, o Brasil visto como um país de paz religiosa não existe, esse consenso ideológico é desafiado quando observamos religiões sendo, cotidianamente, discriminadas por adeptos de outros grupos religiosos e excluídas das políticas públicas do Estado. Por exemplo, as religiões afro-brasileiras. Nesse contexto, religiões de ancestralidades africanas são os mais frequentes alvos (destruição de terreiros e ataques físicos a seus praticantes), indicando que a intolerância religiosa é, sim, uma questão a enfrentar grandes desafios na sociedade brasileira.

8.6 Religião no Brasil

A partir do paradigma de diversidade étnica, cultural e religiosa no Brasil de hoje como valor fundamental, é fácil esquecer que o país se formou a partir de uma matriz oposta: a nação surgiu como um grande projeto de dominação etnocêntrica, culturocêntrica e monorreligiosa (SOTTOMAIOR, 2014).

De acordo com o autor (Op. cit.), o registro da primeira missa, por Victor Meirelles, deixa claro que esse evento, quase quatro séculos depois, ainda era visto como elemento central e fundador do país. E sua reprodução em tantos livros didáticos é sugestiva de como os historiadores de hoje pensam da mesma forma.

A expansão do império português, apesar de também ser movida por interesses comerciais, sempre foi legitimada e impelida pelo poder temporal da Igreja Católica. Os termos em que essa expansão se deu são explicitados com clareza nas bulas papais que antecederam o descobrimento. Por exemplo, na Bula Dum Diversas, dirigida ao rei Afonso V de Portugal em 1492, lê-se:

> Nós lhe concedemos, por estes presentes documentos, com nossa Autoridade Apostólica, plena e livre permissão de invadir, buscar, capturar e subjugar os sarracenos e pagãos e quaisquer outros incrédulos e inimigos de Cristo, onde quer que estejam, como também seus reinos, ducados, condados, principados e outras propriedades... e reduzir suas pessoas à perpétua escravidão (SOTTOMAIOR, 2014, p. 26).

Os diversos documentos e instruções da Igreja Católica mostram que o racismo, o preconceito e a discriminação eram a lei do Estado, permitida e determinada pela autoridade religiosa. Tal é o retrato do Brasil Colônia, que durou até 1822, mas cujos reflexos se veem claramente ainda hoje (SOTTOMAIOR, 2014).

De acordo com Ramos (2010), sendo a fé em Cristo imposta, indígenas foram exterminados sob pretexto de serem catequizados, outros iniciaram uma fuga em busca de movimentos messiânicos que, séculos depois, ainda estariam enraizados na mentalidade dos homens do povo, sempre dispostos a seguirem eremitas e milagreiros.

Também não possuindo outra opção, os africanos escravizados foram obrigados a aceitar oficialmente os preceitos e dogmas da igreja católica, mas encontraram meios de ocultar seus próprios ritos e credos dentro do sistema simbólico cristão, originando práticas religiosas afro-brasileira.

Com relação à liberdade religiosa e às constituições do Brasil, Ferreira (2018) opina o seguinte:

– A primeira Constituição Republicana de 1891 consagrou a separação entre a Igreja e o Estado, estabelecendo a plena liberdade de culto, o casamento civil obrigatório, a secularização dos cemitérios e da educação, sendo a religião omitida do novo currículo escolar, ficando a Igreja Católica em posição de igualdade com os demais grupos religiosos.

– A Constituição de 1934 atendeu as exigências católicas, sem oficializar o catolicismo, e concedeu o direito de capelania nas forças armadas, hospitais e penitenciárias, a todas as confissões religiosas, como manifestação da permissão constitucional de colaboração recíproca em prol do interesse público, o que representa uma significativa inovação na relação entre o Estado e a Igreja. (MATOS, 2011).

Por fim, temos a Constituição Cidadã de 1988, resultante de um novo momento de redemocratização no país, conhecido como abertura. Esta reafirmou um Estado laico, neutro em matéria confessional, não adotando nenhuma religião como oficial. Contudo, nada impede que haja cooperação entre o Estado e a Igreja em obras sociais.

Desde a década de 1960 do século XX, o Brasil tem sido cenário de um fenômeno social e histórico de grande crescimento de denominações de confissão protestante, ou evangélica.

Capítulo 8

Tais instituições, pessoas jurídicas de direito privado, denominadas organizações religiosas, têm se desenvolvido tendo o Estado como seu protetor, no que tange o exercício da liberdade religiosa em seus três aspectos; a liberdade de consciência, liberdade de crença e liberdade de culto, conforme garantia constitucional (FERREIRA, 2018).

O Censo Demográfico 2010 do IBGE demonstra o crescimento da diversidade de grupos religiosos no país. A seguir, as dez maiores religiões do Brasil:

- Católica, com 65% da população.
- Evangélica, com 22%.
- Espírita, com 2%.
- Testemunhas de Jeová, com 0,7%.
- Umbanda, com 0,2%.
- Budismo, com 0,13%.
- Candomblé, com 0,09%.
- Novas religiões orientais, com 0,08%.
- Judaísmo, com 0,06%,
- Tradições esotéricas, com 0,04%.

Para Andrade (2009), no percurso da história religiosa brasileira, a Igreja, embora perseguisse os infiéis e heréticos por meio da Inquisição, transigia com determinadas práticas dos segmentos populares e étnicos que conviviam na colônia, o que facilitou a permanência de uma religiosidade popular que mesclava tradições bem distintas. A essa interpenetração de crenças e ritos para produzir novas formas religiosas convencionou-se atribuir o conceito de **sincretismo**. Ele se mostra inteiramente operativo para aplicação a rituais e doutrinas religiosas que se fundem, nos diferentes espaços institucionais de igrejas, ganhando ali novos significados. Esses mecanismos de assimilação se desenvolveram ao longo da história religiosa brasileira entre as crenças e ritos católicos, africanos, indígenas, protestantes, espíritas, orientais etc. Enfim, envolvendo todo o espectro de crenças introduzidas no Brasil. Assim, ao longo da história do Brasil, produziram-se diversos arranjos de experiências sincréticas que se mantêm como característica do comportamento religioso brasileiro. Tal comportamento tomado individualmente e historicamente seria facilitado por uma atitude política da igreja católica de transigência em relação a esses fluxos, dada as dificuldades enfrentadas no processo de catequese.

Apesar disso, como já foi colocado, esse sincretismo, cotidianamente, enfrenta problemas de intolerância religiosa. É um dever da sociedade toda o cumprimento dos direitos humanos.

9
Cultura Material

Desde as suas origens, o homem vem, paulatinamente, criando um ambiente secundário com os materiais de seu *habitat*. Ele se adapta aos diferentes ambientes, mas também os modifica.

A cultura material, como já foi dito, consiste em coisas materiais, bens tangíveis, fruto da criação humana.

Etnólogos, arqueólogos, antropólogos culturais e outros estudiosos consideram os objetos materiais – ferramentas, utensílios, armas, construções etc. – como cultura material.

Os diversos aspectos da cultura material de um povo são importantes por si mesmos, por sua utilização, pelas informações que encerram as relações com muitas práticas rituais e como demonstração de um processo tecnológico.

Para Keesing (1961, p. 307), a cultura material "tem a distinção especial de ligar o comportamento do indivíduo a coisas externas feitas artificialmente: os artefatos".

Engloba, portanto, uma infinidade de objetos e coisas, feitas de matérias-primas das mais diversas, encontradas nos diferentes *habitats* da Terra, resultantes de inúmeras técnicas.

Os artefatos apresentam dois elementos básicos:

a. Forma: aspecto exterior distinto, padronizado e reconhecido como tal, embora possa ter acabamento simples ou requintado: machado, cesta, canoa, redes etc.
b. Função: utilização, serventia, uso.

Os aspectos da cultura material abordados neste capítulo abrangem: habitação, transporte, indumentária e adornos, recipientes e têxteis, instrumentos e armas.

9.1 Habitações

As habitações variam muito no tempo e no espaço e estão intimamente relacionadas com o *habitat*, o clima, a matéria-prima local e a tecnologia. A organização social, o tipo de economia e a segurança da sociedade também influem na estrutura da casa.

Os primeiros indícios de habitações encontradas pelos arqueólogos reportam ao Paleolítico. O Neolítico, entretanto, apresenta maiores evidências, com a presença das palafitas, plataformas, casas de ossos, de paredes de pedra e as semissubterrâneas. E, através dos séculos, novos tipos foram surgindo.

Os estudos realizados pelos antropólogos têm demonstrado que há uma grande variedade de habitações e de material; elas diferem em relação ao formato e à finalidade. Podem ser arredondadas, ovaladas ou retangulares; sólidas ou não; individuais ou coletivas, unidas ou espalhadas; de um ou mais andares, semissubterrâneas, simples ou ornamentadas etc. Neste caso, indicam posição social ou função.

Na construção das casas primitivas – paredes e tetos –, foi empregada uma grande variedade de materiais: estacas, cascas de árvore, colmo, capim, esteiras, peles, feltros, neves, couro, barro, pedras, ossos etc. O material utilizado vai depender do existente no *habitat*, do clima e da cultura. De modo geral, a madeira e a fibra vegetal estão entre os mais disponíveis.

A atividade do grupo constitui um fator que influencia o tipo de moradia. As habitações de grupos nômades diferem das dos sedentários, na medida em que uma é transitória e a outra, fixa. Também parece haver uma correlação quanto ao formato: os nômades, em geral, constroem casas circulares e os sedentários, oblongas ou quadradas.

Aldeia neolítica. Arqueólogos israelenses descobriram os restos de uma aldeia do V milênio a.C. no kibutz Hagoshrim, ao norte do país, com objetos de pedra vulcânica e selos de pedra. Segundo o jornal Haaretz, de Tel-Aviv, os restos da aldeia pertencentes ao período Neolítico mostram que "naquela época já havia um avançado sistema burocrático e de relações comerciais de grandes distâncias".

Os principais tipos de habitações registradas entre sociedades simples ou ágrafas são descritos a seguir.

9.1.1 Cavernas

Supõe-se, em face de alguns indícios, que as cavernas e os abrigos rochosos tenham sido utilizados como habitações na Ásia, África e Europa, desde o Paleolítico Médio.

Embora ainda hoje existem grupos humanos residindo nesses tipos de locais, isso não quer dizer que tenha havido uma Era do Homem da Caverna. Parece mais que a humanidade sempre preferiu viver em campo aberto ou construir seus próprios abrigos ou casas.

Se as cavernas, por um lado, podem proteger o ser humano contra as intempéries (chuvas, frio, neve), os animais, os inimigos, por outro lado, apresentam algumas desvantagens em relação às populações nômades – caçadores, coletores e pastoreadores –, pela distância da água e alimento. Muitas vezes, estão localizados em lugares insalubres.

Nativos de Melanésia, populações de Cashemira estão entre os povos que, ainda hoje, residem em cavernas e abrigos rochosos.

9.1.2 Anteparos

O anteparo consiste em uma armação semicircular, provisória e de estrutura frágil, construída de ramos entrelaçados, cascas ou lascas de árvores, às vezes coberta de erva. Serve de abrigo contra o vento.

O anteparo está relacionado com os caçadores e coletores. O grupo nômade frequentemente constrói uma sucessão regular de habilitações, de inverno e de verão. Dessa maneira, elas devem ser de fácil transporte ou de construção rápida.

São encontrados entre aborígenes da Austrália, bosquímanos do Sul da África e pigmeus das Filipinas, índios do Chaco e do Brasil. Os bosquímanos constroem os artefatos em torno de um fogo "sagrado" (lugar de culto), e os dâmaras, em torno de uma árvore "sagrada".

9.1.3 Tendas

A tenda é uma construção de forma cônica, com armação de varas unidas na extremidade superior e revestida de peles ou de casca de árvores superpostas, chegando a medir oito metros de altura. Fácil de armar, desarmar e transportar, ocupa pequeno espaço. Entretanto, resiste aos ventos fortes, chuvas, neve, frio e calor. Relaciona-se com povos nômades, principalmente pastores e caçadores. Atualmente, encontram-se tendas de tetos retangulares.

A cobertura varia de acordo com as regiões e povos: peles de rena (esquimós), guanaco (patagões), feltro ou tiras de casca de bétula, pinheiro e larício (siberianos).

São encontradas em todo o Norte da Ásia, no Norte da América até o Texas e na Terra do Fogo.

9.1.4 Abrigos semissubterrâneos

São vivendas que têm como base um fosso de mais ou menos 60 cm de profundidade, de onde são levantados postes que sustentam a cobertura, geralmente de ramos entrelaçados. Chegam a medir 15 a 20 m de diâmetro, podendo ser retangulares ou circulares. Datam do Paleolítico Superior.

As primeiras foram descobertas pelos antropólogos, no Sul da Rússia; depois, encontradas por todo o hemisfério Norte. São comuns, ainda hoje, entre povos siberianos, esquimós ocidentais e certas tribos da América do Norte. Na Califórnia, por exemplo, as casas-fossos ou casas de covas constituem locais de reuniões para homens ou câmaras cerimoniais (Kivas).

114 Capítulo 9

Às vezes, esses abrigos possuem uma estrutura de madeira e de ossos de baleia, com cobertura de couro, ervas ou fibras vegetais, forradas com terra (casas de terra).

9.1.5 Cabanas

Tipo de habitação que predomina entre povos sedentários. Possuem os mais diferentes formatos – quadrada, retangular, circular, ovalada, oblonga – e diversos tamanhos. Os tetos podem ser planos, cônicos, com alvéolos, em forma de sela etc. Fazem-se paredes de madeira, ervas, ramos flexíveis atados em cima, junco, esteira, argila etc., revestidas, às vezes, com barro, excremento de animais, pedras etc.

Na cabana de cortiça, não se distingue a parede do teto. As retangulares, com telhados de duas ou quatro águas, predominam nas regiões de florestas.

As casas sobre estacas, as palafitas, edificadas em zonas lacustres, têm o piso acima do nível da água. São encontradas na América do Sul, Malásia e Melanésia.

As casas de neve (iglus) são habitações de estrutura cuneiforme, construídas com blocos de gelo, utilizados pelos esquimós, que também constroem vivendas de pedras, líquenes, crânios e ossos de baleia. Às vezes, a casa é de pele, mas coberta de neve.

As habitações variam em relação a seu uso e função: familiares, dos homens, das mulheres, das menstruadas, das parturientes; cozinhas, celeiros, oficinas; locais de reuniões, templos etc. A disposição também diverge: circulares, semicirculares, em ferradura, retangulares etc., tendo uma praça no centro.

O mobiliário das habitações varia de acordo com o grupo, o tipo de vivenda, os recursos materiais, a técnica, as necessidades funcionais, fatores sociais, estéticos e outros.

9.1.6 Técnicas de construção primitivas

Na cidade de Dejnné, na República do Mali, África Ocidental, as edificações são feitas inteiramente de barro, dando a impressão de que continuam a natureza na região, o que, aliás, também se dá em outros pontos do oeste africano. Terra, pedra, palhas, troncos: esses materiais se combinam em múltiplas variações, formando cubos, cilindros, cones ou paralelepípedos que irão proteger pessoas, alimentos e utensílios da ação das chuvas, do sol e dos ventos. A terra misturada com a água forma o barro, matéria-prima mais utilizada na construção de paredes em forma de tijolo ou apenas socado.

9.2 Transportes

Entre as sociedades simples ou ágrafas, os meios de transporte podem ser classificados em duas categorias principais – terrestres e aquáticos –, embora as funções de ambos sejam as mesmas: transportar bens ou indivíduos de um lugar para o outro.

Não há provas concretas sobre o transporte no Paleolítico. O primeiro vestígio aparece no Mesolítico Escandinavo (Cultura Maglemosa), com um tipo de canoa. Quanto ao Neolítico, as provas referem-se apenas aos aquáticos: canoas e pirogas. A Idade do Cobre apresenta não só barcos maiores como alguns tipos de transportes terrestres.

A maneira mais simples de traslado reside na força-motriz, por meio das mãos, braços, ombros, cabeça e pernas, carregando ou arrastando bens e artefatos. Essas limitações diminuíram com a domesticação dos animais: cão, cavalo, rena, burro, boi, búfalo, elefante, lhama etc.

Se, no princípio, o homem se locomovia a pé e descalço, algumas invenções propiciaram proteção a seus pés: a sandália, no Velho Mundo; a mocassina, no Novo; a bota, entre os cavaleiros da Ásia Central; a raqueta de neve (redonda ou ovalada), difundida por todo o hemisfério Norte, que facilitava a caça em zonas de neve alta; o esqui, no Norte da Ásia e da Europa. O esqui permite deslizar ao longo das ladeiras e a raqueta, o avanço, com dificuldade, na neve. Os esquis podem ser curtos e largos, tendo muitas vezes um revestimento de pele sobre a sola.

9.2.1 Transportes terrestres

Todos os povos conhecidos valem-se de alguma forma de transportes terrestres e parece ter sido o trenó o primeiro deles. O mais antigo corresponde ao Mesolítico da Finlândia, mas também foi encontrado nas planícies do Oriente Próximo, por volta de 4.000 a.C. Veio, a seguir, o carro de duas e quatro rodas, que se estendeu da Europa Ocidental até a China, antes de 3.000 a.C.

O trenó originou-se de tronco de árvore escavado, seguindo linhas diferentes:

1. forma de barco (pulka lapônica);
2. de prancha (esquimós);
3. tobogã (de índios);
4. patins sobre rodas (Escandinávia).

Outro tipo de transporte encontrado entre índios da América do Norte e no Velho Mundo, da China à Escandinávia e às Ilhas Britânicas, é o travois. Há dois tipos: o primeiro, puxado por cães, consiste em duas varas separadas, em forma de um V alongado, presas uma de cada lado do animal e arrastadas, com a carga amarrada sobre elas. O segundo, puxado por cavalos, tem o mesmo formato, só que na parte traseira são colocadas algumas traves, entre as duas varas e um suporte atrás para amparar a carga.

O maior avanço dos transportes terrestres ocorreu com a invenção da roda (talvez derivada do rolete e inventada na Mesopotâmia antes de 3.000 a.C.). Os primeiros carros possuíam rodas sólidas e pesadas, mas o seu aperfeiçoamento, com a introdução de eixo e raias, permitiu maior velocidade às carruagens.

9.2.2 Transportes aquáticos

O homem, primeiramente, utilizou troncos, cabaças e peles cozidas e infladas, para flutuar ou sustentar-se sobre as águas. Esse recurso ainda é muito utilizado por alguns povos. A seguir, vieram as embarcações. A princípio, simples, rústicas; depois, envolvendo

116 Capítulo 9

técnicas cada vez mais complicadas, especialmente as relativas à navegação de alto-mar, que requerem conhecimentos sobre ventos, astros e instrumentos específicos.

Os primeiros meios de transportes aquáticos, de acordo com provas existentes, reduziam-se a canoas, pirogas, balsas e jangadas. O material utilizado varia desde a madeira (troncos de árvores), bambu, junco, hastes de papiros, folhas de palmeira, cascas de árvores, cortiça, até o couro.

O tamanho e a resistência relacionam-se com o tipo de acidente geográfico: rios, lagos, mares e oceanos. Formato, função, técnica de construção e estética (simples ou ornamentados) também não são uniformes.

A embarcação liga-se ao tipo de atividade econômica, ao material disponível na região, à predileção da cultura.

Entre os barcos de pele, encontram-se o "coracles" (Irlanda, País de Gales e Tibete), barco-touro (índios das Planícies, América do Norte), pelotas (habitantes dos Pampas, América do Sul), unimaque e caiaque (esquimós). Os de cortiça (Ásia, América do Norte e Austrália) têm armação de madeira, cujas junções são calafetadas com resina vegetal. A cortiça, cuidadosamente costurada, reveste a embarcação.

Os barcos a vela revolucionaram os transportes marítimos, tal como a roda e a raqueta de neve o fizeram em relação aos continentes. Ao que tudo indica, originaram-se dos países entre o Mediterrâneo e a Índia; segundo Childe (1966, p. 111), entre 6.000 e 3.000 a.C. Daí difundiram-se para as diferentes partes do Velho e Novo Mundo e a Oceania.

9.3 Indumentária

Vestimenta e adornos fazem parte da cultura de qualquer povo em todos os tempos.

9.3.1 Vestuário

A origem do vestuário parece estar ligada ao Paleolítico Superior, tendo em vista os artefatos correspondentes àquela época cultural, ou seja, botões e agulhas de osso e a raspadeira, embora esta seja anterior. O homem teria usado peles de animais, primeiramente, para se aquecer. Os estudos comparativos sobre o vestuário têm revelado que são várias as funções da roupa.

Em climas rigorosos, com invernos cruéis, a vestimenta serve, na maior parte das vezes, como proteção do corpo. Entretanto, alguns povos, como os Ona, da Terra do Fogo, e os Aborígenes australianos, não usam roupas, a não ser para atividades rituais. Populações de climas tropicais também tendem a vestir-se sumariamente.

A roupa pode proteger o corpo contra picadas de insetos, cobras, agressividade dos terrenos etc.

Figura 9.1 – Peles de animais utilizadas como vestimentas.

O pudor, no sentido de cobrir certas partes do corpo, é outra função do vestuário, mas varia grandemente de uma sociedade para a outra. Os esquimós, por exemplo, dentro de suas aquecidas casas, mesmo na frente de estranhos, tanto podem ficar desnudos da cintura para cima quanto usar apenas uma tanga de cordas ao redor da cintura. Já os seus vizinhos, os índios do Lavrador, acham obsceno mulheres ou homens mostrarem qualquer parte do corpo, exceto o rosto e as mãos. Entre os Andamaneses, os homens podem ficar nus, mas, na maioria das vezes, usam um cinto com um tufo de folhas ou de cordas, e as mulheres quase nunca despojam suas tangas. As chinesas tentam ocultar seus pés, ao passo que as mulheres de povos fineses têm vergonha de descobrir a cabeça.

Outra função importante é a que indica o *status* social. Certas indumentárias só podem ser usadas por determinadas pessoas: reis, sacerdotes, chefes, pajés etc.

A vestimenta também pode indicar o sexo, quando discrimina o que os homens e as mulheres devem usar, idade, condição civil (preto para viúvas, entre povos árabes), profissão (pajé) etc. Pode ter função ornamental, na medida em que é enfeitada, a fim de embelezar o seu portador.

Diferentes matérias-primas são utilizadas na confecção das vestimentas: peles, folhas, colmos, capim, cascas, feltros, tecidos etc. As roupas podem ser costuradas, ajustadas aos contornos do corpo, ou soltas, flutuantes, colocadas sobre os ombros, como os ponches, as togas, os mantos etc. Em geral, a indumentária requer material macio, maleável, fácil de ser costurado e/ou pintado. Raramente é utilizado em seu estado natural.

De todos, o tecido é o que requer um processo de preparação maior: colher a matéria-prima, fazer o fio, tingir e tecer, para depois confeccionar a roupa. Na tecelagem, usam-se: algodão, linho, cânhamo e lã de carneiro. As peles precisam ser curtidas, amaciadas, afinadas; as cascas e fibras são esmagadas, comprimidas, coladas, desfibradas etc.

Alguns povos cobrem apenas os órgãos genitais; outros, o rosto, a boca, a cabeça, além do corpo.

Outra peça importante do vestuário é o calçado, mas uma grande parte da humanidade não o usa. Sua origem está associada aos aspectos mágicos, ou seja, ao colocar o pé diretamente no solo, recebem-se fluidos que dele emanam, e militares, podendo apagar com facilidade o rastro deixado pela sandália.

9.3.2 Adornos

O adorno é um aspecto universal da cultura. Relaciona-se com a cabeça, o tronco e os membros. Pode indicar idade, estado civil, *status* social, ocupação e outras situações. Mesmo que não usem roupas, vários povos ostentam adornos, que variam muitíssimo nas maneiras de serem usados. Alguns adornos têm apenas a finalidade de enfeitar; outros possuem caráter mágico (amuletos, talismãs).

Em algumas sociedades, principalmente de clima tropical, o adorno nem sempre está associado à vestimenta, podendo até ser mais importante do que ela. Esses povos, além de usar uma variedade de enfeites, decoram o corpo com pinturas, tatuagens, escarificações etc. Esticam os pescoços, os lábios e as orelhas; colocam pedras no nariz, orelha, testa e rosto; moldam as cabeças e os pés das crianças; picam ou enegrecem os dentes. Usam enfeites nos cabelos, brincos nas orelhas, colares e braceletes. Colocam na cabeça vários tipos de chapéus, gorros, tocados, cocares etc. Pintam ou trançam os cabelos, cortam-nos ou fazem os mais diferentes penteados.

A pintura, às vezes, é limitada a acontecimentos cerimoniais (enterro, casamento), mas os desenhos e as cores variam muito. Os adornos são confeccionados dos mais diversos materiais: penas, plumas, conchas, dentes, ossos, sementes, couro, fibras, folhas, metal, tecidos, pedras, madeiras etc.

9.4 Alimentos e estimulantes

A alimentação, necessária à sobrevivência humana, em parte, está relacionada com os recursos do meio ambiente e com as técnicas conhecidas.

9.4.1 Alimentos

Duas são as espécies de gêneros alimentícios: vegetais e animais, domesticados ou não, obtidos em dois ambientes diversos, terra e água. Porém, cada povo concentra sua dieta em um número básico deles. Uma alimentação restrita à carne ou aos vegetais é rara, exceto entre alguns grupos ou cultos religiosos. Mesmo os esquimós, que durante o longo inverno são forçados a ingerir somente carne, no verão procuram outros alimentos. E aqueles que vivem da coleta, horticultura ou cultivo, recorrem também à caça ou à pesca.

Além da função fisiológica – manutenção nutricional –, o alimento pode ser importante em outros aspectos da cultura, relacionando-se com a religião, a magia, o totemismo, com a idade e o sexo, com os vivos e os mortos, com a política, a arte e a recreação.

As oferendas aos deuses e aos mortos, o alimento das crianças, velhos e doentes, os cerimoniais etc. são exemplos comuns.

Não só plantas e animais fazem parte da alimentação humana. Alguns povos incluem outros gêneros em suas dietas: lagartas, besouros, formigas, cobras, sapos, ninhos etc.

A preparação de alimentos, em geral, é trabalho feminino, mas, no decurso de viagens e deslocamento de caças, os homens são obrigados a exercer essa tarefa. O modo de preparar as refeições, os condimentos utilizados e a maneira como é ingerido o alimento variam de cultura para cultura. Carnes e vegetais podem ser consumidos crus ou cozidos, fritos ou assados, fermentados ou podres, frescos, secos ou defumados, socados ou moídos. Entre os condimentos aparecem: sal, pimenta, alho, cebola, louro, hortelã, araticum, nozes, sementes, açúcar, mel e outros. Usam-se óleos e gorduras, manteiga animal e vegetal (frescas ou rançosas). Além dos alimentos sólidos, o homem necessita, com frequência, da ingestão de líquidos.

9.4.2 Bebidas

As diferentes populações do mundo tomam: leite materno, leite de vaca, cabra e égua (cru, fervido, azedo ou fermentado), sangue de alguns animais, água, caldo de frutas, café, chocolate, chás diversos, água de coco e outros.

As diversas formas de líquidos fermentados, adicionando-se bactérias, saliva ou açúcar, estão bem difundidas pelo mundo. Há cervejas de trigo, milho, arroz, mandioca, cana, guaraná, kava; vinhos de uva, de arroz, de palam; licores de frutas variadas; álcoois de arroz, erva-doce e chicha.

Da destilação, processo relativamente moderno, surgiram o uísque (cereais), o rum (cana-de-açúcar), o conhaque (uva), a vodka (centeio e batata), a tequila (piteira) e outros.

9.4.3 Estimulantes

Entre os estimulantes e narcóticos utilizados pelas populações humanas, encontram-se o fumo (cigarro, charuto, cachimbo), originário da América do Sul, Central e do Norte, que depois se difundiu pela Europa e outras partes do mundo. Têm significação social e religiosa, entre algumas populações. Outros tipos são: bétel (Pacífico Ocidental), ópio (Ásia), coca, peiote, paricá, cânhamo (do Novo Mundo).

9.5 Recipientes e têxteis

As sociedades ágrafas ou simples, frequentemente, valem-se de objetos materiais como cabaça, coco, pedaço de bambu, casca de árvores, conchas, chifres, pedras para servirem de receptáculo a comidas e bebidas. Entretanto, também confeccionam grande variedade de peças, utilizando diferentes materiais. Os mais antigos trabalhos de cestaria e de cerâmica datam do Neolítico.

9.5.1 Cestaria

O termo inclui não só os cestos, mas também as esteiras, as caniçadas e os trançados decorativos. O material empregado varia de uma região para a outra, figurando entre eles: junco, vime, bambu, taquara, folhas de palmeiras, palhas, cipós, raízes etc.

No trabalho de cestaria, são empregadas três técnicas:

1. tecido (tafetá e sarja).
2. torcido (enrolado).
3. em espiral (entrecruzado ou costurado).

Cada uma dessas técnicas subdivide-se em várias outras.

Trabalho manual, praticamente sem instrumento, mas que exige certa habilidade. Geralmente, é atividade feminina.

Os cestos apresentam diferentes formatos (redondos, ovalados, quadrados, retangulares) e tamanhos. Podem ser simples ou decorados, com ou sem tampa, com asas, alças e pés. As esteiras também têm papel importante entre as diferentes populações.

Atribui-se à cestaria impermeabilizada, para conter líquidos, a origem da cerâmica. As cores também sofreram alterações, passando do preto e vermelho para as mais diferentes tonalidades.

9.5.2 Cerâmica

A cerâmica parece ter sido um substituto da cestaria e dos recipientes de pedra. Sua feitura envolve processos técnicos complexos, com ou sem o uso do torno: encher ou revestir o molde; moldar uma bola de argila com as mãos, valendo-se de ferramentas simples; modelar, levantando as paredes da vasilha em espiral; modelar, colocando uma bola de argila no torno.

A cerâmica, praticamente, é conhecida em todo o mundo, a partir do Neolítico, com exceção de poucos povos, entre eles os aborígenes australianos, os polinésios, alguns índios americanos e os povos das regiões árticas.

Figura 9.2 – Vaso pré-histórico fabricado em argila.

O trabalho de cerâmica exige determinado tipo de argila, contendo minerais, como sílica, óxido de alumínio e ferro, e, às vezes, há necessidade de misturá-la com areia, calcário e até sangue, para obter boa liga. Deve ser maleável, não pegajosa, quando molhada; fácil de moldar, mas não pode rachar ou esfarelar quando seca ao sol ou em fornos.

Potes e vasos de cerâmica apresentam os mais diversos tamanhos, formatos e decorações. Entre as técnicas de acabamento constam: polir, esfumar, pintar, vidrar, colocar adornos etc.

Sua utilização é bastante diversificada entre as populações do mundo, podendo, inclusive, ter caráter mágico-religioso. Há dois tipos de cerâmica: utilitária e figurativa.

Em relação ao trabalho inicial da cerâmica, não há provas de que tenha sido atividade masculina ou feminina. Atualmente, em quase toda parte, há a seguinte divisão: os homens moldam com o torno e as mulheres com as mãos.

9.5.3 Tecidos

Os tecidos têm grande importância no equipamento de muitos povos, sendo raros os que desconhecem as artes têxteis. Segundo Childe (1966, p. 101), "os primeiros indícios de uma indústria têxtil" encontram-se entre os "restos das mais antigas aldeias neolíticas do Egito e Ásia Menor".

Se, em princípio, o homem se protegeu com peles de animais, cascas de árvores ou palha, gradativamente foi substituindo essas vestimentas por roupas manufaturadas, tecidas com fibras vegetais ou lãs de animais. As primeiras matérias-primas foram o algodão, que começou a ser plantado no Vale do Indo, por volta de 3.000 a.C., e a lã, já utilizada na Mesopotâmia, na mesma época.

Para tecer, é necessário o entrelaçamento dos fios em sentido vertical (urdidura) e horizontal (trama). Inventou-se, primeiramente, a técnica de fiar, utilizando o fuso e a roda; depois, a de tecer, com o tear manual (vertical e horizontal). Fiação e tecelagem exigem habilidade técnica, que pode ser adquirida com treino e prática. Em geral, é trabalho feminino.

Além do algodão e da lã, foram utilizados, na confecção de tecidos: o córtex, a seda, a crina. Toda a matéria-prima empregada na tecelagem necessita de preparo anterior.

9.5.3.1 Origem da tecelagem

Descobertas arqueológicas sugerem que há cerca de 27 mil anos certos grupos humanos aprenderam a fazer tecidos antes de desenvolver a agricultura. A partir disso, especialistas deduziram que, ao contrário do que se supunha, os caçadores-coletores nômades não andavam nus. O local do achado é a República Tcheca. Segundo os arqueólogos, o material encontrado é a mais antiga evidência de tecelagem do mundo. "Essa descoberta empurra em pelo menos 7 mil anos para trás a origem dessa tecnologia", afirmaram James Adovasio, do Mercyhurst College, em Erie, e Olga Soffer, da Universidade de Illinois.

9.6 Instrumentos e armas

Instrumentos e armas acompanham toda a história do homem desde a época Paleolítica.

9.6.1 Ferramentas

Ferramentas ou artefatos são os objetos inventados ou utilizados pelo homem, desde os tempos paleolíticos. Os povos primitivos, no início, usavam ferramentas simples, naturais, sem modificações ou com pequenas adaptações, para cortar, raspar ou bater: dentes de javali, conchas, pedras. A seguir, trabalhavam a pedra, a madeira e o osso. Depois, passaram das rústicas ferramentas paleolíticas para os instrumentos do Neolítico, mais acabados, polidos, seguindo-se à produção de diferentes instrumentos, inclusive os arados e os teares. O aperfeiçoamento das máquinas de madeira, o emprego de metais, os métodos de precisão das usinas constituíram a base da indústria moderna.

Os principais tipos de ferramentas simples são classificados pelos antropólogos em objetos de:

a. bater e cravar: martelo, malho e maça, flecha e propulsor;

b. cortar e partir: faca, machado, serra, enxó, acha, cunha, enxada;

c. esfregar: raspador, ralador, buril, cinzel, plaina, lima, grosa;

d. furar: faca, sovela, verruma, berbequim;

e. prender: tenaz, alicate etc.

Cada tipo de ferramenta tem sua história e distribuição, que não ocorreu da mesma maneira nas diferentes regiões e entre as mais diversas populações. Os tasmanianos, por exemplo, ignoravam o machado, mas desenvolveram outros instrumentos.

Uma ferramenta pode ter outra função além da estritamente utilitária. **Exemplos:** o machado enfeitado, como preço da noiva, entre povos da Nova Guiné; o cachimbo da paz, entre sociedades tribais americanas.

As ferramentas são feitas de diferentes materiais – pedra, madeira, osso, marfim, concha, metais, presas etc. –, tendo os mais diversos tamanhos, formatos e funções. Podem ser ornamentadas ou não e a técnica de confecção também varia.

9.6.2 Armas

Nas sociedades primitivas, a diferença entre armas e instrumentos úteis à vida cotidiana era pequena. Contudo, à medida que elas se desenvolveram, os armamentos foram tornando-se mais especializados.

As primeiras armas ofensivas consistiam em porretes, machados e algumas peças de arremesso. Depois surgiram lanças, fundas, bolandeiras, zarabatanas, arpões e outras. Escudos e armaduras de fibra, madeira ou metal foram inventados como meios de defesa.

Entre as mais importantes armas de arremesso utilizadas na caça estão a lança, o arpão e o arco e flecha. Este último parece ter sido encontrado em todas as populações do mundo, com exceção dos aborígenes australianos e dos tasmanianos.

As armas podem ser formadas de uma só peça ou de várias partes. Em algumas, são aplicados venenos, feitiços e amuletos. Nesse caso, realizam-se cerimônias e rituais mágicos apropriados. Há armas específicas de determinados indivíduos, grupos, classes e sexos. As mulheres, muitas vezes, estão proibidas de tocar e até de ver algumas delas. Podem ser simples ou ornamentadas. Ao lado das armas, aparecem a buzina, os laços e as armadilhas mais diversas.

10
Cultura Imaterial

10.1 Conceito

Associada aos hábitos, comportamentos e costumes de determinado grupo social está a cultura imaterial ou **patrimônio cultural imaterial**.

Este representa os **elementos intangíveis** de uma cultura. Sendo assim, ele é formado por elementos abstratos que estão intimamente relacionados com as tradições, práticas, comportamentos, técnicas e crenças de determinado grupo social. Diferente do patrimônio material, este tipo de cultura é transmitido de geração em geração.

Vale notar que a cultura imaterial está em constante transformação, uma vez que seus elementos são recriados coletivamente. Isso faz com que o patrimônio intangível seja muito vulnerável.

Capítulo 10

Por esse motivo, muitos programas e projetos vêm sendo desenvolvidos no Brasil e no mundo com o intuito de levantar e registrar essas práticas.

Em outubro de 2003, na cidade de Paris, França, ocorreu a *"Convenção para a Salvaguarda do Patrimônio Cultural Imaterial"*. Esse evento representou um grande avanço para o entendimento e importância desse conceito:

> Entende-se por "patrimônio cultural imaterial" as práticas, representações, expressões, conhecimentos e competências – bem como os instrumentos, objetos, artefatos e espaços culturais que lhes estão associados – que as comunidades, grupos e, eventualmente, indivíduos reconhecem como fazendo parte do seu patrimônio cultural. Este patrimônio cultural imaterial, transmitido de geração em geração, é constantemente recriado pelas comunidades e grupos em função do seu meio envolvente, da sua interação *com a natureza e da sua história, e confere-lhes um sentido de identidade e de continuidade, contribuindo assim para promover o respeito da diversidade cultural e a criatividade humana (Artigo 2.º: Definições).*

Para a UNESCO (2005), a importância do patrimônio cultural imaterial não está na manifestação cultural propriamente dita, mas na riqueza do conhecimento e das técnicas transmitidas de geração em geração. O valor social e econômico dessa transferência de conhecimento é relevante tanto para grupos minoritários como para membros majoritários de um estado, e é igualmente importante para os países em desenvolvimento e países desenvolvidos.

10.2 Características

De acordo com essa Organização, o patrimônio cultural imaterial apresenta as seguintes características:

– **Simultaneamente tradicional, contemporâneo e vivo:** o patrimônio cultural imaterial não só inclui tradições herdadas do passado, mas também usos rurais e urbanos contemporâneos característicos de diversos grupos culturais.

– **Integrador:** o patrimônio cultural imaterial não se presta a perguntas sobre a pertença de um determinado uso a uma cultura, mas contribui para a coesão social, fomentando um sentido de identidade e responsabilidade que ajuda os indivíduos a sentirem-se membros de uma ou várias comunidades e da sociedade em geral.

– **Representativo:** o patrimônio cultural imaterial é valioso não apenas como um bem cultural. Surge nas comunidades e depende daqueles cujo conhecimento das tradições, técnicas e costumes são transmitidos ao resto da comunidade, de geração em geração, ou a outras comunidades.

– **Comunitário:** o patrimônio cultural imaterial só pode existir se reconhecido como tal pelas comunidades, grupos ou indivíduos que o criam, mantêm e transmitem.

10.3 Exemplos de bens imateriais

- Danças (Do Jaguar – dança guerreira, samba, frevo, *rock and roll*).
- Músicas (Sinfonias).

- Literatura (Sagradas Escrituras, Robinson Crusoé, *Casa-Grande & Senzala*).
- Linguagem (cuneiforme, grego, português).
- Cinematografia (Fellini).
- Pintura (Renoir, Picasso).
- Fotografia (Sebastião Salgado).
- Culinária (*paella*, pizza, feijoada).
- Rituais (indígenas de iniciação, rituais de umbanda).
- Festas (natal, carnaval, dia das crianças).
- Feiras (Mercado de Pulgas, Feira de Caruaru).
- Lendas (o homem do saco, boto cor-de-rosa, Iara).

– **Cultura imaterial brasileira:** nosso país possui uma imensa diversidade cultural. Ou seja, cada região do país apresenta diversas características culturais e históricas próprias. Isso faz com que o Brasil abrigue muitos elementos pertencentes ao patrimônio cultural material e imaterial.

Exemplos de Cultura imaterial brasileira:

- Roda de Capoeira.
- Círio de Nazaré.
- Carnaval.
- Samba.
- Samba de Roda.
- Frevo.

Em continuação, analisaremos: pintura, música e danças, fotografia e cinematografia.

10.3.1 Pintura

10.3.1.1 Pré-História

De acordo com Point da Arte (2011), os primeiros pintores da humanidade foram os homens da Pré-História. As pinturas não foram criadas para adornar o corpo ou decorar cavernas, e sim com o intuito de controlar ou aplacar as forças da natureza. Hoje consideramos arte rupestre, mas na época os homens não faziam essas pinturas e objetos com intuitos artísticos, mas sim de sobrevivência, poder e magia.

Tudo o que o homem conseguisse desenhar poderia dominar, ou seja, num sentido mágico, ele poderia interferir na captura de um animal ferindo-o mortalmente no desenho, podendo, dessa maneira, dominá-lo com facilidade. Assim, as pinturas eram representações da Natureza, tudo para garantir uma boa caçada e, consequentemente, a sobrevivência.

Para pintar, o homem produzia suas próprias tintas misturando terra (geralmente avermelhada por ser rica em minérios) com carvão, sangue e gorduras de animais. Utilizava os dedos e, provavelmente, também pincéis rudimentares (como tocos de madeira), conforme alguns objetos encontrados por arqueólogos. Nesse sentido, cabe destacar as pinturas rupestres da caverna de **Altamira**, na Espanha (14.000 a.C.) e a **Caverna de Lascaux**, na França, (17.000 anos). Nesta última, há ursos, panteras, cavalos, mamutes, hienas, dezenas de rinocerontes peludos e animais diversos.

Na pintura dos artistas do Paleolítico Superior, predominavam figuras femininas, com a cabeça surgindo como prolongamento do pescoço, seios volumosos, ventre saltado e grandes nádegas. Destaca-se: **Vênus de Willendorf** (25.000 a 20.000. a.C. – escultura mais antiga que se tem conhecimento). Os traços volumosos enfatizam a fertilidade na mulher. Quanto mais volumosa era a mulher, mais fértil e mais atraente. E se os padrões de beleza continuassem assim até hoje, como seria a Vênus se ela fosse humana, e não mais uma escultura?

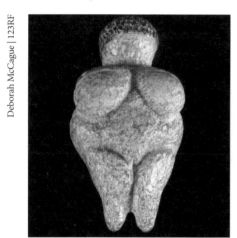

Período Neolítico. Como consequência de todos os avanços (veja Capítulo 4), surge um estilo de desenho simplificador e geometrizante, e os temas da arte mudaram: começaram as representações da vida coletiva.

No transcurso do tempo, o homem passou da mentalidade **Neanderthal** a **Cro-Magnon**, ou seja, em vez de a mentalidade do homem estar voltada à construção de instrumentos como era anteriormente, passou a ser voltada à construção de imagens.

Figura 10.1 – Vênus de Willendorf.

10.3.2 Arte egípcia

Segundo Point da Arte (2011), a principal preocupação da arte egípcia era a de garantir uma vida eterna confortável para seus soberanos (faraós = reis), considerados deuses.

A Arte pretendia ser útil: não se falava em peças ou em obras belas, e sim em eficazes ou eficientes. O intercâmbio cultural e a novidade nunca foram considerados como algo importante por si mesmos. Assim, as convenções e o estilo representativo da arte egípcia, estabelecidos desde o primeiro momento, continuaram praticamente imutáveis através dos tempos. Sua intenção fundamental, sem dúvida, não foi a de criar uma imagem real das coisas tal como aparecem, mas sim captar para a eternidade a essência do objeto, da pessoa ou do animal representado.

As pinturas e os hieróglifos nas paredes das tumbas eram uma forma de registro da vida e atividades diárias do falecido, nos mínimos detalhes. Eram feitos em forma de painéis e divididos por linhas com hieróglifos. O tamanho da figura indica sua posição: faraós representados como gigantes, e servos quase como pigmeus. O homem era pintado em vermelho, a mulher em ocre.

Em geral, a pintura acompanha o ser humano por toda a sua história. A pintura foi uma das principais formas de representação dos povos medievais, do Renascimento até o século XX.

10.3.3 Pintura no século XX

O século XX é marcado por profundas mudanças históricas, as quais afetaram drasticamente o comportamento político-social do nosso tempo. Mediante todo o acúmulo de acontecimentos pertencentes a esse período, cheio de contradições e complexidades, é possível encontrar um terreno farto para a criação de novos conceitos no campo das Artes (BENITES, S/D).

Assim, os movimentos e as tendências artísticas, tais como Impressionismo, Expressionismo, Fauvismo, Cubismo, Futurismo, Abstracionismo, Dadaísmo, Surrealismo, Op Art e Pop Art, expressam, de um modo ou de outro, a perplexidade do homem contemporâneo.

Impressionismo: no século XIX, os impressionistas parecem apreender o instante em que a ação está acontecendo, criando novas maneiras de captar a luz e as cores. Nessa tendência, há influência da fotografia, nascida em 1827.

Representantes: Claude Monet, Édouard Manet, Auguste Renoir, Alfred Sisley, Edgar Degas e Camille Pissarro (1830-1903). Pós-impressionismo: Paul Cézanne e Paul Gauguin, o holandês Vincent van Gogh, e os neoimpressionistas, como os franceses Georges Seurat e Paul Signac.

No **Brasil**, alguns pintores se destacaram nesse estilo, como Eliseu Visconti, Almeida Júnior, Timótheo da Costa, Henrique Cavaleiro, Vicente do Rego Monteiro e Alfredo Andersen.

Expressionismo: movimento artístico que se caracteriza pela expressão de intensas emoções. *O grito*, do norueguês Edvard Munch (1863-1944), um dos expoentes do movimento.

No Brasil, um dos nomes mais fortes quando falamos de Expressionismo é de Anita Malfatti. Anita introduziu as vanguardas europeias no Brasil após um período de estudos na Alemanha. As cores fortes e vivas de suas pinturas remontam a retratos e paisagens. Após críticas a seu estilo de pintura, abandona o Expressionismo, dedicando-se à pintura tradicional.

Arte aplicada: design com função utilitária para objetos de uso cotidiano. Falar em Arte aplicada significa pensar em modalidades da produção artística que se orientam para o mundo cotidiano. Esse movimento artístico reúne as mais diversas tendências, entre elas: as ideias da industrialização, do movimento das Artes e Ofícios, da arte oriental, das artes decorativas e das iluminuras medievais. Representantes: Gustav Klimt e Henri de Toulouse-Lautrec.

Cubismo: contrários ao Impressionismo, os cubistas não pretendiam fixar na tela uma impressão imaginária, mas pretendiam construir um quadro de motivos sólidos e duradouros, trazendo de volta o problema da representação do volume colorido sobre uma superfície plana. O movimento teve o seu melhor momento entre 1907 e 1914, e mudou para sempre a forma de ver a realidade. Representantes: Pablo Picasso (1881-1973), Georges Braque (1882-1963).

Somente após a Semana de Arte Moderna de 1922, o movimento cubista ganhou terreno no **Brasil**. Mesmo assim, não encontramos artistas com características exclusivamente cubistas em nosso país. Muitos pintores brasileiros foram influenciados pelo movimento e apresentaram características do cubismo em suas obras. Nesse sentido, pode-se citar os seguintes artistas: Anita Malfatti e Di Cavalcanti.

O Abstracionismo é a arte que se opõe à arte figurativa ou objetiva. A principal característica da pintura abstrata é a ausência de relação imediata entre suas formas e cores e as formas e cores de um ser. A pintura abstrata é uma manifestação artística que despreza completamente a simples cópia das formas naturais. O pintor russo Kandinsky é considerado o precursor da arte abstrata com suas obras representativas *Primeira Aquarela Abstrata* (1910) e a série *Improvisações* (1909-1914).

Entre os maiores representantes da arte abstrata no Brasil estão: Alfredo Volpi (1896-1988), Ivan Serpa (1923-1973), Iberê Camargo (1914-1994).

Dadaísmo (início do século XX): nome escolhido aleatoriamente por Tristan Tzara, a palavra significa, na linguagem infantil, "cavalo". O Dadaísmo, ou simplesmente "Dadá", foi um movimento artístico pertencente às vanguardas europeias do século XX, cujo lema era: "*A destruição também é criação*". Tinham a intenção de se libertar do pensamento racionalista, ou seja, era a libertação da psique. Sátira e crítica dos valores tradicionais.

Um dos maiores representantes foi o pintor Flávio de Carvalho, considerado um dos maiores nomes do Modernismo brasileiro.

Surrealismo: manifestações absurdas e ilógicas do subconsciente; imagens e sonhos. O Surrealismo foi um movimento artístico e literário surgido primeiramente em Paris nos anos 1920, inserido no contexto das vanguardas que viriam a definir o Modernismo no período entre as duas Grandes Guerras Mundiais. Segundo os surrealistas, a Arte deve se libertar das exigências da lógica e da razão e ir além da consciência cotidiana, buscando expressar o mundo do inconsciente e dos sonhos.

Representantes: Salvador Dali (figurativo – *A persistência da memória*), Marc Chagall (figurativo – O *violino verde*), Joan Miró (abstrato – *Noitada esnobe da princesa*), Max Ernest (abstrato), René Magritte (1898-1967).

No **Brasil**, destacam-se Tarsila do Amaral, Ismael Nery e Cícero Dias.

Op Art: a palavra "Op Art" deriva do inglês *Optical Art* e significa Arte Óptica. Esse termo pode ter sido usado pela primeira vez pelo artista e escritor Donald Judd, em uma revisão de uma exposição de "Pinturas Ópticas" por Julian Stanczak. Mas tornou-se popular por seu uso em um artigo da revista *Time*, de 1964. Ainda que traga rigor na sua construção, simboliza um mundo precário e instável, que se modifica a cada instante (IMBROISI; MARTINS; LOPES, S/D).

Victor Vasarely foi o criador da plástica do movimento. Esse movimento apresenta figuras geométricas, em preto e branco ou em cores, que provocam sensações de movimento.

No **Brasil**, podem-se destacar: Ivan Serpa, Lothar Charoux, Luiz Sacilotto e Israel Pedrosa.

Pop Art: também chamada de *Popular Art*, surgiu durante a década de 1950, na Inglaterra, e se difundiu durante os anos de 1960 nos EUA. Atingiu seu auge em Nova York. Andy Warhol tornou-se o seu representante mais conhecido no Mundo. Mas a Pop Art não deve ser considerada um fenômeno de cultura popular, mas uma interpretação feita pelos seus artistas da cultura dita popular e de massas. Esse fenômeno artístico baseou-se, em grande medida, na estética da cultura de massas, a mesma criticada pela Escola de Frankfurt, que recusa a separação entre arte e vida, utilizando os signos e símbolos extraídos do imaginário da cultura de massa e da vida cotidiana (DIANA, 2017).

No **Brasil**, a Pop Art surgiu no contexto da ditadura militar e foi usada como instrumento de crítica ao sistema. Os principais representantes são: Romero Britto (1963), Antonio Dias (1944), Rubens Gerchman (1942-2008), Claudio Tozzi (1944).

10.4 A dança

A dança surgiu antes mesmo de o homem ser homem. Nos rituais pré-históricos, era uma das principais formas de expressão e de aproximação dos deuses. Durante toda a história humana, a dança esteve presente, sendo considerada divina ou maldita, mas sempre fazendo parte da vida cotidiana das mais incríveis sociedades. Na Pré-História, dançava-se pela vida, pela sobrevivência, o homem evoluiu e a dança obteve características sagradas, os gestos eram místicos e acompanhavam rituais. Na Grécia, a dança ajudava nas lutas e na conquista da perfeição do corpo, já na Idade Média se tornou profana, ressurgindo no Renascimento. A dança tem história, e essa história acompanha a evolução das artes visuais, da música e do teatro (SEED/PR, S/D).

Analisar historicamente a dança é olhar os costumes, Arte, valores de uma sociedade. Está presente em todos os povos e em todas as sociedades (da mais primitiva até a mais avançada). A dança oferece aos homens uma forma de expressar sentimentos, emoções, paixões, medos etc. Dependendo do momento estudado, da civilização considerada, a dança será mais ou menos desenvolvida, mais ou menos simbólica, mais ou menos religiosa. Com a evolução da humanidade, a dança passou de uma espontaneidade inicial para uma organização espacial relativamente organizada. De uma improvisação para diversas formas de estruturação. Já no final da Pré-História, a dança perde gradualmente o seu caráter ritual para se tornar diversão, começando a obedecer a certas regras. A dança torna-se arte (LÁZARO, 2009).

Mais do que qualquer outra arte, a dança tem sido associada a cada fase humana. Ela é uma das expressões artísticas mais antigas. Na Pré-História, dançavam pela sobrevivência. A dança foi a expressão do homem através da linguagem gestual. Com a evolução humana, a dança obteve características sagradas, místicas e ritualísticas. Na Grécia, esteve associada às lutas e também combinada à conquista da perfeição do corpo. Na Idade Média, praticada pelos camponeses, ela se tornou menos divina e, como consequência, mais profana, por utilizar o corpo como canal de expressão. Com o Renascimento, ela ressurge adquirindo um aspecto social, com passos mais elaborados, repertório, sendo conhecida como balé.

Com o Romantismo, o balé incorpora um caráter mais harmônico entre o "homem e o mundo", com personagens de fadas, contos e narrativas com início, meio e fim. Até novos conceitos surgirem, na segunda metade do século XIX, com a dança moderna e, depois, contemporânea, abrindo novos olhares, revolucionando o meio da dança e trazendo novas reflexões da relação do homem, seu meio e sua comunicação.

Curt Sachs (Berlim, 1881 – New York, 1959), musicólogo alemão que contribuiu muito para os estudos antropológicos da dança, no livro *História Mundial da Dança*, também associa o surgimento histórico da dança com temas como fertilidade, guerra, o casamento e saúde... Um exemplo: o índio se divorcia de sua esposa, dança e, quando está doente, dança para dissipar a doença. O livro inclui análises de muitas formas de expressão dessa arte – danças das mãos, solo, grupo e danças de casal – e uma discussão de ritmo e melodia em relação à dança. O autor também entende a essência natural da dança como arte, e também como uma prática ritualística e de expressões de sentimentos de alegria e celebração.

A dança é um patrimônio tão importante que a Unesco criou o **Conselho Internacional de Dança** (CID-UNES), organização oficial que congrega todas as formas de dança em todos os países do mundo. E um Fórum Mundial extenso, que abriga todas as organizações internacionais, nacionais e locais, bem como as pessoas ativas em dança. Os membros são federações, associações, escolas, companhias e indivíduos.

Figura 10.2 – Bailarinas em apresentação de balé.

10.4.1 Dança na Pré-História

A dança surgiu na Época Paleolítica, antes mesmo de o homem aprender a cultivar a terra, quando ainda migravam buscando um lugar para caçar, colher e pescar. As figuras desenhadas, que nos servem de documentos sobre essa era, representavam os animais e as caçadas, raramente os homens. No entanto, desenhos que representam um mesmo movimento foram encontrados nas regiões mais variadas, como a Europa e a África do Sul. Essas figuras comprovam que a humanidade tem um fundo cultural comum. A caverna de Les Trois-Frères na França, é uma caverna do Paleolítico Superior, na qual foram encontradas diversas figuras, entre elas, uma figura humanoide, de uns 30 cm de altura, com cabeça de bisão, pernas humanas e braços com mãos como pezunhos. Parece avançar dançando, por trás de animais híbridos: um cervo de patas talvez de palmípede e um bisão com quartos traseiros de cervídeo fêmea, e que revira a cabeça como se olhasse para o feiticeiro (TAGLIONI, 2015).

Na Pré-História, tudo que era desenhado tinha caráter sagrado, presume-se que esta era uma dança sagrada. O giro, mesmo nesses homens pré-históricos, provocava sensação de vertigem e uma espécie de desapossamento de si mesmo, o que nos leva a acreditar que essa dança era uma forma de "entrar em contato com os espíritos ou qualquer entidade 'superior'". Essa era a dança participativa: o homem participava dos rituais.

De acordo com Taglioni (op. cit.), no período Neolítico, surge um esboço de classe sacerdotal que vai "supervisionar" os rituais de dança, não os deixando ao acaso das inspirações individuais. Dessa forma, a dança deixa de ser participativa para se tornar representativa: o homem deixa de entrar em contato com os espíritos para começar a representar os mitos e os Deuses. A dança representativa utiliza máscaras, e, ao contrário de sua antecessora, é feita em grupo. São danças de roda e em filas, e seus participantes se encontram, na maioria das vezes, de mãos dadas. Esse tipo de dança pode aparecer como uma forma de dança litúrgica, como nos rituais dos enterros egípcios. As primeiras referências às danças recreativas também são do Egito Antigo: os desenhos e esculturas da época retratam acrobacias, como figuras com a cabeça e todo o corpo para trás formando uma ponte.

Segundo Lázaro (2009), nas danças se alcançava um estado de transe, muitas vezes provocado por meio de movimentos giratórios que levavam a dançarina a uma perda do sentido de localização do espaço, vertigem, de escapar do mundo tangível, que permitia e facilitava a "comunicação" com os espíritos. Assim, parece provável que o homem primitivo realizava danças rituais e danças simbólicas.

As danças rituais ou rituais de dança acompanhavam os eventos da vida da tribo ou comunidade: nascimentos, casamentos, curas doentes, morte etc.

As danças simbólicas eram uma representação de alguma ação que se desejava que fosse realizada pelos "espíritos". Nessas danças, surge o círculo, já que os bailarinos evolucionavam em torno de algo ou alguém que tinha para eles uma simbologia especial.

10.4.2 Danças milenares

– **Egito.** Na origem da história do Egito, a música e a dança eram sagradas, relacionadas com o culto funerário. Nos baixos relevos, pode-se observar que a dança era essencial em festividades, tais como a colheita e a vindima (GURUMETA, 2017). A dança tinha seus próprios deuses: Hathor era a deusa do amor e felicidade; Ápis – touro sagrado, deus da fertilidade.

– **Grécia.** Na Grécia, a dança estava associada às lutas e também combinada à conquista da perfeição do corpo. Em geral, estava relacionada com os jogos, particularmente, olímpicos. Nelas, participavam seres femininos, chamados de "Ménades", e criaturas masculinas, chamadas "Sátiros", que habitavam os bosques, representados com pés de cabra. Dançavam em homenagem ao deus Dionísio (GURUMETA, 2017).

– **Roma.** Entre os romanos, a dança parecia ter um sentido mais claro e específico: tudo girava em torno de reis, república e império. Do século VII ao século VI a.C., Roma foi dominada pelos etruscos; assim, as danças eram de origem agrária. Mas podemos destacar também as danças guerreiras (costume entre os salinos) celebradas amplamente durante a primavera, e em honra a Marte, deus da guerra, ou seja, ainda nessa época encontra-se a Dança sagrada (DINIZ, 2008).

– **Idade Média.** Chamada de Idade das Trevas pelos humanistas do Renascimento, a Idade Média foi, para a dança, um período contraditório. Nessa época, a Igreja tornou-se autoridade constituída. Manifestações corporais foram proibidas, uma vez que a dança foi vinculada ao pecado. Os teatros foram fechados e eram usados apenas para manifestações e festas religiosas. A Igreja, porém, não conseguiu interferir nas danças populares dos

134 Capítulo 10

camponeses, que continuaram a fazer suas festas nas épocas de semeadura e colheita. Para não afrontar a Igreja, essas danças eram camufladas com a introdução de personagens como anjos e santos. Posteriormente, essas manifestações foram incorporadas às festas cristãs, com a introdução da dança dentro das igrejas (LANGENDONCK, 2006).

Com o Romantismo, o balé incorpora um caráter mais harmônico entre "o homem e o mundo", com personagens de fadas, contos e narrativas com início, meio e fim. Até novos conceitos surgirem, na segunda metade do século XIX, com a dança moderna e, depois, contemporânea, abrindo novos olhares, revolucionando o meio da dança e trazendo novas reflexões da relação do homem, seu meio e sua comunicação (BANKS, 2016).

10.4.3 Dança no século XX

De acordo com Djaia (S/D), o século XX se anunciava como o tempo do progresso, das descobertas científicas, da rapidez, de expansão de fronteiras, da modernidade. Grandes transformações nas tradições e valores adotados até então marcam esse momento de início da era industrial. Nasce uma nova sociedade, com outros anseios e necessidades. Configura-se a ideia de modernidade, que comporta a noção de movimento: o automóvel, o avião, as imagens do cinema, os corpos liberados pela moda e pelo esporte e realçados pela iluminação elétrica.

Para a dança, não foi diferente, muitos paradigmas foram quebrados para que novos valores fossem construídos, muita coisa foi derrubada, reciclada, reaproveitada ou descartada, para que uma nova dança surgisse (BARBOSA, 2009).

A dança tem hoje em dia usos nunca sonhados antes. Pode ser usada até terapeuticamente, prescrita por muitos médicos como forma de obter recuperações físicas ou musculares. Segundo Faro (1986), hoje tudo pode ser considerado Dança:

> É dança o que de bom se fez no passado, o que de bom se faz agora e o que de bom se fará no futuro, e será dança aquilo que contribuir efetivamente, aquilo que se somar positivamente às experiências vividas por gerações de artistas que dedicaram suas existências ao plantio e cultivo de uma arte cujos frutos surgem agora, não apenas nos nossos palcos, mas nas telas dos nossos cinemas e das nossas televisões, deixando de ser algo cultivado por uma pequena elite para se transformar num meio de entretenimento dos mais populares nas últimas décadas (FARO, 1986, p. 130, apud DINIZ, 2008).

10.4.3.1 Dança moderna

A dança moderna começou no século XX e surgiu como forma de expressar o sentimento das pessoas que queriam desvincular-se das danças clássicas. Esse tipo de dança busca trabalhar com movimentos parecidos com o cotidiano da vida contemporânea. Os principais nomes da dança moderna foram Émile Jaques-Dalcroze, François Delsarte, Isadora Duncan, Ruth St. Denis e Rudolf von Laban.

Para Garaudy (1980, p. 89, apud BARBOSA, 2009), na História, todo novo período criador começa por uma transgressão e uma revolta. A história da dança moderna ilustra essa dialética. Isadora Duncan começou pela negação do balé clássico. Ruth St. Denis, antes de criar uma arte litúrgica, passou por uma recusa da concepção individualista do teatro.

10.4.3.2 Estilos de dança no século XX

Antes de analisar os estilos de dança no século XX, não se pode deixar de destacar os estilos que marcaram a história da dança moderna e contemporânea: o balé e a valsa.

– **Balé.** O balé surgiu na corte italiana durante a Renascença no século XV. Depois, a dança passou a ser executada em países como França, Rússia e Inglaterra ao som de músicas clássicas. O destaque fica para a França, pois o rei Luís XIV influenciou a prática do balé e a língua francesa é usada para denominar diversos passos da dança. No início da Primeira Guerra Mundial, essa dança passou a ser mais praticada na Europa Ocidental, por meio de uma companhia russa chamada Ballets Russes (TIPOS DE DANÇA, S/D).

– **Valsa.** A valsa é uma dança que surgiu nas regiões da Alemanha e da Áustria no início do século XIX, e a palavra significa "dar voltas/girar/deslizar". Buscou referências em danças como o laendler e o minueto. Primeiramente, ela era conhecida como uma dança vulgar e depois foi transformada em algo nobre e das altas classes. Entrou de vez nas altas sociedades após uma festa dos nobres na Áustria, na cidade de Viena, em 1776 (TIPOS DE DANÇA, S/D).

– **Dança social.** A dança social ou dança de salão é praticada por casais, em reuniões sociais e surgiu na Europa, na época do Renascimento. Pelo menos desde os séculos XV e XVI, tornou-se uma forma de lazer muito apreciada, tanto nos salões dos palácios da nobreza, como entre o povo em geral. É chamada de social por ser praticada por pessoas comuns, em festas de confraternização, propiciando o estreitamento de relações sociais de amizade, de romance, de parentesco e outras. De salão, porque requer salas amplas para os dançarinos fazerem livremente suas evoluções e porque foi por meio da sua prática nos salões das cortes reais europeias que este tipo de dança foi valorizado e levado para as colônias da América, Ásia e África, sendo divulgado pelo mundo todo e transformando-se num divertimento muito popular entre diversos povos (SEED/PR, S/D).

Quando os europeus foram colonizar as Américas, eles introduziram as danças em locais fechados. Foram nesses países que surgiram os tipos mais comuns de dança de salão como **tango, salsa, chá-chá-chá, rumba, bolero, merengue e maxixe.**

No **Brasil**, na passagem do século XIX para o XX, as danças da moda eram a valsa, a polca, a contradança, a mazurca, o xote e a quadrilha. Sim, a quadrilha, que, naquela época, era uma dança refinada, apropriada aos salões aristocráticos (SEED/PR, S/D).

10.4.3.2.1 Os anos 1920

A partir de 1921, os Estados Unidos passaram por um acelerado crescimento econômico. Aumentou o poder de compra da classe média norte-americana, favorecida com a expansão das vendas a crédito. "Compre agora, pague depois" virou mania nacional. Multiplicaram-se as vendas de automóveis, rádios, fogões elétricos, aspiradores, geladeiras, lavadoras de roupa, isqueiros, relógios de pulso, vidro pirex, torradeiras e uma infinidade de produtos. Foi a década do automóvel, dos arranha-céus, crescimento das cidades etc. Consolidava-se a chamada sociedade de consumo. Mas o mais importante radica nas mudanças de valores e costumes das mulheres (DOMINGUES, 2015).

De acordo com Domingues (Op. cit.), na década de 1920, as mulheres norte-americanas ganharam o direito a voto. Deixaram seus espartilhos e passaram a usar cabelos curtos, pálpebras pintadas de cor escura, lábios vermelhos. A moda da década rompeu com todos os padrões estabelecidos anteriormente. Roupas soltas com cortes retos, silhueta cilíndrica e cintura baixa vestiam as mulheres da época. Os cabelos cortados na altura do queixo à *la garçonne*, meias finas brancas e um chapéu clochê (sino em francês) arrematavam o visual das melindrosas. O fim dos espartilhos combinava com a mulher da década de 1920 – mulher essa que começava a ter seu espaço, dirigir, fumar e as mais ousadas até se aventuravam a buscar carreiras profissionais. A mulher dos anos 1920 gostava de se divertir em cinematógrafos e salões, onde precisava de roupas que deixassem seus movimentos livres para dançar o Charleston, ritmo predominante.

O **jazz**, ritmo de influências africanas nascido em Nova Orleans, ganhou popularidade nos Estados Unidos e influenciou a música ocidental na década de 1920. Marcado pela improvisação musical executada no saxofone e no trompete, o jazz atraiu um enorme público para os clubes noturnos do Harlem, bairro em Nova York de população predominantemente afro-americana. Ali se apresentavam bandas de jazz que projetaram artistas negros como Duke Ellington e Louis Armstrong, lançaram dançarinos negros talentosos e abriram caminho para cantoras negras célebres como Billie Holiday, Ella Fitzgerald e Sarah Vaughan.

Mas toda a euforia dos "felizes anos 1920" acabou no dia 29 de outubro de 1929, quando a Bolsa de Valores de Nova York registrou a maior baixa de sua história. De um dia para o outro, os investidores perderam tudo, afetando toda a Economia dos Estados Unidos, e, consequentemente, o resto do mundo. Os anos seguintes ficaram conhecidos como a Grande Depressão, marcados por falências, desemprego e desespero (GARCIA, S/D).

Os anos 1920 no Brasil marcaram uma série de transformações culturais, políticas e sociais. No campo da cultura, o rádio e os movimentos artísticos, como a Semana de Arte Moderna de 1922, vieram a proporcionar uma visão crítica do Brasil que começava a se modernizar. Na política, movimentos armados causaram sérios danos à hegemonia política da aristocracia rural (UNIVERSIA, S/D).

– Dança dos anos 1920. Durante os "Loucos Anos" 1920, surgiram novos estilos de dança: charleston, foxtrot, tango, rumba e swing (HISTORIA DO 9º ANO, 2013).

O Charleston é um tipo de dança que surgiu na década de 1920 e servia como divertimento dos cabarés. Tinha este nome devido a uma cidade com o mesmo nome, na Carolina do Sul, e era caracterizada por movimentos de braços e projeções rápidas dos pés. Era uma dança vigorosa popular que originalmente era dançada pelos negros do Sul dos Estados Unidos. As mulheres usavam vestidos curtos de cintura baixa, com muitas franjas; meias de seda em tons de bege; colares de cristal; plumas e leques e usavam ainda um corte de cabelo característico: à *la garçonne*. Foi o símbolo da liberdade das mulheres.

O foxtrot é uma dança de salão de origem norte-americana caracterizada por movimentos longos e contínuos num sentido anti-horário e com andamento suave e progressivo. Dança-se ao som do jazz e é semelhante à valsa. Atingiu o auge de popularidade na década de 1930. Pode ser uma versão de passo lento (*slow fox*) ou uma de passo rápido (*quickstep*).

O tango é uma dança a pares com uma coreografia complexa, e as habilidades dos bailarinos são celebradas pelos aficionados. O tango mistura o drama, a paixão, a sexualidade, a agressividade e a tristeza, e a mulher, na maioria das vezes, é submissa ao homem. Existem diferentes estilos de tango. É originário de Buenos Aires, na Argentina, e é uma dança clássica com trajes que se moldam aos clássicos de danças de salão.

A **rumba** é uma dança cubana que se incorporou no flamenco e neste caracterizava-se por um estilo suave, descontraído e alegre. É uma derivação lenta do chá-chá-chá e é, muitas vezes, apelidada de "dança do amor". Na coreografia, a mulher tenta seduzir o homem pelos seus encantos, e os passos dos dançarinos imitam a corte dos pássaros e animais antes do acasalamento.

O **swing** é um grupo de estilos de dança típicos estadunidenses que se desenvolveram a partir do jazz. A dança mais conhecida é Lindy Hop, uma dança popular que se originou no Harlem e ainda é dançado até os dias de hoje.

No **Brasil**, entre os tipos mais comuns de danças autóctones de salão, podem-se mencionar o forró, a gafieira, o maxixe e o samba (TIPOS DE DANÇA, S/D).

Forró. O nome forró deriva da palavra "forrobodó", e já era dançada ainda no século XIX nas cidades nordestinas. Sofreu grande influência dos africanos e europeus. É uma dança típica realizada entre casais que executam várias evoluções durante os passos. Na década de 1980, surgiu um tipo de forró que utilizava instrumentos musicais eletrônicos e atraíram um público mais diversificado para esse estilo.

Samba. Tem sua origem no maxixe. Nasceu no Rio de Janeiro. É um gênero musical e tipo de dança de origem afro-brasileira. De ritmo sincopado, o samba é tocado com percussão, tendo como base violões ou cavaquinhos. Dança elaborada e com evoluções que destacam sua energia forte.

Maxixe. Dança de salão que surgiu com os negros no Brasil durante o século XIX. Foi uma das primeiras danças realizadas nas cidades do país. Inicialmente, foi criticada pela Igreja, pela polícia e pelas famílias devido à forma sensual com que era executada pelas pessoas. É conhecido como o tango brasileiro.

10.4.3.2.2 Os anos 1960

A **década de 1960, os anos rebeldes,** caracterizou-se pelo fortalecimento dos movimentos de esquerda nos países do Ocidente, tanto no plano político, quanto no ideológico. Nessa altura, há um desdobramento de projetos culturais e ideológicos alternativos lançados durante os anos 1950. É o caso da explosão do consumo ocasionada pela prosperidade dos países ricos (TODA MATÉRIA, S/D).

De acordo com os autores, no plano cultural o movimento da contracultura irá dominar. O surgimento do feminismo e os movimentos civis em favor dos negros e homossexuais darão a tônica para as reivindicações nos anos seguintes. Foi assim que movimentos como os *hippies*, contrários à Guerra Fria e do Vietnã, surgem para encabeçar os ideais pacifistas da época. Um conjunto de manifestações surge em diversos países. Essas manifestações decorrem dos movimentos pelos negros (*black power*), dos movimentos pelos gays (*gay power*) e pela igualdade de estatuto entre os gêneros (*women's lib*).

Sem espanto, a rebeldia dos anos 1960 teve seu ápice em 1968, quando diversos movimentos estudantis pelo globo tomam conta das ruas para contestar a sociedade vigente. Os mais importantes foram os chamados "movimentos de maio" dos estudantes franceses (TODA MATÉRIA, S/D).

Beatles, Rolling Stones e Elvis Presley são os ícones da música nos anos 1960, enquanto Bob Dylan representa a música de protesto (*We shall overcome*). O festival de Woodstock (EUA, 1969) foi dedicado a esse tipo de música.

O Brasil vivia em uma "corda bamba", oscilando entre uma Economia nacional e outra que se voltava ao mercado internacional apoiada pelo movimento anticomunista. Com a

138 Capítulo 10

renúncia de Jânio Quadros em 1961, assumiu João Goulart, que fazia parte do setor político nacionalista repudiado pelas classes dominantes. Os militares contrários foram marcados pelas rupturas ideológicas, como o movimento feminista e a revolução sexual. No plano cultural, o surgimento do Tropicalismo; a cultura pop, o movimento *hippie* e o *rock'n'roll*. Embalado por esses movimentos, na década de 1960 surge o Cinema Novo, e o teatro no Brasil realiza um dos mais importantes movimentos de engajamento político (SCHMIDLIN, 2010).

No **Brasil**, Elis Regina inaugura a Música Popular Brasileira (MPB) em 1965, quando interpreta *Arrastão*, de Vinícius de Moraes e Edu Lobo. O movimento é consolidado no Festival de Música Popular Brasileira da TV Record.

Dois anos depois, em 1967, surge a Tropicália, de Caetano Veloso e Gilberto Gil e Os Mutantes, com Tom Zé e Torquato Neto. Para Schmidlin (2010), o Tropicalismo é um movimento cultural do final da década de 1960 que revolucionou a música brasileira até então dominada pela estética da Bossa Nova. Liderado por Gilberto Gil e Caetano Veloso, o Tropicalismo adotou as ideias do Manifesto Antropófago de Oswald de Andrade e os ideais da contracultura, incluindo referências consideradas cafonas, ultrapassadas e subdesenvolvidas. O movimento foi lançado com a apresentação das músicas *Alegria, alegria*, de Caetano, e *Domingo no parque*, de Gil, no Festival de MPB em 1967. A Jovem Guarda ditava o figurino e fazia sucesso na televisão.

– Danças dos anos 1960. *Rock'n'roll.* A história do rock começa com um grito: o grito do negro, que veio para a América como escravo e influenciou a sociedade norte-americana com a sua musicalidade. Em fins de 1950, nos Estados Unidos, a chamada "geração silenciosa", marcada pelo fim da Segunda Guerra Mundial, viu-se frente a um ritmo até então desconhecido, derivado da sonoridade de um povo marginalizado. No entanto, é preciso enfatizar que, além do grito negro e das notas melancólicas do *blues*, a dança e, principalmente, o som das guitarras elétricas foram fatores essenciais para a caracterização do rock. Nesse ponto é que se encontra uma variação do blues: o *rhythm and blues* (TINTI, S/D).

Para Tinti (Op. cit.), os principais atingidos pela revolução sonora do *rock'n'roll* foram os jovens, inicialmente nos Estados Unidos e depois no mundo todo. Nos primeiros anos da década de 1950, esses jovens se encontravam em meio a disputas entre o capitalismo e o comunismo (a guerra da Coreia em 1950) e a uma valorização do consumismo, da modernização, fruto do progresso científico gerado no pós-guerra.

O *rock'n'roll*, afinal, surgiu na América como um movimento da contracultura, visto que suas primeiras manifestações eram contrárias aos valores até então veiculados:

> [...] figuravam convites à dança e ao amor (não necessariamente ao casamento), descrições de carros e de garotas, histórias de colégio e dramas da adolescência [...] (MUGGIATI, 1985, p. 19-20, apud TINTI, s.p.).

Em 1954, Bill Haley and His Comets, com a música *Rock Around the Clock*, levou os jovens a ingressarem nesse novo ritmo – que no início era apenas um modismo – a partir da expressão contida no título da música, ou seja, dançando sem parar.

O rock é muito mais do que um tipo de música: ele se tornou uma maneira de ser, uma ótica da realidade, uma forma de comportamento. O rock é e se define pelo seu público. Que, por não ser uniforme, por variar individual e coletivamente, exige do rock a mesma polimorfia

[...] Mais polimorfo ainda porque seu mercado básico, o jovem, é dominado pelo sentimento da busca que dificulta o alcance ao porto da definição (e da estagnação [...]) (CHACON, 1985, p. 18-19, apud TINTI, s.p.).

Um dos artistas mais importantes dos primeiros anos do *rock'n'roll* foi Elvis Presley. Para Chacon (Op. cit.), um símbolo sexual, devidamente municiado pelos melhores autores e "cantando e suando como um negro" poderia transformar aquele modismo numa verdadeira revolução. A sensualidade presente na voz rouca e na sua maneira de dançar, que transformaram Elvis numa superestrela do rock, tornou-o um exemplo clássico da influência negra sobre a sociedade branca norte-americana, Além disso, sua história também tem pontos em comum com a de outros artistas: vidas atribuladas, envolvimento com drogas, relacionamentos desfeitos e um triste fim. Estes foram também alguns dos ingredientes das vidas de Jerry Lee Lewis, que teve muitos problemas com bebida e se casou várias vezes, ou de Buddy Holly, que morreu ainda jovem em um desastre de avião.

O envolvimento com drogas e a vida atribulada dos artistas de rock ficaram marcados como algumas das características do gênero; a vida dos artistas citados acima demonstra que isso começou ainda nos primórdios do *rock'n'roll*.

O *twist*. O *twist* é provavelmente a dança mais famosa dos anos 1960, originada como um ritmo para músicas de *rock'n'roll* com o mesmo nome. Os casais dançam um de frente para o outro e normalmente não seguram as mãos ou se tocam, como na maioria das danças antigas. O *twist* se manteve popular por toda a década de 1960.

O ritmo *twist* foi uma dança inspirada pelas músicas do *rock'n'roll* dos anos de 1960. Logo no começo da década, tornou-se a primeira dança considerada como "mania mundial", aproveitando toda sua grande popularidade, principalmente entre o público jovem, ao mesmo tempo que era alvo de pesadas críticas da sociedade tradicional, que acreditava que aquela dança era demasiadamente sensual e sexualmente provocante. Vindo do *rock'n'roll*, o *twist*, por sua vez, foi responsável por inspirar a criação de muitos outros estilos de dança, como o *jerk*, o *watusi* e o *monkey*. O nome vem da música de Chubby Checker chamada "The Twist", que era um *cover* de Hank Ballard & The Midnighters (PORTO, S/D).

Dança dos anos 1960 no Brasil. De acordo com Prando (2016), na metade da década de 1960, a TV Record cria o programa **Jovem Guarda**. Roberto Carlos, Erasmo Carlos e Wanderleia eram os apresentadores. O primeiro se tornaria o maior ícone representativo tanto do programa quanto do estilo musical orientado pelo *rock'n'roll* mais básico do início da carreira dos Beatles.

A "Jovem Guarda" se tornou o primeiro movimento musical brasileiro de rock, com destaque para vários artistas, como Ronnie Von, Eduardo Araújo e Sylvinha Araújo, Wanderley Cardoso, Jerry Adriani, Martinha, Vanusa, Leno e Lílian, Evinha (Trio Esperança), Deny e Dino, Paulo Sérgio, Sérgio Reis, Sérgio Murilo, Antônio Marcos, Kátia Cilene, Waldirene, Arthurzinho, Ed Wilson e George Freedman.

Segundo Prando (Op. cit.), a crítica especializada na época considerava o movimento com ressalvas, visto que o Brasil vivia uma ditadura militar e a música pouco falava sobre política. Na verdade, os temas mais comuns eram dança e amores adolescentes. Grupos como Golden Boys, Renato e Seus Blue Caps, Lafayette e seu Conjunto, Os Incríveis, Os Vips e The Fevers também fizeram muito sucesso.

Quando o termo é rock brasileiro, não se pode deixar de mencionar **Cazuza**, **Renato Russo**, **Cássia Eller**, **Raul Seixas**. Eles modificaram o mundo musical e escreveram seus nomes na história da música brasileira.

Nas décadas de 1960 e 1970, o autoritarismo era a lei, portanto, os artistas não podiam ter total domínio de suas criações. Por conta da repressão, começaram a surgir grupos e artistas a fim de protestar contra o governo. As emissoras de TV realizavam festivais de música, que funcionavam muitas vezes como uma espécie de concurso musical.

Mais tarde, por conta de suas composições e tom subversivo, alguns desses artistas, como Caetano Veloso e Gilberto Gil, foram exilados do país pelos militares. As músicas dos anos 1960 são pedidas em qualquer boa festa com espírito de *Flash Back*.

Foi nos anos 1960 que grandes mudanças no mundo começaram a ocorrer, os direitos para as mulheres e o feminismo, a visibilidade para os negros e o povo falando em alto e bom som sobre paz e amor.

10.4.3.2.3 Estilos contemporâneos no Brasil

O punk. Sobre o surgimento do punk, parece um consenso entre diversos autores que se deu na Inglaterra na década de 1970, num momento de ascensão dos conservadores ao poder e de recessão econômica, que teria provocado o desemprego e afetado, sobretudo, os jovens brancos pobres (GALLO, 2008).

A palavra "punk" encontra significados diferentes; como substantivo, pode ser traduzido como "madeira podre utilizada para acender o fogo", ou "vagabundo de pouca idade", rufião, capanga ou ainda, em inglês arcaico, prostituta.

Figura 10.3 – Jovens punks em Londres, Inglaterra.

No **Brasil**, o punk surgiu por volta de 1977, na cidade de São Paulo e adjacências, e logo depois tomou vulto também no Rio de Janeiro, Brasília, Salvador, Recife, Rio Grande do Sul, Paraná. No Brasil, as correntes mais críticas chocaram-se de frente com a ditadura, o que lhes valeu perseguições policiais e censura a interromper um fluxo natural de suas produções, além, é claro, da criminalização pela imprensa e pela mídia.

No Brasil, o punk veio como uma crítica ao regime militar nos anos 1980 e um protesto contra a censura e repressão aplicadas pelo governo. O anarquismo foi instituído como forma de pensamento utilizando a máxima: destrua o que está errado para reconstruir algo melhor. Um tanto utópico, porém, continua um pensamento relevante (BEZZI, 2017).

O pontapé oficial rolou em 1982 com o festival "O Começo do Fim do Mundo", realizado no Sesc Pompeia em São Paulo com 20 bandas. Entre elas: Cólera, Lixomania, Olho Seco e Inocentes. Há registros desse momento histórico que, infelizmente, terminou em confronto com a Polícia Militar. As bandas tinham influência de artistas de fora como The Stooges, Sex Pistols, Ramones, The Exploited, Damned, GBH, entre outras.

O evento de São Paulo influenciaria outros estados e surgiriam bandas em Brasília, como Detrito Federal e Aborto Elétrico (que dariam origem a Legião Urbana e Capital Inicial), e Replicantes no Rio Grande de Sul. Nos anos 1990, a cena continuaria evoluindo e se mesclando com o *hardcore* nacional e bandas como Gritando HC, Dead Fish, Garage Fuzz, Mukeka Di Rato, Blind Pigs, Againe, Dominatrix, Juventude Maldita, Holy Tree, Hateen, Flics etc.

Na primeira edição desse festival, o punk ganha a cena. Inspirados no movimento punk inglês da década de 1970, começaram a surgir, principalmente em São Paulo, bandas como Inocentes, Garotos Podres e Ratos de Porão. Na época, também nasceram boates emblemáticas na cena paulistana como Madame Satã, Rose Bom Bom e Napalm, palco dos primeiros shows de Titãs e Ira.

Considerando que o punk se manifesta como uma cultura de protesto e de resistência e que isso é comunicado por uma ética, por uma forma particular de viver, por uma antiarte, por uma estética da miséria, parece necessário uma definição a respeito do que seja cultura que se aplique como tradução desse universo.

Os Flics. O trio punk paulistano Flics é destaque no cenário punk atual e esbanja qualidade em canções de protesto. Para Daniel Abeche (2018), professor e músico paulistano, a quantidade de adjetivos para canções de batalha não é exagerada. O trio realmente representa com muita competência o punk brasileiro desta geração. As melodias são intrincadas e bem construídas, assim como as letras e os jogos de vozes.

As roupas rasgadas, os penteados chamativos e os adereços pesados, como correntes, espetos, brincos, jaquetas de couro, eram usados como uma das formas de escandalizar e quebrar a norma social vigente. Também se justificavam por se tratarem de vestimentas baratas ou antigas, que incorporavam o ideal da abolição do consumismo e, ao mesmo tempo, retratavam a dura realidade econômica da juventude da época.

Pós-punk. No final da década de 1970, a expressão pós-punk começou a ser usada para catalogar um vasto número de bandas. Nasceu, como o próprio termo deixa claro, do movimento punk. O termo surgiu para classificar artistas que saíram da fórmula básica do rock de garagem que deu origem ao punk rock em busca de uma variedade maior de possibilidades para a sua música. Inspirados pela energia e o destemor do punk, mas

142   **Capítulo 10**

determinados a romper com os clichês do rock, as bandas de pós-punk fizeram experiências com música eletrônica e de vanguarda, além de experimentações com novas formas de gravação e técnicas de produção (SEELIG, 2017).

Para esse autor, há o discurso político já utilizado no punk rock, mas também a busca de inspiração na teoria crítica, na arte modernista e na literatura. Comunidades artísticas reunindo selos independentes, artes visuais, performances multimídia e fanzines foram fundamentais para o desenvolvimento do estilo/gênero/movimento.

No **Brasil**, a identificação foi imediata. Não demorou muito para que jovens que viviam a excitação do final do período militar e clamavam por eleições diretas nas ruas passassem a emular aqueles artistas ingleses e norte-americanos. Em São Paulo, *Titãs* e *Ira!* foram boas esponjas do pós-punk, ainda que suas referências não se limitassem a esse universo – os Titãs também curtiam reggae e música brega; Nasi e Scandurra amavam a cultura mod sessentista (VIVO MÚSICA, S/D).

O pós-punk experimentou um revival no início da década de 2000 através do surgimento de nomes como Franz Ferdinand, Interpol, The National, British Sea Power e outros, reafirmando a importância e influência duradoura do gênero (SEELIG, 2017)

10.4.4 Danças populares (folclóricas ou típicas) do Brasil

No Brasil, as principais danças típicas ou populares têm forte ligação com a religiosidade, as comidas típicas de uma região, a cultura de um povo e os fatores históricos. São ritmos alegres com roupas e cenários populares de cada região. A verdadeira dança típica é aquela que demonstra o melhor e o mais importante de uma localidade.

Segundo Souza (2017), as danças populares são danças inerentes a culturas populares, aos diferentes povos. Isto é, cada cultura desenvolve um aparato sistêmico que a caracteriza de acordo com suas influências de vida passadas de geração em geração. A importância das danças é que representam as tradições e a cultura de uma determinada região, ligadas aos aspectos religiosos, festas, lendas, fatos históricos, acontecimentos do cotidiano e brincadeiras.

No Brasil, as danças são reflexo da multiplicidade. Tamanha são as influências, que, aliadas à grandeza geográfica, originou uma imensa diversidade de povos e suas culturas. Cada região ou cidade do Brasil tem suas festas e danças, por exemplo: bumba meu boi, quadrilha, cacuriá, forró, samba, que revelam um pedacinho da história do Brasil.

De acordo com Souza (2017), como danças populares, podemos citar inúmeras, e, talvez, essa lista nunca tenha fim. Porém as mais conhecidas no Brasil são:

– **Axé** ou Axé Music: surgiu na década de 1980, durante o Carnaval de Salvador, Bahia, misturando o frevo pernambucano, ritmos e dança afro-brasileira, reggae, merengue, forró, maracatu e outros ritmos afro-latinos.

– **Bumba meu Boi**, boi-bumbá ou pavulagem: é uma dança do folclore, com personagens humanos e animais fantásticos, com "a morte e ressurreição de um boi". Um auto popular (folguedo) encontrado em todo o Brasil, principalmente nas regiões Norte e Nordeste.

– **Cacuriá**: uma das danças de roda populares brasileiras, animada por instrumentos de percussão, que surgiu nos festejos do Divino Espírito Santo no Maranhão.

Cultura Imaterial   143

– **Coco**: dança de roda do norte e nordeste do Brasil, fusão da musicalidade negra e cabocla.

– **Forró**: ritmo que nasceu no sertão nordestino com um "toque indígena, uma pitada europeia, um tempero africano", normalmente utilizando como instrumento base a sanfona e "dança do agarradinho".

– **Frevo**: um ritmo musical com origem no estado de Pernambuco, misturando marcha, maxixe e elementos da capoeira.

– **Jongo**: é o "avô" do Samba. Manifestação associada ao legado cultural africano no Brasil e que influiu fortemente na formação do samba e das culturas populares brasileiras como um todo.

– **Maculelê**: de origem afro-brasileira e indígena. Era uma arte marcial armada, mas atualmente é uma forma de dança que simula uma luta tribal usando como arma dois bastões, os grimas.

– **Maracatu**: surgido em meados do século XVIII, é uma mistura das culturas indígena, africana e europeia. Os maracatus mais antigos do carnaval do Recife, também conhecidos como maracatu de Baque Virado ou Maracatu Nação, nasceram da tradição do Rei do Congo.

– **Xaxado**: o nome provém do som que os sapatos faziam no chão ao se dançar; é uma dança do agreste e sertão pernambucano, bailada inicialmente somente por homens.

– **Dança do Pau de Fitas**: manifestação de origem portuguesa e espanhola, comum no Rio Grande do Sul.

– **Carimbó**: de origem indígena com influências da cultura negra e portuguesa, é uma manifestação típica do Estado do Pará.

– **Lundu**: um gênero musical e dança folclórica de origem afro-brasileira criada a partir dos batuques dos escravos.

– **Ciranda**: é um tipo de dança e música de Pernambuco. Caracteriza-se pela formação de uma grande roda, geralmente nas praias ou praças, onde os integrantes dançam ao som de ritmo lento e repetido.

– **Xote**: ritmo de origem europeia que surgiu dos salões aristocráticos da época da Regência (final do século XIX) chamado schottisch. Incorporando-se às funções populares urbanas, passando a ficar conhecido como chótis e finalmente xote.

10.4.4.1 Danças religiosas brasileiras

Entre os rituais religiosos acompanhados de danças, podemos destacar os seguintes:

– **O Reisado.** Dança popular que ocorre entre a véspera de natal e o dia seis de janeiro, dia de Reis. Também chamada de folia de Reis, essa dança envolve cantores e músicos que vão até as casas para anunciar a chegada de um Messias. As pessoas que participam possuem diversos personagens e são acompanhados por instrumentos como o violão, a sanfona, o triângulo e a zabumba.

– **A Umbanda.** A Umbanda é uma religião originária do Brasil, muitas vezes, confundida com o Candomblé por suas influências espíritas, africanas e indígenas. Seus fundamentos principais são a caridade e a ajuda ao próximo. Por suas raízes baseadas na doutrina espírita, esta cultura herdou os médiuns. Eles são capazes de se comunicar

com os desencarnados e de incorporar as divindades. Cada uma dessas divindades, chamadas de Orixás, possui uma dança específica para sua representação e reconhecimento. Vê-se aí a importância da dança, já que, por influência do povo africano, que na época não tinha domínio sob a escrita, foi um meio que encontraram para preservar a sua tradição.
– **O Candomblé.** O termo "Candomblé" tem origem banta, tendo como raiz o quimbundo kiamdomb ou "quicongo ndombe", ambos significando "negro", tornaram-se sinônimo e referência genérica de diferentes expressões de religiosidade de matriz africana, exceção feita à Umbanda, cuja origem intensamente sincrética a situa em outra categoria de estudo e observação. A modalidade original consiste em um sistema religioso autônomo e específico que ganhou forma e se desenvolveu no Brasil, a partir da Bahia, com base em diversas tradições religiosas de origem africana, notadamente da região do golfo da Guiné.

Simbolicamente, a representação da energia em movimento é feita pelas danças circulares. Para tudo se dança nas culturas de base africana, tanto na alegria, como na tristeza, uma vez que a dança tem o feitio de teatro, que pode contar histórias e narrar mitos. Por isso, as divindades ancestrais homenageadas são representadas com seus trajes e símbolos da sua época.

10.5 Fotografia

10.5.1 Introdução

Um antigo provérbio chinês diz tudo sobre a fotografia: "Uma imagem fala mais do que mil palavras".

A fotografia é tão importante para a sociedade que fica quase impossível imaginarmos uma família ou um conglomerado de pessoas que não tenham sido fotografadas. Assim que a fotografia foi inventada, principiou a mudar a história do mundo, proporcionando a todos um instrumento importante na busca da própria identidade. É pela fotografia que captamos um momento, um "flagra" do que acontece, momento este único, que jamais se repetirá. A foto nada mais é do que a testemunha ocular do fato, é a existência contida na imagem comprovando o que realmente ocorreu naquele instante (MATOS, S/D).

É através do ato de fotografar (registro fotográfico) que proporcionamos comunicação, revelando milhares de possibilidades de interpretações, mesmo sendo sobre um momento congelado e guardado para todo o sempre.

Hoje, com o avanço da tecnologia, é raro uma pessoa ter um celular que não tire foto, portanto, ficou mais prático e qualquer pessoa pode fotografar.

10.5.2 Importância da fotografia

Para Reges Pineze (2014), psicólogo e fotógrafo brasileiro, existem pelo menos seis motivos que mostram a importância da fotografia, entre eles:

– **Importância histórica – o registro.** A fotografia é mais um meio de registro de informações. Há a pintura, a escrita, as artes plásticas, os vídeos ou cinema e a fala. Por meio de todos esses métodos, é possível que se registrem informações para serem passadas de geração a geração. As primeiras fotografias, fotografias das guerras, escravos, estilo de vida de muito tempo atrás, são importantíssimas para a compreensão de como tem sido nossa evolução.

– **Importância genealógica – a herança.** Ter uma prova de que se esteve com alguém ou um grupo é algo muito importante para o ser humano. Esse entendimento de quem conheceu quem, por meio de quem e com quem é algo muito importante para sabermos mais sobre nossa dinâmica e a das pessoas próximas a nós.

– **Importância cognitiva – a memória.** O mudo é feito de memória. Eu vivo dizendo isso. A memória é tudo no meu ponto de vista. Sem memória, não há interpretação ou sentido em absolutamente nada. Seja a memória física, genética, energética, virtual ou cognitiva, não importa. Tudo só existe por causa da memória. Portanto, vamos nos lembrar daquilo que é bom e da melhor forma possível. Isto se tornará importantíssimo na formação do "quem sou eu" no futuro.

– **Importância psicológica – o estímulo.** Para nos lembrarmos de algo ou alguém, é necessário que sejamos estimulados. A fotografia é um ótimo estímulo visual para nos recordarmos de pessoas, lugares, situações etc.

– **Importância sentimental – a emoção.** Como já foi dito, ao se ter acesso às memórias passadas e/ou detalhes de memórias recentes, nossa memória sinestésica entra em ação, e podemos até reproduzir a situação em nossa mente, sentindo o cheiro do local, da pessoa, lembrando do toque do vento na pele, dos olhares que se encontraram, e isso tudo nos faz sentir emoções.

– **Importância criativa – a expressão.** Ser, apenas, não é suficiente. Você tem que ser para os outros. Sozinho não há sentido em ser muita coisa, mas, quando temos quem reconheça quem somos, aí sim muita coisa faz sentido em nossas vidas. Para sermos, é preciso nos expressarmos, e, quanto melhor nos expressarmos, melhor seremos interpretados, o que pode ser bom ou ruim dependendo da forma de expressão.

10.5.3 Fotógrafos do mundo

Em continuação, mencionaremos alguns dos mais destacados fotógrafos dos séculos XX e XXI:

– **Alfred Stieglitz** (1864-1946). É um dos fotógrafos norte-americanos mais influentes do século XX. Durante os seus 50 anos de carreira, lutou para fazer da fotografia uma forma de arte que se igualasse à pintura e à escultura. Teve seu primeiro contato com a arte na Alemanha, onde venceu seu primeiro concurso de fotografia, em 1887. No ano seguinte, o fotógrafo faturou o primeiro e o segundo prêmio do mesmo concurso, o da revista *Amateur Photography*. Assim, cabe considerar Stieglitz como o ápice de uma tradição que procurava unir arte com fotografia.

– **Edward Jean Steichen** (1879-1973), luxemburguês. É uma das mais importantes personalidades da história da fotografia. Em uma carreira marcada por inovações técnicas, ele trabalhou como artista, curador, escritor e fotógrafo – destacando-se, principalmente, no campo da moda e dos retratos. Em 1911, suas fotos publicadas na *Art et Décoration* de vestidos desenhados pelo estilista Paul Poiret foram consideradas as primeiras fotografias modernas de moda. Após servir no exército americano durante a Primeira Guerra Mundial, tornou-se fotógrafo nas revistas *Vogue* e *Vanity Fair*, além de começar a trabalhar com fotografia publicitária. Trabalhou com moda até 1938, tempos em que foi considerado o mais famoso e bem pago fotógrafo de moda do mundo (ESPM, 2012).

– **Annie Leibovitz** (1949-). Fotógrafa norte-americana. Uma das fotógrafas mais conhecidas do mundo pelos seus retratos. Suas imagens têm características bem marcantes, como sua forma excepcional de misturar luzes naturais com artificiais e por possuir um estilo singular de fotografar famosos: com retratos de caráter intimista, bem roteirizados e imagens extremamente ensaiadas. Esses aspectos são os seus pontos fortes e fazem com que sua fotografia seja especial. Destaca-se no cenário da arte, da moda e dos retratos (OLIVEIRA, 2016).

– **Robert Capa** (1913-1954), fotógrafo húngaro. Estampou a sua existência pelas lentes da morte. Considerado um dos mais importantes profissionais do fotojornalismo, teve sua carreira celebrada pelas imagens que fez nas inúmeras guerras que cobriu. E todos devem se perguntar o que de tão extraordinário fez este homem? A fotografia precisa ser entendida aqui como símbolo, responsável pela elaboração figurativa de um sistema social, com alto poder de transformação. Ou seja, precisamos considerar Capa, um grande influenciador nos assuntos de conflito social de sua época, ao se utilizar da fotografia como arma de linguagem e reprodução política, apontada a todos nós até hoje (POLIPPO, 2018).

– **Steve McCurry** (1950-) fotógrafo norte-americano. Poucas pessoas sabem que ele imortalizou Sharbat Gula, a garota afegã com olhos marcantes, na capa da *National Geographic*, em 1985.

Figura 10.4 – Exposição de fotografias de Steve McCurry na Dinamarca, em 2012. À esquerda, a célebre foto da garota afegã que estampou a capa da revista *National Geographic*.

Steve McCurry é um dos grandes fotógrafos da História que ainda continuam trabalhando. Talvez o que chame atenção no conjunto de seu trabalho é uma indagação: como retratar com tanta humanidade locais que sofrem conflitos históricos dia após dia? Áreas permeadas justamente pela falta de empatia? A resposta está no olhar de seus fotografados. Um olhar temoroso, porém, com uma esperança enorme. São pouquíssimos os profissionais da fotografia que sabem retratar um olhar tão bem como ele, com o incrível talento de capturar os sentimentos, a alma (BARROS, 2017).

– **Sebastião Salgado** (1944-), proeminente fotógrafo brasileiro nascido em Minas Gerais. Trabalhou como economista para a Organização Internacional do Café. Viajou frequentemente para a África em missões filiadas ao Banco Mundial. Foi então que ele começou a tirar suas primeiras fotos.

Desde os primeiros momentos, ele se dedicou a retratar os excluídos, os que se encontram à margem da sociedade. Durante seis anos, Salgado voltou-se para o fenômeno global de desalojamento em massa, resultando nas obras *Êxodos* e *Retratos de Crianças do Êxodo*, que foram publicados no ano 2000. Descobre no trabalho fotográfico a melhor forma de enfrentar os acontecimentos planetários, principalmente em seus aspectos econômicos. Um ano depois, no dia 3 de abril, o fotógrafo foi indicado para ser representante especial do Unicef.

Trabalhando só com fotos em preto e branco, tem mostrado o significado mais amplo do que está acontecendo com as pessoas que fogem das guerras para escapar da morte, migram para melhorar sua sorte, tentam construir novas vidas em terras estrangeiras. Criou um conjunto de imagens que testemunham a dignidade fundamental de toda a humanidade ao mesmo tempo que protestam contra a violação dessa dignidade por meio da guerra, pobreza e outras injustiças.

Em 2017, tomou posse da cadeira nº 1, das quatro cadeiras de fotógrafos da Academia de Belas Artes da França, substituindo Lucien Clergue, que morreu em 2014. Na cerimônia oficial de posse como imortal da Academia, recebeu o fardão e a espada, sendo o primeiro brasileiro a integrar o rol de imortais da instituição.

Além desses fotógrafos, é vital ter em mente as aplicações da fotografia em diferentes campos da ação humana, tais como Astronomia, microfotografia, Anatomia, Física, análise de material, pesquisa científica, investigações policiais, desenvolvimento de materiais, identificação, Medicina, Raios X e outros campos que seriam longos para detalhar como os novos campos digitais, além do cinema, fotografias em movimento, televisão e uma série de outras invenções.

Mas, no **Brasil**, na opinião de Felício (2011), com toda a importância, seja como documento histórico ou como meio de comunicação social que independe do verbo, a fotografia é muito maltratada. Não há cultura visual no Brasil, não entendemos que uma boa fotografia vale mais do que milhões de palavras.

Somos analfabetos fotográficos, achamos que foto serve apenas para enfeitar um *site*, um catálogo ou a sala de estar. Nunca vi um manual de identidade visual que contemplasse orientações sobre o estilo fotográfico a ser usado por uma empresa, preocupam-se com o logotipo que ocupará menos de 10% da página e esquecem de pensar no que irão dizer com aquela foto que ocupará os outros 90%.

No final, a fotografia é como o ar em nossos pulmões, é tão presente e fundamental, que só iremos notar sua absoluta importância quando estivermos sem ela, rodeados apenas por essas fotografias genéricas de bancos de imagem *free*. Será como estarmos rodeados por ar poluído e tóxico, ficaremos doentes, cansados e deprimidos. Aí, quem sabe compreendamos a falta que fazem as boas fotografias, feitas de forma responsável por bons profissionais, gente que estuda e pesquisa, assim como na Medicina, na Engenharia, na Arquitetura e nas outras poucas profissões que podem rivalizar em importância com a fotografia.

10.6 Cinema

A história do cinema começa em 28 de dezembro de 1895, quando os irmãos Louis e Auguste Lumière fizeram a primeira projeção pública de imagens em movimento. Os irmãos, juntamente com seu pai Antoine, eram os donos de uma oficina fotográfica em Lyon (França). Em 13 de fevereiro de 1885, esta fábrica patenteou o cinematógrafo, operado manualmente, com uma manivela, arrastando o filme. O cinematógrafo era câmera, laboratório e projetor ao mesmo tempo. Com esse aparelho, fizeram uma projeção pública e comercial em 28 de dezembro de 1895, que é a data conhecida como o início do cinema (ROJAS, 2016). Em 123 anos, tem experimentado uma série de mudanças, tais como, som, cinema em cores, técnicas de projeção, nitidez e outros.

Em 1926, o avanço tecnológico permite aos irmãos Harry e Albert Warner (Warner Bros.) incorporar aos seus filmes alguma novidade técnica que estimule o público em tempos de crise a pagar uma entrada; assim surge o cinema falado. A inclusão do som provocou uma grande mudança nos hábitos daqueles que frequentavam e faziam cinema.

10.6.1 Importância do cinema

No que diz respeito ao cinema, além de muitas funções como entretenimento, diversão, ou passatempo, com base em Kellner (2001) e Benjamin (1985), acreditamos que ele possui uma dimensão político-pedagógica que proporciona o acesso à construção do conhecimento de forma significativa (KLAMMER; FORTUNATO; MELO, 2015).

Para Fantin (2009), o entretenimento pode fazer com que a sociedade tenha uma nova visão da realidade, independentemente de sua classe social. A finalidade do cinema para a sociedade é inferir e fixar o conteúdo apresentado. Tudo o que o espectador vê ele internaliza e assimila conforme suas emoções que são apresentadas no seu cotidiano.

Nesse sentido, Duarte (2002) enfatiza que o cinema possui um caráter extremamente educativo. A autora aborda que se devem utilizar filmes na escola, porém de forma contextualizada. Saber fazer a escolha do filme e estabelecer o objetivo da utilização do cinema como fonte de construção de conhecimento é algo fundamental.

Ferro (1992, apud FERREIRA, 2009) demonstra a utilização do cinema por membros da elite, a fim de manter sua posição, da mesma forma que os diferentes governos valem-se desse instrumento com o intuito de veicular suas ideias e propostas.

> Esse autor afirma que desde que o cinema se tornou uma arte, seus pioneiros passaram a intervir na história com filmes, documentários ou de ficção, que, desde a sua origem, sob a aparência da representação, doutrinam e glorificam. Na Inglaterra

Cultura Imaterial 149

mostram essencialmente a rainha, seu império, sua frota; na França, preferiram filmar as criações da burguesia ascendente: um trem, uma exposição, as instituições republicanas (p. 13) (ibidem, p. 187).

Dessa forma, o cinema apresenta-se como um possível instrumento de legitimação de uma determinada cultura e sociedade, cujos valores podem ser transmitidos e reforçados pela utilização de elementos históricos (FERREIRA, 2009).

Os filmes tornaram-se uma parte inseparável de nossas vidas. É difícil imaginar um mundo sem essa forma de entretenimento. Com o surgimento de tecnologias mais recentes, o número de frequentadores do cinema tem reduzido drasticamente, mas o número de espectadores tem aumentado consideravelmente. A razão pela qual os filmes são tão admirados pode-se explicar porque representam uma janela de inúmeras possibilidades. O filme permite que você fuja para um mundo que está longe das realidades diárias da vida (BAUTISTA, 2013).

Em geral, o cinema cria consciência sobre a importância da Educação, Medicina, Arte e Política.

O Quadro 10.1 apresenta uma relação dos diretores mais importantes na história do cinema.

Quadro 10.1 – Diretores mais importantes da história do cinema

DIRETOR	CARACTERÍSTICAS DOS FILMES	FILMES MAIS REPRESENTATIVOS
John Ford (1894-1973)	Criador do imaginário do *Western*	*No tempo das diligências* (1939); *As vinhas da ira* (1940)
Alfred Hitchcock (1899-1980)	Suspense. Perfil de psicopatas	*Pacto sinistro* (1951); *Um corpo que cai* (1958)
Walt Disney (1901-1966)	Animação. Importância da liderança	*Mickey Mouse* (1932); *Branca de Neve* (1939)
Willy Wilder (1902-1981)	Sensibilidade, relações humanas, realismo, complexidade emocional	*A princesa e o plebeu* (1953); *Ben-Hur* (1959)
Akira Kurosawa (1910-1998)	Propagandista da sociedade japonesa; humanista, modernista	*Rashomon* (1950); *Os sete samurais* (1954); *Ran* (1985)
Orson Welles (1915-1985)	Crítico de Hollywood. Cineasta à frente do seu tempo	*Cidadão Kane* (1941); *Dom Quixote* (1992)
Ingmar Bergman (1918-2007)	Existencialista. Ênfase na solidão, religião, morte	*Morangos silvestres* (1957); *Gritos e sussurros* (1972)

continua

150 Capítulo 10

DIRETOR	CARACTERÍSTICAS DOS FILMES	FILMES MAIS REPRESENTATIVOS
Federico Fellini (1920-1993)	Neorrealismo. Simbolismo e surrealismo	*A doce vida* (1960); *Oito e meio* (1964)
Francis Ford Coppola (1939-)	Contrário à violência, olhar profundo sobre essas questões	*O poderoso chefão* (1972); *Apocalypse now* (1979)
Martin Scorsese (1942-)	Submundo da sociedade estadunidense. Crítico da arrogância dos poderosos. Realista	*Taxi driver* (1976); *O lobo de Wall Street* (2013)
Steven Spielberg (1946-)	Mundo de aventura e fantasia. Recentemente, espiritualidade	*Tubarão* (1975); *ET – o extraterrestre* (1982); *A lista de Schindler* (1993)

Fonte: Preparado pelo atualizador com base em diversas classificações de renomadas instituições.

O Quadro 10.2 apresenta uma relação dos melhores filmes do século XX.

Quadro 10.2 – Melhores filmes do século XX

FILME	DIRETOR	TEMA
A bela da tarde (1867)	Luis Buñuel	Jovem com duas vidas: uma de tarde e uma de noite com marido
Encouraçado Potemkin (1925)	Sergei Eisestein	Levante de marinheiros russos em 1905
E o vento levou (1939)	Victor Fleming	Guerra de Secessão dos EUA
Cidadão Kane (1941)	Orson Welles	Vida do magnata William Randolph Hearst
A princesa e o plebeu (1953)	Willy Wyler	Princesa passeando em Roma se envolve com plebeu
A doce vida (1960)	Federico Fellini	Retrato crítico da sociedade romana da pós-guerra
Oito e meio (1963)	Federico Fellini	Cineasta em crise existencial

continua

FILME	DIRETOR	TEMA
O poderoso chefão (1972)	Francis Ford Coppola	Atividades da máfia nos EUA
Guerra nas estrelas (1977)	George Lucas	Guerra intergaláctica
Um sonho de liberdade (1994)	Frank Darabont	Jovem enviado à terrível prisão de Shawskank (EUA)

Fonte: Preparado pelo atualizador com base em diversas classificações de renomadas instituições.

10.6.2 Cinema no Brasil

A primeira exibição de cinema no Brasil aconteceu em julho de 1896, no Rio de Janeiro. Um ano depois, já existia no Rio uma sala fixa de cinema, o "Salão de Novidades Paris", de Paschoal Segreto. Os primeiros filmes brasileiros foram rodados entre 1897-1898. *Uma vista da baía da Guanabara* teria sido filmado por Alfonso Segreto, em 19 de junho de 1898, a bordo do navio francês Brésil – a primeira filmagem em território nacional (MIRANDA, 2008). Mas, ao contrário do que aconteceu na Europa e nos Estados Unidos, o cinema brasileiro demorou para se desenvolver no século XX. Somente na década de 1930 que surgiram as primeiras empresas cinematográficas, produtoras de filmes do gênero chanchada.

O grande salto de desenvolvimento do cinema nacional ocorreu na década de 1960, com o movimento "Cinema Novo". Os filmes desse período retratam a realidade brasileira, destacando os problemas sociais, dentro de uma perspectiva crítica e cultural. Talvez, o marco inicial mais importante da época foi o filme *O pagador de promessas*, escrito e dirigido por Anselmo Duarte. Foi o primeiro filme nacional a ser premiado com a Palma de Ouro do Festival de Cinema de Cannes. Nesse contexto, apareceram filmes como *Deus e o diabo na terra do Sol* e *Terra em transe*, ambos do diretor Glauber Rocha. Outro cineasta que também merece destaque nesse período é Carlos Diegues, autor de *Ganga Zumba* (SUA PESQUISA, S/D).

Preocupado com a postura crítica do Cinema Novo, o governo militar cria, em 1969, a Embrafilme, cuja política protecionista implementou um forte controle da informação e do mercado. Uma política que encontrou seu ápice a partir de 1973, quando a empresa (de economia mista, mas controlada pelo Estado) passou a ser uma distribuidora de ação comercial, além de desempenhar o papel de incentivadora da produção e divulgadora do cinema no exterior. A Embrafilme obteve resultados de público praticamente inéditos para o cinema brasileiro, tendo entre seus maiores sucessos *Dona Flor e seus dois maridos*, de Bruno Barreto, que chegou a vender mais de dez milhões de ingressos e até hoje é um dos filmes mais bem-sucedidos da história do cinema no Brasil (DATA BASE BRASIL, 2001).

No final dos anos 1980, era forte a campanha contra a Embrafilme, acusada de clientelismo, desperdício e má administração. A intenção era convencer a opinião pública de que o cinema não deveria ser matéria do Estado (CTAv, 2008).

Em março de 1990, o Presidente Fernando Collor extingue a Embrafilme (Embrafilme e Concine) e todas as outras formas de apoio à produção nacional, deixando o cinema brasileiro numa grave crise. Por exemplo, em 1992, apenas três produções nacionais chegaram ao circuito. A derrubada do presidente levou à posse de seu vice, Itamar Franco. Durante o novo governo, estabeleceu-se a primeira tentativa de recuperação da produção cinematográfica com a criação da Lei do Audiovisual (DATA BASE BRASIL, 2001).

Depois de alguns anos de crise, iniciou-se o chamado "cinema da retomada". O ritmo de produções ficcionais e documentais aumentou, estabelecendo, em muitos casos, parcerias com as grandes emissoras de televisão, sobretudo a Rede Globo. Mesmo sem atingir os níveis de público dos anos 1970, quando esteve no auge da popularidade, o cinema brasileiro renascia das cinzas.

Podemos considerar o filme *Carlota Joaquina – A Princesa do Brasil* (1994), de Carla Camurati, como o estopim do início da "retomada". O filme é uma falsa narrativa da vida da princesa espanhola Carlota Joaquina, que se casou em 1807 com o Infante João de Portugal. O filme ganhou grande destaque em festivais, concorreu a vários prêmios mundo afora e trouxe de volta o cinema brasileiro ao cenário mundial. Logo após a esse filme, que teve um grande sucesso de público para os padrões da época, Walter Salles lança *Terra Estrangeira* (1995), que consolida de vez o "renascimento" do Cinema Contemporâneo em nosso país. Um excelente filme, que retrata o desprezo pelo governo Collor (MURARI, 2007).

O maior sucesso de público do renascimento pertence a Fernando Meirelles e seu magnífico *Cidade de Deus*, filme que o consagrou de vez e posteriormente lhe permitiu partir para produções mais audaciosas e com maior apoio financeiro (ibidem).

Atualmente, o cinema nacional está em uma fase de inovação e originalidade, ganhando cada vez mais espaço na cultura brasileira. Os curtas-metragens têm sido grandes responsáveis pelo desenvolvimento desse cinema. O Brasil tem-se transformado em um grande produtor de curtas, participando com louvores em diversos festivais internacionais que permitem consolidar os atuais cineastas e descobrir novos.

Em geral, o cinema brasileiro é uma rica fonte de cultura do nosso povo. A arte na representação se faz presente expondo histórias de ficção e fatos reais que passo a passo ampliam a cultura do nosso país.

11
Cultura e Personalidade

11.1 Introdução

Analisadas como fenômenos abrangentes, cultura e personalidade se constituem em respostas a necessidades globais: a primeira é a resposta às necessidades da sociedade que a produziu, a segunda é a resposta às necessidades da pessoa na qual se produziu. Estamos, portanto, diante de dois fenômenos que, embora possuam dinâmicas e leis próprias, guardam certa semelhança por terem como finalidade possibilitar o adequado funcionamento de outros dois fenômenos: a sociedade no caso da cultura e a pessoa humana no caso da personalidade (OLIVEN, 2009).

A temática referente às inter-relações de cultura e personalidade constitui um dos mais novos campos da Antropologia. Alguns estudiosos, de tendências mais radicais, acreditam mesmo que se possa dispensar a contribuição da Psicologia no desenvolver dos estudos antropológicos. Creem ainda que os antropólogos com orientação psicológica tenham uma ótica diferente ao explicar ou reinterpretar valores, padrões e instituições, que os distingue dos objetivos puramente antropológicos.

Esse posicionamento é contrariado pelas modernas tendências, que consideram a dimensão psicológica como um componente essencial da existência humana. Buscar na Psicologia o que se passa na mente do indivíduo, como ele pensa e sente, é básico na ordenação das relações entre os homens e entre as instituições culturais que configuram a cultura de que participa.

Dessa forma, a Antropologia deve interessar-se também pela individualidade e como ela se adapta e dinamiza o processo social. Para tanto, deve levar em conta os aspectos instintivos e os racionais que determinam a relação indivíduo-sociedade.

Mesmo enfatizando as reações individuais, o campo da Antropologia psicológica continua sendo, em essência, o estudo da cultura. Esta, por sua vez, é decorrência da existência biopsíquica dos indivíduos, com seus componentes intrínsecos e peculiares, e da sociedade como soma de valores.

Considerando a ampla dimensão do problema, que é ao mesmo tempo individual, social e ambiental, a compreensão deve ser buscada não apenas por meio da Psicologia individual, que pouco considera o contexto sociocultural, nem somente pela Antropologia pura, que pouco considera o indivíduo, mas, sobretudo, por ambas.

O homem, isolado de um sistema social, não gera cultura, mas a soma de suas potencialidades, estimuladas pela sociedade e pelo meio, é que determina a dinâmica da criação cultural. Portanto, três elementos se impõem na elaboração cultural: o indivíduo, a sociedade e o ambiente.

A harmonia cultural torna-se discutível, em função de uma série de variáveis inerentes ao indivíduo, à sociedade e ao meio ambiente, o que, em geral, provoca um equilíbrio instável, determinando necessidades individuais e culturais. Essas exigências devem ser culturalmente satisfeitas, levando a novas adaptações socioculturais.

Daí a busca contínua das ciências que se preocupam com o homem, com a sociedade e com o meio. Somente a soma desses conhecimentos permitirá a melhor adaptação do indivíduo ao meio físico, social e cultural.

Antropólogos de orientação psicológica somente iniciaram seus estudos sistemáticos na década de 1920. As primeiras pesquisas antropológicas no campo da cultura e personalidade foram desenvolvidas por Malinowski e Margaret Mead. Estes antropólogos tiveram o grande mérito de inaugurar um novo campo de trabalho, mas não chegaram a formular, então, uma teoria explícita sobre o objeto de suas pesquisas.

Posteriormente, multiplicaram-se as contribuições científicas nesse campo, que passou a interessar antropólogos e psicólogos, como Ruth Benedict, Kardiner, que também era psicanalista, Cora Du Bois, Ralph Linton, Murdock, John Whiting e outros.

Ao desenvolver suas pesquisas com os nativos das ilhas Trobriand, do Pacífico, Malinowski testou a teoria freudiana sobre o complexo de Édipo e chegou à conclusão de que existe um princípio básico neste complexo que, entretanto, muda de objeto em função da cultura. Baseou-se na matrilinearidade desses grupos, onde a autoridade paterna é exercida

Cultura e Personalidade 155

pelo tio materno e não pelo pai biológico. Observou que todas as manifestações edipianas são canalizadas para o tio materno.

Os estudos desenvolvidos por Margaret Mead com os samoanos foram divulgados em seu livro *Coming of age in Samoa* (Adolescência e cultura em Samoa, 1967). Trata-se de uma das obras mais divulgadas em toda a história das Ciências Sociais e foi considerada como a demonstração definitiva de que os fatores culturais são mais determinantes que os fatores biológicos na vida do ser humano.

Pesquisando os problemas dos adolescentes na sociedade samoana, onde permaneceu durante um ano, constatou a ausência de tensão e de repressão. A crise da adolescência, que afetava sua própria sociedade (americana) e que motivara suas investigações, inexistia em Samoa, onde havia completa liberdade sexual para os jovens, antes e depois do casamento. A ausência de conflitos tornava aquela sociedade feliz.

Era uma prova de que a cultura pode moldar um fato biológico, como a adolescência, sendo, segundo suas observações, o comportamento do jovem determinado culturalmente.

Nos Estados Unidos, o antropólogo australiano Derek Freeman publicou seu livro *Margaret Mead e Samoa*: a estruturação e desestruturação de um mito antropológico, onde desmistifica todo o arcabouço erigido por M. Mead em Samoa. Após conviver 40 anos com esses grupos, mostra que praticamente todas as afirmações da antropóloga estavam equivocadas. Notou que a sociedade samoana é extremamente repressiva, notadamente no que se refere ao sexo. Crianças e adolescentes sofrem todo tipo de repressão e as relações sexuais pré-conjugais e o adultério são severamente punidos. A suposta harmonia cultural de Mead jamais existira e suas hipóteses e proposições foram refutadas, dado que ela pouco conviveu com o grupo, não dominava totalmente a língua nativa e, como mulher, estava impedida de participar das reuniões masculinas.

Na verdade, nem o biologismo exclusivo, nem o culturalismo exclusivo podem dar as explicações esperadas para os fenômenos socioculturais. Para entender a sociedade humana, deve-se buscar a fusão das explicações culturais e biológicas, e, mesmo assim, as indagações e as dúvidas persistem.

A Antropologia, hoje, com o auxílio das ciências correlatas, busca entender o homem em sua totalidade. Ao desenvolver estudos sobre grupos simples, tenta adquirir conhecimentos culturais básicos, onde as patologias psíquicas são pouco frequentes e as modificações ecológicas, relativas.

11.2 Indivíduo, sociedade e cultura

Em todos os momentos da nossa vida, diante da nossa formação filogenética e ontogenética, somos influenciados pelos meios sociais. Então, não podemos dizer que o homem é um ser isolado. Somos seres individualizados e, ao mesmo tempo, coletivos, somos influenciados pela sociedade a partir das relações culturais. Por isso, estudar o processo de socialização, os agentes socializadores e a cultura e o conceito de identidade social é de fundamental importância para você compreender os problemas sociais que ocorrem atualmente na nossa sociedade (MANSANERA E SOUZA, 2007).

As sociedades são formadas de seres humanos que adotam uma forma de viver normativa, isto é, tornam-se portadores de culturas, em geral, adaptadas à ambiência local.

156   Capítulo 11

Atitudes, condutas e comportamentos fazem parte intrínseca do complexo cultural e são ditados pelas normas e padrões adotados pelo grupo, como saudáveis ao desenvolvimento sociocultural. Toda cultura está sujeita a mudanças, mas os padrões de comportamento, tanto individual quanto grupal, conservam-se mais ou menos estáveis. A persistência desses padrões é mais acentuada nas sociedades simples, cujas mudanças, de uma geração para a outra, são, às vezes, imperceptíveis.

Hoebel e Frost (1981, p. 57) afirmam que "a cultura com raízes no comportamento individual é superindividual". Assim, quando se consideram, no dizer dos autores, humanidade, cultura e sociedade, pode-se concluir que não existe sociedade humana sem cultura e vice-versa. São, portanto, três entidades indispensáveis: homem, sociedade e cultura desenvolvendo-se adaptativamente num meio geográfico próprio.

Laraia (2003, p. 68) define cultura como o modo de ver o mundo, as apreciações de ordem moral e valorativa, os diferentes comportamentos sociais e mesmo as posturas corporais são assim produtos de uma herança cultural, ou seja, resultado da operação de uma determinada cultura.

11.2.1 Indivíduo

Considerando que o indivíduo só se torna humano a partir de sua interação com os demais seres humanos, torna-se impossível isolar o ser individual da sociedade. Essa interação é padronizada pela cultura.

Ao nascer, um indivíduo da espécie *Homo sapiens sapiens*, somos dotados de potencialidades inatas como linguagem, inteligência, postura bípede, entre outras coisas. Nenhuma dessas características se desenvolve "naturalmente". Precisamos dos estímulos do meio para que cada uma delas seja utilizada, desenvolvida e lapidada.

O homem é um animal amarrado a teias de significado que ele mesmo teceu, sendo a cultura essas teias. Os indivíduos sentem, percebem, raciocinam, julgam e agem sob a direção desses símbolos. A experiência humana é assim uma sensação significativa, interpretada e aprendida (GEERTZ, 1973).

O indivíduo, como membro de uma sociedade, tem um comportamento modelado em função de suas potencialidades hereditárias e das normas e padrões de sua cultura. Participa, desde o nascimento, de um sistema social, sendo herdeiro de uma tradição cultural mantida pelos seus antepassados e transmitida de geração a geração.

A partir do nascimento, a criança é submetida a um processo contínuo de aprendizagem, que se prolonga por toda a sua vida, com fases de maior ou menor apreensão. É o condicionamento consciente e inconsciente do indivíduo orientando-o e canalizando seus impulsos pessoais para as expectativas socioculturais. Ao mesmo tempo, leva-o a evitar comportamentos antissociais, sujeitos a punições e sanções.

Trata-se da endoculturação, processo pelo qual o comportamento humano é modelado culturalmente e organizado socialmente.

Resulta na produção de personalidades que caracterizam individualmente os membros de um grupo.

Os antropólogos preocupam-se com as formas que os indivíduos utilizam para assimilar sua cultura e adaptar-se convenientemente. Assim, para esses especialistas, a educação é um processo amplo, não apenas o desenvolvido pelas instituições oficiais, mas também todo tipo de socialização que tenha como resultado a aquisição de cultura e, portanto, de personalidade.

A família, os amigos e a sociedade, com seus meios de comunicação, exercem papel preponderante na assimilação de normas de conduta e atitudes e na formação dos sistemas de valores.

Nas sociedades simples, a educação se processa naturalmente por indivíduos e grupos (família, grupos etários etc.), oralmente, sendo relativamente orientada. A aprendizagem é feita mais por participação, ou seja, o menino, o jovem e o adulto aprendem toda a tradição cultural ao participar das atividades próprias de cada setor cultural, dos ritos e cerimoniais, onde mitos e lendas são narrados pelos mais velhos e memorizados pelos mais novos.

Submetido à endoculturação, o indivíduo estará em condições de participar plenamente de sua sociedade, tendo seu comportamento adaptado a modos culturalmente aceitos. Nesses grupos, a aprendizagem mais formal ocorre sempre por ocasião da puberdade, tanto masculina como feminina. Nos rituais pubertários, o jovem não apenas é submetido a provas de resistência física e disciplinar, como também se inicia nos segredos do grupo, nos mitos, na religião e em todo o sistema de valores que norteia e forja sua personalidade e os papéis que deverá desempenhar durante sua vida.

Exemplo: entre os Xavantes, grupo tribal brasileiro do Mato Grosso, a educação é feita, em grande parte, pelos grupos de idade mais avançada, que se responsabilizam por ensinar os integrantes de grupos etários mais novos. É um método de aprendizagem no qual o menino e o jovem são iniciados, por um instrutor natural, na tradição xavante. Todos os setores culturais são atingidos e a personalidade molda-se dentro das exigências do ambiente social.

> Quando as crianças em crescimento ajustarem seu comportamento aos padrões de sua cultura, quando seus valores pertinentes, crenças e modos de agir se tornarem parte normal de seu pensamento e comportamento, terão interiorizado sua cultura e se tornado totalmente enculturadas. Suas personalidades amadureceram (HOEBEL E FROST, 1981, p. 59).

Na verdade, o indivíduo é moldado por fatores culturais e sociais, mas conserva sua capacidade de pensar, sentir e agir com independência, resguardando sua individualidade. Não é possível encontrar duas pessoas exatamente iguais, apesar da influência decisiva da sociedade e da cultura.

11.2.2 Sociedade e cultura

Para Ruth Benedict (s/d, p. 276), "a sociedade e o indivíduo não são antagônicos, mas interdependentes".

O comportamento grupal tem suas raízes no comportamento individual, não havendo antagonismo, mas inter-relação entre o grupo social e os membros que o compõem. A sociedade não pode ser separada dos indivíduos, e, por sua vez, nenhum indivíduo alcançará suas potencialidades sem uma cultura em que participe.

Padrões de cultura preestabelecidos, orientadores da conduta, acham-se intimamente relacionados com a psicologia dinâmica do indivíduo. Contudo, não se pode admitir, dada a diferença de temperamento das pessoas, uma aceitação compulsória do comportamento ditado pela sua sociedade. Entretanto, a maioria dos seus membros é moldada pela própria cultura, adotando espontaneamente o comportamento configurado pelo contexto em que vive.

Os adultos, em uma sociedade, com sua conduta já definida, representam o modelo com o qual as crianças vão identificar-se e cujo comportamento vão imitar. Conformam-se ao que a sociedade define como o melhor para o preenchimento das necessidades pessoais e culturais e para sua melhor adaptação.

Nem sempre é possível verificar essa uniformidade de atitudes e reações em função das diferenças de personalidade e da dinâmica cultural.

A cultura faz parte daqueles aspectos da sociedade que são aprendidos mais do que herdados. O processo pelo qual as crianças, ou outros novos membros da sociedade, aprendem o modo de vida de sua sociedade é chamado socialização. A socialização conecta diferentes gerações umas com as outras. O nascimento de uma criança altera as vidas daqueles que são responsáveis pela criação, portanto, passam por novas experiências de aprendizado. Os cuidados dos pais ligam comumente as atividades dos adultos às crianças para o restante de suas vidas (NASCIMENTO, 2012).

A participação comum dos indivíduos em um sistema social leva a experiências semelhantes e ao aprendizado mais homogêneo, o que não implica a uniformidade psicológica dos participantes. As culturas caracterizam-se largamente pela variabilidade de indivíduos e grupos.

As diferenças individuais têm por causa as variações na constituição genética, somadas à vivência pessoal e ao fato de que os indivíduos se ajustam à cultura por diferentes e variados motivos, de acordo com seus próprios interesses. Entretanto, adotam comportamentos mais ou menos previsíveis e esperados, podendo-se reconhecer pelo menos alguma correspondência de identidade entre a cultura de um grupo e a personalidade de seus membros.

Sem a cultura, tanto a sociedade quanto os seus membros não poderiam inter-relacionar-se funcionalmente. A cultura é a própria maneira de viver de uma sociedade. A configuração dos padrões culturais garante seu eficiente funcionamento e sua conservação como unidade cultural. Proporciona ao indivíduo meios para a interação social, para a adaptação ao meio natural e mesmo para proteger-se do sobrenatural.

Para Nascimento (2012), a diversidade da vida e da cultura humana e os vários tipos de sociedade em que os homens vivem. O conceito que damos ao nome cultura está entre as noções mais usadas na Sociologia. A "cultura" pelo que conhecemos pode ser conceitualmente diferenciada de "sociedade", mas há conexões muito próximas entre essas noções. Uma sociedade é um sistema de inter-relações que conecta os indivíduos uns com os outros. A Grã-Bretanha, a França e os Estados Unidos são sociedades nesse sentido. Incluem milhões de pessoas. Outras, como as primeiras sociedades de caçadores e coletores, podem ser tão pequenas e se constituir de 30 ou 40 pessoas. Todas as sociedades são unidas pelo fato de que seus membros são organizados em relações sociais estruturadas, de acordo com uma cultura única. Porém, acima de todo o conhecimento histórico da humanidade, nenhuma cultura poderia existir sem cultura. Sem cultura, não seríamos nem sequer "humanos", no sentido em que comumente entendemos esse termo. Não teríamos línguas para nos expressarmos, nenhuma noção de autoconsciência e nossa habilidade de pensar e raciocinar seria severamente limitada.

11.3 Personalidade

O termo "personalidade" implica tantos significados quantos são os autores que se preocuparam em defini-lo. A dificuldade aumenta em virtude de ser ela objeto de estudo de várias ciências, cada uma das quais enfatizando um determinado aspecto, o que inviabiliza uma conceituação global que satisfaça a todas as indagações científicas. São numerosas as teorias conflitantes sobre o comportamento humano.

Segundo Significados (2017), "personalidade" é um termo abstrato utilizado para descrever e dar uma explicação teórica do conjunto de peculiaridades de um indivíduo que o caracteriza e o diferencia dos outros. Tem várias facetas, que são consideradas como parte integrante dela e que influenciam as atitudes de cada pessoa. A forma física pode influenciar na autoestima de maneira positiva ou negativa, alterando o comportamento e a percepção que a pessoa tem de si. O temperamento é responsável pelo comportamento afetivo, excitação e atenção.

A personalidade é ligada à postura de valores, à tendência de julgar determinados objetivos, como a liberdade, ou disposições de ação como a honestidade, como desejáveis ou não. As pessoas que têm uma postura curiosa valorizam as novidades, já as ansiosas valorizam a segurança. A personalidade pode ser classificada pelas atitudes, pela autoestima, como o juízo que a pessoa faz de si mesma, o bem-estar, que representa também um traço da personalidade e que tem a ver com a parte subjetiva da saúde mental (SIGNIFICADOS, 2017).

Para o cientista social, todo indivíduo socializado tem personalidade, entendida como "os modos mais ou menos organizados de comportamento, tanto manifestos quanto ocultos, que caracterizam um dado indivíduo" (BIESANZ e BIESANZ, 1972, p. 216).

Sob perspectiva mais ampla, pode ser conceituada como o produto da inter-relação das potencialidades genéticas (hereditárias, inatas) do indivíduo, dinamizadas em função dos estímulos da educação (meio social) e das excitações do ambiente (meio físico).

11.3.1 Componentes da personalidade

O maior explorador da psicanálise, Sigmund Freud, arriscou ordenar três componentes básicos da vida psíquica humana. Sendo eles: id, ego e superego.

Para Fadiman e Frager (1986), as observações de Freud a respeito de seus pacientes revelaram uma série interminável de conflitos e acordos psíquicos. A um instinto opunha--se outro; proibições sociais bloqueavam pulsões biológicas e os modos de enfrentar situações, frequentemente chocavam-se uns com os outros. Ele tentou ordenar este caos aparente propondo três componentes básicos estruturais da psique: o id, o ego e o superego.

Id. "Contém tudo o que é herdado, que se acha presente no nascimento, que está presente na constituição – acima de tudo, portanto, os instintos que se originam da organização somática e que aqui (no id) encontram uma primeira expressão psíquica, sob formas que nos são desconhecidas" (FREUD, 1940, livro 7, p. 17-18). É a estrutura da personalidade original, básica e mais central, exposta tanto às exigências somáticas do corpo como aos efeitos do ego e do superego. Embora as outras partes da estrutura se desenvolvam a partir do id, ele próprio é amorfo, caótico e desorganizado. "As leis lógicas do pensamento não se aplicam ao id... Impulsos contrários existem lado a lado, sem que um anule o outro, ou sem que um diminua o outro" (FREUD, 1933, livro 28, p. 94). O id é o reservatório de energia de toda a personalidade. O id pode ser associado a um rei cego cujo poder e autoridade são totais e cerceadores, mas que depende de outros para distribuir e usar de modo adequado o seu poder. Os conteúdos do id são quase todos inconscientes, eles incluem configurações mentais que nunca se tomaram conscientes, assim como o material que foi considerado inaceitável pela consciência. Um pensamento ou uma lembrança, excluído da consciência e localizado nas sombras do id, é, mesmo assim, capaz de influenciar a vida mental de uma pessoa. Freud acentuou o fato de que materiais esquecidos conservam o poder de agir com a mesma intensidade, mas sem controle consciente.

Ego. É a parte do aparelho psíquico que está em contato com a realidade externa. Desenvolve-se a partir do id, à medida que o bebê torna-se cônscio de sua própria identidade, para atender e aplacar as constantes exigências do id. Como a casca de uma árvore, ele protege o id, mas extrai dele a energia, a fim de realizar isto. Tem a tarefa de garantir a saúde, segurança e sanidade da personalidade. Assim, o ego é originalmente criado pelo id na tentativa de enfrentar a necessidade de reduzir a tensão e aumentar o prazer. Contudo, para fazer isso, o ego, por sua vez, tem de controlar ou regular os impulsos do id de modo que o indivíduo possa buscar soluções menos imediatas e mais realistas. Um exemplo pode ser o de um encontro heterossexual. O id sente uma tensão que surge da excitação sexual insatisfeita e poderia reduzir essa tensão através da atividade sexual direta e imediata. O ego tem que determinar quanto da expressão sexual é possível e como criar situações em que o contato sexual seja o mais satisfatório possível. O id é sensível à necessidade, enquanto o ego responde às oportunidades.

Superego. Esta última parte da estrutura se desenvolve não a partir do id, mas a partir do ego. Atua como um juiz ou censor sobre as atividades e pensamentos do ego. É o depósito dos códigos morais, modelos de conduta e dos construtos que constituem as inibições da personalidade. Freud descreve três funções do superego: consciência, auto-observação e formação de ideais. Enquanto consciência, o superego age tanto para restringir, proibir ou julgar a atividade consciente; mas também age inconscientemente. As restrições inconscientes são indiretas, aparecendo como compulsões ou proibições. "Aquele que sofre (de compulsões e proibições) comporta-se como se estivesse dominado por um sentimento de culpa, do qual, entretanto, nada sabe" (FREUD, 1907, livro 31, p. 17).

Esses três componentes (id, ego e superego) segundo Freud compõem o modelo estrutural da personalidade que podem representar a impulsividade, a racionalidade e a moralidade, respectivamente, de uma maneira que deve ser entendida como conceito.

11.3.2 O cérebro e a personalidade

Segundo Quiaios et al. (2010), sabe-se que, através da análise de algumas teorias da formação da personalidade, o meio tem um papel extremamente importante na forma como nos comportamos. Mas como podemos explicar que duas pessoas respondam de forma diferente ao mesmo estímulo? Esta questão pode ser respondida pela genética, mais especificamente pela análise de algumas estruturas do cérebro.

O nosso cérebro é responsável por praticamente todas as nossas ações, e é o sistema límbico que desempenha o papel mais importante no que diz respeito à nossa personalidade. O sistema límbico é constituído por várias estruturas: o hipotálamo, o hipocampo, o septo, a amígdala e o bulbo olfativo. Este sistema tem um papel importante na emoção, na motivação e nos comportamentos agressivos. É por isso considerado o cérebro das emoções. Um exemplo que comprova que o sistema límbico está diretamente associado à nossa personalidade é o fato de a ablação da amígdala desencadear comportamentos dóceis em macacos enquanto a destruição do septo provocou reações agressivas neles. Assim, é de capital importância o papel do meio e do cérebro, mais especificamente o sistema límbico, na formação da nossa personalidade.

Figura 11.1 – O cérebro é responsável por praticamente todas as ações, e o sistema límbico desempenha o papel mais importante no que diz respeito à personalidade.

A personalidade, no cérebro humano, pode ser compreendida pela filtragem de excitações no meio (arquicórtex), seguida da interpretação de acordo com as influências do arquicórtex, educação e influências do meio físico (neocórtex).

Não mais se admite a supremacia da psique no processo da adaptação. O corpo, por meio do eixo neuro-hormonal, tem importância substancial, por meio de mecanismos químicos, físicos e autônomos de controle das funções vitais, assim como da ambulação (mobilização), adaptações físicas etc. Não só possibilita, como também, a cada instante, favorece o processo adaptativo do "todo", e não só do psíquico, como supõem alguns. A homeostase, ou seja, o bem-estar psicossomático, depende do equilíbrio entre o corpo e a mente, gerando a conduta e, portanto, a personalidade.

Os momentos psíquicos, isto é, os estados de consciência, são determinados pelos níveis cerebrais, atuantes no processo intelectual adaptativo solicitado pela sociedade e pelo meio.

Regiões antigas do cérebro humano, herdadas genética e evolutivamente, formam o arqueocórtex (tálamo-óptico, hipocampo, sistema límbico, sistema reticular ascendente e descendente de Papes etc.), que funciona fazendo a filtragem das excitações do meio, sejam elas físicas ou intelectuais. Desenvolve as necessárias proteções para o conjunto nervoso central e ainda determina as reações instintivas.

A região nova do cérebro, o neocórtex, característica essencial da espécie humana, recebe as influências do meio físico, da educação e do arqueocórtex, e cria, em última análise, o "EU", isto é, a personalidade. Considerando que cada indivíduo traz um patrimônio genético e uma educação específica, pode-se inferir a alta individualidade que o caracteriza.

Assim, os componentes biopsíquicos não são estáticos, mas dinâmicos, na interação homem-meio, proporcionando a cada indivíduo sua qualidade pessoal, que consiste na soma das potencialidades genéticas (biologicamente criadas) e da educação (socialmente adquirida).

Determinados fatores, como constituição física, inteligência, deformações corporais, doenças etc., exercem influência decisiva sobre a personalidade. Entretanto, a significação social de uma característica física é determinada culturalmente. Diferentes culturas atribuem diferentes significados aos atributos físicos. Algumas valorizam, outras depreciam certos caracteres, como: estatura alta ou baixa; cor da pele, mais clara ou mais escura; peso, maior ou menor volume corporal; idade, o culto aos velhos ou sua eliminação precoce etc.

Entre os índios Cambeba do Brasil, as crianças recém-nascidas eram submetidas à deformação craniana: o crânio era prensado entre duas tábuas, que provocavam o seu alongamento. A esteatopigia (nádegas volumosas) é esteticamente aceita pelos bosquímanos e hotentotes, do Sul da África.

Sociocultural. Fator importante na compreensão do caráter humano, uma vez que tem forte participação no processo de endoculturação do indivíduo. Enquanto a personalidade é o sistema integrado de comportamentos aprendidos e não aprendidos, característicos do indivíduo, a cultura é o sistema integrado de padrões de comportamento aprendidos, próprios dos membros de uma sociedade.

A personalidade se encontra, portanto, intimamente relacionada com a cultura. Ela se estrutura no processo de endoculturação. O comportamento individual normal é estabelecido, em grande parte, pelos fatores culturais, que tendem a padronizar as personalidades. Posições extremadas de alguns teóricos veem os indivíduos como simples reflexos de suas culturas, receptores passivos das chamadas "representações coletivas". De acordo com essa interpretação, a realidade cultural é fixa, coagindo e pressionando o indivíduo, impedindo-o de selecionar, interpretar e decidir sobre os padrões de comportamento a serem observados.

Não se podem admitir sociedades e indivíduos estáticos, uma vez que as culturas estão continuamente mudando, e os indivíduos, permanentemente sujeitos à interação social, representam um agente ativo da dinâmica cultural.

Os padrões culturais não são incondicionalmente aceitos; muitas vezes, ao serem assimilados, estão sujeitos a reinterpretações, conforme a visão individual que a pessoa tem de si mesma e do mundo que a cerca.

Os grupos sociais, com suas culturas, têm grande importância na formação da personalidade, em decorrência da estreita relação que mantêm com o organismo humano. São esses grupos, como a família, por exemplo, que permitem a endoculturação ou socialização do indivíduo. Lenta e continuamente, ele incorpora à sua personalidade os significados e os valores de sua cultura.

Outros fatores afetam a formação da personalidade, como a classe e a subcultura racial, regional, religiosa e étnica do indivíduo, assim como o *status*, a idade, a ascensão social etc.

Concentrando-se no comportamento essencialmente humano, em comportamento de linguagem, George Herbert Mead, famoso psicólogo, autor de *Mente, personalidade e sociedade*, elabora uma teoria da interação humana e do desenvolvimento da personalidade. Sua teoria baseia-se em conceitos-chave, que permitem explicar a múltipla variedade do comportamento humano, fugindo às explicações deterministas (biológicas ou culturais).

São dez os conceitos-chave inter-relacionados de Mead: cultura, sociedade, símbolo significante, personalidade, eu, mim, outro generalizado, papéis, conservação dos gestos e mente (BIESANZ e BIESANZ, 1972, p. 229).

Não cabe aqui uma análise mais acurada dessa teoria, ficando a sugestão para o estudioso que pretender um aprofundamento dessa temática.

Vários fatores, portanto, contribuem para a formação da personalidade, com conteúdo específico para cada indivíduo. É o caráter individual, formado por um conjunto de traços próprios de uma pessoa.

Quando se fala em reações psicológicas de um grupo social, considera-se a estrutura de caráter comum à maioria dos membros do grupo. Trata-se da personalidade coletiva, chamada por Erich Fromm (1983, p. 219) de caráter social. Ele o vê como "uma seleção de traços, o núcleo essencial da estrutura do caráter da maior parte dos membros de um grupo, que se formou como resultado das experiências básicas e estilo de vida comuns àquele grupo".

Fatores acidentais do nascimento e da experiência vital divergem de indivíduo para indivíduo e podem provocar variações neste núcleo, embora a estrutura de caráter seja própria da maioria do grupo.

Ambiental. Prevê a mudança de comportamento dos indivíduos relacionados com o meio em que vivem. No capítulo referente à evolução humana (veja Seção 3.1), evidenciou-se a importância das eras e dos períodos geológicos, notadamente a partir do Cenozoico. As mutações ecológicas e as modificações climáticas ocorridas determinaram mudanças no mundo vegetal e animal. Avanços e recuos de geleiras, temperaturas oscilantes e outros fatores provocaram modificações alimentares e o surgimento de novas necessidades que exigiam novas soluções.

Grande número de seres vivos com alto ou baixo índice de adaptação encontrou, nessas mudanças geoclimáticas, o fim da espécie. Os primatas e o homem, com suficiente potencialidade adaptativa, foram ajustando-se gradativamente ao meio, embora com perda da semelhança física.

Os conhecimentos atuais sobre a alimentação humana tentam explicar diferenças físicas e até intelectuais em função dos componentes alimentares. Nas regiões frias, a alimentação é mais proteica e gordurosa; nas temperadas e quentes, é mais proteica e vegetal. Tais condições provocam peculiaridades adaptativas, tanto grupal quanto pessoal. A afirmativa "o homem é o que come" parece merecer maior atenção. Prevê a mudança de comportamento os indivíduos relacionados com o meio em que vivem. Também a temperatura determina o surgimento de necessidades básicas de proteção e requer todo um aparato sociocultural para a sua satisfação.

Alimentação e temperatura associadas a outros fatores interferem na adaptabilidade humana. Sabe-se que a temperatura ideal gira em torno de 22°C e ocorre, com mais frequência, nas regiões temperadas, mais favoráveis à permanência humana. A suposta inoperância nos trópicos com as altas temperaturas encontra correspondência também nas zonas frias, com suas baixas temperaturas, proporcionando ao homem maiores dificuldades de ajustamento ao meio. Contudo, isso constitui um estímulo à criatividade humana, pela necessidade de adoção de soluções, muitas vezes, extremas.

As regiões frias exigem o contínuo cuidado com o equilíbrio ecológico e social: acomodação hermética, fogo contínuo no inverno, roupagens grossas capazes de manter o calor, estocagem de material calorífero (madeira) e de cobertura etc. Tais necessidades podem levar à mútua proteção, gerando maior contato social, maior interação entre os membros do grupo, maior comunicação, socialização e cultura. **Exemplo:** os esquimós.

Nas baixas temperaturas, a alimentação, principalmente proteica, é de mais fácil manutenção, sofrendo pouca degradação bacteriana. São condições que, somadas a numerosas outras, criam hábitos e costumes específicos.

Nas regiões temperadas, as necessidades costumam ser menos rigorosas. A ação do homem parece ser mais facilitada e, também, sua adaptação. As fontes proteicas e a colheita vegetal são mais abundantes, e o homem pode dominar e controlar maiores espaços.

Em geral, as regiões tropicais, consideradas inóspitas e desfavoráveis à fixação humana, apresentam dificuldades adaptativas, mas o alimento vegetal e proteico se mantém com poucas variações. Dessa forma, a temperatura, isolando, restringindo ou alargando o ambiente humano, influi substancialmente na construção cultural, propiciando a elaboração de padrões e valores específicos.

No campo perceptivo-psicológico, a aquisição de conhecimentos e a elaboração de ideias decorrem do número de variáveis oferecidas pela riqueza ou pobreza do ecossistema, levando a um maior ou menor desenvolvimento das potencialidades humanas.

Outro fator de considerável importância é a dependência do homem em relação à água. As populações com abundância de água não só têm sua vida facilitada, como também podem contar com fartura de alimentos. As sociedades carentes de água sofrem, além das necessidades biológicas, sérios problemas endêmicos bacterianos, gerados em função do mau armazenamento do líquido.

A altitude é também fator valioso, uma vez que a adaptação biológica do homem se mantém adequada até uma altitude aproximada de 1.500 m. A partir daí, a pequena e crescente variação do oxigênio do ar cria sérios problemas de ajustamento ao meio. Os Sherpas do Himalaia e os Incas sul-americanos são bons exemplos, pois apresentam até mesmo uma crase sanguínea diferente. A adaptação em montanha provoca um volume físico menor, com hipertrofia muscular proporcional. Os hábitos e os costumes são característicos, e as personalidades muito voltadas para as agruras do meio ambiente.

Não se pode ignorar a influência incisiva dos fatores ambientais na cultura e na personalidade. O que não se pode admitir são posições deterministas, das quais surgiram alguns estereótipos indicativos de características psicológicas e comportamentais. **Exemplo:** os Ona da Terra do Fogo.

Figura 11.2 – Estátua de um Ona – Terra do Fogo, Chile.

11.4 Cultura e personalidade

Ao desenvolver suas pesquisas com os nativos das ilhas Trobriand, do Pacífico, Malinowski testou a teoria freudiana sobre o complexo de Édipo e chegou à conclusão de que existe um princípio básico nesse complexo que, entretanto, muda de objeto em função da cultura. Baseou-se na matrilinearidade desses grupos, onde a autoridade paterna é exercida pelo tio materno e não pelo pai biológico. Observou que todas as manifestações edipianas são canalizadas para o tio materno.

Os trabalhos clássicos de Margaret Mead revelam sua constante preocupação em estudar fenômenos psicoculturais em sociedades não civilizadas. Estudando a tribo Manu da Nova Guiné, M. Mead descreve como esses grupos criam suas crianças e como os métodos de socialização estão relacionados com a cultura e com a personalidade desses nativos. Investigando outras três tribos da Nova Guiné, os Arapesh, os Mundugumor e os Tchambuli, desenvolve um estudo comparativo de personalidades nessas diferentes culturas. Entre os primeiros, verificou que homens e mulheres atuam de forma evidentemente feminina: ambos são maternais, passivos, carinhosos e gentis. Entre os Mundugumor, tanto os homens como as mulheres agem de forma predominantemente masculina: são violentos, agressivos, competitivos e hostis. Entre os Tchambuli, observou uma inversão de papéis masculinos e femininos, ou seja, as mulheres dirigem e dominam, enquanto os homens são submissos, passivos e dependentes emocionalmente das mulheres.

São diferenças fundamentais que contrastam com as personalidades masculina e feminina encontradas nas sociedades em geral, como acontece no mundo ocidental.

166 Capítulo 11

As experiências antropológicas nessas três sociedades vêm demonstrar a hipótese de que as diferenças de temperamento entre os sexos são universais.

Um exemplo clássico de inter-relação de cultura e personalidade é o trabalho de Ruth Benedict. Investigando três grupos tribais americanos, procurou demonstrar o aspecto configuracional ao tentar compreender o sentido de uma cultura, ou seja, uma cultura só pode ser entendida em sua totalidade.

Parte do princípio de que os componentes ideológicos de uma cultura são assimilados pelos indivíduos, determinando um tipo de personalidade ideal. Segundo ela, em todas as sociedades, a personalidade da maioria é o reflexo da personalidade ideal convencionada pela cultura.

Referindo-se às formas de expressão comportamental, Ruth Benedict, inspirada em Nietzsche, aplica às culturas determinados e diferentes padrões emocionais, que ela chamou de "configuração dionisíaca e apolínea". A primeira caracteriza-se por reações emocionais violentas e torturantes, e a segunda por reações emocionais equilibradas, ante situações culturais específicas.

No Brasil, os Bororo, grupo tribal do Mato Grosso, constituem-se em um exemplo dessas manifestações, durante a realização de um funeral, ante a moléstia ou morte. Nesses casos, torna-se possível reconhecer para o homem Bororo um padrão "apolíneo" de comportamento, ou seja, conduta emocionalmente equilibrada, justa e tradicional. A mulher Bororo, por sua vez, reage dentro de experiências opostas, de caráter violento, reação emocional "dionisíaca", onde as emoções são exploradas ao máximo: escarificações, verdadeiras autotorturas, são praticadas por elas. É a tensão emocional feminina ante a ameaça constante do sobrenatural.

No final da última guerra, Ruth Benedict encarregou-se de delicada missão, solicitada pelo governo americano: estudar a cultura e o caráter dos japoneses, portadores de comportamentos extremamente diferenciados dos do mundo ocidental. Os resultados positivos contribuíram para a condução da política americana em relação ao Japão, notadamente no pós-guerra.

As indagações sobre as inter-relações de cultura e personalidade continuam despertando o interesse de muitos estudiosos, que prosseguem dedicando-se à análise psicocultural dos grupos humanos em geral.

Para Oliven (2009), a personalidade está fortemente marcada pelos primeiros anos de vida, nos quais a influência preponderante é a família; o indivíduo tenderá a reproduzir em sua conduta futura os padrões culturais que adquiriu no relacionamento familiar, envolvendo autoridade, ambição, motivações, expectativas, segurança, autoestima etc. Por outro lado, cada cultura tende a criar em seus membros um determinado tipo de motivações para o qual o indivíduo é preparado, primeiramente na família e, posteriormente, em outras situações. Assim, por fazerem parte de um processo dinâmico social, essas motivações estão em constante modificação. Determinado tipo de estrutura cultural cria certas motivações; estas por sua vez retroagem sobre a estrutura cultural, sem que seja possível determinar onde começou o processo. A cultura é o ponto em comum entre o homem e a sociedade, mas a

Cultura e Personalidade   167

personalidade desenvolvida não é o ponto em comum entre esses homens, daí as suas diferenças que os transformam em indivíduos com características próprias. De fato, a cultura, sendo fator determinante na formação da personalidade de cada pessoa, participa dessa formação ao enraizar-se no seu cotidiano desde sua origem enquanto ser vivo, embora não seja o único fator (DUBAL, 2006).

Segundo o autor (Op. cit.), a cultura é a mesma entre as pessoas em uma determinada sociedade, mas cada pessoa desenvolveu a sua própria personalidade. Essa diferença entre as personalidades deve-se ao fato de que cada ser entra em contato com o mundo e o interpreta de forma diferenciada. Mesmo irmãos gêmeos não possuem vidas idênticas, pois cada um possui sua vivência e sua respectiva coexistência com os objetos à sua volta e com a sociedade em que é inserido. Justamente a interpretação de cada um em relação a uma mesma cultura determina a relação entre cultura e personalidade. É o pensar e o social enquanto conjunto de hábitos dentro de um grupo.

12
As Artes

A palavra "arte" é derivada da palavra latina *ars* ou *artis*, que corresponde ao vocábulo grego *tékne*. O grande filósofo Aristóteles se referia à palavra "arte" como *poiésis*, cujo significado é semelhante a *tékne*, ou seja, produção, criação ou fabricação de algo. Arte no sentido geral significa técnica ou habilidade, é produzir ou fazer alguma coisa (DOS SANTOS, 2014).

O mundo da arte pode ser observado, compreendido e apreciado através do conhecimento que o ser humano desenvolve sua imaginação e criação, adquirindo conhecimento, modificando sua realidade, aprendendo a conviver com seus semelhantes e respeitando as diferenças (AZEVEDO JUNIOR, 2007).

A arte é uma das características universais da cultura. Acha-se presente em todos os agrupamentos humanos, mesmo os mais simples e isolados. Em todas as épocas e em

170 **Capítulo 12**

todos os tempos, o homem empenhou-se na busca da beleza, usando sua imaginação criadora na expectativa de satisfazer a sua necessidade de expressão estética.

Para Dantas (S/D), a arte é compreendida como a atividade ligada à manifestação de ordem estética por parte do ser humano. Beleza, equilíbrio, harmonia, revolta são valores estéticos da criação humana que resumem as suas emoções, sua história, seus sentimentos e a sua cultura, o que também define a arte.

Plástica, música, escultura, cinema, teatro, dança são as várias formas pela qual a arte se apresenta. Arte é a representação máxima do momento, o termo "história da arte" aponta o conjunto das obras de uma época, país ou escola das artes visuais. Com o intuito de tornar conhecido suas crenças, para despertar e distrair a si mesmo e aos outros, para novas formas de explorações e interpretações de objetos e cenas, o homem cria a arte.

As atividades artísticas distinguem-se dos demais aspectos da cultura pelo seu componente estético, que proporciona satisfação e prazer não só ao artista produtor da obra de arte, mas também aos que a observam e apreciam. Nas inúmeras e variadas expressões artísticas elaboradas através dos tempos, acham-se objetivadas todas as emoções humanas: alegrias, tristezas, aspirações, ideais, angústias e frustrações.

A universalidade e a antiguidade da arte despertaram entre os antropólogos o interesse em relacionar Arte e Antropologia. Sua preocupação volta-se particularmente para as relações existentes entre a arte e os demais aspectos da cultura e da sociedade, para o condicionamento e controle dos impulsos e atividades estéticas. Só no século XX começaram a apresentar o resultado dos seus estudos nesse campo, em trabalhos mais consistentes e menos descritivos.

A obra clássica, que praticamente inaugura essa fase, é a de Franz Boas, intitulada *Arte primitiva*, publicada em 1927, cujas considerações e discussões vieram imprimir ao tema novas abordagens e novo tratamento.

12.1 Conceituação

Toda manifestação do impulso criador da beleza e do prazer é esteticamente válida e merece ser chamada de arte.

Arte é conhecimento, e, partindo desse princípio, pode-se dizer que é uma das primeiras manifestações da humanidade, pois serve como forma de o ser humano marcar sua presença criando objetos e formas que representam sua vivência no mundo, o seu expressar de ideias, sensações e sentimentos e uma forma de comunicação (AZEVEDO JÚNIOR, 2007, apud OLIVEIRA & OLIVEIRA, p. 1, S/D).

Beals e Hoijer (1968, p. 638) relacionam qualquer atividade como arte, quando o objeto construído, além de seu valor prático e utilitário, proporciona satisfação tanto ao artista quanto aos que participam de sua obra como espectadores ou colaboradores. É, portanto, a estética que distingue o objeto artístico das demais manifestações culturais.

Entre seus possíveis conceitos, a "arte é uma experiência humana de conhecimento estético que transmite e expressa ideias e emoções"; por isso, para a apreciação da arte, é necessário aprender a observar, a analisar, a refletir, a criticar e a emitir opiniões fundamentadas sobre gostos, estilos, materiais e modos diferentes de fazer arte (AZEVEDO JÚNIOR, p. 7, 2007, apud OLIVEIRA & OLIVEIRA, p. 1, S/D).

Darcy Ribeiro (1980, p. 257) considera "arte ou atividade artística todo produto de uma preocupação estética, de uma vontade de beleza, quando resulta numa obra de alta perfeição técnica".

Toda obra de arte pode ser observada e estudada sob duplo aspecto:

a. *Descritivo*: quando considerada em relação a determinado tempo e espaço, identificada e caracterizada em seus antecedentes e de acordo com as influências internas e externas que a produziram.

b. *Simbólico*: quando, ao se projetar no tempo, adquire sentido.

A obra artística reflete sempre a realidade no momento em que é criada, mas o seu sentido nem sempre permanece o mesmo: acha-se sempre enriquecida, ganhando nova dimensão quando submetida a outros observadores.

12.2 Arte e simbolismo

Ao contrário dos animais, que são incapazes de simbolizar, os homens conferem significados e sentidos às palavras e aos fenômenos do cotidiano. São sempre culturalmente determinados e fazem parte do mundo das ideias, as quais levam o homem a simbolizar, ou seja, a adotar valores e sistemas de símbolos, usados para a aquisição e transmissão de conhecimentos. Entre esses sistemas, os símbolos linguísticos são os mais importantes, vindo a seguir as artes.

O comportamento simbólico, característico de cada grupo humano, é aprendido e transmitido de tal forma que as experiências de apenas um membro podem servir à sociedade como um todo. Coletivamente, cada nova geração aprende os símbolos que regem sua sociedade, assimilando os modos de comportamento orientadores de sua conduta.

Da mesma forma que a linguagem, as expressões artísticas fazem parte de um sistema simbólico, específico para cada cultura em particular. Símbolos, abstrações e ideias juntam--se no sentido de, por meio da obra de arte, expressar o conteúdo da própria cultura.

Nas sociedades simples, a arte consiste em um instrumento de comunicação social, muito mais do que nas sociedades complexas.

O artista, ao compor suas criações, desenvolve um estilo altamente formalizado, usando valores culturalmente determinados. Sua obra tem uma função social específica dentro de sua cultura, com a finalidade de legitimar o comportamento moral e a conduta adequada. A função primordial de um produto artístico primitivo é a de comunicar simbolicamente os valores que regem sua cultura.

Entre os povos ágrafos, a arte relaciona-se intimamente com a religião, com a política, com a visão do universo, com o mundo de representação e com as demais instituições culturais, servindo aos interesses individuais e sociais dos grupos humanos. **Exemplo:** o desenho ou a pintura de um animal, na parede de uma caverna, tem significado que transcende a forma apresentada, isto é, simboliza algum acontecimento mítico ou ritual, sendo seu conteúdo social e religioso.

A arte destina-se a transmitir uma mensagem simbólica. A forma utilizada é sempre convencionada, ou seja, o artista criador subordina-se às exigências de sua própria cultura, cumprindo uma função social determinada. Por isso, a forma – contorno, cor, textura etc. – é menos importante que o conteúdo simbólico implícito em todas as produções artísticas.

Nas sociedades pré-letradas, a sobrecarga simbólica da arte é muito maior do que nas sociedades modernas, o que reforça os valores culturais e a coesão social.

12.3 As artes

Sendo um dos aspectos da cultura, a arte deve ser estudada e compreendida em termos de sua posição no contexto cultural global. Isso é válido tanto para a arte primitiva quanto para as artes das modernas civilizações.

12.3.1 Origem

Como já mencionado, a definição de arte varia de acordo com a época e a cultura, por ser arte rupestre, artesanato, arte da ciência, da religião e da tecnologia. Atualmente, arte é usada como a atividade artística ou o produto da atividade artística. A arte é uma criação humana com valores estéticos, como beleza, equilíbrio, harmonia, que representam um conjunto de procedimentos utilizados para realizar obras.

A arte é quase tão antiga quanto o homem, pois a arte é uma forma de trabalho, e o trabalho é uma propriedade do homem, uma de suas características e, ainda, definido como um processo de atividades deliberadas para adaptar as substâncias naturais às vontades humanas; é a relação de conexão entre o homem e a natureza, comum em todas as formas sociais. Surgiu com os primórdios da humanidade, revelou-se com suas primeiras ações, principalmente por meio de seu trabalho, condição necessária para sua sobrevivência, em que o homem utiliza a natureza transformando-a. As pinturas rupestres também caracterizavam essas primeiras formas de ação, demonstrando que o homem da caverna, naquele tempo, já tinha interesse em se expressar de maneira diferente (FISCHER, 1983).

Para os povos primitivos, a arte, a religião e a ciência andavam juntas na figura, e originalmente a arte poderia ser entendida como o produto ou processo em que o conhecimento é usado para realizar determinadas habilidades. Para os gregos, havia a arte de se fazer esculturas, pinturas, sapatos ou navios (SOUSA E FARIAS, 2017).

Em geral, a arte é um reflexo do ser humano e muitas vezes representa a sua condição social e essência de ser pensante.

Segundo Azevedo Júnior (2007), para que a arte exista é necessária a existência de três elementos: o artista, o observador e a obra de arte. O artista é aquele que tem o conhecimento concreto, abstrato e individual sobre determinado assunto, que se expressa e transmite esse conhecimento por meio de um objeto artístico (pintura, escultura, entre outros) que represente suas ideias. O segundo, o observador, é aquele que faz parte do público que observa a obra para chegar ao caminho de mundo que ela contém; ainda terá que ter algum conhecimento de História e História da Arte para poder entender o contexto de tal arte. O terceiro, a obra de arte, é a criação do objeto artístico que vai até o entendimento do observador, pois todas as artes têm um fim em si, ou seja, uma tradução.

Ao examinar essas diferentes concepções, Roger Bastide (1971, p. 37 e s.) afirma que as diversas teorias procuram para a arte uma origem coletiva, ou seja, ter-se originado da colaboração de indivíduos. A ótica do sociólogo possibilitou a primeira conclusão sobre o assunto.

Entretanto, a polêmica a respeito da origem da arte continua, não se chegando a um consenso. Roger Bastide evidencia o papel do indivíduo criador e da coletividade, que estimula e regula a atividade individual; salienta a importância do elemento comunitário, sem esquecer sua criação pessoal. Sozinho, afirma ele, o homem seria capaz de tomar consciência de seu poder, mas não teria condições de ir muito longe.

A avaliação comparativa dos padrões artísticos das culturas primitivas e civilizadas pode levar à ideia de que a arte das culturas simples seja imatura ou mesmo infantil. Toda manifestação artística deve ser avaliada em relação à cultura que a produziu.

Na verdade, não há nenhuma distinção de natureza entre a arte dos povos civilizados e a dos povos primitivos.

Como afirmava Boas (1949), o impulso criativo é inerente e inato a todos os seres humanos, resultando em formas artísticas distintas. E conclui que esse impulso se libera por meio de formas culturalmente determinadas.

Pode-se dizer que a arte dos povos pré-letrados oscila numa escala de graduação que vai da ausência de técnica à grande habilidade, da simplicidade pueril à complexidade da forma, do realismo à abstração.

12.3.2 Tipos

Sabemos que o conceito de arte foi se expandindo com o passar dos anos, o qual acompanhou o desenvolvimento dos homens e da sociedade. De tal modo, hoje temos uma infinidade de modalidades artísticas expressas por diversas linguagens (visual, auditiva, tátil, entre outras) que surgiram, por exemplo, com o advento da informática. Assim, anteriormente, a arte era dividida somente em seis vertentes:

- Música.
- Dança.
- Pintura.
- Escultura/Arquitetura.
- Teatro.
- Literatura.

No entanto, com o desenvolvimento da sociedade, outros tipos de artes foram incluídos à lista, a saber:

- Cinema.
- Fotografia.
- História em quadrinhos.
- Videoarte.
- Arte digital ou multimídia.

Figura 12.1 – Vista do palco de um teatro em Riga, Letônia.

No universo primitivo, o aspecto estético da cultura alcança significação. A arte, sendo uma parte da vida desses povos, exterioriza-se nas seguintes categorias:

a. *artes gráficas*: desenho, gravura, pintura;
b. *artes plásticas*: entalhe, baixo e alto relevo, escultura;
c. *outras*: arquitetura, música, dança, narração, canto, poesia, representação.

Três elementos são fundamentais para que o artista possa expressar o seu impulso criador: forma, função e desenho. Estes elementos, associados ao componente estético, conferem à obra o atributo de esteticamente válida.

As manifestações artísticas dos povos pré-letrados incluem formas de criação relacionadas com a utilidade prática, com a decoração, com a figuração, sendo frequentemente chamadas de arte utilitária, decorativa e figurativa. É ainda uma arte reconhecidamente naturalista, representativa, pictórica, realista, impressionista e, principalmente, simbólica.

12.3.3 Significado e funções da arte

Muitos estudiosos da gênese da arte atribuem-lhe um significado mágico-religioso. Para os grupos ágrafos, ela tem um sentido prático, do qual parece depender a sobrevivência grupal. Tem também um caráter utilitário, como meio para vencer a natureza envolvente, superar os obstáculos e os perigos que os ameaçam, as angústias e os temores, pelo domínio sobre os objetos e os seres vivos.

Desenhos, esculturas, coreografias poderiam estimular a reprodução animal, colaborar na sua atração, favorecendo uma alimentação mais farta e fácil de obter. Seria por essa razão que as pinturas rupestres apresentam os animais feridos por flechas e crivados de furos?

Outras interpretações associam essas figuras a um possível culto animal, praticado, geralmente, nas partes mais profundas das grutas. Seria o poder místico da imagem. Essas interpretações baseiam-se na análise de algumas pinturas, como o bisão sem cabeça, da caverna de Tuc d'Audoubert (França).

O aparecimento de figuras femininas com seios, ventre e nádegas excessivamente desenvolvidos são testemunhos de um culto à fecundidade e de uma arte que reproduzia o cotidiano, arte socializada e utilitária.

Nas sociedades simples, mais do que nas complexas, a arte é um elemento de revigoramento cultural. Sua função, considerada essencial, consiste em reforçar e conservar os padrões e valores grupais, sendo um dos instrumentos ideais de comunicação.

Ideias, emoções, atitudes e valores são comunicados à medida que os símbolos e as convenções adotados pelo artista sejam entendidos pelos demais membros do grupo. Nos grupos pequenos e homogêneos, eles são comuns a todos os indivíduos, o que torna a comunicação muito mais eficaz. É a comunicação simbólica dos valores da cultura.

Segundo Hoebel e Frost (1981, p. 408), a arte desempenha funções psicológicas, no sentido de produzir reações emocionais, tanto em relação ao artista criador quanto ao espectador do objeto de arte. Essas reações podem atenuar as tensões, gerando sensações agradáveis, ou reforçar sentimentos de angústia e frustrações.

Como parte integrante da cultura, tem funções sociais, atendendo aos interesses da sociedade e dos indivíduos. Vinculada à religião, à magia e à política, ela representa a exteriorização dos sistemas sociais e, funcionalmente, colabora na sua manutenção.

12.4 Arte pré-histórica

De acordo com Montanhini (2018), a chamada **arte pré-histórica** é o que podemos assemelhar com produção dita artística do homem ocidental dos dias de hoje, feita pelos humanos pré-históricos, como gravuras rupestres, estatuetas, pinturas e desenhos. A arte pré-histórica não está necessariamente ligada à ideia de "arte" e sim de comunicação que surgiu a partir do Renascimento.

A relação que o homem pré-histórico tinha com esses objetos é impossível definir. Pode-se, no entanto, formular hipóteses e efetuar um percurso para apoiá-las cientificamente.

Ainda hoje, povos caçadores-coletores produzem a dita "arte" e em algumas tribos de índios percebe-se a relação do homem contemporâneo com o conceito atual de obras de arte e também de comércio.

> A Idade da Arte Pré-histórica floresceu no final da última Era Glacial, que teve início ao redor de 30.000 anos atrás, atingiu seu apogeu na época de Lascaux, há uns 15.000 anos, e desapareceu para sempre à medida que os lençóis de gelo se retraíram há 10.000 anos.

Assim se expressa R. Leakey (1981, p. 16), referindo-se ao que denomina "A Arte da Era Glacial".

Alguns autores recuam esta data para 40.000 a.C., para indicar o surgimento da arte. Mas foi no decurso do Paleolítico Superior, também chamado de "Idade da Rena", graças à grande proliferação desse animal, que o homem pré-histórico desenvolveu uma arte das mais notáveis e variadas.

176 **Capítulo 12**

Na Europa da Era Glacial, as regiões mais propícias à vida humana e animal localizavam-se no Sul da França e Norte da Espanha, onde o clima se mantinha mais ameno. Região rica em animais selvagens, o Sul da Europa, da Era Glacial, abrigava grande variedade de caça: além da rena, mamutes, veados, bois selvagens, bisões, rinocerontes, camurças, ursos, leões, leopardos, lobos, raposas e outros.

A população era pequena, constituída de caçadores-coletores nômades, que, tendo sempre vivido ao ar livre, passaram, a partir de então, a procurar abrigo nas cavernas.

Utilizando ou vivendo nessas cavernas e grutas, o homem pré-histórico pôde manifestar-se livremente, principalmente por meio das pinturas rupestres. Na elaboração dessa arte, lançou mão de recursos variados: modelagem, desenho, gravura, pintura, escultura. O entalhe, o alto e baixo relevo e a policromia alcançaram grande expressão.

– Pinturas em cavernas. Cerca de 200 pinturas rupestres, cuja antiguidade oscila entre 5 e 3 mil anos a.C., foram descobertas em três cavernas localizadas no Monte San Carlos, na região de Puno, Peru, próxima da fronteira com a Bolívia.

As amostras de arte pré-histórica foram encontradas pelos camponeses que habitavam as imediações das cavernas, na província de Chucuito. Segundo o pesquisador Fernando Sosq, do Instituto Nacional de Cultura de Puno, as pinturas rupestres representam cenas domésticas e rituais de adoção. Elas foram pintadas nas cores vermelha, amarela, azul e verde e têm diversas tonalidades.

As pinturas nas cavernas e rochas feitas pelos povos pré-históricos tinham não apenas um desejo subjetivo, mas também um fim místico. Eles acreditavam que, ao reproduzir determinado animal ou qualquer outra coisa, de alguma maneira, o que fosse pintado seria assumido também na realidade.

Segundo Hauser,

> [...] as pinturas faziam parte do aparato técnico dessa magia; eram a "armadilha" onde a caça tinha que cair, ou melhor, era a armadilha com o animal já capturado – pois o desenho era, ao mesmo tempo, a representação e a coisa representada, o desejo e a realização do desejo. O caçador e o pintor do período Paleolítico pensava estar na posse da própria coisa na pintura, pensava ter adquirido poder sobre o objeto por meio do retrato do objeto. Acreditava que o animal verdadeiro realmente sofria a morte do animal retratado na pintura. A representação pictórica nada mais era, a seus olhos, do que a antecipação do efeito desejado; o evento real tinha de se seguir inevitavelmente a ação mágica da representação, ou melhor dizendo, aquele estava implícito nesta, uma vez que estavam separados um do outro apenas pelos meios supostamente irreais do espaço e do tempo (HAUSER, 2003, apud HARGREAVES & VULCÃO, 2010, p. 48).

12.4.1 Arte do Paleolítico

O nascimento da arte parece ter ocorrido por volta do ano 40.000 a.C., no Paleolítico Superior, nas regiões da Europa Sul-Ocidental, Centro-Setentrional, Oriental e Bacia do Mediterrâneo. Coincide com a presença do homem de Neanderthal, o chamado "homem da caverna". Suas criações representam manifestações de sua vontade criadora e do desejo de exteriorizar suas ideias, fixando-as em formas determinadas, nas paredes das grutas, nos ossos de animais e em esculturas variadas.

É a chamada arte rupestre, que exprime a visão que o homem pré-histórico tinha da realidade do seu ambiente e, ao mesmo tempo, a sua consciência mágica do mundo.

A principal característica dos desenhos da Idade da Pedra Lascada é o naturalismo. O artista pintava os seres, um animal, por exemplo, do modo como o via de uma determinada perspectiva, reproduzindo a natureza tal qual sua vista captava. Atualmente, a explicação mais aceita é que essa arte era realizada por caçadores, e que fazia parte do processo de magia por meio do qual procurava-se interferir na captura de animais, ou seja, o pintor-caçador do Paleolítico supunha ter poder sobre o animal desde que possuísse a sua imagem. Acreditava que poderia matar o animal verdadeiro desde que o representasse ferido mortalmente num desenho. Utilizavam as pinturas rupestres, isto é, feitas em rochedos e paredes de cavernas. O homem desse período era nômade.

Os artistas do Paleolítico Superior realizaram também trabalhos em escultura. Mas, tanto na pintura quanto na escultura, nota-se a ausência de figuras masculinas. Predominam figuras femininas, com a cabeça surgindo como prolongamento do pescoço, seios volumosos, ventre saltado e grandes nádegas. Destaca-se: Vênus de Willendorf.

As primeiras expressões da arte eram muito simples. Consistiam em traços feitos de argila nas paredes das cavernas ou das "mãos em negativo". Somente muito tempo depois de dominarem a técnica das "mãos em negativo" é que os artistas pré-históricos começaram a desenhar e pintar animais.

Para se conseguir uma "mão em negativo", os homens pré-históricos, após obter um pó colorido a partir da trituração de rochas, sopravam através de um canudo sobre a mão pousada na parede da caverna. A região em volta da mão ficava colorida e a parte coberta, não. Assim, obtinha-se uma silhueta da mão, como um filme em negativo (ROSCETE, 2014).

De acordo com a autora, outro aspecto que chama a atenção de quem observa as pinturas rupestres, isto é, feitas em rochedos e paredes de cavernas, é a capacidade de seus criadores interpretarem a natureza. As imagens que representam animais temidos estão carregadas de traços que revelam força e movimento. Assim estão retratados os bisontes e outras feras. Mas, nas imagens que representam renas e cavalos, os traços revelam leveza e fragilidade.

Em geral, as produções artísticas do Paleolítico (Superior) podem ser classificadas em duas categorias: arte móvel ou mobiliária (que se transporta com facilidade) e arte parietal ou rupestre (nas paredes, em superfícies imóveis).

– Arte móvel. O conceito de *arte móvel* está relacionado, portanto, com o de *arte parietal*, que não se pode trasladar, por ser realizado nos muros ou rochas (arte rupestre). Também não é considerada arte móvel as peças de grandes proporções como as estelas ou as estátuas-menir do Neolítico e da Idade dos metais. Na "arte móvel" incluem-se, além dos objetos de adorno pessoal, as peças gravadas, pintadas ou esculpidas, que, pelas suas pequenas dimensões, podem ser deslocadas ou transportadas pelo ser humano (SENSAGENT, 2013).

Consequentemente, a *arte móvel* é muito diversa, já que não somente compreende criações exclusivamente artísticas (como estatuetas ou ornamentos), mas também objetos funcionais, ferramentas e utensílios decorados. Assim, há arte móvel paleolítica, que inclui, por exemplo, plaquetas gravadas, Vênus paleolíticas, adornos, arpões, azagaias ou pontas de projétil feitas de osso ou corno, por exemplo. Os respectivos suportes podem corresponder a objetos utilitários, ou não utilitários, tais como lajes, ossos ou seixos.

As figuras femininas, esculpidas em esteatita ou marfim, de pequeno tamanho, foram encontradas em diferentes lugares e em grande número (dezenas de exemplares, só na Europa). São as chamadas "Vênus", cujas formas salientavam os atributos femininos ligados à procriação e à maternidade (grandes seios e nádegas abundantes), num verdadeiro culto à fecundidade. O escultor paleolítico atribuiu pouca importância à figuração da cabeça e dos membros.

As Vênus mais conhecidas são as de Willendorf, de Laussel e de Lespugne. Apresentam-se sempre desnudas e, às vezes, levemente adornadas. Foram encontradas nos jazigos de origem e longe deles, graças à sua grande mobilidade.

Data também do aurignacense uma série de baixos-relevos de pedra, de grande tamanho. O mais citado deles tem 46 cm e sua superfície lisa foi pintada de ocre vermelho, onde se acha representada uma mulher desnuda. Nota-se o grande exagero dos caracteres sexuais; e, em sua mão direita, um corno de bisão.

As Vênus representam o tipo somático característico do homem de Cro-Magnon.

As estatuetas masculinas desse período são inferiores às femininas e raramente aparecem. Uma escultura em osso, representando uma "cabeça de homem", e os bastões, também esculpidos em osso, revelam o acentuado grau de realismo que caracterizou a arte pré-histórica em geral.

Os animais aparecem em gravações feitas em placas de pedra, onde as figuras animais são isoladas, ou, às vezes, superpostas, tendo-se a impressão de verdadeiras composições. Os desenhos são feitos, muitas vezes, uns sobre os outros, num emaranhado de traços, dificultando sua compreensão.

Os animais representados eram aqueles que compunham a fauna do Paleolítico, já citados anteriormente.

– Arte rupestre ou parietal. Arte rupestre é o termo que denomina as representações artísticas pré-históricas realizadas em paredes, tetos e outras superfícies de cavernas e abrigos rochosos, ou mesmo sobre superfícies rochosas ao ar livre. A arte rupestre divide-se em dois tipos: a *pintura rupestre*, composições realizadas com pigmentos, e a *gravura rupestre*, imagens gravadas em incisões na própria rocha. Em geral, trazem representações de animais, plantas e pessoas, e sinais gráficos abstratos, às vezes usados em combinação. Sua interpretação é difícil e está cercada de controvérsia, mas pensa-se correntemente que possam ilustrar cenas de caça, ritual, cotidiano, ter caráter mágico e expressar, como uma espécie de linguagem visual, conceitos, símbolos, valores e crenças (MARTIN, 2018).

Foram necessários 15 mil anos de intensa evolução para que o homem progredisse de suas experiências artísticas iniciais até a elaboração das pinturas rupestres nas grutas e cavernas, principalmente no Sul da França e na Península Ibérica. Definem-se, assim, duas áreas características: a Franco-Cantábrica e a do Levante Espanhol.

Outros testemunhos artísticos do homem pré-histórico são encontrados na área mediterrânea: Itália, Sicília e Norte da África.

12.4.2 Arte do Neolítico

Como já vimos, o Neolítico (Idade da Pedra Polida) estende-se de 10.000 a 6.000 a.C., no Norte da África, na Europa, na Escandinávia, na Rússia Setentrional etc. O homem neolítico, ainda inseguro ante a natureza, tem mais consciência de si. A arte rupestre diversifica-se com predominância do figurativo estilizado. O homem apresenta-se isolado ou em comunidade, muitas vezes armado.

A **arte do neolítico** inicia-se com a Revolução neolítica, período revolucionário na História que, no Médio Oriente, teve início há cerca de dez mil anos, quando o homem começa com êxito a domesticar animais e a dar os primeiros passos na agricultura, cultivando gramíneas cerealíferas. A partir desse momento, o homem aprende a assegurar a sua alimentação pelo próprio trabalho e torna-se sedentário, formando aldeias. Surge a produção de cerâmica, a fiação e a tecelagem, assim como métodos básicos da construção arquitetural em madeira, tijolo e pedra. Iniciam-se também nesse período as imponentes estruturas megalíticas, construções feitas com grandes pedras monolíticas, relacionadas com o culto dos mortos ou com objetivos religiosos (IESES, 2012).

De modo geral, e de acordo com os achados arqueológicos, a produção artística desse período é caracterizada pelo surgimento de parâmetros geométricos, relacionada com uma suposta evolução dos padrões naturalistas, realistas para um abstracionismo na representação das formas.

Nas representações cênicas, surgem muitos personagens, com figurações complexas, possivelmente de cenas rituais. As figuras humanas apresentam-se, às vezes, superpostas, entrelaçadas; perfis humanos em movimentos; homens desenvolvendo trabalhos agrícolas ou ocupando naus que vagueiam pelo mar; arqueiros que lutam entre si; enfim, evidenciam, expressivamente, o cotidiano do homem neolítico.

Registra-se, a partir de 4.000 a.C., a ocorrência da cerâmica, pintada ou gravada com decorações geométricas rudimentares, empregada na cocção, guarda de alimentos e outras utilidades. Refere-se a um elemento de grande importância, sobretudo para povos sedentários. Representa também uma forma de expressão artística. Atualmente, pode ser encontrada em quase todo o mundo.

12.4.3 Civilização megalítica

Os seres humanos da Pré-História começaram a construir edificações com grandes blocos de pedra, também conhecidos como megalitos. Assim, o megalitismo é o termo utilizado para referir-se a esse tipo de construção, grandes blocos de pedra, erguidos verticalmente, podendo ter cada um até 25 m de altura.

As primeiras manifestações arquitetônicas da Europa surgem entre o 3º e o 2º milênio a.C. A arquitetura megalítica de caráter sagrado está associada ao culto dos mortos. Sua presença é registrada em várias partes da Terra, como na Escandinávia, na Alemanha, na Itália, ocorrendo mais na Europa Ocidental (França, Inglaterra).

As principais formas de megalitos são:

a. *Menir* (*men*, pedra; *hir*, comprida): os menires são pedras verticais erguidas isoladamente. Apresentam-se também alinhadas ao longo de três quilômetros, como os de Karnak, na França. São interpretados, geralmente, como monumentos de culto ao Sol.

b. *Dólmen* (*dol*, mesa; *men*, pedra): conjunto de pedras verticais, encimadas por pedras horizontais, adquirindo nítido formato de mesa. Possivelmente, daí derivou o altar egípcio.

c. *Cromlech* (pedras colocadas em círculo): o mais notável exemplo é o de Stonehenge, sul da Inglaterra, que contorna uma área de 100 mil m^2. Trata-se de um conjunto de dois círculos concêntricos: o exterior, com 38 pedras sobre as quais repousam outras horizontais; o interior, com 10 pedras verticais, forma cinco pares, cada um unido por pedras horizontais.

Não se sabe exatamente quais as finalidades e qual a funcionalidade desses monumentos e menos ainda como foram construídos, pois se trata de monólitos de grandes dimensões e volume, que requerem soluções sobre-humanas de extração, transporte e construção.

Figura 12.2 – Monumento Stonehenge, Inglaterra.

– **Sítio arqueológico.** O termo "sítio arqueológico" atrela-se geralmente ao local onde ficam ou ficaram preservados artefatos, construções ou outras evidências de atividades humanas, ocorridas num passado recente, distante ou mesmo remoto. Os sítios arqueológicos mais conhecidos correspondem a cidades, templos, cemitérios e túmulos antigos soterrados em várias partes do mundo. No Brasil, esses locais são protegidos por lei e é crime destruí-los (IPHAN, S/D, apud MATTEI, 2017, p. 125).

Quando o foco de estudo não atrelar-se à história do homem e às suas atividades, mas sim ao estudo da evolução da vida na Terra, as correspondentes áreas de pesquisa em campo são então denominadas "sítios paleontológicos". Os sítios paleontológicos são assim áreas que historicamente mostraram-se propícias à formação e preservação de fósseis. Com base nos fósseis coletados em dispersos sítios paleontológicos ao longo do globo, com alguns remontando ao éon arqueano, é possível construir um cenário elaborado da evolução da vida no planeta ao longo de sua existência (NEVES, 2016).

O maior e mais antigo sítio arqueológico do continente americano é o Boqueirão da Pedra Furada, localizado entre os rios Piauí e Itaueira, em São Raimundo Nonato, Piauí, com 32 mil anos. Foram localizados 340 abrigos sob rocha nessa região, a maioria repleta de detalhadas pinturas rupestres que evidenciam ocupação humana.

12.5 Arte indígena no Brasil

É a arte produzida pelos povos nativos do Brasil, antes e depois da colonização portuguesa, que se iniciou no século XVI. Considerando a grande diversidade de tribos indígenas no Brasil, pode-se dizer que, em conjunto, elas se destacam na arte da cerâmica, do trançado e de enfeites no corpo (ISA, 2018). Para o ISA (2018), quando dizemos que um objeto indígena tem qualidades artísticas, podemos estar lidando com conceitos que são próprios da civilização ocidental, mas estranhos ao índio. Muitos povos não possuem nenhuma palavra para designar arte. No entanto, os objetos produzidos pelos índios têm exercido grande fascínio sobre os ocidentais desde os primeiros contatos, e tem sido difícil evitar atribuir-lhes qualidades artísticas pelo seu grande apelo pela sua originalidade, pela aura de mistério e exotismo que cerca suas culturas, pelas suas associações simbólicas e sociais, pelas suas funções rituais ou mágicas, elementos que são importantes também na definição ocidental de várias categorias artísticas.

O princípio da relatividade das culturas, ou seja, umas não sendo superiores às outras, deve ser também aplicado em relação ao aspecto artístico: arte é arte, quer se refira a sociedades civilizadas ou ágrafas. Trata-se de expressões artísticas diferentes que só podem ser compreendidas, interpretadas e apreciadas em relação à cultura onde se originaram.

Nas sociedades sem escrita, os padrões artísticos são ditados pela própria cultura. O artista tem sua liberdade de expressão limitada ao tentar satisfazer suas necessidades estéticas. O ideal de beleza acha-se vinculado aos padrões e valores da cultura, e as obras são produzidas em conformidade com eles.

O contato com o mundo civilizado provoca transformações nas atividades artísticas dos grupos tribais, em função das mudanças decorrentes do processo aculturativo que atingem a sociedade como um todo. A possibilidade de comércio com os civilizados, em geral, afeta a qualidade de suas produções. Novos valores e conceitos introduzidos pelo branco, a rarefação da matéria-prima, as mudanças de *habitat* e outras ocorrências exigem um esforço de adaptação às novas situações de contato.

O aspecto artístico da cultura manifesta-se, entre os indígenas brasileiros, de forma bastante rica e sugestiva. Numerosos grupos tribais distinguem-se pelas suas produções características no setor da arte plumária, na representação gráfica – pintura corporal, cerâmica e outros artefatos –, chegando alguns deles a um alto nível de criação estética.

12.5.1 Arte plumária

Arte plumária diz respeito aos objetos confeccionados com penas e plumas de aves, amiúde associadas a outros materiais e, em sua maioria, usados como ornamento corpóreo, seja de uso cotidiano seja em funções solenes e ritualizadas. A definição também inclui a fixação de penas diretamente sobre o corpo humano, em geral com os mesmos objetivos e significados, e a confecção de objetos emplumados para outros usos além do adorno do corpo. Até pouco tempo atrás, essa forma de expressão não era considerada mais do que um artesanato exótico, mas hoje a produção plumária dos índios brasileiros é reconhecida como uma verdadeira linguagem visual, um reflexo requintado de culturas ricas e complexas, transmissora de mensagens específicas, merecedora do estatuto de arte e digna de sério estudo (PAGANO, S/D).

182   **Capítulo 12**

Pode-se afirmar que praticamente todos os grupos tribais brasileiros fazem uso de penas e plumas coloridas na confecção de adornos e enfeites. Por isso, costuma-se associar a ideia de índio ao uso desses adornos, principalmente em cerimônias ritualizadas.

A profusão de aves tropicais com revestimento plumário multicolorido estimulou a criatividade do homem tribal. Uma das primeiras preocupações estéticas é o embelezamento do próprio corpo, colando nele as penas coloridas e outros objetos, como brincos, braceletes, diademas, mantos etc., com os quais se ornamentam.

Segundo Darcy e Berta Ribeiro (1957, p. 8),

> só é legítimo falar de arte plumária quando o valor estético das penas é superado por um esforço de imaginação, sensibilidade e virtuosismo, que permite construir com elas obras que valham por si próprias, como criações singulares da combinação cromática e, ainda, por uma consistência táctil, suave e atrativa.

Os autores chamam a atenção para a caracterização da verdadeira arte plumária e salientam que, embora haja certa uniformidade nas manifestações dessa natureza, não se pode falar em um único estilo plumário dos grupos brasileiros.

Alguns a desenvolveram de forma aprimorada, como os antigos Tupi da costa brasileira no século XVI. Os cronistas coloniais registraram toda a beleza dos objetos plumários desses índios, que utilizavam, além das penas de pássaros, as de galinhas (trazidas pelos colonizadores), que tingiam de vermelho (com tinta de pau-brasil). Esses índios praticavam a chamada tapiragem, ou seja, mudança da cor das penas dos pássaros, principalmente do papagaio. Usavam, para tanto, um processo que consistia em arrancar as penas dos pássaros vivos e esfregar em sua pele a gordura de certos peixes ou sangue de rã, obtendo um colorido amarelado.

Entre os adornos plumários dos Tupi, os de maior efeito consistiam: no enduape, confeccionado de plumas de ema e amarrado ao quadril, usado em situações ritualísticas e também quando faziam a guerra; na acangatara, enfeite de cabeça; além destes, tufos de penas eram amarrados nos braços, completando a indumentária.

O grupo brasileiro da atualidade que possui arte plumária altamente desenvolvida é o dos Urubus-Kaapor, do Maranhão, tidos como os modernos representantes dos Tupi antigos. Darcy e Berta Ribeiro (1957, p. 16), ao estudarem a arte desse grupo indígena, descreveram-na minuciosamente, em toda a sua expressão e beleza artísticas: "o estilo plumário dos índios Kaapor se caracteriza pelo gosto do detalhe, a sensibilidade da composição cromática e o virtuosismo da execução".

A maior parte dos adornos plumários dos Kaapor é destinada à cabeça: diadema (akangatar), com longas penas atrás da cabeça; belos pentes, com extremidades emplumadas, colocados sobre a franja; debaixo desta, a testeira e plumas coladas sobre as faces; brincos, colares, labretes, braçadeiras e pulseiras, cintos de algodão emplumado, tornozeleiras, tipoias enfeitadas de penas.

Homens e mulheres ornamentam-se profusamente.

Da ornamentação feminina, está excluído o diadema de penas, cujo uso somente é permitido aos homens. Refere-se a uma faixa tecida de algodão, sobre a qual cuidadosamente são colocadas penas (de japu e papagaio) e lateralmente colocam-se pingentes. Na parte posterior, estão belas penas de arara vermelha e, quando em uso, abrem-se majestosamente sobre a cabeça.

Não seria possível, aqui, descrever todos os objetos que compõem a arte plumária desses índios, verdadeiras peças de joalheria, pela delicadeza do tamanho e do acabamento, pelo detalhe minucioso e pela associação cromática das penas, de grande beleza estética.

Apesar da padronização na confecção dos adornos, as peças diferenciam-se umas das outras, não havendo duas iguais. Têm finalidade ritual, sendo usadas em cerimoniais como a nominação, a iniciação, o casamento, a ascensão ao cacicato, ao tuxaunato e nos funerais.

A arte plumária entre os Urubus-Kaapor é atribuição masculina, o que não impede as mulheres de revelarem-se artistas, quando confeccionam os ornamentos de seu uso exclusivo.

Ainda hoje, apesar do contato com a civilização, que leva à desorganização social e à perda dos valores tribais, a arte plumária representa para esses índios sua maior riqueza, sendo motivo de profundo orgulho tribal.

Outros grupos indígenas, como os Bororo, os Karajá e os Tapirapé, desenvolvem estilo plumário majestoso, de amplas proporções; utilizam penas longas e coloridas sobre grandes armações trançadas, o que lhes confere efeito grandioso. Mas nenhum tem o refinamento e a sofisticação da arte plumária dos Urubus-Kaapor.

12.5.2 Pintura corporal

Altamente difundida entre os indígenas brasileiros, a pintura corporal é utilizada por homens e mulheres. As cores usadas na sua execução são o vermelho obtido do urucu, e o negro, do suco de jenipapo. É comum também a aplicação, sobre o corpo, de uma pasta de pó de carvão e de tabatinga (cor branca).

Para a pintura do corpo, utilizam-se as mãos e os dedos, mas é necessário auxílio de outra pessoa, que se encarrega das pinturas mais sofisticadas e de difícil execução para o próprio indivíduo.

Os índios Kadiwéu (da bacia do Paraguai), estudados por Darcy Ribeiro (1980, p. 257 e s.), usam numerosos e variados padrões de desenho para a pintura do corpo (homens), rosto e braços (mulheres). Utilizam três cores: negro, vermelho e branco, cujo uso ainda tem caráter simbólico. Rapazes e moças submetem-se à pintura facial. Os desenhos, cobrindo todo o rosto, são de grande beleza, simétricos e assimétricos.

Os índios Karajá (do rio Araguaia) fazem uso de carimbos para imprimir no rosto o sinal distintivo da tribo: um círculo em ambas as faces dos indivíduos integrantes do grupo. Os carimbos são obtidos de um coco de babaçu cortado ao meio. No ritual de iniciação feminina, as participantes têm seu corpo ornamentado de figuras geométricas semelhantes "às gregas".

Entre os índios Bororo (do Mato Grosso), é grande o número de pinturas, desenhos e enfeites corporais. Os motivos são inspirados na fauna local (jaguar, tamanduá, tatu-canastra etc.). Os desenhos são estilizados, tendo finalidade mágica e preservativa contra maus espíritos e doenças. A prática da tatuagem não é muito difundida entre eles, sendo executada só por homens, embora raramente. Fazem-se incisões, as quais são cobertas com pó de carvão, visando ornar e fortalecer a pessoa tatuada.

184 **Capítulo 12**

12.5.3 Cerâmica

Vidal (2018) considera que essa arte para os povos indígenas envolve muito mais do que apenas o fator cerâmico, pois sabemos que em uma sociedade indígena a cultura material se insere em um universo maior, que inclui as relações sociais e a relação com a natureza. A arte, e mesmo as práticas tecnológicas, não ficam desligadas destas outras dimensões. As peças apresentadas representam um saber e, no caso dos Suruí, envolve um ritual em sua produção. As peças são fabricadas somente durante o período da seca, isto é, os meses de junho, julho e agosto, período este mais adequado para obtenção das matérias-primas, como a argila extraída do fundo do igarapé, as sementes para alisar as peças e a madeira para queimar. São importantes também as técnicas, comportamentos, atitudes, gestos e emoções que envolvem esta prática artística.

O senso artístico dos indígenas brasileiros manifesta-se também por meio da cerâmica, mas nem todos os grupos são ceramistas. Ausente em alguns, como os de filiação Jê, é de grande simplicidade entre os Bororo e os Kaingang, alcançando alto grau de elaboração e requinte entre os Kadiwéu.

A arte ceramista mais expressiva do Brasil encontra-se na bacia Amazônica (Ilha de Marajó e Santarém). Foi produzida por grupos já desaparecidos, como os Aruã e os Tapajós. Em ambos os locais, foram encontrados exemplares de cerâmica muito elaborada.

Numerosas peças fazem parte da cerâmica marajoara: grandes vasos ornamentados para enterramento dos mortos, vasilhas utilitárias, bancos de cerâmica, colheres, tangas de argila, figurinhas antropomorfas etc.

A ornamentação das peças apresenta grande variedade e complexidade e se expressa pela pintura. O complicado tratamento dessa cerâmica atesta a presença de uma técnica mais adiantada do que as atuais da região.

Os ceramistas trabalhavam com uma pasta à qual adicionavam cacos moídos. As peças eram ricamente decoradas por meio de incisões, excisões e pinturas. Os exemplares mais notáveis são as urnas funerárias antropomorfas, coloridas de vermelho e marrom sobre fundo branco.

A cerâmica de Santarém, da região do rio Tapajós, caracteriza-se pelo uso de um barro muito fino com o qual se obtinham peças delicadas e de pequeno porte. Não fabricavam grandes urnas. Os vasos, chamados "cariátides" e "de gargalo", apresentam-se ornados de figuras femininas e de cabeças de pássaros ou de crocodilos. Utilizavam ornamentos plásticos zoomorfos, rostos humanos e pequenos ídolos antropomorfos. As cores empregadas nas pinturas eram o vermelho e o preto, sobre superfície branca. Trata-se de uma cerâmica altamente elaborada, com relevos e ornatos esculpidos, que permite o conhecimento de aspectos sociopolíticos e religiosos dessas culturas extintas.

Em relação aos indígenas da atualidade, dois grupos são conhecidos como exímios ceramistas: os Kadiwéu e os Karajá.

Entre os Kadiwéu, a cerâmica é uma arte exclusivamente feminina. Usam argila não muito apropriada, pois as peças quebram-se com facilidade, mesmo depois de bem queimadas. Em compensação, sua arte ornamental é de rara beleza, embora complexa e de difícil execução. A decoração da cerâmica assemelha-se à pintura somática. Os desenhos são improvisados, inspirados em figuras geométricas de linhas retas e curvas. Parte dele é pintada com tinta vermelha, valendo-se o artista de seus dedos. A peça é levada ao forno, para cozimento, ou pode ser ao ar livre, numa grande fogueira. Depois de cozida, submete-se a peça a outros tratamentos que completam a execução. Na confecção das peças, empregam-se de três a cinco cores.

As mulheres ceramistas, verdadeiras artistas, expressam-se de variadas formas, de acordo com sua criatividade: vasos altos, moringas ornitomorfas, tigelas e terrinas de formas excêntricas, potes baixos e achatados etc. Em todos, há decoração diferente: desenhos geométricos, abstratos, simétricos. Uma técnica de impressão muito usada por esses índios baseia-se na utilização de linhas ou cordões aplicados na superfície da peça ainda mole, obedecendo ao desenho antes elaborado.

Segundo Darcy Ribeiro, dois estilos caracterizam a arte ornamental dos Kadiwéu: um geométrico e outro figurativo. O primeiro é executado pelas mulheres; o segundo pelos homens.

Outras expressões plásticas evidenciam o senso artístico desses índios: trançados, tecidos, entalhes em madeira, objetos de metal etc.

Os índios Karajá (do Araguaia) são largamente conhecidos pela originalidade de sua arte, que, apesar do contato com o branco e tribos vizinhas, não sofreu substanciais transformações. Os estudiosos desse grupo tribal afirmam ser a cerâmica karajá a mais conhecida atualmente no Brasil.

Os exemplares mais significativos dessa cerâmica são as bonecas de barro ou litxokós, através das quais são acentuados os traços essenciais da cultura Karajá e o inconfundível estilo tribal. É uma representação de cunho simbólico, de responsabilidade feminina.

As litxokós são moldadas em barro, sem grande preocupação anatômica; empenham-se as mulheres ceramistas em salientar os atributos próprios do grupo, por meio da pintura, e evidenciar o sexo e a idade. Não faltam nessas representações a tatuagem tribal, as pinturas e os adornos corporais, os mesmos usados por todo o grupo na pintura somática.

As litxokós possuem tamanhos variados, alcançando, as maiores, cerca de 50 cm; são esteticamente coloridas de vermelho, negro e branco, em desenhos sugestivos, predominando listas e faixas. Os cabelos são sempre negros.

Se, originalmente, essas bonecas eram apenas brinquedos de criança, hoje são produzidas comercialmente, atendendo à procura contínua por parte dos turistas. A preocupação em satisfazer ao comprador tornou a arte Karajá muito mais naturalista e realista.

13
Teorias da Cultura

13.1 Evolucionismo cultural

Evolucionismo cultural é uma das grandes linhas de pensamento ou "escolas" teóricas sobre a origem da cultura que surgiu no século XIX, tendo sido a primeira delas numa sequência histórica.

Para Winick (1969, p. 258), evolucionismo é a "teoria segundo a qual toda a vida e o universo se desenvolveram graças ao crescimento e às mudanças".

O termo, que se insere no conceito de evolução, não é novo, pois os antigos gregos já o haviam empregado em suas enunciações.

Evolução cultural designa, segundo Leslie A. White (In SILVA, 1982, p. 443),

> um processo temporal-formal, contínuo e geralmente acumulativo e progressivo, por meio do qual os fenômenos culturais sistematicamente organizados sofrem mudanças, uma forma ou estágio sucedendo ao outro.

188 Capítulo 13

Evolucionismo cultural seria, portanto, a aplicação da teoria geral da evolução ao fenômeno cultural. Nas Ciências Sociais, foi um princípio que norteou a interpretação dos fatos sociais, tendo-se expandido no meio científico por meio de inúmeras obras publicadas no final do século XIX.

O evolucionismo cultural concebe a cultura quando e onde quer que se encontre o seu desenvolvimento progressivo através dos tempos e a sequência básica desse desenvolvimento entre todos os povos da Terra.

Os argumentos em favor da teoria, segundo Tylor (apud BOAS, 1964, p. 183),

> fundamentam-se nas semelhanças de tipos de cultura observados em distintas raças do mundo inteiro, e na frequência dos costumes peculiares em nossa própria civilização, que só pode explicar-se como sobrevivência de outras antigas, que tinham um significado mais profundo em um período distante, e ainda se encontram em pleno vigor entre os povos primitivos.

A teoria da evolução cultural, como qualquer outra teoria importante, foi obra de muitos pensadores e assumiu várias formas. Alguns deles trabalhavam a teoria em uma abordagem mais ampla, procurando descrever e explicar o desenvolvimento da civilização humana em sua totalidade. Outros limitavam-se a aspectos específicos da cultura, ou seja, Arte, religião, família, Economia, Estado etc. Não só estudaram diferentes aspectos da cultura, como também diferiram nas interpretações que deram aos fatos utilizados para definir posições. Almejavam compreender o ritmo de crescimento sociocultural do homem, pelos dados coletados, a fim de formular generalizações de grande aplicabilidade que pudessem explicar o desenvolvimento da história humana.

13.1.1 Primeiros evolucionistas

O conceito de evolução cultural, que predominou no pensamento dos antropólogos e outros estudiosos do século passado, não sofreu, conforme se pensa, influência direta das ideias de Darwin (1809-1882), uma vez que alguns autores dessa disciplina já manifestavam ideias evolucionistas antes e concomitantemente com ele. Spencer (1820-1903), por exemplo, não só popularizou o termo "evolução", como também foi o primeiro a usar a expressão "sobrevivência do mais apto"; em consequência, Darwin, aceitando o termo, modificou o título de *Origem das espécies* para *Seleção natural*. Maine (1822-1888) deu importância à evolução do Estado, desde a organização baseada no parentesco, que se encontrava ligada a determinado território, até formas mais complexas. Sustentava que a família patriarcal era a forma original e universal da vida social. Haddon (1855-1940) e outros ressaltavam a evolução nas formas de arte, do realismo ao convencionalismo.

13.1.2 Representantes

Na teoria antropológica, os primeiros grandes evolucionistas do século XIX foram: na Inglaterra – Spencer (1820-1903), Maine (1822-1888), Tylor (1832-1917) e Frazer (1854-1941). Na Escócia – McLennan (1827-1881); nos Estados Unidos – Morgan (1818-1881); na Alemanha – Bastian (1826-1905) e Wundt (1832-1920); na Suíça – Bachofen (1815-1887).

Esses teóricos se destacaram mais de uma vez na história do desenvolvimento intelectual ao estudarem a evolução social e cultural. Mais tarde, surgiram outros nomes, também importantes, que aprimoraram os conceitos anteriores e refutaram os ataques dirigidos contra os postulados do evolucionismo. Entre eles, destacam-se os ingleses Frazer (1854-1941), Marett (1866-1943), Radcliffe-Brown (1881-1955), Pitt Rivers (1890-1921) e Balfourt; os pensadores finlandeses Westemarck e Landtmanns, o sueco Stolpe etc.

Os fundamentos da teoria evolucionista foram demonstrados por Edward B. Tylor, que, segundo Poviña (1969, p. 269), "dominou, configurou e consolidou a Antropologia da Grã-Bretanha". Considerava a humanidade um todo em crescimento através dos tempos, indo da infância à maturidade, estando os povos primitivos situados no estágio infantil.

Em seu livro *Primitive culture* (1865), Tylor centrou seu interesse na religião, no folclore e em outros aspectos não materiais da cultura. Empregou o termo "sobrevivência", significando processos, costumes, opiniões etc., que foram transmitidos de um estágio originário para outro da sociedade, por força do hábito. Deu ao termo "cultura" uma nova conotação (veja Seção 2.1). Atribuía aos antropólogos a tarefa de estabelecer, de modo geral, uma escala da civilização, colocando as nações europeias em um extremo da série social e, na outra, as nações selvagens. Achava que as instituições humanas eram distintamente estratificadas, tal como as diferentes camadas da Terra, que se sucedem em séries uniformes por todo o globo, independentemente das raças ou da linguagem.

Tylor procurou dar um cunho científico à Antropologia, usando o que chamou "aritmética social", ou seja, a disposição dos costumes em tabelas para ver como se relacionavam. Por isso, pode ser considerado o fundador do método comparativo, embora não usasse o termo.

Morgan apresentou a tese evolucionista na introdução de seu livro *Ancient society* (1877). Para ele, é incontestável que parte da família humana viveu em estado de selvageria, outras em estado de barbárie e outras, ainda, em estado de civilização, sendo também inegável que essas três condições distintas estavam ligadas umas às outras por uma sequência do progresso natural.

Morgan descreveu os iroqueses e fez, em seguida, rápidas incursões a outras populações indígenas. Sua teoria nasceu do contato com fatos. Foi ele quem começou o estudo comparativo dos sistemas de parentesco que constituem desde então parte muito importante da investigação antropológica. Embora outros autores tenham estabelecido uma ordem sucessiva de etapas ou estágios culturais, a sucessão mais detalhada é a do esquema esboçado por Morgan.

Ele distinguiu três grandes períodos: antigo, intermediário e recente, que por sua vez foram subdivididos em vários estágios. O início de cada um era marcado por uma invenção ou uma série de invenções maiores que, na realidade, nada mais eram do que pontos de referência.

13.1.3 Postulados básicos

Podem-se distinguir três elementos básicos, sempre presentes, nos estudos da teoria evolucionista da cultura:

a. *Sucessão unilinear*: existência de um fio singular ou evolução unilinear através de toda a história cultural; mesmo havendo, em determinado momento, degeneração, a tendência geral era sempre ascendente. Consistia, portanto, em um esquema hipotético da progressão que assinala a evolução da humanidade. Significa que diferentes grupos humanos partiram, em tempos remotos, de uma condição geral de carência de cultura e, devido à unidade da mente humana e à consequente resposta similar a estímulos externos e internos, evoluíram em todas as partes aproximadamente do mesmo modo, parecidos.

190   **Capítulo 13**

b. *Método comparativo*: o método essencial usado pelos antropólogos do século XIX consistia em ordenar os fenômenos observados de acordo com os princípios estabelecidos e interpretados como uma ordem cronológica. Primeiramente, os fatos ou objetos de estudo eram devidamente detalhados e depois classificados e organizados em categorias sucessivas. Por exemplo: os sistemas de matrimônio supostamente originaram-se de um estágio de promiscuidade. Outras vezes, um elemento podia ser retirado, sem que julgassem prejudicial ao contexto concreto, o que podia levar a extrapolações contestáveis. Embora falho na aplicação, foi válido na metodologia.

c. *Sobrevivência*: elemento que persiste hoje, vindo do passado, ou seja, a perpetuação de um fenômeno originário em épocas anteriores, em condições diversas.

13.1.4 Aspectos negativos e positivos

Para os críticos do evolucionismo, as restrições mais acentuadas referem-se: (1) à não consideração do fator tempo e espaço, importante em qualquer estudo da dinâmica cultural; (2) ao emprego indiscriminado do método comparativo, usado de forma generalizada, sem considerar o alcance limitado dos fatos culturais, pelo isolamento das instituições sociais de seu contexto cultural mais amplo e pela falta de rigor teórico no seu emprego, o que podia levar a conclusões nem sempre fidedignas; (3) ao conceito de sobrevivência, que teria retardado o trabalho de campo, deixando o investigador mais preocupado em atingir uma entidade rígida e autossuficiente.

Os evolucionistas, incapazes de manter sua posição clássica, deram motivo a que seus postulados básicos fossem invalidados pelo uso de técnicas mais aprimoradas e pela acumulação de dados mais adequados.

Apesar das críticas, as contribuições dos evolucionistas para a Antropologia são consideráveis. Foram os primeiros a dar à disciplina nascente o impulso formalizador e a unidade até o final do século XIX. Proporcionaram, além disso, contribuições teóricas como: análise da realidade social e conhecimento de diferentes sociedades para o entendimento geral da humanidade.

"Estabeleceram o princípio da continuidade e o desenvolvimento ordenado da cultura, princípio que deve servir de base a todo acesso realista à análise da dinâmica cultural" (HERSKOVITS, 1963, p. 287).

Embora com falhas, o evolucionismo não deixou de dar valiosa contribuição à Antropologia.

13.1.5 Neoevolucionismo

O neoevolucionismo cultural surge no início do século XX e tem como seus representantes: Leslie A. White, V. Gordon Childe e Julian Steward. Para eles, o estudo da evolução social está intimamente relacionado com o da evolução tecnológica. Também descrevem o processo da cultura, tendo por base etapas de desenvolvimento.

Leslie A. White, seu maior defensor, preconizou o retorno à "culturologia", que consiste em elaborar generalizações relativas à evolução cultural. Seguiu o esquema de Morgan (veja Seção 13.1.2), embora tenha estabelecido outro critério, o da energia do homem, para a delimitação dos estágios de evolução.

Segundo Herskovits (1963, p. 287), White realizou intensa campanha para reabilitar o evolucionismo e, em seus estudos, "apurou e refinou os conceitos dos evolucionistas". Achava que o erro básico dos que atacaram a evolução foi o de não terem conseguido "distinguir evolução da cultura da história cultural dos povos".

Renovou os conceitos sobre os quais podem ser estabelecidas generalizações, uma vez que, para ele, o nível de desenvolvimento cultural deve ser avaliado pela quantidade de energia de que uma sociedade dispõe. Desse modo, os índices de progresso seriam definidos, levando em consideração o domínio sempre maior, no curso da história, de fontes de energia cada vez mais abundantes e diversificadas.

White afirma que o "homem explora seu modo circundante ou âmbito natural para obter dele os meios que lhe permitem sustentar sua vida, perpetuar a espécie" (In BEALS e HOIJER, 1969, p. 722). Considerava importante estudar não só a evolução cultural, como também o estabelecimento das sequências de seu desenvolvimento e os fatores que a motivaram.

White negou a importância do estudo psicológico da cultura e enfatizou o de uma ciência da culturologia. Valeu-se do método funcional-temporal e referiu-se à evolução de traços, instituições, sistema filosófico etc., ou seja, da evolução cultural como um todo.

Os neoevolucionistas continuaram a se preocupar com as fases do processo de evolução cultural e deram grande ênfase ao aspecto material e técnico da cultura.

13.2 Difusionismo

13.2.1 Origem

O termo "difusionismo" (do inglês *diffusionism*) foi empregado pela primeira vez em 1930 para

> designar a corrente antropológica que procurava explicar o desenvolvimento cultural por meio do processo de difusão de elementos culturais de uma cultura para outra, enfatizando a relativa raridade de novas invenções e a importância dos constantes empréstimos culturais na história da humanidade (BARBOSA, In SILVA, 1982, p. 348).

Tentaram explicar as similitudes e diferenças entre as culturas particulares, enfatizando o fenômeno de difusão e dos contatos entre os povos. Procuraram dar aos métodos da Antropologia Cultural mais rigor científico, desenvolvendo várias técnicas de pesquisa de campo, principalmente a observação participante.

Pode-se dizer que o difusionismo foi um movimento de reação ao evolucionismo do século XIX, que, mesmo afetando a orientação teórica e os procedimentos metodológicos, não rejeitou completamente os conceitos básicos formulados pelos evolucionistas.

O difusionismo predominou no período entre 1900 e 1930, mas foi na década de 1920 que obteve sua maior aceitação e popularidade.

192   Capítulo 13

Conhecido também pelo termo "historicismo", o difusionismo engloba três linhas de pesquisa: (a) escola hiperdifusionista inglesa, da qual G. E. Smith e W. J. Perry foram defensores; (b) escola histórico-cultural alemã-austríaca, representada por F. Grabner e W. Schmidt; (c) e escola histórico-cultural norte-americana, cujas ideias foram sistematizadas por Franz Boas, C. Wissler e A. L. Kroeber.

13.2.2 Difusionismo inglês

A escola difusionista inglesa, também chamada heliocêntrica, hiperdifusionista ou "de Manchester", caracteriza-se pelo dogmatismo e atitude anticientífica, tendo desenvolvido ao extremo as ideias da pouca criatividade humana.

Seus principais representantes foram G. Elliot Smith e W. J. Perry. Smith, impressionado com as descobertas arqueológicas de Petrie e outros, no Egito, atribuiu a esse único local a origem da cultura. Achava que os egípcios, tendo viajado por diferentes lugares à procura de ouro, pérolas e outros valores, haviam levado seus inventos através da Ásia e das ilhas do Pacífico até a América Central.

Sem um critério rigoroso de avaliação, concluiu que os costumes egípcios – culto ao Sol, reinado, mumificação etc. – haviam sido amplamente difundidos pelo mundo, por esse povo.

W. J. Perry expôs a tese central dessa teoria em sua obra *The Children of the Sun*. Acreditava que a cultura do mundo todo era idêntica, em consequência da difusão cultural.

O método histórico, defendido por esses autores, é aceitável, mas não ocorre o mesmo em relação à maneira como manipulavam os dados, baseados em informações imprecisas, duvidosas, devido à falta de meios de comunicação na época.

Embora tenham valorizado a difusão cultural, esses autores se esqueceram do rigor cronológico dos fatos em pauta. Essa escola não ganhou muitos adeptos, nem mesmo entre os antropólogos ingleses, e logo caiu no esquecimento.

Ao lado de Smith e Perry, no difusionismo inglês, encontra-se W. H. R. Rivers (1864-1922), que introduziu inovações na Antropologia, principalmente na pesquisa de campo, valendo-se da genética genealógica para o estudo de sistemas de terminologia para o parentesco, e na aplicação de testes psicológicos (sensoriais, motores, de inteligência), entre os Papuas da Guiné e populações europeias. Defendia o estudo das culturas como totalidades integradas e, dada a sua formação de médico, relacionou a Psicologia com a Etnologia e também com a Psicanálise. Foi um dos precursores da escola de cultura e personalidade (veja Capítulo 10).

13.2.3 Difusionismo alemão-austríaco

A escola difusionista alemã foi também chamada histórico-cultural, histórico-geográfica e alemã-austríaca, em virtude de alguns representantes de seus grupos formarem a "escola de Viena". Sua característica principal é a visão pluralista da origem da cultura, aceitando vários locais de evolução, que deram origem a sua totalidade.

Os nomes mais expressivos dessa escola foram: Friedrich Ratzel (1844-1904), Willi Roy (1873-1929), Fritz Grabner (1877-1934) e Pe. Wilhelm Schmidt (1868-1954).

F. Ratzel, considerado o fundador da Antropologia Geográfica, deu à história da cultura mundial um tratamento especial chamado método cultural histórico. W. Roy é tido como um dos representantes da teoria dos "círculos culturais", mas são Grabner e Schmidt seus principais formuladores. Schmidt, figura de maior projeção em Viena, apresentou o moderno cenário cultural como resultado de uma difusão complexa de uma série de esquemas que poderiam reconstruir os círculos culturais originais.

O esquema de Schmidt, mais conhecido, apresenta três fases, subdivididas cada uma delas em mais três, num total de nove.

a. *três primitivas ou arcaicas*: representadas pelos pigmeus, esquimós e aborígenes australianos;
b. *três primeiras*: com os coletores e nômades pastoris;
c. *três secundárias*: com os agricultores.

Figura 13.1 – Homem tocando didjeridu, instrumento típico aborígene, em Queensland – Austrália.

Pode-se verificar que esse esquema apresenta certa característica do evolucionismo imperante no século XIX.

A principal contribuição do difusionismo alemão-austríaco reside na noção de "círculos culturais", entendidos como um conjunto de traços associados com um sentido, podendo ser isolados e identificados na história cultural, na insistência da historicidade do método e dos contatos culturais, primeiro passo para a compreensão do problema de trocas.

Todavia, os críticos assinalam que os "círculos de cultura" eram compostos generalizados e que seus autores não fizeram nenhuma tentativa para demonstrar como eles se originaram, quando e onde existiram como entidades do passado e como se teriam difundido em áreas tão distantes. Embora mais erudita do que a escola inglesa, teve duração relativa, sendo logo abandonada.

13.2.4 Difusionismo norte-americano

A escola difusionista norte-americana, que também recebeu o nome historicismo, focalizou a atenção antropológica na análise específica da história cultural. Defendeu a reconstrução histórica da cultura para poder compreendê-la.

Caracterizou-se pela formulação de conceitos como traço cultural, complexo cultural, padrão cultural e área cultural (veja Seção 13.2.2), válidos até hoje, pela pesquisa de campo e pela delimitação do campo de estudo da Antropologia, optando pelo estudo de áreas limitadas e pequenas.

Seus seguidores deram preferência às informações e dados primários, para os quais realizaram inúmeras pesquisas de campo, coletando considerável material.

Os difusionistas norte-americanos reagiram fortemente às formulações especulativas do evolucionismo do século XIX e levaram a Antropologia a uma tendência antievolucionista que dominou a disciplina até o final da Segunda Guerra Mundial.

Seus principais representantes são: Franz Boas (1858-1942), de origem alemã, mas naturalizado norte-americano, Clark Wissler (1870-1947) e Alfred L. Kroeber (1876-1960).

F. Boas acenava para o estudo da história cultural, a única que, para ele, permitia a compreensão da situação e das características atuais de qualquer sociedade. Era partidário de uma visão histórica especial da cultura, que não deveria significar mero estudo do passado, mas ser aplicado, igualmente, à observação do presente. Pugnava pelo estudo de objetos e acontecimentos singulares ou específicos no tempo e no espaço. Correlacionou a perspectiva histórica com a invenção e a difusão do que resultaria a distribuição de elementos culturais em determinados momento e área cultural.

O método histórico de Boas defendia um estudo cuidadoso e bem detalhado de fenômenos locais, dentro de uma área bem definida e geograficamente pequena, com as comparações limitadas à área cultural que constituiu a base da investigação. Desse estudo, emergiram histórias das culturas de diferentes tribos.

A metodologia histórica de Boas desviou a perspectiva antropológica do modelo evolucionista global e coletivo para uma preocupação com a individualidade ou diversidade das culturas. Além disso, o enfoque dado aos traços culturais propiciou uma visão não funcional da cultura.

Para Boas, a aceitação ou a rejeição de qualquer traço ou complexo cultural dependia de fatores psíquicos, e qualquer regularidade ou uniformidade do processo refletia uniformidade de processos mentais, e, assim sendo, as leis ou regularidades culturais tornar-se-iam, na análise final, de natureza psicológica.

Boas e os que o seguiram aceitavam, até certo ponto, a premissa de unidade psíquica, mas divergiam dos grandes esquemas de desenvolvimento cultural dos evolucionistas.

Wissler, contemporâneo de Boas, apresentou a ideia de que a cultura se distribui em padrões, significando padrão cultural o agrupamento de complexos e traços, que formam uma organização maior, de feições distintas, que caracterizam uma cultura. Ressaltou, ainda, o aprendizado do indivíduo desde a infância. Para ele, a cultura significava apenas um conjunto de "reflexos condicionados", podendo ser estudados por si mesmos. Tentou dar à área cultural um mesmo significado histórico, combinando-a com a área de idade. Wissler notabilizou-se por seus estudos sobre áreas culturais, cujo principal enfoque eram as relações entre a cultura e o meio.

Kroeber apresenta sua maior contribuição na parte referente à distribuição dos traços culturais. Para definir área cultural, estabeleceu uma série de itens, cada um em sua própria cultura, a fim de poder comparar e analisar as relações históricas entre as diferentes populações estudadas. Substituiu a pesquisa direta por formulários aplicados diretamente aos pesquisadores e chegou a um requinte de pormenores (subtraços) até então desconhecidos.

13.2.5 Postulados básicos

São três os elementos básicos do difusionismo:

a. *método histórico*: reconstituição histórica, que observa o passado e o presente;

b. *pesquisa de campo*: altamente aplicada na coleta de número considerável de dados, principalmente primários;

c. *formulação de conceitos*: enriquecimento da teoria e surgimento de vários termos, com conotações específicas.

13.2.6 Aspectos negativos e positivos

As restrições feitas ao historicismo são as seguintes: (1) excessivo tratamento unitário da cultura, relegando os seus aspectos universais; (2) manipulação estatística dos traços, levando a pensar que as distribuições culturais ocorreram de modo mecânico; (3) determinismo cultural ou tratamento que considerava o indivíduo o elemento passivo no qual a cultura, elemento ativo, seria impressa.

Todavia, o difusionismo norte-americano ofereceu importantes e valiosas contribuições ao progresso da ciência antropológica, como afirma Keesing (1961, p. 235):

a. Acentuou a identificação dos elementos componentes da cultura mediante observação objetiva e trabalhos de campo, que constituem ainda a base essencial da Antropologia Cultural.

b. Salientou a identidade de uma cultura e a necessidade de estudos de culturas específicas em termos dos comportamentos básicos em causa.

c. Impôs normas críticas à reconstituição histórica.

d. Isolou princípios de ordem, tais como padrões, áreas etc.

e. Realizou uma triagem considerável da interação de forças envolvidas no processo de desenvolvimento e transformação cultural; os fatores positivos de *habitat*, a ampla unidade de potencial biopsicológico, os processos de criação e comunicação nos níveis cultural e social.

13.3 Funcionalismo

Na década de 1930 do século XX, a Antropologia teórica foi contemplada com nova orientação, o funcionalismo, cujos pressupostos básicos imprimiram diferente forma explicativa dos fenômenos culturais. Não representava o desprezo nem mesmo a negação das orientações que o antecederam, mas sim nova abordagem que teve o mérito de inovar no campo da interpretação antropológica.

Pode-se afirmar que os pioneiros da análise funcional em seus postulados mais gerais desenvolveram seus trabalhos no campo da Sociologia. Entre eles, os nomes de Herbert Spencer e Émile Durkheim são reconhecidos pelos próprios antropólogos sociais que adotaram a orientação, repensando-a dentro do campo antropológico.

Em sua abordagem sobre o funcionalismo, Leslie A. White (1978, p. 143) afirma:

> A essência, a natureza fundamental ou característica do funcionalismo pode ser exposta com rapidez e simplicidade: as sociedades humanas e suas respectivas culturas existem como todos orgânicos, constituídos de partes interdependentes. As partes não podem ser plenamente compreendidas separadamente do todo, e o todo deve ser compreendido em termos de suas partes, suas relações umas com as outras e com o sistema sociocultural em conjunto.

Qualquer traço cultural ou costume, qualquer objeto material ou qualquer ideia, como a escarificação, o fogo, uma peça de cerâmica, a noção de deus ou deuses etc., que existem no interior das sociedades, têm funções específicas e mantêm relações com cada um dos outros aspectos da cultura para a manutenção do seu modo de vida total. Cada costume é socialmente significativo, já que integra uma estrutura, participando de um sistema organizado de atividades. Uma cultura não é simplesmente um organismo, mas um sistema.

13.3.1 Representantes

A escola funcionalista tem como principais representantes B. Malinowski (1884-1942) e A. R. Radcliffe-Brown (1881-1955). Em seus clássicos trabalhos, resultados de pesquisas de campo nas ilhas do Pacífico, formularam individualmente os fundamentos da teoria funcional para o estudo da cultura. Elaboraram e utilizaram diferentes conceitos, mas são muitas as semelhanças de suas posições teóricas, evidentemente funcionalistas.

Malinowski era polonês, mas estudou e viveu na Inglaterra, onde publicou seus trabalhos. Em *Uma teoria científica da cultura* (1944), expõe os fundamentos do funcionalismo, dentro de sua visão antropológica.

Na base do pensamento malinowskiano, os conceitos de natureza humana e de cultura configuram o ponto de partida da formulação de sua teoria na qual a própria cultura é conceituada a partir do conceito de natureza humana. Se todos os seres humanos pertencem a uma espécie animal, só poderão sobreviver quando suas necessidades biológicas forem satisfeitas pelas culturas de que participam. Ao satisfazer a essas necessidades ou "imperativos" primários, as culturas o fazem construindo conteúdos diferenciados.

Desenvolveu assim a teoria das necessidades humanas, consideradas universais:

- Primárias ou biológicas (nutrição, defesa, excreção etc.).

- Derivadas ou instrumentais (organização econômica, educação etc.).
- Integrativas ou sintéticas (magia, religião, arte etc.).

O homem, ao atender e satisfazer às necessidades primárias criadas pela própria natureza, constrói um ambiente secundário em resposta às exigências de sua própria sobrevivência. Esse ambiente artificial é a cultura propriamente dita, que, segundo ele, deve ser entendida como um todo vivo e interligado, de natureza dinâmica, onde cada elemento ou traço tem uma função específica a desempenhar no esquema integral. De acordo com Malinowski (1975, p. 767),

> [...] o conceito de necessidade é simplesmente a primeira abordagem para a compreensão do comportamento humano organizado. Tem-se afirmado que nem mesmo a necessidade mais simples, nem ainda a função fisiológica mais independente de influências ambientais, pode ser considerada completamente intocada pela cultura.

Assim, cada parte da cultura tem sua forma específica e desempenha uma função determinada, não existindo isoladamente. As partes se relacionam entre si e com o sistema cultural total, configurando sua própria estrutura.

A afirmação de Mello (1982, p. 250) a esse respeito é elucidativa:

> Malinowski apresenta a instituição como composta analiticamente de estatuto, pessoal, normas, aparelhagem material, atividades e função. Na instituição, ele vê uma relação necessária entre ela e o cumprimento da função. Acredita mesmo que uma instituição desprovida de função tende a desaparecer.

Para tanto, não encarecia a importância de se conhecer o passado das culturas, enfatizando sobremaneira a visão sincrônica, num esforço de compreender a realidade cultural a partir da observação, só possível através do contato direto com o grupo.

O inglês Radcliffe-Brown considera a cultura um sistema adaptativo, enfatizando a importância da função e da estrutura social como contribuintes para a manutenção do equilíbrio da sociedade. Suas explicações são eminentemente sociológicas e, embora ele admita as analogias da cultura com um organismo vivo, demonstra certas reservas a esse respeito.

No centro do sistema de Radcliffe-Brown, está o conceito de sociedade a partir do qual a função de um elemento é o papel que ele representa em toda a vida social, razão mesma da manutenção da estrutura e da integração social. Considera não propriamente "necessidades", mas fala em "condições necessárias de existência" para atender aos interesses de sobrevivência dos grupos.

Dedicando-se mais à Antropologia Social que à Cultural, preocupou-se com o conceito de sistema, entendido como um todo organizado, embora tenha abordado apenas sistemas de parentesco, sociais ou políticos. A cultura como um todo sistêmico não foi estudada por ele, que, de certa forma, deixa de enfatizar os aspectos da cultura material, canalizando seus interesses em direção aos aspectos da vida social.

Sua abordagem pode ser considerada estrutural-funcional, isto é, uma instituição social tem a função de contribuir para a manutenção e continuidade da estrutura da sociedade. Defendia o estudo sincrônico e admitia a existência de culturas mais ou menos integradas. Desenvolveu conceitos inspirados em Durkheim no que se refere ao estado patológico das sociedades, sua saúde ou doença social, relacionado com o nível de integração.

198 Capítulo 13

Àquelas sociedades que tendem para uma integração social saudável, deve-se aplicar o termo "eunomia". Para uma sociedade desarmônica, caracterizada pela desordem e pela não integração, o termo é "disnomia". Com os conceitos de euforia e disforia ficam caracterizados respectivamente a ordem e o conflito, ou seja, o equilíbrio ou a disfunção social.

13.3.2 Postulados básicos

São os seguintes:

1. A cultura é um todo sistêmico, dotado de racionalidade própria, cujo funcionamento deve ser captado em dado momento.
2. Constitui-se de partes interdependentes, relacionadas entre si e com o sistema sociocultural em conjunto.
3. Os conceitos de natureza humana e de cultura levaram à concepção da existência de um mundo natural e de outro artificial em correspondência mútua.
4. Criação da teoria das "necessidades".
5. Reconhecimento e valorização da função desempenhada pelos elementos culturais.
6. Para Malinowski, a unidade de análise são as instituições culturais. Para Radcliffe-Brown, são as estruturas sociais.
7. O arcabouço teórico de Malinowski é funcional, o de Radcliffe-Brown é estrutural-funcional.
8. Introdução do relativismo cultural, que permite visão do cenário social e cultural das sociedades diferentes, sem que nele sejam projetados os valores do observador.

O funcionalismo constituiu-se numa reação positiva às teorias evolucionistas e difusionistas, principalmente em relação ao conceito de sobrevivências. Valorizou a pesquisa de campo que aproxima o observador dos grupos nativos, que passam agora a ser o centro de referência, reconhecidos como portadores de padrões próprios e respeitáveis dentro da lógica do sistema que desenvolvem.

O funcionalismo realizou verdadeira revolução dentro das ciências do comportamento, dando novas perspectivas à teoria antropológica.

13.4 Configuracionismo

13.4.1 Caracterização

O configuracionismo é a quarta "escola" de pensamento ou de orientação na sequência histórica; pode ser considerado um prolongamento do difusionismo norte-americano, em virtude de seu interesse estar voltado também para as culturas particulares, embora com métodos e enfoques diferentes.

Teorias da Cultura   199

O configuracionismo destaca a integração e a singularidade do todo. Tem por tema básico a integração da cultura. Essa "escola" ou orientação também ficou conhecida por tratamento "psicológico" ou "tipológico" do comportamento cultural. Entende-se por configuracionismo a

> combinação de diversos traços e complexos que integram um sistema de cultura de uma área em um momento dado, que depende da presença ou ausência de uns ou outros elementos da cultura e da maneira como os mesmos se encontram unidos (Fairchild, 1949, p. 59-60).

A cultura seria, portanto, um conjunto integrado de elementos culturais encontrados em determinado tempo e espaço, cujas partes devem estar de tal modo entrelaçadas, que formem um todo coeso e uniforme, pois, se uma das partes for afetada, automaticamente afetará as demais.

O primeiro autor a empregar a expressão "configuração inconsciente" foi Sapir, em seu estudo da linguagem. Mas cabe a Ruth Benedict o mérito de ter desenvolvido as ideias implícitas no termo "configurações", apresentadas em sua obra *Padrões de Cultura*, na qual ela ilustra seu conceito com o estudo dos Zuñis e seus vizinhos, os Pueblos do Novo México.

O enfoque característico do configuracionismo aparece, de certa forma, no difusionismo de Boas, mas foram seus dois alunos – Sapir e Benedict – que deram maior ênfase a essa orientação.

13.4.2 Representantes

Edward Sapir defendeu a ideia de que todo comportamento tem uma "configuração inconsciente", que nem sempre é comunicada à mente, mas que dá à cultura um feitio próprio. E mais, que todo comportamento cultural é "simbólico", ou seja, tem como base os "sentidos", que são compreendidos e comunicados entre os diferentes elementos de uma sociedade. Para ele,

> as culturas não são "entidades verdadeiramente objetivas", mas "configurações abstratas de ideias e padrões de ação", que têm "significados infinitamente diferentes para os vários indivíduos" do grupo em causa (KEESING, 1961, p. 250).

Sapir dá à cultura, à sociedade e ao comportamento uma nova perspectiva, quase lhes atribuindo uma personalidade.

Ruth F. Benedict (1887-1948), em seu livro *Padrões de Cultura* (s/d, p. 37-38), declara:

> Uma cultura, como um indivíduo, é um modelo mais ou menos consistente de pensamento e de ação. Dentro de cada cultura surgem objetivos característicos não necessariamente partilhados por outros tipos de sociedade. Em obediência a esses objetivos, cada povo consolida cada vez mais a sua experiência, leva os heterogêneos aspectos de comportamento a assumirem formas cada vez mais congruentes.

Se as culturas conseguem esta subordinação ao todo ou à maioria de seus modos heterogêneos de comportamento, tendo em vista os objetivos característicos ou "impulsos", diz que estão integradas. Todas elas apresentam objetivos próprios que podem ser definidos pelas correntes ideológicas que nelas se desenvolvem.

200 Capítulo 13

Para Benedict, o conjunto "não é apenas a soma de todas as suas partes, de que resultou uma nova entidade". As culturas são "mais do que a soma das feições particulares que as constituem", pois se apresentam como realizações mais ou menos felizes de comportamento integrado. Cada uma delas possui "propósitos" próprios ou "molas mestras emocionais e intelectuais" que se entranham no comportamento e nas instituições de uma dada sociedade.

Uma região, por exemplo, deve ser observada como uma configuração de instituições, costumes, tradições, meios de transporte etc., dentro de certa área geográfica, com um caráter próprio.

Para Fairchild (1949, p. 60), a integração de tais configurações e sua maior ou menor coesão dependem da vitalidade e do funcionamento da cultura, pois o "grau de integração correlaciona-se ao funcionamento mais ou menos eficaz da sociedade".

Sendo a configuração um todo funcional, formado de partes em reciprocidade de ação, a cultura não pode ser entendida como mera somatória de elementos, ou análise de cada parte, mas vista, no seu conjunto, como um todo uniforme e operante.

Essa escola fundamenta-se também no conceito de difusão de traços e complexos culturais. Porém, ao estudar esse processo, evidenciam-se os aspectos psicológicos que interferem nele. Assim, certos elementos são selecionados, tendo por base o interesse: do todo, aceitam-se aqueles elementos que podem ser úteis, rejeitando-se os que não se encaixam no contexto. Outra característica a ser destacada é que os empréstimos culturais são readaptados de acordo com as necessidades do grupo em pauta, visando a sua integração. Todavia, o processo não é necessariamente consciente.

13.4.3 Críticas e contribuições

Morris E. Opler foi o principal crítico da posição de Benedict, apontando determinado número de lacunas e mesmo falhas em seus estudos de integração do todo cultural. Para ele, o mecanismo de integração não está plenamente explicado nos estudos dela. Tomando por base os termos utilizados pela autora, muitas culturas, talvez mesmo a maioria, parecem não estar integradas. Pode-se afirmar até, segundo Opler, que "a integração no sentido de uma cultura total dominada por um princípio adicionante central parece ocorrer com relativa raridade" (Apud BEALS e HOIJER, 1969, p. 272).

Dessa forma, para ser útil na descrição e comparação das culturas, o conceito criado por Benedict deveria ser passível de aplicação mais ampla, ou seja, como se apresenta, é mais utilizado na análise de determinadas culturas e não na cultura como um todo.

Os críticos apontam como contribuições:

a. Emprego de vários conceitos, tais como: configurações, padrões de cultura total, propósitos, molas mestras, objetivos, orientações etc.

b. Desenvolvimento da ideia de que todo comportamento cultural é simbólico.

c. Investigação concreta de casos culturais.

d. Empréstimo dos conceitos psicológicos de Nietzsche e Spengler, na classificação de dois tipos de cultura: apolínea ou cultura introvertida; e dionisíaca ou cultura extrovertida.

13.5 Estruturalismo

A escola estruturalista desenvolveu-se paralelamente ao funcionalismo e teve seu apogeu nas décadas de 1940 e 1950. Adotou posições próprias, sempre de natureza subjetiva. Considerada como uma superteoria, nem por isso deixa de ter os seus pontos vulneráveis que suscitam críticas e questionamentos.

Estruturalismo e funcionalismo são duas orientações diferentes e individualizadas por suas características e pressupostos básicos próprios. Entretanto, em alguns pontos são concordantes:

1. Visão sincrônica da cultura.
2. Visão sistêmica e globalizante do fenômeno cultural.
3. Adoção do termo estrutura.
4. Influências da escola francesa.

13.5.1 Principal representante

Claude Lévi-Strauss foi o reconhecido mentor da teoria estruturalista, posicionando-se como um dos mais proeminentes e discutidos antropólogos sociais da atualidade. Nascido na Bélgica, transferiu-se mais tarde para a França, onde passou grande parte de sua vida. Visitou o Brasil, convidado para lecionar Sociologia na Universidade de São Paulo. Teve a oportunidade de contatar com vários grupos tribais do interior do país. Permaneceu algum tempo nos Estados Unidos, mas foi na França onde recebeu a mais alta distinção científica, a Medalha de Ouro do Centre National de la Recherche Scientifique.

Edmund Leach (1973, p. 9-10), ao analisar as ideias de Lévi-Strauss, considera: "A sua preocupação básica consiste em estabelecer fatos que sejam verdadeiros a respeito de 'a mente humana', mais do que apurar a organização de qualquer sociedade ou classe de sociedades." É a preocupação subjetiva que permeia as obras de Lévi-Strauss.

Além das influências dos teóricos das escolas sociológicas e antropológicas que o precederam, interessou-se vivamente pela Geologia, pela Psicanálise, pelo Marxismo e pelo Existencialismo de Sartre, com quem polemizava constantemente.

13.5.2 Estrutura e relações sociais

Os movimentos linguísticos elegeram algumas concepções, como a de estrutura, que também está na base do estruturalismo. Entretanto, à medida que a língua passa a ser considerada como sistema, seus adeptos, como Saussure, Jakobson e outros, preferem a designação "sistema" a "estrutura".

Lévi-Strauss, tendo como modelo a análise estrutural desenvolvida por Ferdinand de Saussure no campo da Linguística, adotou-a e passou a aplicá-la na Antropologia. Sem

202 Capítulo 13

desprezar a noção de sistema, optou pelo termo "estrutura", e muitos de seus trabalhos revelam sua constante preocupação:

> o fundamental nas relações estruturais ou sistêmicas permanece de maneira latente. Para ele, a estrutura social não se confunde com a realidade empírica. Ela seria sim um modelo de análise construído a partir da observação da realidade social (MELLO, 1982, p. 265).

Refere-se à estrutura como um sistema que reflete a realidade social ou cultural, seu funcionamento, as alterações regulares a que está sujeita, o rumo das transformações provocadas por fatores externos à cultura, e as previsões de reação quando alguma de suas partes é afetada.

13.5.3 Estrutura e modelos

É o próprio Lévi-Strauss (1967, p. 316) que afirma:

> [...] para merecer o nome de estrutura, os modelos devem, exclusivamente, satisfazer a quatro condições:
>
> Em primeiro lugar, uma estrutura oferece o caráter de sistema. Ela consiste em elementos tais que uma modificação qualquer de um deles acarreta uma modificação em todos os outros.
>
> Em segundo lugar, todo modelo pertence a um grupo de transformações, cada uma das quais corresponde a um modelo da mesma família, de modo que o conjunto destas transformações constitui um grupo de modelos.
>
> Em terceiro lugar, as propriedades indicadas acima permitem prever de que modo reagirá o modelo, em caso de modificação de um de seus elementos.
>
> Enfim, o modelo deve ser construído de tal modo que seu funcionamento possa explicar todos os fatos observados.

No dizer de Freedman (1978, p. 170),

> não é a maneira como os homens veem a realidade ('cultural ou natural') que importa verdadeiramente, mas o modo pelo qual se pode explicar a sua maneira de ver e de agir por uma realidade mais profunda, que lhes é bem difícil conhecer.

13.5.4 Natureza e história

Em relação a essa temática, é indispensável estabelecer a distinção entre o pensamento de Lévi-Strauss e o de Marx, embora ambos considerassem a estrutura consciente de uma cultura, ou seja, suas normas e padrões, como tendenciosa, objetivando apenas a preservação da realidade.

Lévi-Strauss supervaloriza a natureza e a ordem natural ao avaliar as culturas, aproximando-se das concepções de Rousseau (*bon sauvage*). Para ele, a história é produto da natureza.

Marx, por sua vez, embora pessimista ante a exploração econômica e o domínio dos detentores do poder, valoriza, mesmo assim, a História, em detrimento da natureza, e a considera como o móvel de construção e aprimoramento da condição humana.

13.5.5 Culturas simples e complexas

Ao questionar sobre a peculiaridade das sociedades e culturas humanas e com o objetivo de melhor perceber as estruturas mentais inconscientes básicas, Lévi-Strauss fala em culturas frias e culturas quentes. Considera sociedades frias as que estão mais próximas do estado de natureza, com contingente populacional restrito, não estáticas, mas com o dinamismo cultural comprometido. São as sociedades simples, aparentemente harmônicas e resistentes a mudanças em suas culturas, oferecendo melhores condições para a identificação das estruturas mentais inconscientes.

13.5.6 Postulados básicos

Pode-se dizer que o estruturalismo é, ao mesmo tempo, um conjunto de teorias e um método de análise, cujos postulados básicos podem ser assim configurados:

1. Visão sincrônica e sistêmica da cultura.
2. Visão globalizante do fenômeno cultural (o conhecimento do todo leva à compreensão das partes).
3. Adoção das noções de estrutura social e relações sociais.
4. Utilização de modelos na análise cultural.
5. Unidade de análise: estruturas mentais inconscientes.
6. Compreensão ampla da realidade cultural

13.6 Aproximações teóricas contemporâneas

13.6.1 Materialismo cultural

O Materialismo Cultural é um paradigma antropológico fundado sobre o pensamento materialista e marxista (mas não por ele limitado). O termo "Materialismo Cultural", primeiramente criado por Marvin Harris em seu *The Rise of Anthropological Theory* (1968), é derivado de duas palavras: "Materialismo" (materialidade, em vez de intelecto ou espiritualidade, é fundamental para a realidade) e "Cultura" (a estrutura social, língua, leis, religião, política, arte, ciência, superstição etc.) (TUDO SOBRE FILOSOFIA, S/D).

204 **Capítulo 13**

13.6.1.1 Definição

Na perspectiva de Marvin Harris (1982), o materialismo cultural é um referencial teórico e estratégia de pesquisa baseado no suposto que a infraestrutura cultural determina a estrutura e a superestrutura de uma sociedade.

A perspectiva teórica e os métodos de pesquisa do materialismo cultural surgiram no final da década de 1960 e foram desenvolvidos na década de 1980. Em seu trabalho, Harris fundamentou-se na teoria de Marx sobre infra e superestrutura, para desenvolver uma teoria sobre a inserção da cultura e produtos culturais no sistema social. Posteriormente, Raymond Williams, um acadêmico galês, desenvolveu ainda mais o paradigma teórico e seu método de pesquisa, e, ao fazê-lo, ajudou a criar o campo dos estudos culturais na década de 1980. Baseado na natureza política da teoria de Marx e seu enfoque crítico do poder e a estrutura social, o materialismo cultural de Williams teve como objetivo a forma como a cultura e os produtos culturais se relacionam com um sistema classista de dominação e opressão. Williams construiu sua teoria do materialismo cultural usando críticas teóricas já existentes, incluindo os escritos de Antonio Gramsci e a teoria crítica da Escola de Frankfurt (CROSSMAN, 2018).

O materialismo cultural inclui três escolas antropológicas: materialismo cultural, evolução cultural e ecologia cultural. O materialismo cultural promove a ideia de que a infraestrutura, constituída por "realidades materiais", fatores tecnológicos, econômicos e reprodutivos (demográficos), molda e influencia os outros dois aspectos da cultura. O setor "estrutura" da cultura consiste em aspectos organizacionais da cultura, tais como sistemas domésticos e de parentesco e a economia política. O setor da superestrutura constitui os aspectos ideológicos e simbólicos da sociedade, tais como a religião. Portanto, os materialistas culturais acreditam que os aspectos tecnológicos e econômicos desempenham o papel primordial na formação de uma associação (BOUZNEY E MARCOUX, 2009).

Em suma, para explicar os fenômenos socioculturais, a prioridade deve ser dada às teorias baseadas em variáveis infraestruturais: tecnológica, ecológica e demográfica. As variáveis estruturais e superestruturais dependem da infraestrutura, contribuindo para a regulação dos sistemas socioculturais (ROLDÁN, 2012).

Harris acredita que a Antropologia é uma ciência e que deve buscar leis que expliquem semelhanças e diferenças culturais. Sua escolha no estudo da infraestrutura baseia-se na opinião de que ela está governada por leis. O trabalho de Harris é um compêndio de análise de casos etnográficos, a ótica do materialismo cultural. Por exemplo:

A vaca sagrada da Índia. Por que na Índia as vacas são sagradas, existindo tantos seres humanos com escassez de alimentos?

Este é o primeiro dos enigmas culturais que Harris tenta esclarecer em um de seus livros mais conhecidos: *Vacas, porcos, guerras e bruxas. Os enigmas da cultura* (1974). De acordo com Harris, a resposta a essa crença religiosa, apoiada politicamente, deve ser procurada na infraestrutura (ROLDÁN, 2012).

Em geral, os materialistas culturais acreditam que as sociedades operam de acordo com o modelo em que a produção e a reprodução dominam e determinam os outros setores da cultura. Todos os aspectos não infraestruturais da sociedade são criados com o propósito de beneficiar as capacidades produtivas e reprodutivas da sociedade, sistemas como governo, religião, direito e parentesco são considerados constructos que só existem com o único propósito de promover a produção e a reprodução. Assim, concentrando-se em fenômenos observáveis e mensuráveis, o materialismo cultural apresenta perspectiva ética (vista de fora da cultura-alvo) da sociedade (BOUZNEY E MARCOUX, 2009).

Figura 13.2 – Vaca nas ruas de Varanasi, Índia.

13.6.1.2 Princípios do materialismo cultural

Para Harris, o princípio fundamental do materialismo cultural é o **princípio de determinação da infraestrutura**, definido como

> Os modos de produção e reprodução comportamentais (etic) determinam probabilisticamente as economias doméstica e política, que por sua vez determinam as superestruturas comportamentais e mentais (emic)" (HARRIS, 1982, p. 71-2, apud ROLDÁN, 2012). Posteriormente, trocou a palavra **determinação** por **primazia** (HARRIS, 1999).

Os materialistas culturais acreditam que as sociedades seguem o modelo em que a produção e a reprodução dominam e determinam os outros setores da cultura, operando como forças que impulsionam o desenvolvimento cultural.

Os aspectos não infraestruturais da sociedade são criados com o objetivo de beneficiar as capacidades produtivas e reprodutivas sociais. Portanto, sistemas tais como o governo, religião, direito e parentesco são considerados constructos que só existem com o único propósito de promover a produção e a reprodução.

206   Capítulo 13

O modelo desenvolvido por Harris apresenta três níveis:

- **A infraestrutura** – condições ambientais e a tecnologia de uma sociedade.
- **A estrutura** – cultura material e organização social: governo, educação, regulação da produção etc.
- **A superestrutura** – cultura imaterial e instituições sociais: direito, religião, política, superstição, valores, emoções, tradições etc.

As mudanças nas camadas inferiores (infraestrutura) podem resultar em mudanças nas camadas superiores, mas nunca o contrário. Portanto, os representantes do materialismo cultural explicam os fenômenos culturais pelas condições ambientais e pela tecnologia que existe em uma sociedade (HARRIS, 1982, apud CAMPREGHER, 2011).

13.6.1.3 Representantes

– **Marvin Harris (1927-2001).** Considerado o antropólogo mais polêmico do século XX, Harris teve uma relação muito especial com o Brasil. A sua tese de doutorado, defendida em 1953, teve como objeto uma comunidade na Bahia, e resultou no seu primeiro livro, *Town and country in Brazil* (1956), um estudo de comunidade típico da Antropologia da sua época.

Em 1968, escreveu *The rise of anthropological theory*, na qual ele expõe os fundamentos do materialismo cultural e considera criticamente outras teorias antropológicas importantes. Harris critica uma Antropologia que se baseia principalmente na compreensão ou interpretação do "significado", e propõe outra Antropologia, baseada na explicação das diferenças culturais (WERNER, 2002).

– **Julian Steward (1902-1972).** Um dos principais expoentes norte-americanos da ecologia cultural – a ideia de que as sociedades evoluem em adaptação aos seus ambientes humanos e naturais. Definiu a evolução multilinear como uma metodologia preocupada com a regularidade na mudança social, cujo objetivo é desenvolver leis culturais empiricamente (BOUZNEY E MARCOUX, 2009).

– **Leslie White (1900-1975).** Antropólogo norte-americano, defendia que a evolução cultural surgia das mudanças tecnológicas, particularmente, com o aumento do consumo de energia *per capita*. Considerava que sua maior contribuição para a Antropologia era a sua noção de culturologia, analisada em diversos trabalhos resumidos em *The Science of Culture* (1949). Por culturologia, compreende o campo científico que estuda os fenômenos chamados de cultura. A cultura é constituída pelas ferramentas, utensílios, vestuário, ornamentos, costumes, instituições, crenças, rituais, jogos, obras de arte, linguagem etc. de uma sociedade (ENCICLOPAEDIA BRITANNICA, S/D).

– **Raymond Williams (1921-1988).** Sociólogo e escritor britânico, um dos fundadores dos chamados Cultural Studies (estudos culturais). Foi criado dentro da classe operária inglesa, o que influenciou sua teoria, principalmente no que se refere à sua luta por uma cultura democrática e sua adesão ao marxismo britânico. Criador do conceito "estruturas de sentimento".

> Trata-se de um conceito que visa entender a formação de grupos sociais a partir de suas experiências comuns, vividas, sentidas e praticadas, o termo distingue de ideologia ou visão de mundo, já que procura dar conta do pensamento tal como sentido e o sentimento como pensado (PAIVA, 2014, p. 88).

Teorias da Cultura 207

– **Maxine L. Margolis (1942-).** Antropóloga norte-americana que conhece muito bem o Brasil. Professora de Antropologia na Universidade da Flórida, trabalhou com Marvin Harris. Sua preocupação essencial é o estudo do gênero, migrações internacionais e Antropologia ecológica. Um dos trabalhos mais importantes é *Little Brazil* (traduzido para o português em 1994), uma análise dos migrantes brasileiros em Nova York.

13.6.1.4 Críticas

De acordo com Roldán (2012), o materialismo cultural tem recebido importantes críticas. James Lett as resumiu em seu artigo *The Enduring Legacy of Marín Harris and Cultural Materialism* (2002). Primeiro, o materialismo cultural faz uso de um conceito de função que não tem valor explicativo, uma vez que procura explanar os fenômenos sociais e culturais pela importância de suas consequências, quando se sabe que, em uma explicação, os efeitos não podem ser considerados causas. Em segundo lugar, o materialismo cultural não esclarece que tipo de realidades são infraestruturas, estruturas e superestruturas. Em terceiro lugar, falta uma ontologia que fundamente o uso desses conceitos. Finalmente, de acordo com os defensores do neodarwinismo ou da Psicologia evolucionista, o materialismo cultural não leva suficientemente em conta a evolução biológica da espécie humana, mantendo uma visão superorgânica da cultura

Os defensores das doutrinas antropológicas alternativas criticam o materialismo cultural por várias razões. Os marxistas criticam o Materialismo Cultural por ignorar a influência da Estrutura sobre a Infraestrutura. Os pós-modernistas acreditam que a dependência de "ético" em estudar a cultura não seja adequada, uma vez que a ciência é uma mera função da cultura. Os idealistas criticam o Materialismo Cultural por ignorar certas variáveis (como a genética) e acreditar que o "êmico" seja mais importante do que os materialistas culturais permitem. Finalmente, parece que o materialismo é simplista demais. Devemos considerar as influências intelectuais e espirituais na sociedade também. Somos criaturas inteligentes que tendem a ter inclinações espirituais que não podem ser explicadas apenas por meios materiais (TUDO SOBRE FILOSOFIA S/D).

13.6.1.5 Aspectos positivos

O surgimento do Materialismo Cultural representou um momento de grande importância para a cultura humanística do século XX.

> A nova disciplina concebe a cultura como campo de luta em torno da significação social e, diferentemente da crítica literária tradicional, não se concentra na análise estética a não ser para examinar sua conexão com relações sociais e de poder. O marco inicial dos estudos culturais pode ser localizado em *Culture and Society*, livro de Raymond Williams que materializa essa forma nova de discutir os fatos da cultura, reunindo a um só tempo análises literárias e sociopolíticas (AZEVEDO, 2017, p. 208).

John Brannigan (1998) afirma que o novo historicismo e o materialismo cultural fizeram importantes contribuições para as análises da circulação cultural do poder. Ambas escolas rejeitam o idealismo humanista, a metodologia formalista e distinções simplistas entre história e representação. Em geral, o materialismo cultural mudou a forma de olhar

208 Capítulo 13

um texto literário, em vez de ser um produto que representa as ideias do autor, passa a ser um produto material escrito em condições históricas específicas (REDDING, 2000).

De acordo com Maria Elisa Cevasco, em sua obra *Dez Lições sobre os Estudos Culturais*, a importância do materialismo cultural do ponto de vista de Raymond Williams está em:

> [...] demonstrar que a oposição costumeira entre literatura e realidade, cultura e sociedade mascara profunda interconexão: não se pode analisar uma sem a outra, e nem mesmo sem conceber uma literatura sem a realidade que ela produz e reproduz, ou, pela mesma via, uma sociedade sem a cultura que define seu modo de vida (CEVASCO, p. 150, 2003, apud DA COSTA, 2010, p. 12).

13.6.2 Antropologia Simbólica

A Antropologia Simbólica, por vezes tratada como sinônimo de Antropologia Interpretativa, considera o entendimento coletivo das ações, discursos, símbolos, ambiente, instituições e das próprias pessoas. Nasceu nos finais da década de 1950 nos Estados Unidos e Reino Unido. Nos anos 1960, era alternativa às abordagens materialistas e estruturalistas. Apesar de perder importância desde os anos 1980, constitui-se uma das principais abordagens adotada no "Politeísmo Teórico" vigente na Antropologia (ALVES, 2017).

Para Ortner (2011), uma contribuição importante da antropologia simbólica, particularmente, de Clifford Geertz, foi a insistência em estudar a cultura "do ponto de vista do ator" (p. ex., 1975). Isso significa que a cultura é um produto de seres socialmente atuantes tentando dar sentido ao mundo no qual eles se encontram. Em outras palavras, para dar sentido a uma cultura, deve-se partir da situação da qual ela foi construída.

13.6.2.1 Definição

A antropologia simbólica estuda como as pessoas criam significado de suas experiências ou constroem seus próprios conceitos da realidade mediante o uso de símbolos culturais compartilhados, tais como mitos ou linguagem corporal (cara fechada, piscar de olho etc.). A combinação de símbolos culturais de um grupo ou sociedade – e seus significados – cria significado para o indivíduo, que, por sua vez, deve reagir de forma culturalmente específica. Símbolos, como uma sobrancelha levantada, podem ser compartilhados por diferentes culturas, mas têm significados diversos ou suscitam respostas distintas dentro de cada cultura. A cultura simbólica enfatiza a observação direta e a interpretação das culturas dentro de sua própria estrutura (CHEGG STUDY, S/D).

Nessa vertente, a **cultura** é entendida como uma teia de significado produzida dentro um sistema compartilhado pelos membros de cada sociedade. Cada indivíduo não compreende ou representa a totalidade de uma dada cultura, mas ela é representada mediante mitos, rituais, símbolos. Em outras palavras, a cultura é um **sistema de símbolos**.

Símbolos são veículos da cultura. O símbolo não se limita às representações pictóricas de um objeto, mas compreendem todas representações atribuídas por um grupo sociocultural. Um símbolo resulta da associação de um objeto com o outro. Comportamentos, imagens, a organização social, rituais e a percepção do mundo são associados entre si, gerando significados. Os símbolos expressam ideias, pensamento formulados e concebidos pela práxis e pela manipulação do símbolo. Desse modo, os símbolos expressam as estruturas cognitivas da cultura.

O entendimento da significação simbólica tipicamente seria alcançado pelo exame de diferentes níveis: interpretar a significação posicional de um símbolo, ato ou fato dentro do sistema de símbolos, estabelecer seu significado operacional para no fim descrever uma significação simbólica.

De acordo com Reynoso (1998), a antropologia simbólica não é uma teoria antropológica, mas um conjunto de propostas que redefinem o objeto e o método antropológico, em clara oposição ao que é considerado como o "positivismo" dominante ou "cientificismo", e dando uma importância fundamental para os símbolos, significados culturalmente compartilhados.

Na mesma direção, Wright e Cernadas (2007) consideram que, atualmente, em vez de uma corrente definida como **antropologia simbólica**, podemos identificar uma ampla gama de tendências e tópicos onde as noções de **símbolo** e **interpretação** são centrais, ou pelo menos têm um lugar importante nos esquemas analíticos e metodológicos.

Fonte: Alves (2017).

Figura 13.3 – O homem é um animal simbólico em busca de interpretação.

13.6.2.2 Postulados básicos

A antropologia simbólica estuda os símbolos e os processos, tais como mitos e rituais pelos quais os seres humanos atribuem significados a esses símbolos para abordar questões fundamentais sobre a vida social humana (SPENCER, 1996, p. 535). Considera a cultura como um sistema independente de significados decifrado pela interpretação dos principais símbolos e rituais de um grupo ou sociedade.

Existem dois princípios que regem a antropologia simbólica.

- Primeiro: as crenças, não obstante serem ininteligíveis, tornam-se compreensíveis quando consideradas parte de um sistema cultural de significado.
- Segundo: as ações são guiadas por interpretação, permitindo que o simbolismo contribua na interpretação das ideias, bem como das atividades materiais. Tradicionalmente, a Antropologia simbólica tem focado na religião, cosmologia, atividade ritual e costumes expressivos, como a mitologia e as artes cênicas (SUTHERLAND-SMITH, 2018).

Em geral, a Antropologia simbólica emprega a metodologia vigente na Antropologia, ou seja, usa-se desde abordagens quantitativas até qualitativas, mas distingue-se nas fases analíticas. Seus diferentes autores possuem estratégias com focos diversos para a análise antropológica (ALVES, 2017):

– **Victor Turners:** abordagem simbólica pela investigação da performance que ocorre em meio a um drama socialmente encenado.

– **Clifford Geertz:** abordagem interpretativa mediante a descrição densa – consideração do contexto e das interpretações sociais – em um processo hermenêutico.

13.6.2.3 Principais representantes

– **Clifford Geertz (1926-2006).** Antropólogo norte-americano, um dos mais importantes nomes de Antropologia contemporânea. Recebeu influência de Max Weber, Leslie White, Clyde Kluckhohn e da hermenêutica de Paul Ricoeur. Para Geertz, a cultura não se explica pelo poder ou sistematicamente, como o Direito, mas semioticamente pela interpretação e interação com o símbolo.

De acordo com Geertz, a cultura é um sistema de conceitos que são representados em símbolos que o homem usa para se comunicar, desenvolver o conhecimento e sua atitude para com a vida (DIAZ, 2018).

Para Oliveira (2012), segundo Geertz,

> a análise cultural é (ou deveria ser) uma adivinhação dos significados, uma avaliação das conjecturas, um traçar de conclusões explanatórias a partir das melhores conjecturas e não a descoberta do continente dos significados e o mapeamento da sua paisagem incorpórea (1989, p. 30, apud OLIVEIRA, 2012).

Tal ideia está ligada ao seu método que concebe a Antropologia como interpretativa, o estudo da cultura como semiótico e a análise como microscópica.

A crítica à Antropologia clássica e suas proposições presentes nos ensaios que compõem *A Interpretação das Culturas* (Geertz, 1989) e *O Saber Local* (Geertz, 2008) foram decisivas para uma nova forma de compreensão do trabalho do etnógrafo e da Antropologia (OLIVEIRA, 2012).

Segundo Ortner (2011), a mudança teórica mais radical de Geertz (1973b) foi argumentar

> que a cultura não é algo preso dentro das cabeças das pessoas, mas que é incorporada em símbolos públicos, símbolos através dos quais os membros de uma sociedade comunicam sua visão de mundo, orientações de valor, *ethos* e tudo mais uns aos outros, às gerações futuras — e aos antropólogos (2011, p. 422).

– **Victor Turner (1920-1983).** Antropólogo escocês que realizou trabalho na África com sua esposa Edith Turner e depois se radicaram nos Estados Unidos. Teve influências de Durkheim, Van Gennep, Gluckman e Leach. Analisa a forma como símbolos e rituais são usados para corrigir, regular, antecipar e evitar conflitos. Também analisa uma possível hierarquia de significados dos símbolos, de seus significados sociais e funções na sua internalização dentro dos indivíduos.

Turner foi o primeiro pesquisador a utilizar o drama social que procura integrar o conflito como um mecanismo produtor da dinâmica e da unidade da vida social (CAVALCANTI, 2013).

Fases do drama social (CAVALCANTI, 2013, p. 416):

1. **Crise:** tudo começa com o reconhecimento de uma crise que irrompe no cotidiano tornando manifestas tensões latentes inerentes às relações e interações sociais.
2. **Ampliação da crise:** os sujeitos/atores atingidos atuam e acionam suas redes de parentela, relações de vizinhança e amizade; a crise se amplia gradualmente, atingindo novas esferas e envolvendo cada vez mais atores.
3. **Regeneração:** alguns dos sujeitos/atores envolvidos mobilizam-se em prol de soluções e esforços de conciliação que implicam sempre a realização de ações rituais e amplos rituais coletivos.
4. **Rearranjo ou cisão:** se bem-sucedidos, os esforços da fase anterior implicam um rearranjo e redefinições de posições e relações e, se malsucedidos, configuram o rompimento do grupo aldeão, traduzido na sua cisão que segue as clivagens de parentesco e na criação de uma nova aldeia organizada, contudo, segundo os mesmos princípios estruturais.

Turner afirma que os símbolos iniciam a ação social e são "influências determináveis inclinando pessoas e grupos a realizar uma ação" (1967, p. 36).

A posição de Geertz ilustra a **abordagem interpretativa** da Antropologia simbólica, enquanto Turner ilustra a **abordagem simbólica**.

– **Dan Sperber (1942-).** Antropólogo francês inicialmente influenciado pelo estruturalismo. Aproveita conceitos, todavia critica Lévi-Strauss, Turner e Geertz. Investiga o lado epistemológico ou cognitivo de como as pessoas interpretam a realidade objetiva. Não aceita como uma verdade geral e tácita a correlação entre cultura interpretada ou simbolismo e o comportamento social, pois pode haver comportamento sem explicações nativas (ALVES, 2017).

13.6.2.4 Críticas

Os antropólogos pós-modernos viram a Antropologia simbólica como outra grande narrativa, pós-positivos e neopositivistas a viram como muito subjetiva para ser científica, feministas e pós-coloniais como uma variação das narrativas patriarcais e etnocêntricas (ALVES, 2017).

Outra crítica vem da ecologia cultural. Os ecologistas culturais consideraram os antropólogos simbólicos como "pessoas com cabeças difusas", envolvidos em trabalhos pouco científicos de interpretação subjetiva (ORTNER, 1984). Em outras palavras, a Antropologia simbólica não procura realizar suas pesquisas de forma a que outros pesquisadores pudessem replicar seus resultados. O fenômeno mental e a interpretação simbólica dessa Antropologia não têm condições de ser testada na prática (HUDSON et al., 2009).

Ortner (2011) menciona como uma limitação significativa à ausência, na Antropologia simbólica, especialmente em sua forma americana, de uma sociologia sistemática; seu senso pouco desenvolvido do político na cultura; e sua falta de curiosidade no que concerne à produção e à manutenção de sistemas simbólicos.

13.6.2.5 Aspectos positivos

Para Ortner (2011), uma contribuição importante da Antropologia simbólica, particularmente, de Clifford Geertz, foi a insistência em estudar a cultura "do ponto de vista do ator" (p. ex., 1975). Isso significa que a cultura é um produto de seres socialmente atuantes tentando dar sentido ao mundo no qual eles se encontram. Em outras palavras, para dar sentido a uma cultura, deve-se partir da situação na qual ela foi construída.

De acordo com Wright e Cernadas (2007), a partir da Antropologia simbólica diferentes aproximações teóricas incorporaram as dimensões políticas e condutais da experiência social, ampliando os horizontes da compreensão histórica, incluindo símbolos utilizados no cotidiano. Além disso, a aplicação dos princípios da Antropologia simbólica permite que a pesquisa nas Ciências Sociais não fique apenas com os dados fornecidos pelos informantes, mas que obtenha suas próprias interpretações da realidade social, na riqueza dos significados atribuídos aos símbolos utilizados.

Como conclusão, podemos afirmar que a partir dos anos 1960 a Antropologia apresentou um desenvolvimento complexo que acentuou seu caráter multiparadigmático (GARCIA, 2011). A partir de uma crítica ideológica, o fim da situação colonial e a liquidação de "mundo primitivo", a Antropologia encerrou-se em si mesma e distanciou-se das realidades específicas do mundo moderno. A "nova" Antropologia tomou como assunto central o simbólico e o significado (antropologia simbólica, fenomenológicas, interpretativas e pós-moderna).

Para Ortner (2011), o espírito da Antropologia contemporânea pode ser resumido na epigrama de Peter Berger e Thomas Luckmann: "A sociedade é um produto humano. A sociedade é uma realidade objetiva. O homem é um produto social" (1967, p. 61). A maioria das antropologias precedentes tem enfatizado o segundo componente desse conjunto: a sociedade (ou a cultura) foi vista como uma realidade objetiva de uma forma ou de outra, com sua própria dinâmica em boa parte divorciada da agência humana. A reaproximação da Antropologia com a História é um desenvolvimento extremamente importante para o campo como um todo.

Visto que a história está sendo amalgamada virtualmente com qualquer tipo de trabalho antropológico, ela oferece uma pseudointegração do campo que não consegue abordar alguns dos problemas mais profundos.

14
O Indígena Brasileiro

14.1 O índio e a realidade brasileira

Este capítulo aborda aspectos de uma parcela da população brasileira que coexiste com a sociedade nacional, embora seja demograficamente pouco representativa. Trata-se da população indígena brasileira, constituída por grande diversidade de grupos tribais, distribuídos irregularmente pelo território nacional, mas constituindo uma realidade que não pode ser ignorada.

A luta pela garantia dos direitos de povos indígenas se confunde com a própria história americana. O marco do movimento indígena data de 1940, no México, momento em

214   **Capítulo 14**

que foi realizado o primeiro Congresso Indigenista Americano (Convenção de Pátzcuaro), com o objetivo de criar e discutir políticas que pudessem zelar pelos índios na América. Porém, no Brasil, começaria a se manifestar de maneira mais organizada apenas na década de 1970, tendo em vista a necessidade de proteção de terras em relação a políticas expansionistas do governo militar. Algum tempo se passou até que, em 2002, fosse criada a Articulação dos Povos Indígenas do Brasil (APIB), como uma maneira de unir as necessidades dos povos em geral em uma única voz (POLITIZE, 2016).

Os grupos que integram o Brasil indígena contemporâneo são os que restaram do longo processo a que foi submetida a população ameríndia ou pré-cabraliana, a partir do Descobrimento do Brasil, no século XVI. Nas fases da conquista e colonização, foi inevitável o contato entre europeus e os grupos indígenas litorâneos, dando origem ao processo aculturativo, que resultou na subordinação ou dizimação de muitos deles, enquanto outros foram empurrados para áreas distantes.

Nas fases subsequentes, Império e República, os contatos entre índios e brancos prosseguem. Dos grupos tribais atingidos, poucos sobreviveram, muitos se destribalizaram com tendências ao desaparecimento, em decorrência da perda parcial ou total da própria cultura e da redução do seu efetivo populacional.

A população do continente americano era bastante significativa antes da chegada dos europeus, mas faltam dados consistentes para uma avaliação exata. No Brasil, as estimativas indicam um montante que varia de 2 a 2,5 milhões de indivíduos. A partir do contato com os colonizadores, essa população começa a decrescer progressivamente, não se tendo notícias de quantos grupos desapareceram.

Segundo Darcy Ribeiro (1957, p. 18), em 1900 havia 230 grupos tribais no Brasil, que ficaram reduzidos, em 1957, a 143. Em aproximadamente meio século, desapareceram 87 grupos indígenas do território brasileiro.

A depopulação continua até os dias atuais, e hoje a população indígena não representa mais que 0,2% da população brasileira, avaliada, em 1957, pelo etnólogo citado, em um mínimo de 68.100 e um máximo de 99.700 indivíduos. Acham-se assim distribuídos:

Amazônia	52.550	62,9% da população indígena
Brasil Central	18.125	21,6% da população indígena
Brasil Oriental	7.700	9,0% da população indígena
Região Sul	5.525	6,5% da população indígena

Outras informações mais otimistas elevam esse percentual. Na realidade, "o genocídio praticado nos 484 anos que decorreram da ocupação europeia reduziu a população indígena brasileira a 200.000 pessoas" (conforme *Terra Indígena*, boletim mensal da GEI Kurumin. Araraquara, 3, 1984).

Os índios formam uma etnia minoritária, com características individualizantes, que, na verdade, dificilmente se diluem na população brasileira.

14.2 Origens

O descobrimento da América revelou aos europeus a existência de uma população até então desconhecida, que suscitou uma série de indagações. Na tentativa de explicar essa presença, surgiram, desde o século XVI, suposições e conjecturas, redundando no levantamento de hipóteses quanto à sua origem. Muitas delas carecem de provas.

Os **povos indígenas do Brasil** compreendem um grande número de diferentes grupos étnicos que habitam o país desde milênios antes do início da colonização portuguesa, que principiou no século XVI, fazendo parte do grupo maior dos povos ameríndios. No momento da Descoberta do Brasil, os povos nativos eram compostos por tribos seminômades que subsistiam da caça, pesca, coleta e da agricultura itinerante, desenvolvendo culturas diferenciadas. Muitos dos cerca de 2 mil povos e tribos que existiam no território brasileiro no século XVI morreram em consequência da escravização e das doenças que vieram com a colonização europeia, ou foram absorvidos pela sociedade brasileira. A população indígena foi amplamente exterminada pelos conquistadores europeus, caindo de uma população de milhões na era pré-colombiana para cerca de 300 mil em 1997, agrupados em cerca de 200 tribos diferentes. No último censo do Instituto Brasileiro de Geografia e Estatística (2010), 817 mil brasileiros se classificaram como indígenas, embora milhões de brasileiros tenham ascendência ameríndia. Ainda sobrevivem diversos povos isolados, sem contato com a civilização (PREPARADOS – BRASIL, 2013).

Figura 14.1 – Elevação da Cruz em Porto Seguro (BA), 1879 – óleo sobre tela, 200,5 × 276 cm –, de Pedro Peres.

216   **Capítulo 14**

14.2.1 Antigos povoadores americanos

Durante algum tempo, o autoctonismo do homem americano foi tema de discussão e, não podendo ser comprovado, foi substituído por novas e mais prováveis hipóteses, mas mesmo essas não respondem definitivamente ao problema.

O que se sabe com certeza é que a América é continente de povoamento secundário, isto é, contingentes humanos do Velho Mundo migraram, em épocas remotas, para as terras americanas.

Entre os estudiosos do povoamento da América, destaca-se a contribuição do pesquisador francês Paul Rivet (1960). Segundo ele, o continente americano foi povoado por fluxos sucessivos de grupos humanos que utilizaram, pelo menos, três vias de acesso:

a. o Estreito de Behring (grupos asiáticos);

b. a Antártida e a Terra do Fogo (grupos australianos);

c. o Oceano Pacífico (grupos polinésios).

Tenta, assim, explicar o povoamento do continente americano e justificar a diversidade étnica que caracteriza a população pré-colombiana.

O termo "índio" provém do fato de que Cristóvão Colombo, quando chegou à América, estava convencido de que tinha chegado à Índia, haja vista que o gentílico espanhol para a pessoa nativa da Índia é *indio* (índio), e dessa maneira chamou os povos indígenas que ali encontrou. Por essa razão também, ainda hoje se refere às ilhas do Caribe como Índias Ocidentais (PREPARADOS – BRASIL, 2013).

Mais tarde, esses povos foram considerados uma raça distinta e também foram apelidados de peles vermelhas. O termo **ameríndio** é usado para designar os nativos do continente americano, em substituição às palavras "índios", "indígenas" e outras consideradas preconceituosas.

Pesquisando e analisando os elementos biológicos, linguísticos e culturais dos povos ágrafos do Velho e do Novo Mundo, verificou-se que se assemelhavam significativamente. Por meio de um número considerável de provas antropológicas, etnográficas e linguísticas, foi possível fundamentar suas hipóteses que admitem para o povoamento da América as três correntes migratórias: asiática, australiana e melanésio-polinésica.

Apesar de essa temática conservar-se ainda no terreno das hipóteses, a existência de um consenso entre seus estudiosos permite considerar que:

a. o homem americano não é autóctone, suas culturas sim;

b. a migração asiática, pelo Estreito de Behring, foi a mais expressiva, mas não a única;

c. a antiguidade do homem americano remonta a 40 mil anos, quando ocorreram os primeiros fluxos migratórios;

d. os Esquimós foram os últimos a povoar a América;

e. os primeiros a chegar estavam no nível cultural de caçadores;

f. antropologicamente, são mongoloides, pertencentes ao grande grupo racial amarelo e não vermelho (como se supunha);

g. o nível cultural dessas populações é o Neolítico;

h. não conheciam o uso da roda, o torno do oleiro, o vidro, o trigo etc.

14.2.2 Antigos povoadores do Brasil

Com relação ao Brasil, as pesquisas arqueológicas e paleontológicas vêm demonstrando que as datas mais antigas da presença do homem situam-se em torno do ano 8.000 a.C., constatadas pelos testemunhos fósseis do Homem da Lagoa Santa, em Minas Gerais. Recentes pesquisas da arqueóloga Conceição Beltrão talvez permitam recuar essa data para 12.000 ou 14.000 anos.

Outros testemunhos são os sambaquis, ou seja, grandes montes de conchas, restos de cozinha e fósseis humanos, amontoados pelo chamado homem do Sambaqui, que habitou o litoral brasileiro em tempos pré-históricos. O depósito conhecido mais antigo é o de Maratuá, na baía de Santos, que data de 5.000 a.C. Caracteriza-se pela presença de artefatos de pedra lascada, rudemente confeccionados. Nos sambaquis mais recentes (500 d.C.), os instrumentos são de pedra polida, de osso ou de conchas. Neles foram também encontrados os chamados zóolitos (pequenas esculturas em pedra representando animais), considerados como manifestações artísticas.

A presença da cerâmica em território brasileiro é registrada na Amazônia por volta do ano 500 a.C. É a mais antiga, enquanto a cerâmica marajoara data do ano 1.000 da era cristã, assim como as demais manifestações ceramistas do Centro e Sul do Brasil. Referindo-se à cerâmica da Ilha de Marajó, Edson Soares Diniz (1972, p. 13) enfatiza a qualidade técnica e artística dos objetos, com decorações diversas, adornos antropomorfos, pintura policrômica, incisões e excisões que garantem sua superioridade sobre os demais achados.

Material mais perdurável restante das culturas de tribos já desaparecidas, a cerâmica é o indicativo da presença de grupos portadores de nível cultural mais avançado, em relação ao homem do Sambaqui, cujas manifestações culturais limitavam-se a instrumentos de pedra lascada e posteriormente polida.

14.3 Culturas e famílias linguísticas

São numerosas as culturas e as línguas tribais que compõem essa parcela da população brasileira, num verdadeiro mosaico de grupos indígenas diversificados e diferenciados.

O elemento humano que compõe esses grupos é genericamente chamado de índio, denominação dada pelos europeus, na suposição de haverem chegado às Índias, destino provável da rota que descobriu a América. *Índio* é uma expressão que se generalizou, sendo aplicada a todas as populações nativas de modo geral.

Cerca de 200 sociedades indígenas vivem no Brasil. São quase 200 culturas, com língua, religião e organização social distintas entre si. Trata-se de um dos maiores acervos culturais do mundo. Este acervo, entretanto, vive sob constantes ameaças, que têm como causa básica os conflitos fundiários e o avanço dos não índios sobre as terras indígenas.

A Constituição Federal estabelece como direito inalienável aos povos indígenas a posse sobre a terra que ocupam, mas, dada a vastidão do território brasileiro e a escassez de recursos, a agência governamental encarregada de defender e garantir os interesses e os direitos indígenas, a Funai (Fundação Nacional do Índio), tem dificuldades de fazer cumprir a legislação, garantir um adequado atendimento de saúde e educação e implementar os projetos de atividades produtivas (DOMÍNIO PÚBLICO, S/D).

Para a Organização Brasileira de Assistências aos Povos Indígenas – OBAPI – (2006), mais de 150 línguas e dialetos são falados pelos povos indígenas no Brasil. Elas integram o acervo de quase sete mil línguas faladas no mundo contemporâneo. Antes da chegada dos portugueses, contudo, só no Brasil esse número devia ser próximo de mil. No processo de colonização, a língua Tupinambá, por ser a mais falada ao longo da costa atlântica, foi incorporada por grande parte dos colonos e missionários, sendo ensinada aos índios nas missões e reconhecida como Língua Geral ou Nheengatu. Até hoje, muitas palavras de origem Tupi fazem parte do vocabulário dos brasileiros.

Em meio a essa diversidade, apenas 25 povos têm mais de cinco mil falantes de línguas indígenas: Apurinã, Ashaninka, Baniwa, Baré, Chiquitano, Guajajara, Guarani (Ñandeva, Kaiowá, Mbya), Galibi do Oiapoque, Ingarikó, Huni Kuin, Kubeo, Kulina, Kaingang, Mebêngôkre, Macuxi, Munduruku, Sateré Mawé, Taurepang, Terena, Ticuna, Timbira, Tukano, Wapichana, Xavante, Yanomami e Ye'kwana (OBAPI, 2006)

14.3.1 Conceituação de índio

Segundo Darcy Ribeiro (1977, p. 254),

> indígena é, no Brasil de hoje, essencialmente, aquela parcela da população que apresenta problemas de inadaptação à sociedade brasileira, em suas diversas variantes, motivados pela conservação de costumes, hábitos ou meras lealdades que a vinculam a uma tradição pré-colombiana.

Assim, o índio é aquele que pertence a uma etnia diferente da nacional, identifica-se como índio e é assim reconhecido pelos demais segmentos da sociedade.

Tanto no passado como no presente, é uma expressão depreciativa, sendo muitas vezes etnocentricamente substituída por "selvagem", "pagão" (no sentido de não cristianizado). Nas primeiras décadas do século XVI, eram tidos pelos colonizadores como seres subumanos, desprovidos de alma, estando mais próximos dos animais. Sua dignidade humana só foi restabelecida após 1537, quando a bula do Papa Paulo III os reconheceu como "verdadeiros homens e livres".

Para o historiador Leandro Karnal (2004, apud ROSA, 2015), os europeus construíram uma representação do termo "índio" por meio do equívoco geográfico de Colombo, que registrou erroneamente a sua chegada às Índias. Esse "equívoco", como adverte Karnal, foi normatizado no seio de um discurso sobre raça que se formava e imbricado a uma construção hierárquica de valores que, por sua vez, foram respaldados em uma dada suposição de diferenças biológicas, psíquicas e intelectuais entre os indivíduos. Para Quijano (2005), a ideia de raça, oriunda dessas novas identidades sociais, estabeleceu-se em concomitância com o modelo de dominação econômica que se fortalecia com o andamento do projeto colonial, ao mesmo tempo que lhe garantia legitimação.

14.3.2 Diversidade indígena

A heterogeneidade que caracteriza a população indígena brasileira manifesta-se sob três aspectos: biológico, linguístico e cultural.

Biológica. Etnicamente, o conjunto da população indígena brasileira pertence ao *stock* racial mongoloide, tendo, portanto, uma origem comum, cujos caracteres físicos frequentes entre eles os aproximam dos asiáticos: pigmentação da pele, olho mongólico, cor e forma dos cabelos, maçãs do rosto salientes, poucos pelos no corpo etc. As diferenças são notáveis quanto à estatura: uns são muito altos, como os Bororo (MT), antes do contato com os brancos; outros pequenos, como os Guató (MT). Quanto à cor da pele, varia do amarelo-claro ao escuro.

Linguística. Curt Nimuendajú, antropólogo alemão que dedicou sua vida aos indígenas brasileiros, elaborou um mapa etno-histórico do Brasil, no qual foram registradas 1.400 tribos pertencentes a 40 famílias linguísticas. Seu levantamento abrangeu todos os grupos conhecidos desde 1500. Em relação a toda a América, encontrou 900 línguas, no século XVI.

Não se pode, assim, falar em unidade linguística, nem para a América, nem para o Brasil. Fonética e gramaticalmente, as línguas diferem entre si. A cada cultura corresponde uma língua própria, que é falada por todos os grupos que a ela pertencem, mesmo estando distanciados uns dos outros. **Exemplo:** o tupi é falado tanto pelos Mawé (AM), como pelos Urubus-Kaapor (MA) e Guarani (MS). É a língua mais difundida no Brasil, tornando-se, no passado, a "língua geral", falada por índios e colonizadores.

Cultural. A heterogeneidade biológica e linguística é acompanhada pela heterogeneidade cultural. Padrões e valores diferem essencialmente de uma família para outra, e as diferenças culturais podem surgir mesmo entre grupos pertencentes à mesma família linguística. Pode ocorrer também que, em determinadas regiões, diferentes famílias, por influências de contato, apresentem afinidades culturais (similitudes nos usos e costumes).

É possível, assim, agrupar as tribos em áreas culturais, nas quais os grupos localizados são classificados linguística e culturalmente, uma vez que têm em comum alguns traços culturais. Steward, por exemplo, formulou uma classificação cultural que abrange toda a América do Sul.

Com relação ao Brasil, as áreas culturais foram caracterizadas por Eduardo Galvão (1979, p. 193), que, para tanto, considerou o espaço de tempo compreendido entre 1900 e 1959 e os grupos sobreviventes, levando em conta a distribuição de elementos da cultura material e aspectos socioculturais.

Uma série de fatores, como as relações intertribais e interétnicas e as mudanças resultantes, permitiu a delimitação de onze áreas culturais.

Quadro 14.1 – Áreas culturais

ÁREAS	GRUPOS INDÍGENAS
Norte-Amazônica (três subáreas)	Makuxi, Oiampi, Maku, Tukuna etc.
Juruá-Purus	Yamamadi, Kaxinawa, Katukina etc.

continua

220 Capítulo 14

ÁREAS	GRUPOS INDÍGENAS
Guaporé (três subáreas)	
Tapajós-Madeira (duas subáreas)	Munduruku, Mawé, outros grupos Tupi
Alto Xingu	Kamayurá, Waurá, Bakairi, Suyá etc.
Tocantins-Xingu (três subáreas)	Bororo, Apinayé, Xavante, Kayapó, Karajá etc.
Pindaré-Gurupi	Tenetehara, Urubus-Kaapor, Guajá etc.
Paraguai	Kadiwéu, Terêna
Paraná	Nandeva, Kawiá, Mbuá (Guarani)
Tietê-Uruguai	Kaingáng
Nordeste	Funiô, Potiguara, Pataxó, Maxakali etc.

De todas essas áreas, a mais homogênea é a do Alto Xingu, graças ao número avantajado de elementos culturais comuns a todas as tribos.

14.3.3 Troncos ou famílias linguísticas

Entende-se por tronco ou família linguística o conjunto de grupos tribais portadores de línguas semelhantes, conservadas pelos membros de uma mesma família, que pode integrar vários grupos. As semelhanças são explicadas por uma origem comum – que no passado foi uma só e mesma língua.

A primeira classificação linguística dos índios do Brasil dividiu-os em dois grupos: Tupi e Tapuia, e persistiu por largo tempo:

a. *Tupi*: numerosos grupos litorâneos que falavam a "língua boa" (tupi) e apresentavam homogeneidade cultural.

b. *Tapuia*: considerados de "língua travada", eram os habitantes do sertão, inimigos dos Tupi.

Na verdade, Tapuia nunca foi um grupo indígena, e para os Tupi significava toda tribo inimiga, aqueles que não falavam sua língua.

Entre os grupos Tupi ou Tupi-guarani quinhentistas, figuram os Tupinambá, os Tamoios, os Tupinikim, os Goitacá, os Temiminó, os Tape, os Caeté, os Tabajara, os Potiguara etc., ocupando uma faixa ao longo do litoral de Norte a Sul.

É o tronco linguístico de maior influência na cultura e na sociedade brasileira. Por três séculos foi a língua mais falada no Brasil. Eram povos horticultores, sedentários, mas migravam com frequência, principalmente em busca da "Terra sem males", o paraíso terrestre desses índios.

Tapuia eram os grupos não Tupi, considerados pertencentes à família Jê e a outras isoladas. Os Jê sempre foram considerados os mais atrasados do Brasil (pesquisas posteriores provaram o contrário) e são genuinamente brasileiros, uma vez que a cultura Jê não existe fora do Brasil. Entre seus representantes estão os Botocudos, os Kayapó, os Kariri etc.

Contatos posteriores vieram demonstrar a multiplicidade de famílias linguísticas e línguas isoladas que configuraram o Brasil indígena. Foram numerosas no passado. Hoje, estão divididas em quatro grandes troncos: Tupi, Macro-Jê, Aruák e Karib; dois menores: Pano e Xirianá; e dezenas de línguas isoladas. Por exemplo:

a. *Tronco Tupi*: 26 grupos, reunidos em sete famílias;

Tupi-Guarani (a mais importante e numerosa), Juruna, Arikêm, Tupari, Ramarama, Mondé e Puruborá.

b. *Tronco Macro-Jê*: 18 grupos, reunidos em três ou cinco famílias:

Jê (a mais numerosa), Kayapó, Xikrin, Gaviões, Apinajé etc.; Maxakali e Fulniô.

c. *Tronco Aruák*: 23 grupos, duas famílias:

Aruák (a mais numerosa), Apurinã, Palikur, Waurá, Paresi etc.; Arauá.

Sendo a língua a esfera mais persistente da cultura, o seu conhecimento e registro são tarefas urgentes antes que desapareça. A atuação do *Summer Institute of Linguistics*, embora eficiente e louvável, viu-se interrompida por uma série de razões que não justificam sua exclusão do território nacional (MAGALHÃES, 1981).

14.4 Índios e brancos no Brasil

A expansão da civilização em território brasileiro atingiu os agrupamentos indígenas, provocando situações de contato diferenciadas no tempo e no espaço.

A perspectiva histórica tem demonstrado que, nesses quatro séculos e meio, poucos são os grupos tribais que escaparam ao impacto destruidor da civilização. Os grupos litorâneos foram os primeiros a sofrer as consequências da presença do homem branco e acabaram sendo subjugados ou dizimados. Posteriormente, no século XIX e principalmente no século XX, novos grupos foram alcançados no interior do país pelas frentes pioneiras da sociedade nacional, na sua expansão em direção ao Oeste.

O contato índios e não índios deu origem a um processo de aculturação chamado por Roberto Cardoso de Oliveira (1972, p. 17) de fricção interétnica, no sentido de oposição entre a ordem tribal e a ordem nacional. Como salienta o autor, trata-se de relações de oposição entre sociedades diferentes e não sociedades contrárias, em que a existência de

Capítulo 14

uma tende a negar a da outra. O que vem ocorrendo no Brasil é que o contato interétnico (entre grupos de culturas e etnias diferentes) tem favorecido os civilizados (cultura dominante) em detrimento dos grupos tribais (subjugados), que vêm sofrendo os efeitos da destribalização, da depopulação, da desorganização tribal etc., quando não são destruídos totalmente e desaparecem como unidade étnicas.

14.4.1 Os primeiros contatos e o escambo (século XVI)

Ao aportar no Brasil, Cabral entra em contato com os Tupinikim, grupo tribal de filiação linguística Tupi-guarani, localizado na Baía Cabrália (sul da Bahia). É um grupo de fala Tupi, como os demais que participaram da obra da colonização. A unidade linguística litorânea favoreceu sobremaneira o colonizador, que, no decurso do século XVI, se valeu do numeroso contingente indígena de duas maneiras:

a. apropriação de suas terras economicamente rentáveis;
b. apropriação do indígena como mão de obra indispensável e largamente utilizada.

As terras litorâneas foram progressivamente ocupadas, e os indígenas, violenta ou pacificamente, iam acomodando-se à nova situação, não sendo escravizados, a não ser esporadicamente.

Desenvolve-se entre índios e brancos o **escambo**, um comércio baseado na troca de mercadorias: produtos tropicais da terra, como pau-brasil, farinha de mandioca etc., por objetos trazidos pelos europeus. A exploração e a colonização do Brasil dependeram, durante as primeiras décadas quinhentistas, do fornecimento indígena que facilitava a manutenção da população.

Quando o escambo se torna inoperante, o índio é transformado em escravo e somente se livra dessa condição em meados do século XVIII (1757). O governo português, repetidas vezes, proibiu a escravidão, mas autorizava a "guerra justa" contra índios arredios e hostis, escravizando os que caíssem prisioneiros.

Apesar da monetização da sociedade moderna, o escambo continua fazendo parte do cotidiano, como quando um amigo oferece a outro consertar seu computador em troca de uma carona, ou uma criança na escola oferece uma bolacha de seu lanche em troca de uma bala do seu colega e/ou apresenta algo em forma de crédito, promessa de futuro pagamento.

Para Campi (2011), a prática do escambo vem se revitalizando com a internet, por meio de sítios na web para troca *on-line* de mercadorias e serviços. Através da web se adapta a antiga prática do escambo à era digital com a criação de websites que oferecem a troca, aluguel, empréstimo e até doações de qualquer tipo de bem, sem equiparação de valor. As ofertas são as mais inusitadas possíveis. Vão desde o aluguel de carros por períodos fracionados em horas, empréstimo de furadeira para uma reforma rápida ou a troca de um livro que estava encostado na estante.

14.4.2 A interiorização do Brasil (séculos XVII e XVIII)

No período da União Ibérica, a Linha de Tordesilhas ficou sem efeito, permitindo um avanço do território brasileiro rumo ao interior. Duas formas básicas de expedições foram responsáveis pelo avanço ao Oeste, as Entradas e as Bandeiras:

– Entradas: patrocinadas pelo governo colonial, visava uma expansão, respeitando os limites da Linha de Tordesilhas. Eram feitas desde o período inicial da colonização.

– Bandeiras: organizadas por particulares, sobretudo da região onde atualmente fica o estado de São Paulo (MUNDO EDUCAÇÃO, S/D).

Vastas regiões interioranas despertaram o interesse do colonizador. Sua ocupação foi efetivada pela penetração pelos sertões, regiões propícias à criação de gado, indispensável à manutenção da população.

No interior do Nordeste e pelo rio São Francisco, a expansão pastoril alcançou a população indígena local, que reage violentamente à presença do criador branco. Muitos são trucidados e os sobreviventes transformados em escravos. Outros, mais conformistas, conseguiram sobreviver, embora dominados pelos criadores e colonos e recebendo alguma proteção dos missionários.

Entre os grupos mais atingidos estão os Potiguara, os Xukuru, os Fulni-ô ou Carijó e muitos outros, dos quais restam poucos remanescentes que ainda conservam alguns costumes tribais. Esforçam-se por não perder sua identidade índia e são alvo do desprezo das populações sertanejas.

A expansão pastoril contribuiu para despovoar e descolonizar o Nordeste, de onde o homem era tirado para dar lugar ao gado.

A ocupação do Maranhão e do Pará foi também acompanhada de choques armados entre brancos e índios, que resistiam bravamente à invasão de suas terras, mas tinham sempre de afastar-se para ceder lugar ao gado que se multiplicava.

A exploração dos produtos nativos, as "drogas do sertão", exigia mão de obra indígena, que, além de farta e barata, era adaptada à região. Expedições de caça ao índio sucediam-se, alcançando os altos rios para desbravar e resgatá-los. São os chamados "descimentos", ou seja, buscar, aldear e repartir os índios para o serviço dos jesuítas, dos colonos e para a manutenção dos próprios aldeamentos. Os habitantes da terra assim obtidos eram aldeados e escravizados (forma disfarçada de escravidão).

Esse tratamento dado ao índio pelos colonos e jesuítas provocava atitudes do governo colonial, que continuava proibindo e autorizando a escravização indígena, usando para isso o recurso das "guerras justas".

No Sul do Brasil, a terra dos Guarani passa também a ser ocupada. Instalam-se aí as reduções jesuíticas, onde os índios estavam a salvo do cativeiro dos espanhóis. Mas não se livraram dos bandeirantes paulistas, que as invadiam e arrebanhavam aqueles indivíduos a fim de vendê-los como escravos. Era a "República dos Guarani" atingida pelo bandeirismo na caça ao índio.

Também os bandeirantes, na busca do ouro e de pedras preciosas, contataram numerosas tribos em Goiás e Mato Grosso: os Guaicuru, os Paiaguá, os Paresi, os Terena, os Bo-

224 Capítulo 14

roro, os Kayapó etc. Os índios opuseram grande resistência, muitos foram mortos, milhares exterminados, mas um extenso território foi conhecido e incorporado à Coroa portuguesa.

A introdução da mão de obra negra, desde meados do século XVI, a rarefação da mão de obra indígena e a transformação das aldeias em povoados, tornando dispensável a atuação jesuítica, levaram à extinção da escravidão indígena em 1757. Em 1759, os jesuítas são expulsos do Brasil, onde desenvolviam uma política etnocêntrica que resultou em violência, escravidão e morte para os índios.

14.4.3 O século XIX

Após a expulsão dos jesuítas, os índios são submetidos ao regime do diretório do governo pombalino. Esta mudança em nada beneficiou as populações tribais, principalmente no Norte do país. Na metade do século XIX, o interesse econômico foi canalizado para a extração da borracha, e, mais uma vez, a mão de obra indígena não pôde ser dispensada.

Novos grupos indígenas são contatados, como os Maué, os Munkuruku e os Mura, que, envolvendo-se no movimento nativista chamado Cabanagem (1834), foram seriamente reprimidos, suas aldeias invadidas e os indígenas dispersados.

Também no Brasil Central ocorre o extermínio de tribos inteiras pela ação de grupos armados que tinham como objetivo o desaparecimento dessa população, que impedia o progresso. Para tanto, lançavam mão de métodos degradantes, como cita Berta Ribeiro (1983, p. 71):

> envenenar as águas com estricnina, deixar roupas contaminadas de varíola, botar fogo nas aldeias para dispersar os índios, aprisionar as mulheres e crianças para atrair os homens e outras formas mais sutis e depravadoras, como oferta de bugigangas e de cachaça, para amolecer as vontades e a consciência.

Para Almeida (2012), nas sessões do Instituto Histórico e Geográfico Brasileiro (IHGB), criado em 1838, os intelectuais debatiam o tema, construindo histórias nas quais os índios eram valorizados em períodos anteriores, enquanto desconsideravam os grupos coevos presentes e atuantes nas sociedades nas quais se inseriam. Razões políticas, ideológicas e socioeconômicas articulavam-se, portanto, na construção de discursos e imagens sobre os índios que contribuíam para lhes retirar o papel de sujeitos históricos.

Em nossos dias, essas concepções vão sendo desmontadas. No palco da história, os índios vão, lentamente, passando da invisibilidade construída no século XIX para o protagonismo conquistado e restituído nos séculos XX e XXI por movimentos políticos e intelectuais nos quais eles próprios têm tido intensa participação (projeto Rondon).

14.4.4 População indígena no século XX

Foram pouco numerosos os grupos indígenas que, nos séculos anteriores, sofrendo todo tipo de compulsão e coerção, conseguiram sobreviver, apesar de submetidos aos processos aculturativos e à miscigenação.

No Quadro 14.2 podem ser acompanhadas, a partir do século XVI, as principais medidas de proteção aos índios e, no século XX, a evolução do processo de conquista de direitos.

Quadro 14.2 – Principais medidas de proteção aos indígenas

1570	Primeira lei contra o cativeiro indígena	Essa lei só permitia a escravização dos indígenas com a alegação de "guerra justa"
1609	Lei que reafirmou a liberdade dos índios do Brasil	Importante lei que tentou garantir novamente a liberdade dos índios, ameaçada pelos interesses dos colonos
1686	Decretação do "Regimento das Missões"	Estabeleceu a base de regulamentação do trabalho missionário e do fornecimento de mão de-obra indígena no Estado do Maranhão e Grão-Pará
1755	Aprovado o Diretório, que visava à integração do índio na vida da colônia	Proibia definitivamente a escravidão indígena
1758	Fim da escravidão indígena: Diretório foi estendido a toda a América Portuguesa	Secularização da administração dos aldeamentos indígenas: abolida a escravidão, a tutela das ordens religiosas das aldeias e proclamados os nativos vassalos da Coroa
1798	Abolido o Diretório	O espírito "integrador" desse Diretório conservaria a sua força na legislação do Império Brasileiro
1845	Aprovado o Regulamento das Missões	Renova o objetivo do Diretório, e visava, portanto, à "completa assimilação dos índios"
1910	Criação do Serviço de Proteção aos Índios (SPI)	O Estado republicano tutelou os indígenas
1952	Rondon criou o projeto do Parque Nacional do Xingu	Objetivo era criar uma área de proteção aos indígenas
1967	Criação da Fundação Nacional do Índio (FUNAI)	Substituiu o extinto SPI na administração das questões indígenas
1979	Criação da União das Nações Indígenas	Primeira tentativa de defesa da cultura indígena, importante para a consagração dos direitos dos índios na Constituição de 1988

Fonte: Instituto Brasileiro de Geografia e Estatística (IBGE), 2018.

A população indígena é formada por uma multiplicidade de tribos, linguística e culturalmente diversificadas, confinadas em aldeias ou postos indígenas. O número de indivíduos que compõem esses grupos é, em geral, pequeno. Segundo Darcy Ribeiro (1977):

Grupos com menos de 250 pessoas	51
Grupos com mais de 1.000 pessoas	58
Grupos com 2.000 pessoas	06
Grupos com 5.000 pessoas	01

A maior parte da população indígena brasileira está concentrada na Amazônia, seguida do Brasil Central, Oriental e Região Sul, nas seguintes proporções:

Distribuição da população indígena – IBGE – 2010

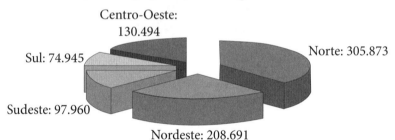

Fonte: FUNAI – Índios no Brasil. (S/D)

Gráfico 14.1 – População indígena.

As áreas com maior densidade indígena são aquelas hoje cobiçadas pela colonização em seus empreendimentos de caráter socioeconômico. A exploração extrativista, agrícola, pastoril ou de outra natureza, a necessidade de mão de obra barata e a falha intervenção protecionista farão repetir no presente os fatos do passado, de certa forma atenuados pela atuação da Comissão Rondon e pela Fundação do Serviço de Proteção aos Índios.

A ambição pela ocupação das terras continuava a exigir o deslocamento dos grupos tribais e os contatos eram inevitáveis. Grupos de índios refugiavam-se nas matas: os Kamakân e os Pataxó, na Bahia; os Botocudos, em Minas Gerais: os Kaingáng, em São Paulo (alcançados pela abertura da Estrada de Ferro Noroeste do Brasil); os Xokléng, em Santa Catarina, e muitos outros.

As consequências da penetração dos brancos nos territórios tribais são drásticas para a população indígena, cuja tendência é o desaparecimento, em virtude de:

a. diminuição ou perda do território tribal;
b. aquisição de doenças, para as quais não têm imunidade;
c. perda da autonomia econômica e política;

d. depopulação e destribalização;

e. surgimento de necessidades que não podem ser satisfeitas.

A posse das terras é de fundamental importância para os indígenas, a fim de que possam viver e obter sua subsistência. Entretanto, a demarcação desses territórios não é feita previamente, isto é, antes da atração do grupo; posteriormente, ela dificilmente se efetiva.

– **Modalidades de Terras Indígenas.** Nos termos da legislação vigente (CF/1988, Lei n. 6.001/1973 – Estatuto do Índio, Decreto n. 1.775/1996), as terras indígenas podem ser classificadas nas seguintes modalidades:

- **Terras Indígenas Tradicionalmente Ocupadas:** São as terras indígenas de que trata o art. 231 da Constituição Federal de 1988, direito originário dos povos indígenas, cujo processo de demarcação é disciplinado pelo Decreto n. 1.775/1996.

- **Reservas Indígenas:** São terras doadas por terceiros, adquiridas ou desapropriadas pela União, que se destinam à posse permanente dos povos indígenas. São terras que também pertencem ao patrimônio da União, mas não se confundem com as terras de ocupação tradicional. Existem terras indígenas, no entanto, que foram reservadas pelos estados-membros, principalmente durante a primeira metade do século XX, que são reconhecidas como de ocupação tradicional.

- **Terras Dominiais:** São as terras de propriedade das comunidades indígenas, havidas, por qualquer das formas de aquisição do domínio, nos termos da legislação civil.

- **Interditadas:** São áreas interditadas pela Funai para proteção dos povos e grupos indígenas isolados, com o estabelecimento de restrição de ingresso e trânsito de terceiros na área. A interdição da área pode ser realizada concomitantemente ou não com o processo de demarcação, disciplinado pelo Decreto n. 1.775/1996 (FUNAI, S/D).

As fases do procedimento demarcatório das terras tradicionalmente ocupadas, descritas no Quadro 14.3, são definidas por Decreto da Presidência da República.

Quadro 14.3 – Fases do procedimento demarcatório das terras tradicionalmente ocupadas

FASE DO PROCESSO	QUANTIDADE	SUPERFÍCIE (HA)
Delimitada	43	2.219.513,9658
Declarada	73	7.602.655,2123
Homologada	13	1.497.048,9576
Regularizada	436	105.714.670,4501
Total	565	117.033.888,5858

continua

228 Capítulo 14

FASE DO PROCESSO	QUANTIDADE	SUPERFÍCIE (HA)
Em estudo	114	0,0000
Portaria de interdição	6	1.080.740,0000

Fonte: FUNAI – Índios no Brasil (S/D).

14.5 Aculturação indígena

Aculturação é a fusão de duas culturas diferentes, que, entrando em contato contínuo, originam mudanças nos padrões da cultura de ambos os grupos. Pode abranger numerosos traços culturais, apesar de, na troca recíproca entre as duas culturas, um grupo dar mais e receber menos. Dos contatos íntimos e contínuos entre culturas e sociedades diferentes resulta um intercâmbio de elementos culturais. Com o passar do tempo, essas culturas fundem-se para formar uma sociedade e uma cultura nova. O exemplo mais comum relaciona-se com as grandes conquistas (ver Capítulo 2).

14.5.1 Frentes de expansão da sociedade nacional

As várias comunidades indígenas diferenciadas estruturalmente entram em contato com frentes pioneiras de natureza socioeconômica também diversificada. Cada uma delas, seja a extrativa, a agrícola ou a pastoril, integra ou destrói o índio, conforme o seu caráter de empresas capitalistas que veem no mundo tribal um obstáculo à sua expansão.

Essas frentes de expansão, também chamadas pioneiras, são integradas por indivíduos da sociedade nacional que, estimulados por interesses econômicos, se propõem a explorar partes do território ainda não ocupadas pelos civilizados, mas habitadas, em geral, por grupos indígenas.

a. *Frente extrativa*: caracteriza-se pelo interesse na extração mineral, vegetal ou animal, por exemplo, a exploração do pau-brasil e a procura das drogas do sertão, no passado; contemporaneamente, a extração do látex e da castanha na Amazônia e da erva-mate no Sul do Brasil. Se no passado os contatos eram mais ou menos pacíficos, hoje revestem-se de grande agressividade contra o índio, provocando sua destribalização e quase destruição. Mulheres e crianças são confinadas e violentadas, enquanto os homens são utilizados como mão de obra mal remunerada, quase gratuita, sempre oprimidos pelos civilizados.

Entre os numerosos grupos indígenas atingidos pela frente extrativa estão os Tukuna do Alto Solimões, estudados por Roberto Cardoso de Oliveira (1972); os Suruí, os Assurini e os Gaviões do médio Tocantins, estudados por Roque de B. Laraia e Roberto da Matta (1967).

b. *Frente agrícola*: tem suas raízes no Brasil colonial, quando o plantio da cana-de-açúcar exigia a ampliação da lavoura canavieira. Os índios, desalojados de suas aldeias, eram empurrados para mais longe, e suas terras entregues a novos donos. O mesmo ocorreu no século XVIII, no Maranhão, com o cultivo do arroz e do algodão; no século XX,

O Indígena Brasileiro 229

com a expansão agrícola de colonos europeus em Santa Catarina. Numerosas outras situações poderiam ser citadas, mas, basicamente, o interesse de todas centrava-se na posse das terras indígenas, nas quais seus legítimos donos eram utilizados como escravos.

Entre os grupos que sofreram o impacto da frente agrícola estão os Maxakali, os Botocudo, os Kamakân, os Pataxó, os Kaingáng, os Xokléng e numerosos outros grupos dos quais, ainda hoje, podem-se encontrar alguns remanescentes.

c. Frente pastoril: o interesse dessa frente está também na posse da terra indígena, a fim de transformá-la em pastagem. O elemento humano deve ser substituído pelo gado, cujos cuidados exigem mão de obra reduzida. É uma frente violenta, cuja agressividade foi registrada no passado, tendo dizimado numerosas tribos, e continua no presente.

Grupos tribais atingidos pela frente pastoril: os Potiguara, os Xukuru, os Fulniô etc., no Nordeste; os Timbira, no Maranhão; os Akwéx-Xavante, os Karajá, os Kayapó, os Xerente, os Bororo, no Brasil Central; os Kadiwéu, os Guató, os Guarani, no sul do Mato Grosso; os Oti, do oeste paulista. Muitos estão extintos.

Darcy Ribeiro (1977, p. 13), considerando o impacto da civilização sobre as populações tribais, prefere a expressão *transfiguração étnica*, em vez de *aculturação* ou *assimilação*. Ele a entende como

> o processo através do qual as populações tribais que se defrontam com sociedades nacionais preenchem os requisitos necessários à sua persistência como entidades étnicas, mediante sucessivas alterações em seu substrato biológico, em sua cultura e em suas formas de relação com a sociedade envolvente.

Seus estudos o levaram a concluir que não houve propriamente assimilação e sim transfigurações étnicas, pois muitos grupos foram exterminados, e os que conseguiram sobreviver permanecem índios, dificilmente se diluindo na sociedade nacional.

14.5.2 Integração dos grupos tribais à sociedade nacional

Os grupos indígenas, em sua maioria, mantêm contato com a sociedade nacional, sendo poucos os que se conservam isolados, escapando às influências civilizatórias.

São quatro as categorias de grupos tribais classificados quanto ao grau de contato:

a. Grupos isolados: ocupando regiões não alcançadas pela civilização, esses grupos arredios e hostis ainda não foram contatados, conservando sua autonomia tribal e seu efetivo demográfico. Em 1900, esses grupos eram estimados em 105 tribos. Em 1957, foram reduzidos para 33. **Exemplos**: os Ava-Canceiros, os Xiriana, os Waimiri e os Tiriyó.

b. Grupos em contatos intermitentes: são aqueles que começam a ser atingidos pela sociedade nacional, tendo sua autonomia cultural ameaçada pelos contatos esporádicos que tendem a se tornar efetivos. Criam no índio certa dependência em relação aos civilizados, dos quais pretendem obter objetos e instrumentos que lhes são indispensáveis. Em 1900, havia 57 grupos nessa condição. Ficaram reduzidos a 27, em 1957. **Exemplos**: os Kayabi, os Urubus-Kaapor, os Waurá, os Kalapalo, os Xikrin e os Trumai.

c. Grupos em contatos permanentes: nesta categoria, a dependência em relação ao civilizado é quase total, estando sujeitos a todos os tipos de compulsões e coerções. Mantendo contatos permanentes com a sociedade nacional, perdem sua autonomia sociocultural, conservando, contudo, traços da cultura original. Em 1900, contavam-se 30 grupos indígenas. Em 1957, o número aumentou para 45. **Exemplos:** os Tapirapé, os Yamamadi, os Taulipang, os Krahó, os Bororo, os Xavante, os Karajá etc.

d. *Grupos integrados*: são aqueles que, tendo passado pelas etapas precedentes, conseguiram sobreviver. Mesmo considerados integrados, conservam-se ilhados em relação à sociedade nacional, como reserva de mão de obra. Em geral estão descaracterizados, tendo perdido sua língua e cultura original, assemelhando-se mais a um caboclo. Todavia, conservam a todo custo sua identidade índia, com crescente participação na vida socioeconômica da sociedade nacional. Em 1900, havia 29 tribos na condição de integradas, que foram aumentadas para 38, em 1957. **Exemplos:** os Guarani, os Mawé, os Paresi, os Terena, os Makuxi, os Kaingáng, os Xokléng, os Fulniô etc.

Figura 14.2 – Indígena guarani vendendo artesanato.

Das quatro categorias de contato, os grupos que oferecem condições ideais de pesquisas são os que se encontram em contato intermitente. Conservam ainda sua cultura original quase intacta. É um grau de contato que favorece a permanência do pesquisador no campo. O mesmo não acontece com os isolados, e a pesquisa entre eles é praticamente impossível. Os grupos em contato permanente são sempre visitados pelos pesquisadores, enquanto os integrados, mesmo descaracterizados, têm despertado o interesse dos etnólogos em geral.

Para a Fundação Nacional do Índio (Funai), a atual população indígena do Brasil é de aproximadamente 818 mil indivíduos, representando 0,4% da população brasileira. Vivendo em aldeias somam 503 mil indígenas. Há, contudo, estimativas de que existam 315 mil vivendo fora das terras indígenas, inclusive em áreas urbanas (FUNAI, S/D).

Segundo essa fundação, a população indígena vem aumentando de forma contínua, a uma taxa de crescimento de 3,5% ao ano. Esse número tende a crescer devido à continuidade dos esforços de proteção dos índios brasileiros, queda dos índices de mortalidade, em razão da melhora na prestação de serviços de saúde, e de taxas de natalidade superiores à média nacional.

De acordo com dados recentes da Funai, o Brasil possui uma imensa diversidade étnica e linguística, estando entre as maiores do mundo. São 215 sociedades indígenas, mais cerca de 55 grupos de índios isolados, sob os quais ainda não há informações objetivas, 180 línguas, pelo menos, são faladas pelos membros dessas sociedades, as quais pertencem mais de 30 famílias linguísticas diferentes. Ainda, existem cerca de 53 grupos ainda não contatados, além daqueles que esperam reconhecimento de sua condição indígena junto ao órgão federal indigenista.

Atualmente, as principais etnias indígenas brasileiras e suas populações estimadas são as seguintes:

Ticuna	35.000
Guarani	30.000
Caiagangue ou Caigangue	25.000
Macuxi	20.000
Terena	16.000
Guajajara	14.000
Xavante	12.000
Ianomâmi	12.000
Pataxó	9.700
Potiguara	7.700

14.6 Aculturação intertribal

Entende-se por aculturação intertribal o fenômeno que se verifica quando grupos tribais, portadores de culturas e línguas diferentes, entram em contato. Etnicamente iguais, culturalmente diferentes, influenciam-se mutuamente, vivendo em contato permanente e, geralmente, pacífico.

Várias são as áreas de aculturação intertribal no Brasil. Entre elas, a mais representativa é a do Alto Xingu, no Brasil Central, onde a coexistência de cinco famílias linguísticas deu origem à cultura xinguana. Na área da Guiana Brasileira, convivem tribos de

232 **Capítulo 14**

língua Karib e Aruák. Na área do Rio Negro, contatam-se grupos Arák, Tukano e Maku. Ao sul do Pantanal Mato-grossense, processa-se a aculturação entre tribos Kadiwéu e Terena e outros grupos Guaná.

Nessas áreas de intenso intercâmbio cultural, as relações interétnicas levam a duas situações peculiares:

a. estabelece-se uma estratificação étnica, isto é, uma tribo predominará sobre as demais, como acontece entre os Kadiwéu e os Terena;
b. as relações desenvolvem-se sem que haja o predomínio de uma tribo sobre as demais. O exemplo clássico é o da área do Alto Xingu.

O Alto Xingu é uma região altamente individualizada, graças às suas peculiaridades não encontradas em nenhuma outra área do Brasil.

Numa verdadeira mesopotâmia, convivem há longo tempo representantes de cinco famílias linguísticas distintas: Tupi, Jê, Aruák, Karib e Trumai. Em 1884, Karl von den Steinen, em sua primeira expedição, encontrou 39 aldeias, com um montante populacional de 3 mil indivíduos, assim distribuídos:

1. Tupi-guarani – Kamayurá (4 aldeias), Aweti (1).
2. Aruák – Waurá (2), Mehimaku (2), Yaulapiti (2), Kustenau (1).
3. Jê – Suyá (1).
4. Karib – Bakairi (8), Nahuquá (15).
5. Trumai – Trumai (2).

O que mais chama a atenção no Alto Xingu é sua unidade e pluralidade, que mereceu estudos de vários etnólogos, entre eles, Egon Schaden (1969, p. 65).

Na área cultural xinguana, a interação de sociedades distintas levou a uma homogeneização cultural. Contudo, a autonomia de cada grupo foi respeitada, assim como sua língua, não havendo o predomínio de uma sobre as demais.

Por meio de um processo de adaptação ecológica e cultural, formou-se uma nova e única sociedade, a sociedade xinguana, caracterizada por grande uniformidade de padrões culturais que foram adotados pelos diferentes grupos que a integram:

a. aldeia de forma circular e casas elípticas cobertas de sapé;
b. no pátio, a casa das flautas e a gaiola do gavião real;
c. uso do beiju e ausência de bebidas fermentadas;
d. supremacia da pesca sobre a caça;
e. uso do uluri (tanga feminina), colares de concha, redes etc.;
f. bancos e vasos zoomórficos;
g. família extensa, com descendência bilateral;
h. residência patrilocal;
i. xamanismo, festas dos mortos (Kuarup);
j. comércio intertribal (moitará).

As dificuldades de acesso à região e outros fatores impediram a penetração das frentes de expansão em seu território. Mesmo assim, contatos esporádicos provocaram certas mudanças, mas a cultura original persiste graças ao conservantismo dos grupos xinguanos.

14.7 Política indigenista brasileira

14.7.1 Antecedentes

No desenvolver do processo histórico brasileiro, a população indígena sempre foi alvo de medidas de caráter protecionista, que visavam precipuamente à sua defesa ante as arbitrariedades contra ela cometidas. Cabe destacar o Serviço de Proteção ao Índio (SPI) e a Fundação Nacional do Índio (Funai).

14.7.2 Serviço de Proteção aos Índios (SPI)

O advento do século XX exigiu a oficialização da política indigenista por meio da criação de um órgão oficial que ordenasse as relações entre índios e brancos. A adoção de tais medidas era da maior urgência, perante a ocupação progressiva do território nacional e do inevitável contato das frentes colonizadoras com a população tribal regional.

Em 1910, é criado o Serviço de Proteção aos Índios (SPI), órgão da Administração Pública Federal, à frente do qual se colocou o Marechal Rondon. O SPI foi criado num momento histórico em que predominavam, ainda, as antigas ideias evolucionistas sobre a humanidade e seu desenvolvimento por estágios, baseadas em uma ideologia etnocêntrica e nas teorias raciais características da passagem do século XIX para o XX. Por isso, o ordenamento jurídico vigente à época considerava os índios indivíduos "relativamente incapazes", estabelecendo a figura jurídica da tutela, incorporando a prática da assimilação desses povos à sociedade nacional e desconsiderando o conceito de garantia de sua reprodução física e cultural (FUNAI, S/D).

Com o SPI, inaugura-se uma nova política protecionista, cujas propostas visavam basicamente à assistência, à defesa e à proteção dos silvícolas, por meio dos seguintes princípios humanísticos:

a. Garantir a posse dos territórios tribais.
b. Proteger o índio em seu próprio território, evitando seu deslocamento e, consequentemente, a desorganização da vida tribal.
c. Garantir a autonomia tribal, preservando sua cultura original (seus padrões, suas crenças, seus valores, sua língua).
d. Proibir o desmembramento da família indígena, sob qualquer pretexto.
e. Assegurar seus direitos de cidadão, respeitando sua condição de índio, no que tange aos seus deveres.
f. Punir crimes praticados contra índios.

234   Capítulo 14

Nos anos subsequentes, novas disposições foram acrescentadas, como passagem da tutela orfanológica do índio para a tutela do Estado; começo da demarcação das terras indígenas; posse das riquezas naturais, garantindo a emancipação econômica das tribos; criação de "conselhos de índios" para os grupos mais aculturados, tendo uma série de atribuições de seu interesse.

Outras medidas de caráter social, educacional, econômico etc. foram determinadas, mas não efetivadas, em razão dos sérios empecilhos para a prática dessa política.

Os contatos prosseguiram e os fatos repetiam-se com a mesma frequência do passado:

a. Redução do território tribal, onde os índios se achavam cada vez mais pressionados.

b. De população progressiva e acelerada, ante a doenças, ataques armados, envenenamentos das águas e dos alimentos etc.

c. Perda do *ethos* tribal e, consequentemente, da autonomia e dos padrões tradicionais.

d. Destribalização, depauperamento, desilusão.

Embora tenham sido esses os resultados da política indigenista, deve-se mencionar a ação humanitária do Marechal Rondon e de seus companheiros, que tinham como princípio norteador o lema: "morrer, se preciso for; matar, nunca". Conseguiram assim atenuar a violência dos contatos, pacificando as tribos hostis e permitindo a expansão da sociedade nacional, evitando conflitos armados entre índios e civilizados.

As pacificações levadas a efeito pelos integrantes do SPI, ideologicamente preparados por Rondon, obedeceram incondicionalmente às técnicas por ele preconizadas para essas situações específicas. Assim, foram pacificados, entre outros, os Botocudo (vale do Rio Doce), Minas Gerais e Espírito Santo; os Kaingáng, do Oeste paulista; os Xavante (rio das Mortes), em Mato Grosso; os Kayapó (médio Xingu).

Enquanto Rondon se manteve à frente do SPI, a instituição sobreviveu. Com o seu afastamento, a partir de 1930, os problemas indígenas aumentaram ainda mais: numerosas tribos pacificadas e atraídas ao convívio nacional esperavam a suposta ajuda que nem sempre o SPI pôde dispensar-lhes.

Em geral, a história do SPI é, em grande parte, marcada pela presença de dirigentes incapazes de entender uma obra como a proteção aos índios e totalmente despreparados para a sua execução. Os índios tornaram-se tutelados do governo federal, um direito que implicava um aparelho administrativo único, articulando as relações entre os índios, o Estado e a sociedade. O quadro funcional da agência envolvia desde militares até trabalhadores rurais sem nenhuma formação.

Na década de 1960, o SPI estava sendo acusado internacionalmente de genocídio e até de etnocídio. Inquéritos e processos administrativos e criminais foram abertos contra os seus servidores, que vinham praticando bárbaras injustiças e arbitrariedades contra as populações indígenas.

Em 1967, em meio à crise institucional e ao início da ditadura, o SPI e o Conselho Nacional de Proteção aos Índios (CNPI) foram extintos e substituídos pela Fundação Nacional do Índio (Funai).

14.7.3 Fundação Nacional do Índio (FUNAI)

A Fundação Nacional do Índio (Funai) foi criada em 1967, sucedendo o extinto SPI. Contudo, a política indigenista do Estado brasileiro à época continuava a ser conduzida pelo viés da tutela e integração dos indígenas à sociedade dominante. Tal política reforçava a relação paternalista e intervencionista do Estado para com as sociedades indígenas, mantendo-as submissas e profundamente dependentes (FUNAI, S/D).

A Funai é o órgão indigenista oficial do Estado brasileiro, responsável por promover os direitos dos povos indígenas no território nacional, garantidos pela Constituição de 1988. Apenas com a promulgação da Constituição Federal de 1988, opera-se uma radical alteração do paradigma conceitual e jurídico da política indigenista. A partir daí, foi extinta a figura da tutela, e garantido o reconhecimento da autonomia e dos direitos decorrentes das especificidades culturais dos Povos Indígenas no país. Significou, ainda, um importante marco na proteção territorial como forma de viabilizar a reprodução física e cultural dos índios, garantindo-lhes o direito ao usufruto exclusivo de suas terras de ocupação tradicional.

Em 2009, no intuito de reformular a atuação da Fundação Nacional do Índio, atualizando sua estrutura aos novos marcos legais, foi editado o Decreto n. 7.056/2009, que instituiu um processo de reestruturação do órgão indigenista. As mudanças tiveram como objetivo a otimização do funcionamento do órgão, a ruptura com o paradigma assistencialista e a renovação das formas de relação da Funai com as comunidades indígenas em âmbito local.

14.7.4 Rondon e as missões religiosas

Rondon adquirira grande experiência no trato com os índios, com os quais conviveu mais de 20 anos nos sertões de Mato Grosso, desde 1890. Fora incumbido da construção das linhas telegráficas em três regiões estratégicas: de Cuiabá ao Araguaia, de Cuiabá às fronteiras do Paraguai e Bolívia, e de Cuiabá ao Acre, contribuindo para, através das comunicações telegráficas, unir o território nacional.

Além de outros interesses, sua preocupação maior era o conhecimento das populações indígenas da região. Sua intenção era livrá-las do mesmo destino que outros grupos tiveram após o contato com o branco, defendendo-as da presença da população rural e dos integrantes das frentes de expansão.

Contatou com remanescentes de muitos grupos tribais, como os Terena, os Kadiwéu, os Guató, os Kaiwá etc., e pacificou dezenas de tribos, como os Paresi, os Nambikwára, os Arikém, os Tupari, os Kayapó etc. Instalou 97 postos indígenas de amparo aos índios, em todo o país.

Rondon foi o reconhecido pacificador que desenvolveu um trabalho científico, mas antes de tudo humanístico junto aos indígenas brasileiros, sem nunca apelar para a força ou violência.

Lamentavelmente, interesses políticos, econômicos e sociais impediram a manutenção dessa política. Nos últimos anos, as imposições do progresso e a ganância da posse da terra exigiram a ocupação rápida dos territórios e a dizimação toma o lugar da pacificação.

A atuação das missões religiosas (católicas e protestantes) com os grupos indígenas tem sido motivo de críticas, principalmente no que se refere à cristianização compulsória dessas populações. A imposição da religião cristã, aliada à substituição dos padrões considerados exóticos dos grupos tribais por outros da sociedade nacional, vem ferir frontalmente os princípios antropológicos que defendem a preservação das culturas indígenas em

236 Capítulo 14

seus moldes originais. Isso não significa a ideia utópica do isolamento desses grupos, mas a sua integração lenta, a longo prazo, à sociedade nacional, da qual é impossível isolar-se.

É a defesa do princípio da relatividade cultural e a condenação do etnocentrismo que estão sempre presentes nas atitudes dos brancos em relação aos índios.

14.7.5 Conquistas recentes

Só muito recentemente a questão indígena vem sensibilizando incisivamente a opinião pública nacional e mundial. No Brasil, surgiram várias instituições que representam a retomada da causa indígena: além da Associação Brasileira de Antropologia, que há muitos anos luta em defesa dos índios, outras mais recentes, como as Comissões Pró-Índio, o Conselho Indigenista Missionário (Cimi), acham-se em plena atividade em favor das populações tribais. Em 1980, uma nova instituição, a União das Nações Indígenas (Unind), formada por líderes indígenas de várias tribos, passou a representar a tomada de consciência do problema pelos próprios indígenas, que pretendem defender a sua própria causa. Acham-se, certamente, fortalecidos com a maior de todas as recentes conquistas.

A década de 1970 marca um novo capítulo na luta e resistência indígenas. Os povos indígenas, apoiados sobretudo pela Igreja, por meio do Cimi, começaram a encontrar-se e a discutir seus problemas em grandes assembleias indígenas. Ocupando espaços nos meios de comunicação, denunciaram o projeto oficial de extermínio de uma Ditadura Militar que propunha o fim dos índios até o ano de 1998. Os povos indígenas conseguiram que a Constituição Federal de 1988 assegurasse seus direitos históricos à terra e o reconhecimento de suas organizações sociais. Constituíram variadas formas de articulação e organização para fazer avançar concretamente as conquistas legais (HECK; LOEBENS e CARVALHO, 2005, p. 240).

Atualmente, tem-se conhecimento da existência de povos indígenas em todas as unidades da federação. A tendência projetada pelas estimativas oficiais, que apontava para o extermínio total até 1998, começou a ser revertida a partir da década de 1970. Dados oficiais apontavam, nessa época, que a população indígena não ultrapassava cem mil pessoas. Desde então, a luta dos povos indígenas foi conquistando espaços territoriais que permitiram o crescimento demográfico, e os próprios índios começaram a apresentar levantamentos demográficos, desmentindo os dados oficiais que subestimavam a população. Povos que mantinham a sua identidade oculta sentiram-se encorajados a assumi-la publicamente, e as estatísticas também começaram a registrar uma numerosa população indígena nos centros urbanos (Ibidem, p. 240).

14.7.6 A questão indígena: atualidade e abrangência

A questão indígena no Brasil sempre se revestiu de caráter polêmico, muitas vezes constrangedor, ante a relação índio-não índio. Historicamente, pode-se constatar que os interesses dessa minoria étnica quase nunca coincidiram com os interesses da sociedade nacional. O conflito, manifesto ou latente, relacionado com problemas territoriais, com a posse e o uso do solo e subsolo, com a desvalorização da própria cultura indígena, com o desprezo pela etnia etc. sempre existiu, dificultando ao índio encontrar seu espaço na sociedade brasileira.

No final de século, numerosas entidades e associações civis lideradas pela União das Nações Indígenas (UNI) tomam a si a questão indígena, na tentativa de entender sua problemática, repensar e questionar sua complexidade, em apoio e defesa dos poucos remanescentes constantemente ameaçados de extinção.

As comunidades indígenas que vivem em áreas demarcadas pelo governo preservam seus costumes, tradições e identidade. Mais do que isso, elas resistem ao avanço de obras de infraestrutura no país, ao mesmo tempo que buscam melhorias, como saúde, educação e saneamento.

14.7.6.1 Áreas indígenas: o direito de posse

Como primeiros ocupantes das terras brasileiras, os grupos indígenas têm jurídica e constitucionalmente garantido o direito sobre suas terras e sobre as riquezas minerais nelas existentes.

Apesar disso, ao longo da história do Brasil, os territórios tribais vêm-se reduzindo progressivamente e, cada vez mais, o índio se vê acuado em pequenas áreas, muitas vezes insuficientes à sua sobrevivência. No século XX, o problema se agrava com a expansão da sociedade brasileira em sentido oeste e noroeste. Os grupos contatados já não têm a opção de fuga para regiões mais distantes, pois já se encontram no limiar da fronteira.

É fundamental à sobrevivência do índio que o Estado desenvolva uma política especial de proteção às terras, aos indivíduos, às instituições, incentivando o etnodesenvolvimento, que vem possibilitar a preservação e a continuidade dos grupos remanescentes.

A Constituição Federal de 5 de outubro de 1988 (CF/1988) assegurou aos povos indígenas direitos e garantias relacionados com as condições necessárias para a vida digna das comunidades indígenas, tais como: o direito à preservação da própria cultura (artigo 231, *caput*, da CF/1988); o direito à educação na própria língua (artigo 210, § 2º, da CF/1988); o direito à posse das suas terras e ao usufruto das riquezas do solo, dos rios e dos lagos nelas existentes (artigo 231, *caput* e § 2º, da CF/1988); a proteção direta do Ministério Público na defesa desses direitos e interesses, (LOPES E MATTOS, 2006).

14.7.6.2 Áreas indígenas: as riquezas do subsolo

Contam-se hoje no Brasil cerca de 170 sociedades indígenas que, distribuídas pelo território nacional, vêm desenvolvendo padrões culturais diferenciados e tentando, a todo custo, vencer as pressões da própria sociedade como um todo. As perspectivas de sobrevivência desses grupos são duvidosas, uma vez que a expansão do capitalismo vem forçando o seu desaparecimento, lenta ou rapidamente, conforme as exigências da conjuntura atual.

Por serem os primeiros ocupantes das terras brasileiras, os grupos indígenas têm jurídica e constitucionalmente garantido o direito sobre suas terras e sobre as riquezas minerais nelas existentes. Se em um passado distante se tolerava o índio para escravizá-lo e tomar-lhe as terras, hoje os interesses se voltam para as riquezas naturais do solo e principalmente do subsolo das poucas e ainda não demarcadas reservas que lhes foram concedidas.

Em 1983, por meio de decreto presidencial, as áreas indígenas ficaram à mercê da exploração mineral. Alegando-se o prioritário interesse da nação, as concessões seriam feitas somente a empresas estatais e apenas para minerais estratégicos. Os protestos foram de tal monta que o decreto não foi regulamentado e, mesmo assim, os alvarás de pesquisa e exploração foram concedidos... ilegalmente.

238   **Capítulo 14**

Contesta-se a constitucionalidade desse decreto e os alvarás, já autorizados, que incidem sobre áreas indígenas adequadamente estabelecidas. Tais alvarás e decreto deveriam ser revogados. Em relação aos territórios tribais, 30% são terras já demarcadas, 59% são terras descritas por memoriais da Funai, com atrasos na demarcação, e 10% são terras de índios não contatados.

Para assegurar as condições necessárias ao bem-estar dos índios e à sua reprodução física e cultural, segundo seus usos, seus costumes e suas tradições, a Lei Maior assegurou aos índios o usufruto exclusivo das riquezas do solo, dos rios e dos lagos nelas existentes (art. 231, § 3º) e reconheceu a natureza originária (art. 231, *caput*) dos direitos indígenas sobre as terras que tradicionalmente ocupam, destinando-as à sua posse permanente sempre como direito coletivo (BARRETTO FILHO, 2003, p. 13).

Referindo-se ao problema em foco, Lux Vidal argumenta com muita propriedade:

> Esta questão se apresenta com maior intensidade na Amazônia legal, onde se concentram os grandes projetos estatais desta década (estradas, hidrelétricas, projeto Polonoroeste, projeto Grande Carajás e, agora, Calha Norte), região coberta, em grande parte, pela floresta tropical e onde se concentram, além das populações regionais, 60% da população indígena do país. Isto significa que não pode haver um autêntico projeto amazônico sem que a questão indígena seja considerada parte integrante desse projeto (REVISTA PAU BRASIL, 1986, p. 32).

Segundo informações oficiais, na Amazônia foram concedidos 537 alvarás, sendo 10% para estatais brasileiras, 50% para grupos privados nacionais e 40% para grupos multinacionais. Das 302 áreas indígenas da Amazônia que ocupam 15% de sua superfície, as mais atingidas foram as do Estado do Pará e Rondônia, o Alto rio Negro e a área dos índios Yanomami.

O projeto Calha Norte, já em execução, consta de um plano de ação para a região ao norte das calhas dos rios Solimões e Amazonas (do Amazonas ao Amapá), atingindo uma população de cerca de 50 mil índios. Por isso, a criação e a demarcação do Parque Yanomami se torna prioritária para garantir a sobrevivência dos 8 mil índios que ali vivem. Infelizmente para os indígenas, a área possui um subsolo rico e cobiçado.

Ante esses problemas, a tarefa de demarcação adequada das terras, adoção de medidas para garantia dos territórios tribais e a tentativa de evitar conflitos decorrentes das pressões provocadas pela ambição desmedida de exploração das riquezas minerais locais é urgente. Afinal, o objetivo desses projetos deveria ser: tornar beneficiárias as populações atingidas e não vítimas indefesas.

14.7.6.3 Identidade étnica e cidadania

Segundo o Estatuto do Índio (Lei n. 6.001, de 1973),

> aos índios e às comunidades indígenas se estende a proteção das leis do País, nos mesmos termos em que se aplicam aos demais brasileiros, resguardados os usos, costumes e tradições indígenas, bem como as condições peculiares reconhecidas nesta Lei (FUNAI, LEGISLAÇÃO, 1975, p. 5).

Juridicamente, cada índio é um cidadão brasileiro perante a lei, simplesmente por ter nascido no Brasil, embora pertença a uma comunidade que tem seus próprios valores, sua própria realidade sociocultural e é a razão mesma de sua sobrevivência.

Para Wagner, identidade indígena é aqui compreendida como a autoidentificação do sujeito indígena, decorrente do laço de pertencimento que o liga ao seu grupo étnico e, concomitantemente, o reconhecimento pelo grupo de que essa pessoa é um dos seus. Esse laço decorre primariamente da autoatribuição e costuma estar fundado num sentimento de origem comum partilhado pelo grupo, que o distingue dos demais. Aos indígenas, em razão dessa identidade étnica partilhada entre si e distinta da sociedade envolvente, são assegurados direitos próprios, também em razão de constituírem uma minoria (WAGNER, 2018, p. 125).

Embora se configure, pela própria lei brasileira, a diferença entre o comum dos cidadãos e os índios, verifica-se um esforço no sentido não de reconhecer as nações indígenas e seu direito de autodeterminação, mas de considerar suas terras como território nacional, passíveis de exploração. A conveniência dessas atitudes se justifica, uma vez que ocupam terras férteis com rico subsolo, que já fazem parte de macroprojetos de desenvolvimento implantados pelo governo.

Então, em síntese, com Barth, é possível afirmar que grupos étnicos são organizações sociais cujas fronteiras se definem pelo pertencimento que cada ator manifesta em relação ao grupo, mesmo que os sinais diacríticos possam se modificar. Os traços culturais devem ser compreendidos muito mais como produzidos pelo grupo do que como formatadores da identidade. Portanto, a partir de Barth se compreende que a relevância está na fronteira étnica que define o grupo, e não na matéria cultural que ela abrange. Fronteiras aqui entendidas como fronteiras sociais. "Se um grupo conserva sua identidade quando os membros interagem com outros, isso implica critérios para determinar a pertença e meios para tornar manifestas a pertença e a exclusão" (BARTH, 1998, p. 195, apud WAGNER, 2018).

Em decorrência, não há território indígena autônomo e independente, assim como a população que o ocupa. Estão submetidos diretamente à proteção do Estado por meio da chamada tutela, no qual o tutor é o próprio Estado, cujas ações nem sempre satisfazem aos interesses dos tutelados.

Acresce ainda o fato de ao índio ser reconhecida sua capacidade apenas relativa no exercício de seus direitos reconhecidos por lei. Ficam assim sujeitos a essa tutela especial pela Funai, da qual se espera proteção e não coação, para que seja benéfica e garanta aos tutelados a liberdade de permanecerem índios ou de se tornarem cidadãos comuns brasileiros.

O índio estará em condições de construir sua própria identidade étnica e social a partir da conscientização de sua diferença em relação ao branco e de sua semelhança com os grupos indígenas. Reconhecer-se como minoria étnica consciente de seus direitos e de sua subordinação ao Estado. Manter sua identidade coletiva sem se descaracterizar, sem perder sua autonomia tribal.

Jamais concordar com a proposta de "emancipação" dos grupos indígenas que seriam despojados de suas terras e estariam condenados à destruição definitiva. Civilizar é destruir a identidade do índio.

15
Culturas Negras no Brasil

15.1 Introdução

O Brasil recebeu diversos grupos étnicos que contribuíram fundamentalmente para a estruturação da cultura brasileira em valores específicos e modelos *sui generis* que a caracterizam. Desses grupos, é indiscutível o importante papel que o negro teve na formação da sociedade, no povoamento e na Economia. Devido aos africanos, o território nacional obteve valores, crenças, costumes e hábitos (CARRIFO E BARBOSA, S/D).

A etnia negra teve, desde o início, papel de grande relevância nos destinos do povoamento, da Economia e da formação da sociedade. Genericamente considerados, é muito

242 **Capítulo 15**

comum, praticamente em todo o território nacional, a presença de valores, crenças, costumes e hábitos derivados de padrões africanos, mesclados com elementos culturais das demais etnias. São os afro-brasileirismos que persistem, embora redefinidos por força do complexo cultural em formação.

Em algumas regiões, as influências africanas imprimiram à subcultura regional traços extremamente marcantes nas expressões materiais, espirituais e simbólicas, que a diferenciam, nitidamente, de outras subculturas regionais. Constituem exemplo dessa afirmativa os contrastes dos padrões culturais da região Nordeste, especialmente da Bahia, marcadamente de influência da África Ocidental, com os da região Sul, de colonização europeia.

Levando em conta as influências, o papel e as contribuições do negro à vida brasileira, a partir do final do século XIX, multiplicam-se os estudos sobre essa etnia. O "negro" tem servido como temática a muitos cientistas sociais, sobretudo antropólogos, sociólogos e historiadores, na defesa de teses muitas vezes discordantes na interpretação dos fenômenos relativos à presença africana no Brasil.

A contribuição do negro e do mestiço à cultura e à mentalidade do brasileiro é substancial e duradoura. Graças à fusão e à integração dos elementos culturais africanos que, reinterpretados, foram assimilados pela configuração cultural brasileira, não se plasmou em nosso país uma subcultura afro-brasileira, que daria origem a minorias, verdadeiros quistos culturais em que os valores da negritude suplantariam as ideias, os padrões e as cosmovisões essencialmente brasileiros.

Apesar do longo e violento processo aculturativo, consequência do contato forçado entre as sociedades, a cultura africana não foi destruída, mas persistiu, mesmo esfacelada. Pode-se notar isto pelo sincretismo, principalmente religioso, tão evidente quando se abordam os aspectos culturológicos da questão.

15.2 Aspectos históricos

Ressalta-se aqui que os séculos XV e XVI caracterizam a vigorosa e fecunda expansão da Europa Ocidental, seu interesse de chegar à humanidade fazendo mudança na configuração sociocultural e colaborando na formação de etnias e nacionalidades. No princípio, como civilizadores, povos europeus, africanos e americanos foram o carro--chefe da História, passando num segundo momento a construtores e, por último, a guias do processo (CARRIFO E BARBOSA, S/D).

Era o surgimento de novo estágio do desenvolvimento humano, possível pela consequente redefinição da concepção do universo, condicionada pela eclosão do Renascimento e pela ampliação do mundo com a descoberta do continente americano. Processava-se assim verdadeira revolução nos setores econômico, cultural, social, artístico e religioso, moldando novas ideologias liberais, inspiradoras de vida sociocultural dos grupos atingidos pela amplitude e difusão do domínio europeu.

Para Ferreira (2009), a contribuição dos negros na construção da sociedade brasileira é clara. É possível perceber sua influência desde simples superstições até o modo de viver do brasileiro. O cantar, o dançar, o sentir, o produzir e até mesmo o refletir foram características legadas pelos negros. Sendo assim, teve grande influência com início do tráfico negreiro, em que milhões de africanos foram forçados a sair de seu continente de origem para exercer trabalho escravo no Brasil. Portanto, a partir do final do século XVI, o negro foi considerado mercadoria no Brasil, quando os colonizadores portugueses começaram a substituir a mão de obra indígena pela negra. A partir daí, o negro se tornou importante no cenário brasileiro. Ele foi inserido nas áreas de trabalho, como a do artesanato, a agrícola e a doméstica.

Assim, cabe destacar que o negro não chegou sem cultura do seu local de origem. Ao entrar no Brasil, ele percebeu uma realidade totalmente diferente da que trazia, visto que para o colonizador europeu eles eram considerados somente como mão de obra. Mas o negro no continente africano vivia em tribos, lá ele era príncipe. A heterogeneidade cultural das etnias africanas era imensa, ou seja, lá se tinha uma prática cultural diferenciada, dependendo da região à qual pertencia (ibidem).

A história do povo africano é rica, e, apesar da aculturação, do sofrimento e das grandes batalhas por direitos, os negros se tornaram um fator preponderante na construção do Brasil de hoje. O esforço dos grupos do movimento negro em todo país promoveu mudanças importantes na mentalidade dos brasileiros, sobretudo dos negros. Uma das grandes conquistas do movimento negro foi conscientizar uma grande parte da sociedade brasileira em relação à questão racial e convencer o governo a abandonar sua passividade conivente diante das desigualdades raciais (ALBUQUERQUE E FRAGA FILHO, 2006). Assim, apesar de discriminados e marginalizados, o negro foi e sempre será um dos alicerces dessa nação.

15.2.1 Primórdios da escravidão africana

É inegável a participação do elemento negro na formação sociocultural e econômica do Brasil, que recebeu, durante três séculos, contingentes africanos cada vez mais numerosos. Foram trazidos compulsoriamente pelos portugueses, na condição de escravos e não de grupos portadores de configurações culturais integradas. Essa situação concorreu para que a inevitável transmissão de suas culturas se fizesse de forma fragmentada e mesmo depreciada.

No Brasil, a escravidão teve início por volta de 1531, com a expedição de Martim Afonso de Sousa, e vai até o final do Império. Surge, especialmente, com a produção de açúcar na primeira metade do século XVI. Os portugueses traziam os negros africanos de suas colônias na África para utilizar como mão de obra escrava nos engenhos de açúcar do Nordeste. Os negros africanos eram comercializados aqui no Brasil como se fossem mercadorias. Os mais saudáveis chegavam a valer o dobro daqueles mais fracos ou velhos.

Diversos grupos étnicos ou "nações", com culturas também distintas, foram trazidos para o Brasil. Guiné e Sudão, Congo e Angola, e a região de Moçambique. Das duas primeiras, vieram, entre outros, os afantis, axantis, jejes, peuls, hauçás (muçulmanos, chamados malês na Bahia) e os nagôs ou iorubas. Estes últimos tinham uma grande influência política, cultural e religiosa. Eram de cultura banto os negros provenientes do Congo e de Angola – os cabindas, caçanjes, muxicongos, monjolos, rebolos –, assim como os de Moçambique (BIBLIOTECA NACIONAL, 1988, p. 9).

Os escravos trabalhavam na agricultura, nos ofícios e nos serviços domésticos e urbanos. Os negros do campo cultivavam para a exportação – atividade que dava sentido à colonização – a cana-de-açúcar, o algodão, o fumo e o café.

244 **Capítulo 15**

Africanos e afro-brasileiros não tinham liberdade para cultuar seus santos e deuses, mas muitas vezes tinham permissão para fazê-lo. E permissão não é liberdade. A Constituição de 1824 definiu o Catolicismo como religião oficial do Império, sendo outras religiões permitidas desde que não ostentassem templos. "Mas as religiões afro-brasileiras não estavam incluídas nessa tolerância legal porque não eram consideradas religião e sim superstição, curandeirismo, feitiçaria. Por isso eram consideradas práticas ilegais e muitas vezes criminosas" (ALBUQUERQUE E FRAGA FILHO, 2006, p. 111). Mesmo com todas as imposições e restrições, não deixaram a cultura africana se apagar. Escondidos, realizavam seus rituais, praticavam suas festas, mantiveram suas representações artísticas e até desenvolveram uma forma de luta: a capoeira.

No século XIX, generalizou-se ainda a atividade dos negros de ganho e dos negros de aluguel. Os primeiros buscavam serviços na rua, trabalhando como ambulantes, por exemplo, com a condição de dividir com os seus senhores a renda obtida. Os segundos eram alugados a terceiros também para variados serviços. Era comum vê-los nas ruas falando alto, oferecendo-se para trabalhos, chamando a atenção dos pedestres ao se aproximarem com fardos pesados, entoando cantos de trabalho. Ê, cuê... / Ganhado... / Ganha dinheiro / Pra seu sinhô (BIBLIOTECA NACIONAL, 1988).

Vale ressaltar que o negro também reagiu à escravidão, lutando por uma vida digna. Eram comuns as revoltas nas fazendas em que grupos de escravos fugiam, formando nas florestas os famosos quilombos. Estes eram comunidades bem organizadas, onde os integrantes viviam em liberdade, através de uma organização comunitária aos moldes do que existia na África. Nos quilombos, podiam praticar sua cultura, falar sua língua e exercer seus rituais religiosos. O mais famoso foi o Quilombo de Palmares, comandado por Zumbi (SUAPESQUISA, S/D).

Ao se considerar a condição do negro em seu continente de origem, depara-se com culturas diversificadas, plasmadas pelos variados grupos que adotaram padrões culturais e comportamentos sociais específicos. Alguns grupos praticavam culturas bem primitivas; outros apresentavam níveis culturais mais elevados; e outros ainda se desenvolviam sob a influência islâmica, dando origem a estruturas políticas, econômicas e sociais bem significativas. Os diversos níveis culturais podiam ser identificados pelos conhecimentos das atividades coletoras e agrícolas, pela presença da habitação e da cerâmica, e por níveis mais adiantados ainda, que foram rompidos quando o homem branco, na sua ambição e cobiça, passou a apresar e a escravizar o homem negro, iniciando o comércio negreiro para sustento do regime escravagista.

Na Europa, o tráfico de escravos já era bastante ativo no século XV. Os portugueses, por sua vez, desenvolveram um pequeno comércio de escravos comprados na Costa do Ouro e, mais tarde, ao longo de toda a Costa Ocidental da África. Com a descoberta do Brasil, no século XVI, esse comércio foi incrementado por força da necessidade de mão de obra nas tarefas da colonização. Na África, as populações passaram a sofrer intensamente as consequências do abominável comércio que apreendia, escravizava e até exterminava a mercadoria humana; consequentemente, modificavam-se as sociedades de que participavam.

15.2.2 O Escravo na Economia brasileira

A exploração de terra brasileira exigia a presença de mão de obra ativa e permanente para o desenvolvimento do trabalho nas lavouras. A escravidão do indígena já era praticada, sem, entretanto, obtenção de resultados satisfatórios, pois os nativos não entendiam o trabalho sistemático dos brancos e muito menos a escravidão, acostumados que estavam a uma economia de subsistência, sem nenhuma preocupação com o armazenamento futuro. Essa problemática se arrastaria por longo tempo. Era urgente a introdução de mão de obra operante e escrava como, certamente, a negra, já testada anteriormente.

Não se tem registro da vinda dos primeiros negros para o Brasil, mas é certo que, a partir da produção do açúcar, primeira indústria nacional, levas contínuas foram introduzidas, satisfazendo à política colonizadora de Portugal de valer-se de escravos como mão de obra.

Os escravos trabalhavam na agricultura, com foco na parte açucareira, e na mineração. Sua contribuição na Economia era tanto ao país quanto aos senhores de engenho. Eles trabalhavam e em troca recebiam moradia e alimentação, mas não tinham um horário em sua jornada de trabalho.

Assim, São Paulo, Rio de Janeiro, Mato Grosso, Alagoas, Sergipe e Bahia eram os estados onde os escravos tiveram maior enfoque.

Ao adotar, a partir de meados do século XVI e durante o século XVII, uma colonização de povoamento, tornou-se possível o surgimento da chamada aristocracia rural do açúcar, liderada pelos senhores de engenho. Paralelamente, desenvolveram-se o latifúndio, a monocultura e a escravidão, para a manutenção desse complexo socioeconômico. Nos séculos XVIII e XIX, a mineração e a cultura do café exigiram a importação de novos contingentes.

Os jornais da época anunciavam constantemente transações de compra e venda de seres humanos, como se fossem produtos que, vendidos, pudessem passar de mão em mão sem nenhum poder de reação.

A miscigenação, que se processou através dos séculos, provocou o aparecimento do chamado mulato, mestiço de branco e negro, e do cafuzo, mestiço de negro e índio, tipos intermediários entre senhores e escravos, característicos da sociedade agrária. Até hoje sua presença é continuamente acentuada na comunidade brasileira.

Os grupos escravos, através dos séculos, sofreram sensível diminuição em relação ao total de habitantes brasileiros; com a miscigenação, o negro puro está desaparecendo e a população, embranquecendo. A tendência, entretanto, é predominar um tipo nem branco nem negro, mas mulato, pardo ou moreno.

A reconstrução das culturas africanas sempre foi problemática, porque, para o homem branco, havia, simplesmente, o negro escravo, e não grupos de negros portadores de culturas diversificadas. Por isso, desde o início, foi impossível ao negro praticar suas culturas de origem, sendo estas grandemente deturpadas, perdendo muitos de seus elementos. Na condição de escravo, o negro era considerado de etnia e cultura inferiores.

Mesmo assim, muitos padrões persistiram, subsistindo apesar da mistura étnica e cultural, o que torna difícil sua identificação.

Todo o litoral brasileiro, do Maranhão ao Rio de Janeiro, recebeu contingentes de africanos cujas etnias foram niveladas pela escravidão. Os primeiros grupos foram apresados no litoral da África e, com a exigência de maior número, penetraram o interior do continente africano, tornando o comércio mais sistemático e operante.

Tanto no trabalho agrícola quanto no doméstico ou de mineração, os negros se espalharam por todo o território nacional, nos campos e nas cidades, estando mais concentrados em algumas regiões, onde até hoje se apresentam em maior número.

246 Capítulo 15

rook76 | 123RF

Figura 15.1 – Jean-Baptiste Debret retratou os escravos em muitas de suas obras. Selo dos Correios brasileiros lançado em 1970.

As preocupações do trabalho eram atribuídas ao escravo, enquanto as classes dirigentes se ocupavam de outras atividades consideradas mais dignas. No final do processo, a escravidão deixou de existir como instituição e a mão de obra escrava já não fazia mais parte do mundo rural, mas o escravo não se transformou em camponês. Passou a desempenhar outras funções, geralmente de caráter urbano, tornando-se assalariado numa fase em que a oferta de mão de obra era maior que a demanda, dificultando sobremaneira a vida do despreparado ex-escravo.

15.3 Origens africanas

Os negros trazidos da África como imigrantes forçados e, mais que isso, como escravos, bem como seus descendentes, contribuíram com todos aqueles ingredientes que dinamizaram o trabalho durante quase quatro séculos de escravidão. Essa história começa com a chegada dos escravos por volta de 1549. Para Moura (1992, p. 12, apud OLIVEIRA, 2009, p. 6),

> [...] o negro (quer escravo, quer livre) foi o grande povoador do nosso território, empregando o seu trabalho desde as charqueadas do Rio Grande do Sul aos ervais do Paraná, engenhos e plantações do Nordeste, pecuária na Paraíba, atividades extrativas na região Amazônica e na mineração de Goiás e Minas Gerais. O negro não apenas povoou, mas ocupou os espaços sociais e econômicos que, através do seu trabalho, dinamizavam o Brasil. A produção de uma economia colonial, e por isto destinada a um mercado externo cada vez maior, era fruto desse trabalho negro-escravo.

Os negros oriundos da África foram introduzidos no Brasil desde meados do século XVI até a metade do século XIX. Os estudiosos do assunto fazem uma estimativa entre 3,5 e 4 milhões de escravos trazidos do continente africano desde os primórdios da colonização até o fim do tráfico legal ou clandestino. Dificilmente saberemos o número e a origem exatos dos africanos embarcados para o Brasil.

Diversos historiadores procuraram estabelecer o número, a origem geográfica e a filiação tribal dos escravos negros, baseando-se em critérios variados, tais como dados relativos aos lugares de compra e venda, portos de embarque, matrículas, direitos alfandegários etc. Mas todos esses dados, computados com as mortes ocorridas nos navios, foram insuficientes para uma comprovação, uma vez que os documentos oficiais foram destruídos após a supressão do trabalho servil, numa tentativa de apagar a mancha escravocrata no país.

O critério das reconstituições históricas baseadas em generalizações e hipóteses foi considerado falho. Hoje, está demonstrado que o estudo comparativo entre os traços culturais dos negros sobreviventes no Brasil e os padrões culturais africanos nas suas terras de origem, aliado ao método comparativo linguístico e etnográfico, permite visão mais completa do assunto, em relação à origem.

Raimundo Nina Rodrigues foi o primeiro a empregar esses métodos, a fim de encontrar solução satisfatória para o problema, mas coube a Arthur Ramos o mérito da sua sistematização.

15.3.1 Diversidade de grupos e culturas

Durante três séculos (1575-1850), foram introduzidos no Brasil milhares de escravos oriundos do litoral e do interior da África, pessoas pertencentes às mais diversas tribos e culturas.

Acredita-se que, nos primórdios da colonização, a maioria dos escravos procedesse de locais situados acima do Equador, onde o domínio europeu desde há muito havia se implantado e onde o comércio entre brancos e negros já era tradicional. Vinham da Guiné Portuguesa, região imprecisa que se estendia para o Norte, até o Senegal, e para o Sul, até a Serra Leoa, incluindo a Guiné.

Tal como já foi mencionado, chegaram ao Brasil, portanto, negros africanos de diferentes lugares e culturas. Havia criadores e agricultores, habitantes das florestas e das savanas, moradores de casas redondas ou retangulares, artesãos, técnicos de mineração e de trabalhos com ferro, pessoas pertencentes a grandes reinos ou a pequenas organizações tribais, a sistemas religiosos politeístas ou monoteístas, totêmicos ou adoradores de ancestrais de linhagem. Portanto, de condições culturais diversas, algumas de níveis elevados. Homens de diferentes padrões culturais, linguísticos e biológicos.

O tráfico para o Brasil nem sempre se realizou por famílias, etnias ou tribos, mas por meio de grupos variados, com as mais diversas culturas. Havia uma mistura de pessoas antes mesmo da entrada nos navios. Chegando ao Brasil, as famílias remanescentes eram novamente separadas, marido e mulher, pais e filhos, parentes. Jovens, adultos e velhos eram arrancados de suas famílias, terras, costumes, atividades econômicas e culturais, quando de sua captura; uma vez no Brasil, os compradores ou fazendeiros adquiriam apenas aqueles que lhes interessavam para substituir os mortos ou ampliar sua produção. Assim, o tráfico dispôs o campo para o intercâmbio cultural e biológico do negro.

248 Capítulo 15

15.3.2 Distribuição no território nacional

Para Thales de Azevedo (1975, p. 15), "os 4 milhões de africanos importados couberam nos mercados brasileiros nas proporções aproximadas de 38% para o Rio de Janeiro, de onde foram distribuídos em parte para Minas e Goiás, 25% para a Bahia, 13% para Pernambuco, 12% para São Paulo, 7% para o Maranhão e 5% para o Pará".

De acordo com relatório do Governo do Brasil – Portal oficial do Governo Federal (2009), a distribuição da população reflete os processos migratórios ao longo da história do País. Em 1500, quando chegaram os primeiros portugueses, o território era habitado apenas por tribos indígenas. Com a colonização, além dos portugueses, a população nativa teve contato com espanhóis e franceses. Anos mais tarde, negros africanos foram trazidos para trabalhar como escravos nas lavouras de cana-de-açúcar e na mineração. Estima-se que, entre 1781 e 1855, cerca de dois milhões de negros ingressaram no país na condição de escravos. As marcas da colonização e da imigração podem ser percebidas nas diferentes regiões do país. A maior concentração de negros, 75%, está nas regiões Norte e Nordeste. A Bahia, por exemplo, que recebeu grande fluxo de africanos, tem a maior população negra (17,1%).

Os principais entrepostos litorâneos para a entrada dos africanos foram, inicialmente, Bahia e Pernambuco, e daí iam para Sergipe, Paraíba e Alagoas. Outro entreposto foi o Maranhão, de onde os escravos eram levados até o Pará. Mais tarde, Minas Gerais se tornou polo atrativo de mão de obra escrava para as atividades da mineração, e, por último, o Rio de Janeiro, onde eram reclamados para a lavoura de cana-de-açúcar, a princípio, e mais tarde para a lavoura do café.

Com as mudanças do interesse econômico, houve dispersão deles: do açúcar para o ouro e do ouro para o café. A mineração absorveu o braço escravo ocioso nas antigas plantações de cana-de-açúcar do litoral. Quando a corrida do ouro arrefeceu, muitos escravos foram vendidos para Pernambuco. Chegaram ao extremo Sul, no Rio Grande do Sul, com o empreendimento da pecuária, ao extremo Norte, no Amazonas, e igualmente ao Centro-Oeste, com a expansão das minas de ouro. Desse modo, todo o Brasil recebeu contingentes de negros africanos.

A distribuição no território nacional foi mais ou menos a seguinte:

- *Bahia*: entre os negros Sudaneses, os Nagôs, que ainda hoje são os mais numerosos e influentes; os Sudaneses islamizados, em proporções menores; e os Bantos, também em número considerável.
- *Rio de Janeiro*: Bantos e Sudaneses diversos.
- *Pernambuco*: Bantos de Angola e do Congo, Sudaneses (Minas) e Macuas e Angicos, de Moçambique.
- *Maranhão*: Sudaneses (Jejes e Minas).
- *Pará*: Sudaneses e Bantos (Macuas e Angicos).
- *Minas Gerais*: Sudaneses e Bantos.
- *São Paulo*: Bantos de Angola (em maior número) e do Congo.

Os Sudaneses são considerados culturalmente mais desenvolvidos que os Bantos, tendo-se destacado em meio às populações negras do Brasil. Entre eles, os Nagôs usavam tatuagens variadas e apresentavam dois tipos físicos bem distintos:

a. cor mais carregada e caracteres negroides mais acentuados;
b. cor mais clara, caracteres negroides menos pronunciados.

Os Minas se adaptavam bem à mineração, sendo mais fortes, vigorosos e corajosos. Os Jejes também eram valentes. Os Ardras ou Ardrenses, apesar de impetuosos, eram teimosos, com menos conhecimentos e capacidade. Os da Guiné destacavam-se por serem brigões, teimosos, indolentes e indisciplinados. Dos Sudaneses islamizados, os Fulas eram povos negros, mas de miscigenação com o ramo Camita.

Os Bantos destacavam-se por sua robustez e os Angolenses por serem mais trabalhadores, demonstrando excelência no trabalho da agricultura. Os negros de Benguela, vindo através de Moçambique, pertenciam às tribos dos Cazimbás, Schéschés e Schingas, homens das raças etíopes. De compleição robusta e estatura pouco elevada, apresentavam cor negra retinta, inclusive os lábios, caráter decidido e eram inclinados à perseverança, mas exacerbados nas paixões: amor e ódio.

Os negros de Angola, das tribos dos Ausazes, Pimbas, Schingas e Tembas, à exceção dos primeiros, apresentavam-se calmos e mais desenvolvidos culturalmente. Os Cabindas, provenientes do Congo, eram mais fracos, de estrutura baixa e de cor negra menos acentuada. Os de Angola revelavam mais disposição para o trabalho. Os de Moçambique, de cor menos escura, apresentavam menor vitalidade física e mental e não possuíam boa índole.

15.4 Contribuição cultural dos negros

A contribuição dos negros na formação da cultura brasileira é muito significativa. Na religião, música, dança, alimentação, língua etc., constata-se a presença da cultura negra, que, apesar da repressão que sofreram suas manifestações culturais, permanecem vivas até hoje.

Gilberto Freyre (1900-1987), sociólogo, historiador e ensaísta brasileiro, autor de *Casa-grande & senzala*, considerada, uma das obras mais representativa sobre a formação da sociedade brasileira, faz uma excelente caracterização da influência cultural dos negros no cotidiano brasileiro. Por exemplo:

> Quantas "mães-pretas", amas de leite, negras cozinheiras e quitandeiras influenciaram crianças e adultos brancos (negros e mestiços também), no campo e nas áreas urbanas, com suas histórias, com suas memórias, com suas práticas religiosas, seus hábitos e seus conhecimentos técnicos? Medos, verdades, cuidados, forma de organização social e sentimentos, senso do que é certo e do que é errado, valores culturais, escolhas gastronômicas, indumentárias e linguagem, tudo isso conformou-se no contato cotidiano desenvolvido entre brancos, negros, indígenas e mestiços na Colônia (2001, p. 343, apud FERREIRA, 2009).

250 Capítulo 15

15.4.1 Cultura imaterial

O Portal do Governo (2009) preparou um material didático que caracteriza as principais influências da cultura negra na sociedade brasileira:

– **Música**

A principal influência da música africana no Brasil é, sem dúvidas, o samba. O estilo hoje é o cartão-postal musical do País e está envolvido na maioria das ações culturais da atualidade. Gerou também diversos subgêneros e dita o ritmo da maior festa popular brasileira, o Carnaval.

Além do samba, a influência negra na cultura musical brasileira vai do Maracatu à Congada, Cavalhada e Moçambique. Sons e ritmos que percorrem e conquistam o Brasil de ponta a ponta.

– **Capoeira**

Inicialmente desenvolvida para ser uma defesa, a capoeira era ensinada aos negros cativos por escravos que eram capturados e voltavam aos engenhos. Os movimentos de luta foram adaptados às cantorias africanas e ficaram mais parecidos com uma dança, permitindo assim que treinassem nos engenhos sem levantar suspeitas dos capatazes.

Durante décadas, a capoeira foi proibida no Brasil. A liberação da prática aconteceu apenas na década de 1930, quando uma variação (mais para o esporte do que manifestação cultural) foi apresentada ao então presidente Getúlio Vargas, em 1953, pelo Mestre Bimba. O presidente adorou e a chamou de "único esporte verdadeiramente nacional".

A Capoeira é hoje Patrimônio Cultural Brasileiro e recebeu, em novembro de 2014, o título de Patrimônio Cultural Imaterial da Humanidade.

– **Religião**

Na época da escravidão, os negros trazidos da África eram batizados e obrigados a seguir o catolicismo. Porém, a conversão não tinha efeito prático e as religiões de origem africana continuaram a ser praticadas secretamente em espaços afastados nas florestas e quilombos.

Na África, o culto tinha um caráter familiar e era exclusivo de uma linhagem, clã ou grupo de sacerdotes. Com a vinda ao Brasil e a separação das famílias, nações e etnias, essa estrutura se fragmentou. Mas os negros criaram uma unidade e partilharam cultos e conhecimentos diferentes em relação aos segredos rituais de sua religião e cultura.

No processo aculturativo, surge, portanto, não uma prática pura, mas um sincretismo religioso. Entre esses rituais, podem-se apontar:

a. *Candomblé* (Bahia) – significava primitivamente dança e instrumento musical, e depois passou a designar a própria cerimônia religiosa dos negros;

b. *Macumba* (Rio de Janeiro, São Paulo e Minas Gerais) – religião e ritual mágico, tendo-se transformado e adquirido formas novas;

c. Umbanda (Rio de Janeiro) no início do século XX;

d. *Xangô* (Nordeste Oriental);
e. *Tambor* (Nordeste Ocidental);
f. *Batuques* ou *Parás* (Rio Grande do Sul) etc.

– **Culinária**

Outra grande contribuição da cultura africana se mostra à mesa. Pratos como o vatapá, acarajé, caruru, mungunzá, sarapatel, baba de moça, cocada, bala de coco e muitos outros exemplos são iguarias da cozinha brasileira e admirados em todo o mundo.

Mas a popularidade da **feijoada** é inquestionável. Originada das senzalas, era feita das sobras de carnes que os senhores de engenhos não comiam. Enquanto as partes mais nobres iam para a mesa dos seus donos, aos escravos restavam as orelhas, pés e outras partes dos porcos, que, misturadas com feijão preto e cozidas em um grande caldeirão, deram origem a um dos pratos mais importantes da culinária nacional.

Figura 15.2 – Feijoada, uma das contribuições gastronômicas dos escravos africanos.

A cultura africana, no Brasil, está devidamente evidenciada pelos estudos realizados por vários pesquisadores do assunto, iniciados por Raimundo Nina Rodrigues (1862-1906), médico, escritor, antropólogo e etnólogo, e Arthur Ramos (1903-1949), médico, psicólogo social, etnólogo, folclorista e antropólogo, e seguido por outros. Esses estudiosos escreveram várias obras sobre o negro da África, abordando tanto os aspectos físicos quanto os culturais. Arthur Ramos (1956, p. 98) classificou em três grupos a evidência dos traços culturais negros no Brasil: (a) *Iorubano* – os Sudaneses; (b) *Malês* – os islamizados ou negros Maometanos; (c) *Angola-Conguês* – os Bantos.

252 **Capítulo 15**

15.4.2 Cultura material

Os diferentes grupos que vieram para o Brasil contribuíram, uns mais, outros menos, com sua arte e sua técnica na formação da cultura brasileira.

Os Iorubas, considerados de cultura mais adiantada, senhores da agricultura e da criação de gado, eram mais avançados que os outros, pois em seu país de origem possuíam cidades, conheciam a metalurgia, a fundição de vários metais e realizavam trabalhos artísticos de bronze, ferro e cerâmica. A escultura teve papel importante na arte africana, distinguindo-se os trabalhos de madeira, como os ídolos do culto religioso, a figa, os braceletes, a bateia etc. A pintura transmitiu-se através de desenhos realizados na ornamentação dos pejis ou altares religiosos, os santuários do candomblé.

De Benin, Nigéria, Angola, Congo e Moçambique, foram introduzidos os objetos de bronze e outros metais, como armas de caça e pesca, sabres, punhais etc., e material de mineração. Os negros de Moçambique eram hábeis ferreiros.

Na Arquitetura, houve sobrevivência Ioruba e Angolense, na construção de pejis dos mocambos de barro batido e nos tipos de habitação populares ainda hoje encontrados no Nordeste.

Eram bem conhecidas e desenvolvidas as artes da cerâmica na confecção de vasos de barro e a de cestaria, com peças de palha. Também não se pode esquecer que os africanos faziam e utilizavam máscaras.

Na indumentária, os Iorubas usavam panos vistosos, de algodão, saias rodadas e xales da Costa; ornavam-se com colares, braceletes e brincos de argolões. Dos Hussás, cuja cultura se mesclou à maometana (genericamente chamados Maleses), originou-se o traje da "baiana", com o turbante ou rodilha na cabeça, saias redondas, chinelinho, miçangas e balangandãs (estes oriundos de Angola e Congo).

Quanto aos instrumentos musicais, encontra-se no Brasil uma série deles, de variadas formas, principalmente de percussão. Os Iorubas e Congueses trouxeram os tambores, atabaques, campânulas, agogôs, adjás, gonguês, flautas e afofés. Os Bantos contribuíram com os tambores de jongo (hoje, dança encontrada em São Paulo, Minas Gerais, Rio de Janeiro e Espírito Santo), o ingono (tambor de macumba e candomblé, usado no Nordeste), o zambê, a cuíca, o urucungo, o berimbau (elemento importante na capoeira), e outros.

Todos esses instrumentos, de madeira ou metal, alguns de sopro, são ainda hoje fabricados pelo contingente negro do Brasil.

Concluindo, pode-se afirmar que a contribuição negra na cultura do Brasil, tanto material quanto imaterial, foi ampla e variada, abrangendo os mais diversos setores da vida nacional.

15.5 Processos de miscigenação

Para Darcy Ribeiro (1922-1997), educador, político, etnólogo, antropólogo e escritor brasileiro, cujos estudos são essenciais para conhecer a formação do povo brasileiro,

> [...] a sociedade e a cultura brasileiras são conformadas como variantes da versão lusitana da tradição civilizatória europeia ocidental, diferenciadas por coloridos

herdados dos índios americanos e dos negros africanos. O Brasil emerge, assim, como um renovo mutante, remarcado de características próprias, mas atado geneticamente à matriz portuguesa, cujas potencialidades insuspeitadas de ser e de crescer só aqui se realizariam plenamente. A confluência de tantas e tão variadas matrizes formadoras poderia ter resultado numa sociedade multiétnica, dilacerada pela oposição de componentes diferenciados e imiscíveis. Ocorreu justamente o contrário, uma vez que, apesar de sobreviverem na fisionomia somática e no espírito dos brasileiros os signos de sua múltipla ancestralidade, não se diferenciaram em antagônicas minorias raciais, culturais ou regionais, vinculadas a lealdades étnicas próprias e disputantes de autonomia frente à nação (RIBEIRO, 1995, p. 20).

São inúmeras as raças que favoreceram a formação do povo brasileiro. Os principais grupos foram os povos indígenas, africanos, imigrantes europeus e asiáticos. Antes do descobrimento do Brasil, o território já era habitado por povos indígenas.

Os africanos foram trazidos para o Brasil, especialmente entre os séculos XVI e XIX. Nesse período, desembarcaram no Brasil milhões de negros africanos, que vieram para o trabalho escravo. Os primeiros europeus a chegarem ao Brasil foram os portugueses. Mais tarde, por volta do século XIX, o governo brasileiro promoveu a entrada de um grande número de imigrantes europeus e também asiáticos. Na primeira metade do século XX, pelo menos quatro milhões de imigrantes desembarcaram no Brasil. Dentre os principais grupos humanos europeus, destacam-se: portugueses, espanhóis, italianos e alemães. Em relação aos povos asiáticos, podemos destacar japoneses, sírios e libaneses (FREITAS, S/D).

Tendo em vista essa diversidade de raças, culturas e etnias, o resultado só poderia ser uma miscigenação, que gerou através do tempo a estrutura sociocultural brasileira, isto é, sua configuração cultural contemporânea.

Para Darcy Ribeiro (1995, p. 25):

> O grande desafio que o Brasil enfrenta é alcançar a necessária lucidez para concatenar essas energias e orientá-las politicamente, com clara consciência dos riscos de retrocessos e das possibilidades de liberação que elas ensejam. O povo brasileiro pagou, historicamente, um preço terrivelmente alto em lutas das mais cruentas de que se tem registro na história, sem conseguir sair, através delas, da situação de dependência e opressão em que vive e peleja. Nessas lutas, índios foram dizimados e negros foram chacinados aos milhões, sempre vencidos e integrados nos plantéis de escravos. O povo inteiro, de vastas regiões, às centenas de milhares, foi também sangrado em contrarrevoluções sem conseguir jamais, senão episodicamente, conquistar o comando de seu destino para reorientar o curso da história.

A seguir apresentam-se com mais detalhes as etnias que contribuíram para a formação do povo brasileiro:

1. Os **lusitanos**, de origem europeia, foram os descobridores e colonizadores do Brasil, sem uniformidade étnica, provenientes tanto da Metrópole quanto das ilhas, como Açores e Madeira. No princípio, vinham individualmente e mais tarde organizados em famílias, contribuindo para o povoamento mais efetivo das regiões. Influíram demográfica e culturalmente na constituição populacional brasileira com a vinda de degredados,

254 Capítulo 15

criminosos, aristocratas, lavradores, artesãos, colonos e homens do povo em geral. Todos os setores da cultura passaram a ser moldados pelos portugueses, que impuseram sua língua e suas instituições culturais, influenciando tanto os elementos da cultura material quanto da espiritual.

> Fundamental, pois se constituiu para a formação brasileira a contribuição lusitana. Além da língua e da organização social, a religião, a arte, a vida de família, o espírito tradicionalista, enfim o 'ethos' do brasileiro (DIÉGUES JÚNIOR, 1980, p. 88-89).

2. Os **indígenas**, na época do descobrimento, povoavam o país em grande número. Todo o litoral brasileiro era ocupado por comunidades nativas. Suas bases culturais eram predominantemente Tupi; grupos perfeitamente adaptados às condições naturais da tropicalidade.

Foram os Tupi-Guarani, representados por seus grupos integrantes (Tupinambá, Tamoio, Tupiniquim, e muitos outros), que mantiveram maior contato com os colonizadores. Desenvolviam atividades de coleta, caça e pesca e eram horticultores. Portadores de patrimônio cultural próprio e adaptados à natureza tropical circundante, possuíam uma visão do mundo específica. Falavam a mesma língua (Tupi) e eram portadores de padrões culturais semelhantes, facilitando extremamente a obra da colonização. Mesmo coagidos pela escravidão a que foram submetidos desde o início, concorreram como etnia para os cruzamentos inter-raciais na formação do povo brasileiro. Legaram elementos materiais e imateriais que foram assimilados, como a rede, a farinha de mandioca, usos e costumes, superstições, lendas etc.

3. Os **negros** africanos foram trazidos ao Brasil em consequência do fracasso da escravidão indígena. Mais bem condicionados ao trabalho servil, tornaram-se escravos por excelência. Entretanto, suas configurações culturais foram esfaceladas, seus elementos socioculturais perderam os valores, deturpados pela condição de escravos. Como afirma Gilberto Freyre, a influência sobre o povo e a cultura não foi do negro como elemento étnico, mas do escravo como mão de obra servil desprezada. Jamais como agente colonizador ativo.

A presença do negro como elemento étnico influenciou decididamente na constituição somática do povo brasileiro, legando vários traços físicos através da miscigenação.

4. Outros **grupos étnicos**, em menor número, também deram a sua contribuição à formação da etnia e cultura brasileiras, desde o início do período colonial: espanhóis, franceses, holandeses, judeus e ciganos. Contribuições individuais seriam as dos ingleses e alemães, mas sem maior significado.

Já nos séculos XIX e XX, a concorrência das correntes migratórias europeia e asiática enriqueceu ainda mais o quadro étnico brasileiro.

15.5.1 Resultante biológico

> Certamente, em nenhum outro episódio da história da humanidade uma série de fenômenos de miscigenação tão evidente e de tamanhas consequências para o aparecimento de um novo homem, como o que posso assinalar quando observo o processo de formação da sociedade brasileira.

Assim se expressa Creso Coimbra (1972, p. 79), que observa ainda a continuidade da mestiçagem nos dias atuais.

A etnia nacional começou a ser plasmada nos primeiros estabelecimentos econômicos, ou seja, nos engenhos de açúcar e nas fazendas de criação, onde entraram em contato o indígena, o português e o negro. Os cruzamentos inter-raciais determinaram o surgimento dos chamados mestiços, tipos humanos novos, caracteristicamente brasileiros.

Da fusão biológica de indígenas e brancos, surgiu o mameluco, herdeiro mais dos padrões indígenas que dos europeus. Falava a língua materna e geograficamente ocupava o interior do Nordeste e o Extremo Norte, aparecendo também no Extremo Sul e no Oeste brasileiros.

Já o mulato, resultante da mestiçagem entre o negro e o branco, surgiu nos engenhos de açúcar, na região açucareira do Nordeste (litoral), Recôncavo Baiano, Maranhão, Rio de Janeiro, São Paulo e Minas Gerais.

O intercruzamento social tornou-se possível, desde o início, graças à liberdade sexual, que permitia as relações extraconjugais e o amancebamento do português com a mulher índia e também com a negra, malgrado o protesto missionário que defendia o casamento legal.

De acordo com Paiva (2001, p. 27, apud FERREIRA, 2009), pode-se caracterizar este cruzamento cultural como resultante de uma aproximação entre universos geograficamente afastados, em hibridismos e em impermeabilidades, em (re)apropriações, em adaptações e em sobreposição de representações e de práticas culturais.

Assim, a influência africana foi se tornando visível em vários segmentos da sociedade colonial, tais como culinária, práticas religiosas, danças, entre outros valores culturais que foram incorporados pela população brasileira.

Os contatos entre as etnias fundamentais e aquelas que resultaram dos cruzamentos já realizados determinaram a existência de outros mestiços que podem ser sistematizados de acordo com a sua procedência étnica:

- Mulato: branco-negro
- Mameluco: branco-índio
- Crioulo: negro-negro
- Cafuzo, Curiboca ou Caboré: negro-índio
- Cabra: negro-mulato
- Caboclo: índio-índio
- Pardo: mulato-mulato; crioulo-crioulo; mulato-mameluco

Outras designações são regionais ou deixaram de ser usadas, como: fulas, pardavascos, cabrochas, guajiru, sarará, saruê, olho-de-fogo etc.

Incomuns e praticamente inexistentes em outras sociedades, os mestiços, no Brasil, eram homens livres, desenvolvendo atividades artesanais, agrícolas e numerosas outras. Formaram um grupo social *sui generis*, com peculiaridades próprias, culturais e físicas. Algumas denominações indicam mais um tipo social do que um tipo étnico, como *cabra*.

A destribalização e a deculturação provocaram a perda de suas características puras, diluídas no decorrer do processo, mas em grande parte perpetuadas, principalmente quando se consideram os conteúdos religiosos africanos impregnados na cultura brasileira.

256 Capítulo 15

O fator positivo em torno da conjunção interétnica centra-se em uma ideologia integracionista que estimula o caldeamento e condena a discriminação.

Não se verificam no Brasil atitudes discriminatórias radicais em relação aos mestiços de negro e branco, estando mais ou menos integrados na sociedade nacional. Se comparado com outros países, como os Estados Unidos, por exemplo, as relações de grupos étnicos são pacíficas e mais ou menos harmoniosas, sendo o preconceito racial moderado.

15.5.2 Resultante cultural

A miscigenação foi intensa e prolongada e, nas mesmas proporções, o processo de transculturação.

Transculturação é o processo que ocorre quando um indivíduo adota uma cultura diferente da sua, podendo ou não implicar uma perda cultural. A transculturação está ligada à transformação de padrões culturais locais a partir da adoção de novos padrões vindos através das fronteiras culturais em encontros interculturais ou migrações transacionais, envolvendo sempre diferentes etnias e elementos culturais. É a transformação de padrões a partir do elemento externo (MARTINS, 2014).

Para Lubão (S/D), essa transmissão pelo contato não abrange toda a cultura do outro grupo. Somente alguns traços se transmitem e se incorporam à cultura receptora. Esta, por sua vez, torna-se também doadora em relação à cultura introduzida, que incorpora a seus padrões hábitos ou costumes que até então lhe eram estranhos.

Não se podem dissociar os dois processos (miscigenação e transculturação), uma vez que se desenvolveram concomitantemente; da mesma forma, não se pode abordar uma etnia em suas peculiaridades sem considerar as demais. Todas elas emprestaram e foram receptoras de elementos culturais, muitos dos quais assimilados, outros reinterpretados, uns diluídos e outros ainda que não sobreviveram.

Os portugueses trouxeram consigo sua sociedade e sua civilização. Em um esforço da adaptação ecológica na nova terra, imprimiram as linhas ordenadoras da nova sociedade. Assim, a língua portuguesa aos poucos foi-se impondo, mesclada de vocábulos indígenas e africanos. Ocorreu o mesmo em relação à religião: a negra impregnou-se de elementos do catolicismo e, em menor proporção, a dos indígenas, num sincretismo que foi e é muito expressivo nessas duas esferas da cultura: religiosa e linguística.

Nas expressões da cultura, tanto material quanto imaterial, identifica-se a presença portuguesa. Seus elementos culturais foram alterados principalmente no contato com o indígena, cujos hábitos e costumes adaptados à terra, e de grande eficácia, passaram a ser adotados pelos colonos, em substituição aos seus próprios. Nas expressões de Roger Bastide (1971, p. 56),

> os colonos precisavam aceitar os hábitos dos índios que estavam casados com a natureza ambiente, isto é, substituíram o pão de trigo pela farinha de mandioca, o leito muito quente pela rede, os antigos instrumentos de caça e de pesca pelos dos indígenas; adotaram seus barcos feitos de cascas de árvores ou cavados num tronco para subir os rios; começaram a gostar dos frutos do país e do tabaco que mascavam, aprendendo a tragar a fumaça à moda dos índios.

Nas regiões ocupadas pelos indígenas da nação Tupi, instalaram-se os colonizadores e, no dizer de Darcy Ribeiro, deram origem a uma cultura neobrasileira. O patrimônio cultural era de feição predominantemente Tupi-Guarani, sendo assimilado pelos primeiros povoadores europeus.

Os indígenas não só emprestaram seus elementos culturais, mas também assimilaram muito através dos vários contatos. Novos núcleos surgiram, coexistindo com as aldeias. Estas acabaram por desaparecer, em consequência da deculturação e destribalização.

Também sujeito a esses fenômenos, o elemento negro passou a fazer parte intrínseca da nacionalidade brasileira. Adaptou-se às novas condições de vida, embora desfavoráveis sob vários aspectos: escravidão, tráfico desumano, esfacelamento de sua cultura, maus-tratos nas senzalas, humilhações etc.

O processo aculturativo no Brasil só foi possível pela fusão desses grupos heterogêneos, dos quais a etnia negra, resistente culturalmente, prestou grande contribuição.

Essa contribuição poderia ter sido muito maior, mas a destribalização foi muito rápida. A deculturação compulsória no novo ambiente teve tempo suficiente para corroer as tradições mais enraizadas.

> Contudo, o tráfico renovava a cada instante as fontes de vida, estabelecendo um contato permanente entre os antigos escravos ou seus filhos e os recém-chegados, em cujas fileiras vinham, com frequência, sacerdotes, adivinhos, médico-feiticeiros, o que fez que houvesse durante todo o período escravista um rejuvenescimento dos valores religiosos, exatamente quando esses valores tendiam a enfraquecer-se, afirma Roger Bastide (1971, p. 69).

Outras causas somaram-se para a sobrevivência da religião africana, que, após a abolição da escravatura, pôde desenvolver-se mais livremente. Ela sobreviveu sobretudo nas regiões açucareiras do Nordeste, onde os negros das plantações tiveram chances de reafirmar suas representações simbólicas e seus valores em festas e reuniões permitidas e, às vezes, incentivadas pelos senhores, para a obtenção de um escravo mais eficiente.

As influências recíprocas tiveram inicialmente caráter intertribal, em consequência da promiscuidade a que foram submetidos nos porões dos navios negreiros e posteriormente nas senzalas, onde se acentuaram. Desde o início, as línguas se misturaram, perdendo sua pureza original.

A mistura de línguas deu origem a um novo dialeto, que, em parte, foi sendo assimilado e adotado, persistindo até os dias atuais vocábulos africanos.

Paralelamente à aculturação linguística, desenvolveu-se a aculturação religiosa, verdadeiro sincretismo de crenças e cultos predominantemente totêmicos e fetichistas. As sobrevivências religiosas africanas foram mescladas com elementos religiosos indígenas, católicos e espíritas. Mas foi o catolicismo que exerceu maior influência, pois o negro era obrigado a se converter à religião católica. A conversão realmente não se deu, e o negro passou a praticar as duas religiões concomitantemente.

Hábitos e costumes, de modo geral, foram alterados e também se mesclaram. O legado africano relativo à dança, à música e aos instrumentos musicais foi bastante significativo, tendo sido adotado, muitas vezes reinterpretado, e persistindo até hoje.

258 Capítulo 15

Foram numerosas as contribuições para a estruturação da sociedade e da cultura brasileiras. Apesar da pluralidade étnica e cultural, não se observa no Brasil a existência de regionalismos extremos, de subculturas segregadoras e opostas.

A configuração cultural e étnica brasileira é *una*, falando-se em todo o território a mesma língua e praticando-se os mesmos padrões, sem diferenças profundas que poderiam ameaçar a integração nacional.

16
Linguagem e Cultura: em um Contexto Antropológico

"Sem linguagem não há homem e sem homem não há linguagem"
(ULMANN, 1991, p. 118).

A anterioridade da espécie humana, ou seja, sua condição primata, caracteriza-se pela ausência da fala. Quando ou como o homem se livra dessa condição, passando a expressar-se através da palavra, é uma indagação que a Arqueologia Pré-Histórica se empenha no sentido de encontrar respostas. Não apenas em relação ao fato fundamental da aquisição dos padrões da fala, mas, sobretudo, na capacidade de transmissão oral e simbólica dos conhecimentos e experiências adquiridos que tornou possível o advento da cultura humana.

O *Homo sapiens* nasceu mais bem aparelhado para aprender sua língua e, ao mesmo tempo, aprender sua cultura. Linguagem e cultura estão íntima e mutuamente relacionadas.

A natureza humana se completou a partir do desenvolvimento cerebral que capacitou o homem a emitir sons específicos para expressar seus pensamentos, sentimentos, necessidades e meios protetores. É de se supor que com essa evolução dos primeiros homens tenha surgido a reflexão, exteriorizada de formas diferenciadas, das quais se tem pouquíssimas evidências. Como saber, se não há fósseis de palavras!

260   Capítulo 16

Fala articulada, capacidade de expressão, aprendizado imediato e a transmissão dos conhecimentos adquiridos evidenciam que a linguagem é o grande fator adaptativo, próprio e natural dos homens.

16.1   Homem, linguagem e cultura

A linguagem, como capacidade exclusiva do homem não condicionada biologicamente, mas aprendida, permite a ordenação e exteriorização das ideias, pensamentos, conceitos e valores próprios codificados conforme a visão particular de mundo de cada grupo humano.

É um fenômeno cultural por excelência, sempre adequado para satisfazer as necessidades adaptativas da cultura, determinando a configuração de seus padrões culturais, portanto, a própria cultura.

A linguagem é tão antiga quanto a cultura e sempre houve tantos modos de falar quanto culturas. As correlações de cada grupo humano são complexas e específicas, desde suas mais simples origens até os complexos idiomas das sociedades civilizadas da atualidade.

Segundo Eble (1982), entende-se que pelo estudo da linguagem se observa uma filosofia das formas simbólicas. Aqueles que têm o hábito de perceber os processos mentais antropológicos dirigidos para a linguagem observam o quão sutilmente se revelam as sintaxes fundamentais da organização de mundo de qualquer cultura. Toda sociedade humana defende uma linguagem na qual possa registrar suas experiências. Assim, elas são mantidas e transmitidas de geração em geração por meio dos mecanismos linguísticos, já que nenhuma informação cultural está no código genético. Portanto, será a linguagem um universal absoluto sobre o qual os homens têm depositado suas impressões de mundo.

Recentemente, estudos específicos e pesquisas sobre a evolução da linguagem vêm buscando explicações na Psicobiologia, na Neurologia e na Fisiologia, no sentido de se indagar melhor onde estão as raízes da linguagem humana.

Recentes descobertas científicas demonstram que o genoma humano é 98% igual ao do chimpanzé, e, portanto, se discute se a linguagem só foi e é possível graças aos 2% restantes. Estariam as estruturas da linguagem em todo o cérebro humano?

Entre os cientistas interessados nessa área de estudos, destaca-se a americana Christine Kenneally, que publicou recentemente o livro *The First Word* (A Primeira Palavra), e também Sue Savage-Rumbaugh e Philip Lieberman, com seus trabalhos de linguística, baseados em novas indagações e colocações, que vêm permitindo o avanço da ciência em geral.

Não se pode desprezar a contribuição dos teóricos do século XX que se empenharam em desvendar os mistérios e os enigmas da linguagem, como: Sapir, Edward (1921), Jesperson (1923), Vendryes (1925), Boas (1938), Bloomfield (1933), Bloch e Trager (1942), Whorf (1956), Chomsky (1969), Gorce, Maxime (1974) e muitos outros.

Por fim, se o homem é o sem começo e o sem fim, não lhe resta nesta continuidade outra adequação sendo a que lhe é paralela, a escritura linear infinita. O homem foi subjugado pela rede das palavras e só se libertará mediante a destruição delas, mas então não haverá mais homens. O destino do homem é o destino da linguagem. O homem não passa de mero destinatário. A forma como pensamos está perfeitamente encadeada com a forma pela qual falamos, e a forma como falamos depende de nossa leitura do mundo. Esta leitura não está acabada (EBLE, 1982, p. 81).

16.2 Sistema aprendido e transmitido

A linguagem não é um mecanismo instintivo e biológico. Os seres humanos têm, necessariamente, de aprender sua língua e, consequentemente, a cultura da qual fazem parte. Trata-se do instrumento fundamental para o ingresso em uma cultura.

É, portanto, um sistema aprendido, uma atividade intelectual, simbólica e de compreensão, inseparável do pensamento e da imaginação, que são ordenados de modo a permitir uma visão mais global da realidade. O homem aprende, mas é necessário que sua representação na mente seja conceitualizada, transformando-se em um primeiro dado da consciência, com um objetivo determinado, criando as condições para o surgimento da linguagem.

A aquisição da linguagem processa-se de forma natural, ouvindo a fala dos membros do grupo, assimilando os sons e seus diferentes significados. A cada contexto sociocultural corresponde um conjunto de regras próprias definindo a forma de falar, suas variações, seus significados, seu comportamento linguístico, numa verdadeira interação entre língua e cultura.

16.3 Origem e mudança

A aquisição da linguagem foi a primeira e imprescindível revolução na história da humanidade. Originada nos pequenos agrupamentos familiares, onde aos primeiros rudimentos da fala seguiu-se a formulação de um vocabulário comum, chega-se a uma língua básica, compreendida pelos integrantes do grupo.

Para Fontanari (2009), compreender a origem e a evolução da linguagem é uma das questões mais importantes da Ciência e, quem sabe, também das Humanidades. De fato, sempre ouvimos que a linguagem é a maior qualidade que nos distingue dos outros animais. Às vezes, a importância da linguagem é colocada acima do pensamento, como se observa nessa frase de Saussure (1966, apud FONTANARI, 2009, p. 247): "Sem a linguagem, o pensamento seria uma névoa vaga e inexplorada. Não haveria ideias preexistentes e nada poderia ser distinguido antes do surgimento da linguagem".

Até o momento, não há evidências de quando ou como a linguagem se realizou, isto é, de como o som vocal passou a ter significados.

Na tentativa de encontrar respostas a essas indagações, antropólogos linguistas, de longa data, vêm aventando teorias e hipóteses explicativas, fundamentadas em ciências várias e na Antropologia propriamente dita: a teoria onomatopeica ou imitação dos sons, ruídos, gritos, dando-lhes um caráter verbal, sons associados a um sentido; a teoria gesticular, o uso do corpo e das mãos, gestos, expressões faciais estimulando a fala articulada; a teoria originada no evoluir da cultura material, isto é, o aperfeiçoamento gradativo dos objetivos líticos levaria a um cérebro mais complexo e, consequentemente, a uma linguagem gradativamente mais elaborada. Estas e outras hipóteses podem ser contestadas e novas poderão surgir.

Torna-se importante realçar seu aspecto eminentemente social, levando-se em conta que as palavras e os símbolos são convencionais e arbitrários, associados às experiências de cada grupo humano e às exigências da cultura. É através da estrutura da linguagem que se pode conhecer o mundo mental dos falantes de uma língua, seus pensamentos e ideias, sua visão global.

Diante da importância e da fascinação das alusões referentes à linguagem, não é de se estranhar que muitas falas repletas de fantasias tenham sido propostas para explicar sua origem.

262   Capítulo 16

No século XIX, havia duas teorias populares, usadas de forma pejorativas pelos linguistas contemporâneos de "ha-ha" e "au-au". A teoria "ha-ha" sugere que a linguagem se originou dos gritos instintivos de alegria e dor, enquanto "au-au" supõe que os grunhidos de animais tiveram papel fundamental, já que os caçadores primitivos provavelmente imitavam aqueles sons como estratégia de caça (AITCHISON, 1996, apud FONTANARI, 2009, p. 247). Depois dessa amostra, ninguém irá criticar a Société Linguistique de Paris por ter banido em 1866 toda e qualquer discussão sobre a origem e evolução da linguagem (FONTANARI, 2009).

Faz-se necessário que pesquisadores de campo, antropólogos, etnólogos, linguistas tenham conhecimento das línguas dos grupos ágrafos contatados, para o sucesso de suas investigações. Não apenas observar o cotidiano dos indivíduos, mas também saber o que pensam e sentem e, só assim, penetrar no intrínseco da cultura.

Cada língua consiste em uma estrutura própria, das mais antigas às mais modernas, das mais simples às mais sofisticadas. Não são entidades estáticas, pois sofrem lentas e constantes mudanças, certamente em resposta ao desenvolvimento contínuo e cumulativo das culturas. Na dependência de fatores como expansão dos grupos humanos, contatos, migrações, conquistas e outros, as mudanças podem ocorrer sempre gradualmente, seja pela adoção ou pelo empréstimo de elementos linguísticos. Palavras, modificações na pronúncia, na gramática, no vocabulário podem dar origem a línguas aparentadas, ao surgimento de outras línguas, mistura de línguas, bilinguismo e mesmo à substituição de uma língua por outra.

Algumas sociedades são resistentes às mudanças, outras as aceitam com facilidade, dependendo do tradicionalismo e das necessidades da cultura. Isso pode ocorrer tanto nos grupos simples quanto nas sociedades complexas.

16.3.1 No Brasil

De acordo com Silva (1998), o Brasil é um país que tem uma língua oficialmente reconhecida, que é o português. Essa língua foi herdada dos colonizadores portugueses. Antes da colonização, o país estava habitado por milhões de indígenas agrupados em diversas tribos, cada uma com sua cultura e língua própria, caracterizada por regras linguísticas, vocabulários e uma estrutura gramatical particular (veja Capítulo 17).

A região do Alto Xingu apresenta aspectos significativos e singulares: tradicionalmente habitada por grupos tribais linguística e culturalmente diferenciados, partilham uma uniformidade cultural comum.

Egon Schaden (1969, p. 66) refere-se a essa unidade e pluralidade cultural na área onde estão os representantes das quatro grandes famílias linguísticas: Tupi, Jê, Aruák e Karib e uma isolada, num total de nove grupos. Cada um deles mantém sua própria língua, elemento de identidade tribal, e participa de uma cultura comum material e imaterial.

Alguns indivíduos são monolíngues, bilíngues, outros são poliglotas. É uma área de aculturação intertribal na qual não há a imposição de uma língua sobre as demais, mas todos se entendem e se comunicam, mesmo após a presença do português usado na comunicação com os "brancos", coexistindo com as línguas indígenas.

Nas cerimônias e encontros tribais, os indivíduos são muito formais, falando a própria língua. Como afirma Lucy Seki (apud FRANCHETTO, 2011, p. 67), "cada grupo mantém sua própria língua [...] e o próprio sistema intertribal vigente reforça o valor da língua como elemento distintivo".

16.4 Difusão e declínio

As línguas não apenas se modificam ao longo do tempo. Elas também se difundem em decorrência de fatores de ordem histórica e geográfica, tais como guerras, conquistas, migrações, colonização etc.

Algumas línguas podem mesmo entrar em declínio e até desaparecer quando são substituídas por outra de maior aceitação, passando assim a ser a língua dominante. Em geral, isso acontece com frequência em países colonizados, em detrimento de sua própria língua pelas vantagens de comunicação com o mundo exterior e na aquisição de novos conhecimentos e padrões culturais.

16.4.1 No Brasil

Situação linguística e sociocultural significativa e até mesmo incomum ocorreu na faixa costeira brasileira ocupada predominantemente por grupos indígenas de fala tupi (da família linguística Tupi-Guarani) a partir do descobrimento e durante a colonização. Brancos e índios passaram a desenvolver longo processo de miscigenação e de aculturação quando praticamente a língua tupinambá tornou-se o idioma mais falado na costa brasileira. Todos se obrigavam a aprendê-la, sobretudo os jesuítas em seus trabalhos de catequese.

A expansão da língua mesclada com o português, do litoral para o interior, foi inevitável, difundindo-se a chamada Língua Geral Brasílica ou ñeengatú (língua boa) a tal ponto que foi proibida pelo governo português, em 1727, através da Provisão Régia de 12 de outubro. Essa proibição atingia mais os colonos dos núcleos urbanizados, e menos as regiões interioranas mais distantes, como a Amazônia, por exemplo.

Durante séculos, o uso corrente da Língua Geral teve papel relevante na troca e adoção dos padrões culturais e linguísticos entre brancos e índios, pois facilitou os contatos e o entendimento entre eles.

A língua portuguesa no Brasil sofreu influência decisiva da língua tupi, com a incorporação de numerosos termos de origem indígena ao vernáculo. Os estudos da toponímia brasileira revelam o grande número de topônimos de origem Tupi-Guarani, principalmente na faixa costeira e região amazônica.

Deve-se assinalar que, no Brasil, muitos idiomas indígenas vêm morrendo desde o início da colonização e podem, hoje, estar desaparecendo em consequência da diminuição brusca da população tribal ou porque os mais jovens já se esqueceram da língua materna, ou que não lhes foi ensinada. É uma constatação preocupante, dada a biodiversidade linguística brasileira com quatro grandes troncos: Tupi, Macro-Jê, Aruák e Karib e muitas outras famílias menores e grupos isolados.

Calcula-se que por ocasião da descoberta e durante a colonização os milhões de índios (de 6 a 10 milhões) que habitavam o país falavam cerca de 1.300 línguas. Hoje, estão reduzidos a 170 mil indígenas e 181 línguas.

Aryon Dall'Igna Rodrigues, estudioso das línguas indígenas (Universidade de Brasília), alerta os antropólogos e linguistas para esses dados acima, no sentido de evitar a extinção das línguas indígenas, para que não se perca a imensa riqueza cultural

264 **Capítulo 16**

que representam, e estabelecer uma ortografia para seu vocabulário, já que são idiomas orais, e também pelo ensino bilíngue nas escolas indígenas, como determina a Constituição Brasileira de 1988.

Como exemplo de um idioma que está morrendo, pode-se citar o dos índios Xipaia, de filiação Tupi, do qual resta apenas uma última falante viva, capaz de fornecer as informações necessárias para uma reconstituição cultural do grupo. Carmen Rodrigues, linguista da Universidade Federal do Pará, tenta, há vários anos, salvar o idioma xipaia da extinção, trabalhando junto à última pessoa falante da língua, na cidade paraense de Altamira, registrando seu vocabulário, observando a fonética, as regras gramaticais, gravando histórias, canções, mitos, diálogos, identificando palavras, textos de sua aldeia que fica a dez dias de viagem de barco, de Altamira.

Na verdade, o idioma xipaia pode morrer, mas não será extinto.

16.5 Diversificação e universalidade

O registro das primeiras evidências culturais remonta há cerca de 1 milhão de anos, quando as culturas passaram a se desenvolver de maneira lenta e segura, de forma contínua e cumulativa, o mesmo acontecendo com a linguagem, porque homem e linguagem são duas entidades indissociáveis, que se perdem no tempo.

Hodiernamente, através de estudos e de pesquisas da Antropologia Linguística, é possível afirmar a universalidade e a diversidade das línguas existentes, sua multiplicidade e sua extensão no mundo: estima-se em vários milhares.

Reiterando a estimativa da Academia Francesa, o linguista Berlitz (1988, p. 11) afirma haver 2.796 línguas diferentes no mundo e cerca de 7 a 8 mil dialetos regionais, que são as variantes dos idiomas. Claude Hagège (S/D, p. 301-304) estima 5 mil línguas, enquanto Hoebel e Frost (1981, p. 386) calculam 6 mil.

Derivadas sempre de uma língua originária, elas têm sua própria estrutura, isto é, fonemas, regras gramaticais, construção de frases etc., acham-se relacionadas entre si, podendo ser agrupadas em troncos e famílias linguísticas conforme suas semelhanças e diferenças. Há também grupos isolados, sem nenhum parentesco.

Resulta daí um pluralismo linguístico e cultural facilmente compreensível quando se analisa a distribuição geográfica das línguas.

É de se supor que as línguas indo-europeias, também conhecidas como arianas, tenham se originado há 25 mil anos na Europa Central, difundindo-se pelos territórios europeus e Ásia, por meio de grandes e constantes migrações.

Na Europa, a família das línguas indo-europeias abrangia o latim, que originou as línguas romanas; o grego, que por pouco não se tornou a língua dominante mundo; as línguas celtas (o gaélico, o galês e o bretão), as línguas germânicas (as escandinavas e o frísio que originou o inglês) e o grupo eslavo (russo e outras). Na Ásia, os dialetos iraniano, curdo e beluchi; línguas da Índia em grande número, salientando-se o hindi, cujos falantes constituem um dos maiores grupos linguísticos do mundo. Ainda, as línguas armênia, albanesa etc.

Figura 16.1 – O grego, por pouco, não se tornou a língua dominante no mundo.

O grupo das línguas semíticas atuais incluem o hebraico e o árabe, que se relacionam intimamente por meio do aramaico, língua geral do Oriente Médio da Antiguidade que desapareceu como língua viva. Outras línguas semíticas são o amarico, o bérbere, o haussá etc.

Na África Negra, línguas aparentadas em grande número formam a grande família Níger-Congo-Cordofaniana, inclusive o grupo banto. Na parte central, as línguas nilóticas e outras. O suaíli, idioma internacional, é a língua oficial em dez países africanos, tendo já adotado muitas palavras do inglês, língua que poderá ser por ela substituído.

Línguas oceânicas ou malaio-polinésias: trata-se de uma imensa família de línguas faladas de Madagascar ao Hawaii e do Vietnã à Ilha de Páscoa.

As línguas da Austrália, da Nova Guiné e das Ilhas Molucas têm características próprias. Na Austrália, ocorre um fenômeno linguístico digno de nota: os 200 idiomas indígenas relacionados pertencem a uma única família linguística.

No sudeste asiático, duas famílias predominam: a austro-asiática (vietnamita, a dravidiana e a tamul), línguas do Cáucaso e a grande família sino-tibetana.

O tai e o japonês aparentados ao grupo uralo-altaico (tungues, grupo mongol, grupo turco) com os dialetos que originaram o lapão, o finlandês e o húngaro. Na Sibéria, há várias famílias linguísticas. A língua esquimó se expandiu, supõe-se, do estreito de Behring, através do Alasca até a Groelândia.

No continente americano, de norte a sul, eram numerosas as línguas faladas pela população indígena, da mesma forma como eram numerosas as famílias linguísticas e as línguas isoladas. Na América do Norte, as principais famílias eram o algonquino, o iroquês, o sioux, etc. Na América do Sul, eram quatro os troncos principais: Tupi-Guarani, Macro-Jê, Aruák e Karib, no Brasil. No Peru e na Bolívia, o quéchua-aymará. Ao Sul, línguas da Patagônia e da Terra do Fogo, afirmam Laburthe-Toira e Warnier (1997, p. 301).

266   Capítulo 16

Bastante crítica é a situação das línguas existentes no mundo, pois muitas delas estão ameaçadas de extinção. Antropólogos e linguistas acreditam que neste século de 50% a 90% das línguas vão desaparecer. É uma preocupante previsão: quando morre uma determinada língua, desaparece uma cultura e consequentemente uma visão do mundo.

Segundo o Ethnologue, principal catálogo de línguas do mundo, todos os continentes têm numerosas línguas nessa situação: nas Américas, 170 idiomas ameaçados, sendo 30 no Brasil, 68 nos Estados Unidos, 11 no Peru, 8 no México. Na África, 46 línguas; no Pacífico, 210; na Ásia, 78 línguas; com maior número, na Austrália, em um total de 168 ameaçadas.

Alguém já se expressou assim: "as línguas morrem em silêncio. Envelhecem quando não são mais ensinadas às novas gerações, quando diminui o número de falantes ou quando as gerações jovens adotam outro idioma após contato intertribal ou interétnico".

16.6 Generalidades distintivas das línguas

Segundo alguns autores, nos milhares de idiomas mundiais apenas 101 contam com mais de 1 milhão de falantes: o chinês (mandarim) é o primeiro, com cerca de 1 bilhão, seguido do inglês, com 300 milhões, mais 200 milhões que o empregam como segunda língua, ocupando assim uma área geográfica muito maior do que a China. O hindi, na Índia, com 300 milhões; o árabe, com 272 milhões; o português, com 70 milhões; o russo, com 164 milhões; e o japonês, com 125 milhões.

O norte da Espanha e o sudeste da França (parte ocidental dos Pirineus) abrigam etnias que falam o basco e o catalão, línguas que diferem totalmente do espanhol. O basco talvez seja a mais difícil de aprender, pois não se relaciona com nenhuma outra do mundo. Constitui-se em um vínculo que os une e reforça a preservação de sua identidade étnica. Supõe-se ter sua origem no Neolítico.

Outro aspecto interessante refere-se à tribo indígena brasileira, os chamados Pirahãs, cuja língua desafia as teorias sobre a formação dos idiomas. Este grupo tribal, habitante às margens do rio Maici, afluente do rio Madeira, no Estado do Amazonas, apresenta situação *sui generis*. Seu idioma parece ser o único no mundo: não tem frases subordinadas, nem palavras para designar as cores; não usa tempos verbais que indiquem o passado e o futuro. Os índios não contam histórias do passado, pois conhecem o presente; ignoram qualquer manifestação artística, não cultivam mitos, não sabem contar.

Foram contatados pelo etnólogo inglês Daniel Everett, com os quais conviveu sete anos e observou essas diferenças com os demais idiomas. Seus esforços para ensiná-los não obtiveram sucesso, pois esses indígenas não conhecem palavras indicativas do conceito de números e seus significados, não podendo, portanto, aprendê-los.

Em relação a eles, não se pode falar em gramática universal com regras comuns, como preconiza o linguista Noam Chomsky. Everett afirma: "sua gramática vem da sua cultura que é absolutamente única".

O desenvolvimento cultural e social de um país depende do ensino satisfatório de seu idioma (língua falada e escrita), já que todos obedecem à mesma gramática.

A linguagem, tendo a comunicação como função primordial, permite aos indivíduos a transmissão dos padrões culturais armazenados às gerações num processo de continuidade cultural que só a educação pode desenvolver. Pensar, falar e escrever corretamente são necessários para perpetuar a visão do mundo da cultura.

17
Línguas Indígenas Brasileiras

17.1 Introdução: a língua é a raiz da cultura

No âmbito das ciências antropológicas, o capítulo referente às línguas indígenas em geral e brasileiras em particular é de grande relevância, dada a evidente pluralidade cultural e linguística observada desde os primeiros contatos dos colonizadores com os grupos tribais e acentuada no decorrer do processo civilizatório.

A população indígena do Brasil tem como característica primordial a multiplicidade de povos com diferenças acentuadas entre si. Cada grupo tribal tem sua configuração cultural específica e, consequentemente, sua própria língua. Os indivíduos comunicam-se entre

268 Capítulo 17

si por intermédio da língua falada, da linguagem, e é por meio dela que se integram com o universo cultural de que fazem parte, associando o símbolo linguístico ao que ele representa.

A língua é o microcosmo da cultura, já afirmava J. Mattoso Câmara Jr. (1964, p. 129), constitui-se numa representação da cultura material e espiritual de um povo e é por si só o veículo de comunicação entre os homens.

A familiarização com o fenômeno linguístico deriva do conhecimento do ambiente, da cultura e da língua falada cotidianamente pelos integrantes dos grupos. No tratamento dessas questões, a preocupação da maioria dos estudiosos era a comunicação com os indígenas em detrimento do conhecimento da análise estrutural de língua, geralmente colocada em segundo plano. Evidenciava-se assim um maior interesse etnológico do que linguístico. São duas abordagens que não se excluem, ao contrário, complementam-se na busca de conhecer e registrar as diferentes formas de expressões em todos os setores da cultura. Cada grupo desenvolve uma visão de mundo própria, manifestada nos elementos socioculturais e emocionais que se evidenciam por meio da língua.

No decorrer dos primeiros séculos da colonização, o conhecimento das línguas indígenas era empírico e incompleto, não atuando nenhum linguista. Inicialmente, os que mais se interessaram pelas línguas indígenas foram os missionários, que conviviam permanentemente com os índios, chegando alguns deles a falar corretamente seus idiomas, utilizados sobretudo na catequese e na divulgação da religião. Missionários e outros cronistas, durante três séculos, legaram registros de vocabulários, de orações e textos bíblicos, catecismos, pequenos dicionários, gramáticas e informações etnológicas.

Posteriormente, naturalistas, geógrafos, sertanistas e outros estudiosos se esforçaram, com os etnólogos e linguistas, para conhecer as línguas dos grupos contatados, facilitando a pesquisa em suas áreas de estudo, na segunda metade do século XIX.

Os estudos e o conhecimento científico das línguas indígenas brasileiras se intensificaram no decorrer do século XX, com a multiplicação dos estudiosos da questão indígena em geral e da linguística em particular. Entretanto, a contribuição efetiva ao conhecimento sistemático das línguas data da segunda metade do século XIX, com a presença de pesquisadores europeus.

Os naturalistas Spix e Martius publicaram em 1867 *Contribuição à etnografia e linguística americanas*, contendo dialetos Tupi, um dicionário da língua geral brasileira, registros de línguas da família Jê, considerações sobre a fauna e flora, sobre lugares etc.

Karl von den Steinen, 1886, etnólogo, estudou no Alto Xingu a língua dos índios Bakairí da família Karib. Pesquisou outras tribos, como os Paresi, os Waurá, os Mehináku, os Kamayurá etc. Organizou vocabulários e registrou diferentes aspectos dessas culturas.

Também T. Koch-Grünberg estudou os Guaicuru do sul do Mato Grosso e deixou substanciosa literatura etnológica. Registrou vocabulários de grupos Aruák e Karib contatados e suas gramáticas.

Paul Ehrenreich dedicou-se à pesquisa linguística e tornou-se conhecedor apurado dos problemas ligados a ela. Pesquisou e coletou material sobre vários grupos de língua Jê, sobre os Karajá, os Xerente, os Xavante, os Botocudo contatados durante suas viagens pelo Brasil.

Outro pesquisador com vasta obra linguística foi Curt Nimuendajú, que, vivendo grande parte de sua vida com os indígenas, dominava várias de suas línguas. Seus trabalhos contêm dados valiosos sobre vários grupos, como os Guarani, os Apinayé, tribos do rio Xingu, como os Kayapó, Juruna, sobre os Tukuna etc. Atribuía maior importância ao vocabulário do que à gramática.

Na primeira metade do século XX, o estudo das línguas indígenas no Brasil foi grandemente estimulado por instituições que se interessaram pela pesquisa etnolinguística: o Museu Nacional do Rio de Janeiro, o Summer Institute of Linguistics (1956), o Museu Emílio Goeldi, a Universidade de Pernambuco, a Unicamp etc. Incentivando os projetos de pesquisa, ofereciam condições aos estudiosos, professores e alunos que se empenharam na tarefa da documentação, descrição e comparação das línguas.

Entre os linguistas brasileiros, cabe destacar Aryon Dall'Igna Rodrigues (1925-2014), um dos mais importantes estudiosos das línguas Tupi; Lucy Seki (1939-2017), uma das mais importantes pesquisadoras no campo das línguas indígenas brasileiras, especialista nas línguas Kamaiurá (família Tupi-Guarani) e Krenak (tronco Macro-Jê). Na atualidade, cabe destacar o trabalho de Giovani José da Silva, professor da Universidade Federal do Mato Grosso do Sul – UFMS, com vasta experiência nos índios Kadiwéu (MS).

17.2 Classificação das línguas indígenas brasileiras

Conta-se hoje no Brasil cerca de 170 línguas indígenas faladas. Ao tempo da descoberta e nos primórdios da colonização, é de se supor que fossem o dobro. Algumas delas desapareceram sem deixar nenhum registro. Outras estão extintas, mas existe documentação sobre elas, embora pouca e irregular.

Nas áreas de colonização mais efetiva, situadas no Leste, Nordeste e Sul do país, seu desaparecimento foi intenso e progressivo. Nas regiões Norte e Oeste do Brasil, elas sobreviveram e se constituem em fértil campo de pesquisa para os estudiosos.

No período colonial, a língua mais conhecida e usada pela população luso-brasileira foi o Tupinambá da família Tupi. Regionalmente, eram conhecidos como índios Tamio, Tupinikim, Caeté, Potiguara etc. O domínio da língua foi tamanho, que o governo português, mediante decretos, chegou a proibir seu uso. Os primeiros registros dessa língua datam do século XVI, pelos franceses André Thevet e Jean de Léry (1575-1578). Em 1575, o Padre José de Anchieta publica *Arte de Grammatica da Língua mais Usada na Costa do Brasil*.

A interação branco/índio decorrente da prolongada convivência explica o grande número de vocábulos e expressões da língua Tupi ou Tupinambá incorporados à língua portuguesa para a designação de nomes ligados à fauna e à flora. Também nomes geográficos de numerosos lugares atestam uma rica contribuição à toponímia em nosso país.

Etnólogos e linguistas sempre se preocuparam com a classificação das línguas a fim de sistematizá-las e melhor entendê-las. Segundo o critério genético, elas são classificadas em famílias linguísticas, isto é, um grupo de línguas tem origem comum em uma língua ancestral (esta, em geral, já desaparecida, sendo quase sempre pré-histórica).

Num primeiro esforço de classificação, as línguas indígenas no Brasil foram divididas em Tupi e Tapuia (língua boa e língua travada, respectivamente). É uma classificação simplista e preconceituosa: de um lado, os falantes da língua Tupi, do tronco Tupi. De outro, os não falantes dessa língua, tidos como seus inimigos, os Tapuia.

270   **Capítulo 17**

Considerando os grupos tribais pelas línguas que falam, o problema da classificação linguística adquiriu caráter mais consistente. Foram identificadas no Brasil quatro grandes famílias linguísticas:

- Tupi, Jê, Aruák e Karib – todas de grande expansão territorial;
- Famílias linguísticas menores – de distribuição geográfica mais restrita e com menor número de línguas;
- Línguas isoladas – sem parentesco genético com nenhuma outra.

17.3 Família ou tronco Tupi-Guarani

O parentesco linguístico das línguas integrantes dessa família facilitou sobremaneira a tarefa do colonizador europeu em território brasileiro, graças às semelhanças em sua fonética, vocabulário e gramática. Graças ainda a sua larga expansão territorial, sendo a língua mais falada na maior parte do litoral brasileiro e bacia do rio Paraná, no século XVI e séculos subsequentes.

Identificadas dentro e fora do território brasileiro, em decorrência de suas migrações históricas e de caráter religioso, só no Brasil somam-se cerca de trinta línguas distribuídas em vários Estados: Amazonas, Pará, Maranhão, Mato Grosso, Goiás, São Paulo etc. Fora das fronteiras brasileiras, o Tupi-Guarani é falado em vários países, como o Paraguai, onde o Guarani Paraguaio é falado por cerca de três milhões de pessoas. Na Bolívia, por cerca de 50 mil pessoas. É de uso corrente também na Venezuela, Colômbia, Peru, Argentina etc.

O Tupi-Guarani, ou Tupinambá (Tupi antigo), passou a ser denominado Língua Brasílica e, posteriormente, Língua Geral, por ser a de maior difusão no país. Tornou-se a língua materna dos descendentes dos colonizadores miscigenados com índios e africanos, isto é, de toda a população colonial.

Hoje, as 21 línguas vivas da família Tupi-Guarani contam com cerca de 33 mil falantes, e seus representantes com maior população são os Tenetehára Guajajára do Maranhão (quase 7 mil falantes), os Kayová do Mato Grosso do Sul (7 mil), os Nhandeva (5 mil), os Mbiá nos Estados do Sul (mais de 2 mil).

Algumas línguas não Tupi-Guarani são pertencentes ao Tronco Tupi em função de um parentesco mais remoto e origem comum. Estão situadas em território brasileiro, geralmente ao sul do rio Amazonas: os Mawé, no Pará e Amazonas, com 3 mil falantes; os Mundurukú, também no Pará e Amazonas, com 1.500. São os mais populosos. Outras línguas estão extintas, como o Juruna, o Xipáya. Em Rondônia, existem famílias menores, como a Arikém, a Mondé, a Tuparí etc.

O Nheengatú (língua boa ou Tupi moderno) ou Língua Geral Amazônica se impôs à região a partir do Maranhão, na primeira metade do século XVII, e penetrou na Amazônia por meio dos núcleos de povoamento nos séculos XVIII e XIX. Ainda hoje, é a língua de comunicação entre índios e a população local, sobretudo na bacia do rio Negro, e de modo geral em toda a Amazônia, penetrando até o Peru e a Venezuela, em regiões onde nunca habitaram os índios Tupi-Guarani.

17.4 Família ou tronco Macro-Jê

O Jê é uma família exclusivamente brasileira, e seus representantes habitam as regiões de campos cerrados, em contraste com os Tupi-Guarani, que se localizam em áreas de floresta tropical e subtropical. Distribuem-se por vários estados, como o sul do Maranhão e Pará, Goiás, Mato Grosso e Estados do Sul. Ainda são numerosas as línguas Jê faladas no Brasil. O grupo tribal de maior população falante é o Kaingáng, situado nos Estados de São Paulo, Paraná, Santa Catarina e Rio Grande do Sul (10.500 falantes).

Outros grupos de fala Jê são os Timbira (Canela, Krikati, Krahô etc.), do Maranhão, Pará e Goiás, com quase 4 mil falantes; os Karajá (Javaé, Ximbioá), de Goiás e Mato Grosso, com quase 2 mil falantes; os Kayapó (Gorotíre, Xikrín, Txukahamãe etc.) do Pará e Mato Grosso, com mais de 2 mil falantes; os Akwén (Xavante, Xerente, Xacriabá etc.), em Minas Gerais, Mato Grosso e Goiás, com cerca de 8 mil falantes.

Outras línguas Jê podem ser reconhecidas mediante registros, pois já desapareceram, como a família Kamakã (Bahia), a Puri (Minas Gerais, Espírito Santo e Rio de Janeiro), a Kariri (Bahia, Pernambuco e Sergipe). Da família Botocudo (Minas Gerais e São Paulo), restam poucos sobreviventes. Ainda hoje, os grupos existentes que falam suas línguas se constituem em fértil campo de pesquisa e estudo, como os Maxacali, os Bororo, os Karajá, os Guató, os Fulnió, os Apinayé, os Suyá, os Pataxó.

17.5 Família linguística Karib

No Brasil, as regiões situadas ao norte e ao sul do rio Amazonas sempre foram ocupadas pelos grupos linguisticamente tidos como Karib. Seu *habitat* é extenso dentro e fora das fronteiras brasileiras, ocupando a costa norte da América do Sul e Pequenas Antilhas, a grande região das Guianas e a Venezuela. Esses grupos indígenas foram contatados pelos colonizadores europeus (espanhóis, franceses, ingleses e holandeses).

No Brasil, os grupos de fala Karib situam-se, em grande parte, ao norte do rio Amazonas (Amapá, norte do Pará, Roraima e parte do Estado do Amazonas). São 14 grupos, dos quais o mais populoso é o Makuxi de Roraima, com mais de 5 mil falantes. Os demais têm população pequena, como os Ingarikó (450), os Waiwai (900), os Atroari (350), os Taurepang (200) etc.

Ao sul do rio Amazonas, os Karib estão ao longo do rio Xingu, nos Estados de Pará e Mato Grosso. O grupo com maior número de falantes é o Bakairi (400), localizados a sudoeste do rio Xingu. Na região do Alto Xingu, estão os Kuikúru (200), os Kalapalo (200), os Nahukuá (80), os Txikão (100), e no baixo Xingu, os Arara do Pará (70).

272 **Capítulo 17**

Nesse extenso território, as línguas das famílias Karib, Tupi-Guarani (Nheengatú) e Aruák se intercalam, e as relações linguísticas são inevitáveis, já que estão em situação de contato há longo tempo. São observadas palavras comuns, elementos gramaticais semelhantes, correspondências sonoras nas línguas, que se mesclam sem perder sua identidade.

17.6 Família linguística Aruák

A localização geográfica dos grupos que falam a língua Aruák coincide em larga escala com a dos grupos de filiação Karib, isto é, região setentrional do Brasil, Guianas e parte do Caribe. Trata-se de um conjunto de línguas aparentadas à língua Aruák, também conhecida como Lokano, Maipure ou Nu-Aruák. Mais ao sul, seus representantes alcançam o Brasil Central, Mato Grosso do Sul e Bolívia.

Situada entre os rios Juruá e Purus, a família Arawá engloba alguns grupos linguisticamente aparentados: os Yamamadí, os Paumarí, os Kulína, os Dení etc. Os Kulína do Alto Purus são encontrados do rio Juruá até o Acre e também no Peru. Têm a população falante mais numerosa (cerca de 2.500 pessoas). No extremo noroeste do Estado do Amazonas, ao longo do rio Içana (afluente do rio Negro), estão os Baníwa do Içana, que englobam mais de 20 grupos que falam numerosos dialetos. Regionalmente, são conhecidos como Karútana (os do baixo Içana) e Koripáka (os do alto Içana).

Outras línguas Aruák são a Warekena (do rio Xié), a Tariana (do rio Uaupés), a Baré (quase extinta), a Wapixána (do Roraima), a Palikur (do Amapá). As línguas Apurinã, Piro, Kampa, Paresi e Salumã localizam-se ao sul do Amazonas, enquanto no Alto Xingu estão as línguas Mehináku, Waurá e Yawalapití. A língua Aruák falada mais ao sul é a Terêna dos rios Aquidauana e Miranda. Na década de 1930, foram levados em parte para o Estado de São Paulo, onde se radicaram na região de Bauru. Ao todo, somam-se 10 mil indígenas que falam a língua Aruák há 70 anos. Em relação às demais línguas, os Baniwa do Içana têm quase 5 mil falantes; os Apurinã, 3 mil; os Tariána, aproximadamente, 1.500; os Wapixána, 5 mil.

17.7 Famílias linguísticas menores

Com menor número de línguas, essas famílias ocupam territórios mais restritos, geralmente na Amazônia (do Pantanal do Mato Grosso às fronteiras da Venezuela). No Mato Grosso do Sul, a família linguística Guaicuru, com 850 falantes, é representada pela língua Kadiwéu, semelhante ao Mbayá do Paraguai, mas diferindo bastante dos Toba da Argentina. Exclusivamente brasileira, a família linguística Nambikwara situa-se do Mato Grosso até Rondônia. Com quase mil falantes, compreende alguns dialetos e línguas com muitas correspondências semelhantes. A família menos conhecida é a Txapakura, dos rios Guaparé e Madeira, com as línguas dos Pakaanóva, dos Urupá e a dos Tora (em Rondônia e no sul do Amazonas), com quase 1.500 falantes.

No Estado do Acre, mas também na Bolívia e Peru, a família linguística Pano é bastante numerosa, possuindo mais de uma dezena de línguas, como a Kaxinawa, estudada por Capistrano de Abreu e com quase 2 mil falantes; a Karipúna de Rondônia; a Katukina do Acre, a Marubo e outras. É uma região muito pouco pesquisada, tanto pelos etnólogos, como pelos linguistas. A família linguística Mura do rio Madeira teve considerável expansão geográfica no século XVIII. Hoje, restam dois grupos: os Mura e os Pirahã, seus remanescentes, com cerca de 1.500 falantes. A família linguística Katukina, com menos de mil indivíduos, situa-se no sudoeste do Amazonas. Falam línguas aparentadas os Kanamaré (os mais numerosos), os Katawixi etc.

A família linguística Tukáno localiza-se ao longo do rio Uaupés, um dos grandes formadores do rio Negro. À família Tukáno pertencem doze línguas. Sua importância deriva de ter-se tornado a Língua Geral dessa área, por meio da qual se comunicam grupos de falas diferentes. Trata-se de uma área com características próprias e individualizantes, onde as condições socioculturais, as linhas de parentesco e os contatos tribais justificam a existência de indivíduos (homens e mulheres) bilíngues e mesmo poliglotas, dominando de oito a dez línguas. Não somente as da família Tukáno, mas também as da família Aruák, Maku, Tupi-Guarani (Nheengatú), e mesmo o português e o espanhol. Maior número de falantes: os Tukáno, propriamente ditos (quase 3 mil), os Tariana (com 1.500), os Desána (quase mil) e outros com menor número de falantes.

A família linguística Maku encontra-se nas bacias dos rios Negros, Uaupés e Japura. Engloba grupos ainda pouco estudados. São línguas tão aparentadas entre si, que se constituem em verdadeiros dialetos. No extremo norte do Brasil, em Roraima, está a família linguística Yanomami, também conhecida como família Xirianá, alcançando também o território venezuelano. Os grupos com população mais numerosa são os Yanomám (6 mil) e os Yanomami com 2 mil falantes.

17.8 Línguas isoladas

Conta-se no Brasil com uma dezena de línguas chamadas isoladas, por não terem parentesco genético com nenhuma outra. Suas características são únicas e exclusivas, não tendo correspondência em nenhuma família ou tronco linguístico. Em sua maioria, essas línguas têm pequena população, como os Aikaná, de Rondônia, com 80 falantes, e os Kanoê (Kapixaná), também de Rondônia, com 20 falantes. Da mesma forma, os Arikapú, os Awakê, os Jabuti, os Koaiá. No Alto Xingu, os Trumai têm apenas 40 falantes. No norte do Mato Grosso, os Irantxé e Mynky (com menos de 200 falantes).

Das línguas isoladas, somente o Tukúna ou Tikúna do rio Solimões no Amazonas conta com população numerosa (18 mil indivíduos). É também falada no Peru, onde tem sido objeto de estudo dos linguistas. No Brasil, só hodiernamente começa a ser estudada.

Alguns falam línguas relativamente isoladas, como os Guató do alto rio Paraguai, que, embora se filiem ao tronco Macro-Jê, não se relacionam com nenhuma língua desse tronco. Da mesma forma, os Rikbaktsá (500), os Karajá (1.500), os Kre-nák ou Botocudo de Minas Gerais e Espírito Santo, todos com filiação linguística Macro-Jê. Filiados ao tronco Tupi-Guarani, os Puruborá de Rondônia, os Juruna do Xingu (120), os Karitiána de Rondônia (100).

274   Capítulo 17

Os grupos indígenas brasileiros falam hoje 170 línguas. Não há informações exatas sobre esse número, pois elas são ainda mal conhecidas e os estudiosos encontram sérias dificuldades de pesquisa e registro. No passado, eram muito mais numerosas, mas desapareceram no decorrer dos séculos.

Nos dias atuais, as que restam estão ameaçadas de desaparecer em curto tempo, em virtude do avanço das frentes de expansão, das relativas condições de sobrevivência dos indígenas, da discutível atuação dos órgãos de proteção ao índio, da aculturação compulsória, dos grupos tribais com reduzido número de falantes, da adoção da língua portuguesa em muitos grupos etc.

Há algumas décadas, o Prof. Aryon Dall'Igna Rodrigues já alertava para a urgência da tarefa dos pesquisadores de proceder ao estudo e documentação das línguas indígenas ante a ameaça de extinção. Com o desaparecimento das línguas, perde-se um conjunto de experiências sociais e individuais de agrupamentos cujas culturas certamente enriqueceriam o universo cultural brasileiro.

17.9 História da etnologia brasileira: do empirismo à sistematização

Analisando o conjunto das produções da Etnologia Brasileira, é possível reconhecer a predominância do caráter descritivo e empírico das contribuições dos primeiros cronistas, sobretudo no período colonial, e em seu primeiro século. Entretanto, já no século XVII, nota-se um esforço no sentido de uma pequena sistematização dos dados observados. Mas é no século XIX que a investigação das culturas indígenas no Brasil adquire cunho científico e sistemático, principalmente a partir de sua segunda metade, quando ocorreram as expedições científicas ao interior do país. As observações que antes eram predominantemente descritivas passam a ser sistematizadas, conferindo à Etnologia Brasileira as condições de verdadeira ciência social.

Nos séculos XX e XXI, a preocupação e o rigor científicos estão presentes em grande parte dos trabalhos resultantes de pesquisas com diferentes grupos indígenas em todo o território nacional. Pesquisadores nacionais e estrangeiros estudam sistematicamente esse segmento da população que hodiernamente enfrenta sérios problemas ligados à posse e ao uso da terra, à sua cidadania, à sua identidade e à sua própria sobrevivência.

– **Período colonial: relatórios e descrições.** É substanciosa a riqueza de informações nos escritos quinhentistas, seiscentistas e setecentistas referentes aos indígenas brasileiros desses séculos. Missionários, viajantes, militares, colonos e outros cronistas expressaram seu interesse em registrar a presença de grupos humanos diferentes e até exóticos que aguçavam sua curiosidade. O registro de seu modo de vida, seus costumes e padrões era acompanhado de observações sobre sua etnia, da descrição da terra, do quadro natural que lhes servia de *habitat*.

Coube a Pero Vaz de Caminha, escrivão da armada portuguesa, inaugurar em 1500 a história da Etnologia Brasileira, ao redigir a certidão de nascimento do Brasil, ou seja, a Carta ao rei Dom Manuel de Portugal. Contendo ricos dados etnológicos, exaltava ainda ao rei português mais uma oportunidade de converter populações pagãs ao Cristianismo.

Línguas Indígenas Brasileiras

Figura 17.1 – Fac-símile da carta de Pero Vaz de Caminha ao rei D. Manuel.

No século XVI, a América recém-descoberta atraía a atenção dos europeus que apreciavam sobremaneira as obras quinhentistas dos cronistas da época. As mais precisas e completas são as de Hans Staden, Jean de Léry, Pe. Anchieta, André Thevet e Gabriel Soares de Sousa.

O alemão Hans Staden é autor da primeira monografia sobre índios brasileiros, publicada em 1557, de fecundo conteúdo sobre os Tupinambá junto aos quais permaneceu vários meses. Apesar de prisioneiro à espera da prática antropofágica, conduziu-se como observador atento, relatando com objetividade os padrões culturais desses índios, suas instituições sociais, suas manifestações religiosas, seu comportamento em diferentes situações. É uma obra bastante consultada ainda hoje, assim como a do francês Jean de Léry, com significativo conteúdo linguístico. Além de confirmar as observações de Staden, registra detalhes e minúcias da vida dos Tupinambá, com os quais conviveu quase um ano. Também Thevet inclui-se entre os melhores informantes quinhentistas.

Dos jesuítas portugueses, o estudo do Pe. Anchieta fornece dados sobre o sistema de parentesco e as regras matrimoniais desses índios. É autor da primeira gramática em língua tupi.

Senhor de engenho na Bahia, Gabriel Soares de Sousa destaca-se como perspicaz observador dos Tupi da costa baiana e redige o seu *Tratado descritivo do Brasil em 1587*, talvez a mais importante obra do século XVI.

A produção etnológica seiscentista não ofereceu a mesma riqueza de informações do século anterior. Dois missionários franceses deixaram, entretanto, valiosos dados sobre os Tupi do Maranhão: Yves d'Evreux e Claude d'Abbeville, que se preocupavam com as questões religiosas e a personalidade indígenas.

Durante o século XVII, não apenas os grupos da nação Tupi são observados, mas também os chamados Tapuia despertam o interesse dos cronistas, sobre os quais conseguem reunir bom material. Começa a ser suplantada a fase da tupimania.

Salientam-se Joannes de Laet, Georg Marcgrave e Maurício de Heriarte com seus escritos sobre os Tupi e os Tapuia. O jesuíta Simão de Vasconcelos publica em 1663 sua obra histórica sobre as missões no Brasil, apresentando um esboço de classificação das tribos conhecidas. Sua *Crônica da Companhia de Jesus no Estado do Brasil* praticamente encerra a primeira fase dos estudos sobre o índio brasileiro.

Capítulo 17

As contribuições subsequentes, abrangendo o século XVIII, foram poucas, embora significativas. Parece que os assuntos etnológicos já não despertavam o mesmo interesse dos séculos passados. Assim, as escassas informações da segunda metade do século referem-se aos grupos Guaikuru, do Mato Grosso (rio Paraguai), observados por Sánchez Labrador e por Francisco Rodrigues do Prado, com contribuições de real valor.

– Primeira metade do século XIX: início da investigação científica. Os legados do período colonial, embora valiosos, não se constituíam em trabalhos científicos, dado seu caráter descritivo e empírico. A primeira metade do século XIX representa a transição para a sistematização dos conhecimentos a respeito do indígena, com a presença de naturalistas europeus no Brasil. Interessados no estudo da fauna e da flora, não deixaram de contatar com o natural da terra, do qual reuniram material etnográfico de tribos litorâneas e do interior.

A mais importante contribuição dessa fase foi a de Carl F. P. von Martius, em função do seu pioneirismo, abrindo caminhos à sistematização das observações coletadas e dos consequentes rumos à pesquisa científica. Além disso, a ele se devem os esforços de classificação dos grupos indígenas.

Outra colaboração de valor foi a de Maximiliano, Príncipe de Wied-Neuwied, com sua monografia sobre os índios Botocudos, escrita com a objetividade e a precisão próprias de um cientista. A partir daí, a Etnologia começa a adquirir o foro de verdadeira ciência.

– Segunda metade do século XIX: expedições científicas ao interior do Brasil. No período compreendido entre 1884 e 1914, o Brasil foi visitado por missões científicas estrangeiras que alcançaram vários pontos do interior do país, com a finalidade de contatar com grupos indígenas, observar e coletar informações que viessem enriquecer os conhecimentos etnológicos e propiciassem uma visão mais profunda da própria natureza humana.

De grande significado foram as duas expedições científicas à região do Alto Xingu (1884 e 1888) dos alemães Karl von den Steinen e Paul Ehrenreich, quando contataram com representantes das quatro grandes famílias indígenas do Brasil, ou seja, Tupi, Jê, Karib e Aruák e uma de língua Trumai, culturas originais, ainda não afetadas pela presença do homem branco.

Também Max Schmidt empreendeu várias expedições ao Estado de Mato Grosso, assim como Teodor Koch-Grünberg, que percorreu a região noroeste do Brasil, e Fritz Krause, o vale do Araguaia. As obras resultantes das pesquisas que empreenderam vieram enriquecer os estudos indígenas, fornecendo dados etnográficos, sociológicos, psicológicos e linguísticos, além de substanciosas informações sobre a mitologia, a vida social e religiosa dos grupos em foco.

As expedições ao interior brasileiro representaram um marco nos estudos sobre a população tribal. Inicia-se o período áureo da história da Etnologia do Brasil.

– Século XX: contribuições científicas nacionais e estrangeiras. Até as primeiras décadas do século XX, o estudo do índio brasileiro despertou sobretudo a atenção de europeus em geral, e de alemães em particular. Os pesquisadores nacionais pareciam não se interessar por este objeto de estudo, com raras exceções, como Couto de Magalhães e Barbosa Rodrigues e, mais tarde, Capistrano de Abreu, que pesquisou e escreveu sobre os Kaxinauá, e E. Roquette Pinto, que estudou os índios Pareci e Nambikuara.

Nas décadas que se seguiram, pesquisadores nacionais e norte-americanos tiveram seu interesse despertado para esse segmento minoritário da população, participando cada vez mais ativamente das pesquisas etnológicas.

Salienta-se a figura do general Cândido Mariano da Silva Rondon, o fundador do Serviço de Proteção aos Índios e pacificador incansável de tribos contatadas. Também Curt Nimuendajú, que durante 40 anos conviveu com grupos indígenas e tornou-se seu profundo conhecedor. Ainda Charles Wagley, Jules Henry, Lévi-Strauss, Herbert Baldus, Florestan Fernandes, Egon Schaden, Gioconda Mussolini, Fernando Altenfelder Silva, Darcy Ribeiro, Harald Schultz e numerosos outros especialistas que contemporaneamente desenvolvem seus trabalhos e pesquisas num esforço de continuar registrando e interpretando toda a cultura material e espiritual desses grupos humanos, sujeitos que são a um inevitável desaparecimento como unidade étnica e cultural.

18
Antropologia Jurídica

18.1 Histórico

Três grandes escolas de Antropologia Legal (Jurídica) foram criadas no século XIX e ainda existem: a britânica, a holandesa e a americana, sendo a primeira a mais conhecida.

As características da britânica são:

1. Basicamente mercantil – os britânicos visavam garantir seus monopólios comerciais e conservar abertos os meios de transporte de suas mercadorias, em vez de conquistas de terras e de povos.

280   Capítulo 18

2. Dominação indireta – (a) construção de portos fortificados que pudessem ser controlados como centros de comércio e base naval; (b) criação de Estados-clientes, que pudessem governar cordialmente a baixo custo.

3. Utilização do Direito Consuetudinário da estrutura imperial.

A mudança no direito consuetudinário, entretanto, torna-se muito difícil, pois trata-se da cultura legal de um povo. O que poderia ser imoral para um povo, pode ser legal para outro. **Exemplo:** o "sati" – costume de cremar a viúva, viva, na pira de seu falecido marido, comum entre hindus do norte da Índia. O "lobola" ou "bogadi", referente ao pagamento de gado, pelo noivo, à família da futura esposa, entre tribos africanas e outras.

Os holandeses também fundaram escolas de Antropologia Jurídica visando governar melhor seu império colonial. Seu objetivo era o de compreender as leis consuetudinárias, entre elas o Adat – utilizadas por povos da Sumatra.

As origens da escola americana de Antropologia Jurídica são mais complexas, por ter sido o país sempre imperialista.

Os antropólogos estudaram a Nação Cheyenne, quando desenvolveram uma metodologia para a pesquisa, o Estudo de Caso. Na realidade, os americanos também praticavam a dominação indireta em suas conquistas nas Ilhas Filipinas. Seu primeiro grande estudo diz respeito ao povo Ifugao.

Nos últimos anos, a Antropologia Jurídica se converteu em um campo de especialização importante na Antropologia mexicana e latino-americana. Muitos desses estudos abordam a problemática do direito em sociedades coloniais, pós-coloniais e ágrafas.

A Antropologia Jurídica tem se voltado para o estudo da organização social, das regras, das sanções, do controle social, dos costumes no casamento, dos comportamentos etc. Pesquisam a violência familiar, policial etc.

O campo da pesquisa, para o antropólogo ou estudioso da ciência jurídica, é o do Direito comparado, cujas principais escolas encontram-se na França e no México.

O Brasil oferece ao antropólogo jurídico um imenso laboratório de pesquisas em todas as áreas do Direito; para isso, utilizam métodos e técnicas específicas.

18.2 Conceitos

Segundo Shirley (1987, p. 15), "o domínio tradicional da Antropologia legal (jurídica) tem sido do estudo do direito 'primitivo', ou, exatamente, das sociedades de pequena escala e sem Estado".

Para Rouland (2008, p. 70), a Antropologia Jurídica "se propõe a estudar os direitos de culturas não ocidentais e voltar, em seguida, com um olhar novo aos das sociedades ocidentais".

De acordo com Krotz (2002, p. 24-25), a Antropologia Jurídica

> trata de explicar fenômenos através de estudos mediante a procura de estruturas subjacentes ao observável e ao explícito. Na medida em que logra, o estudo científico-social do "jurídico", sobrepassa os limites do fenômeno legal propriamente dito e contribui para o conhecimento da sociedade estudada em seu conjunto.

O primeiro problema a ser definido na pesquisa é o que pode ser considerado lei, Direito e sistema jurídico.

Lei é uma regra de Direito ditada pela autoridade estatal e tornada obrigatória para manter a ordem e o progresso da comunidade. A Lei se encontra em todas as partes onde há sociedade, mas as normas legais diferem de acordo com as diferentes sociedades.

As normas são preceitos existentes em uma sociedade e dizem respeito a certo grau de obrigatoriedade para seus membros, portanto, certo conhecimento geral. O sistema de regras fundamenta um certo consenso. De outro modo, não seriam regras, "mas ordens terminantes, obrigações sem ambiguidade e sem espaço de interpretação, sem possibilidade de desvio ou delito" (KROTZ, 2002, p. 33).

O sistema de regras reflete as características socioeconômicas e políticas fundamentais da realidade sócio-histórica. Ao mesmo tempo, expressa os valores fundamentais aceitos consensualmente pela respectiva sociedade. Essa expressão só se torna clara a partir do estudo do sistema como um todo, ou seja, o conjunto de proibições, prescrições, permissões, isenções, requisitos, limites e tipos da consideração de circunstâncias especiais e da instituição elaborada.

A Antropologia Jurídica pode ser entendida de duas maneiras:

1. Trata-se de um ramo da Antropologia que aborda um campo ou uma esfera social de um modo distinto de outros campos ou esferas sociais.
2. Refere-se a uma perspectiva específica elaborada para a captação da realidade social, dando conta da vida e das características de uma determinada sociedade.

Nas sociedades ágrafas, os sistemas de regras diferem dos das sociedades com algum desenvolvimento industrial e informativo.

A Antropologia põe em evidência a multiplicidade de práticas e ideias jurídicas, condutas e normas legais na sociedade que estuda. Esses sistemas jurídicos encontram-se à margem da legislação estatal.

A Antropologia é uma ciência interpretativa em busca de significações. A pesquisa e a análise dos dados coletados permitem decifrar as estruturas de significação da coletividade que as compartilha. Para Krotz (2002, p. 37), aqui se trata de uma aproximação ao estudo dos fenômenos jurídicos, e não se limita ao registro de ações e coleta de expressões verbais, mas se interessa também pelo mundo das ideias, dos estereótipos, das expectativas, das emoções e das valorizações conscientes e comunicáveis encontradas entre os integrantes da pesquisa.

Qualquer sistema normativo, criado pelo homem, permite saber como os membros de um grupo são introduzidos no mundo dos direitos e deveres, faculdades e obrigações. Desse modo, os processos de enculturação jurídica fazem parte do estudo sociocientífico do direito, incluindo a transmissão de normas e de justificações.

Um dos campos de estudo da Antropologia Jurídica é o dos direitos humanos. Direito legalmente reclamado como o de direitos morais que, todavia, não se encontram nas regras legalmente obrigatórias. O código dos Direitos Humanos reflete uma certa visão ideal do ser humano e da sociedade.

Figura 18.1 – Manifestantes protestam em Nova York pela morte de Eric Garner, cidadão afroamericano que foi estrangulado durante abordagem policial, em 2014.

18.3 Costumes e leis

Para se entender a relação entre a cultura e o Direito, deve-se estabelecer uma divisão entre os costumes sujeitos a sanções informais e difusas, e as leis, que exigem sanções normais e específicas.

A diferença entre costume e lei não quer dizer que a lei seja obrigatória e o costume não. O costume pode ter conotações de "dever ser" tão forte quanto as normas legais.

O costume é inerente a todos e a cada uma das instituições. Há costumes familiares, religiosos, econômicos e políticos. **Exemplo:** proibição de casamento entre pessoas de diferentes credos, etnias etc.

Em certas sociedades e em determinadas circunstâncias, aparece um âmbito institucional especial – o âmbito legal: o direito – no qual algumas das regras, não todas, são recriadas fora de seu contexto, para converter-se em critérios universais de conduta que, formalmente codificadas, devem ser impostas pela autoridade a partir de processos adjudicatórios.

18.4 Natureza, cultura e comportamento

Em geral, as sociedades contemporâneas ocidentais são bastante complexas, dificultando sua análise. Os antropólogos, no começo, estudaram as sociedades simples, embora seu sistema de parentesco e matrimônio seja bastante complexo em relação às sociedades ocidentais contemporâneas. Estudar as sociedades simples ajuda a compreender as complexas; todavia, em alguns casos, o inverso pode ocorrer.

Ao estudar a natureza e a cultura, percebe-se que há diferenças entre elas. A natureza compreende o conjunto das características físicas e mentais dos seres humanos. A cultura engloba os modos comuns e aprendidos da vida, transmitidos pelos indivíduos e grupos em sociedade. A natureza não impõe normas, atua espontaneamente. A cultura, ao contrário, impõe regras sobre o que for necessário. Ela se sobrepõe à natureza. Por exemplo: a proibição do incesto, única regra universalmente encontrada em todas as culturas. Ela provém simultaneamente da natureza e da cultura, cujas sanções são severas. Há um conjunto de fenômenos estreitamente relacionados com a proibição do incesto, a exogamia, o sororato, o levirato, o matrimônio preferencial entre primos cruzados e proibição entre primos paralelos. É muito frequente que as sociedades de estruturas simples adotem a descendência por uma só via, por exemplo: a patrilinear ou a matrilinear. Essa escolha não tem nenhuma razão biológico-genética, ecológica, econômica, política ou de conteúdo cultural diferente.

Em um campo mais amplo, pode-se discutir a relação entre cultura e comportamento, concebendo o comportamento como parte da cultura, mas também é possível separar um do outro sem pretender que não haja relação entre ambos.

De acordo com Varela (2002, p. 74),

> em certas ocasiões a palavra cultura pode ser substituída por atitude. Prosseguindo no mesmo raciocínio, muda-se a atitude e muda-se o comportamento. Trata-se, portanto, de ações imanentes e não de ações de mudança passageiras.

Existem comportamentos diferentes e culturas também diferentes, inferindo a possibilidade de ao menos existir um tipo de relação entre os dois fenômenos.

A cultura é um conjunto de signos e símbolos. O comportamento em si é uma ação, seja um movimento corporal, uma locução verbal, uma ação ritual, ou manifestação exterior perceptível por outras pessoas. O comportamento é um ato com significado e constitui os hábitos. Embora toda cultura exerça influência no comportamento, nem sempre ela impulsiona a ação.

18.5 Correntes anglo-saxões

Na metade do século XIX e início do XX, ocorreram vários debates sobre a existência ou não do direito nas sociedades primitivas, temas fundamentais da Antropologia Jurídica. Muitos estudos abordaram a problemática do direito consuetudinário em sociedades coloniais e pós-coloniais.

De acordo com Sierra e Chenaut (2002, p. 113),

> esses debates têm oscilado entre uma visão legalista do direito, que buscou identificar códigos e normas legais, transportando o modelo ocidental ao estudo das sociedades primitivas e/ou colonizadas, com uma visão ampla da lei para a qual direito, cultura e sociedade constituem partes inseparáveis da realidade social.

Essas perspectivas têm sido consideradas centros referentes que estruturam o campo da Antropologia Jurídica a partir das quais novas argumentações podem surgir.

Capítulo 18

Os antropólogos interessados pelo estudo do jurídico nas sociedades ocidentais têm debatido sobre as distintas posições implicadas nos enfoques teóricos e metodológicos das pesquisas. Defendem a necessidade de investigar códigos e normas que governam a vida social e os comportamentos dos participantes.

O Direito é considerado o campo das sanções legais que em uma sociedade estão organizadas de acordo com funções e regras bem definidas, o que implica a existência de sociedades e instituições que garantem seu cumprimento.

Para Hoebel (2002, p. 118), nas sociedades mais simples, as funções do direito residem em cumprir os seguintes aspectos:

1. Definir as relações entre os membros das sociedades.
2. Organizar a força encarregada de manter e exercitar a coerção física.
3. Resolver os conflitos.
4. Manter a adaptabilidade mediante a redefinição das relações entre indivíduos e grupos.

Exemplo: os esquimós. Eles não têm normas, mas um conceito de propriedade da terra. Possuem mecanismos jurídicos para resolver disputas, como o caso das canções de duelo.

18.6 Cultura jurídica

A cultura jurídica pode ter como objetivo geral "conhecer o modo como se produzem, reproduzem, circulam e modificam as ideias, significados, interpretações e discursos que populações urbanas possam ter em relação ao direito". A questão seria "conhecer como o direito lhes dá certo modo de imaginar sua realidade e, por sua vez, como dessa realidade, outorgam significado ao direito", afirma Claudett (2001, p. 361).

A cultura jurídica, entre populações urbanas, resulta de uma contínua luta entre diferentes significados do jurídico, que circulam na cidade, em vez de um sistema integrado de atitudes e opiniões, em relação ao direito estatal. Pode-se, portanto, dizer que a cultura jurídica popular é o resultado da reunião temporal de um contínuo processo de produção e reprodução de sentidos – o jurídico – que se confrontam, negociam, complementam e interpretam em um espaço social dado.

O termo "cultura jurídica" tem sido um marco da definição prévia quando se entende o que é Direito e o que é cultura. O conceito serve para delimitar o conjunto de atitudes, expressões e modos de argumentação dos operadores judiciais. Em determinada região, esse conceito deve ser entendido como algo uniforme, integrado, comum e compartilhado por todos os cidadãos de um país. Ao abordar a cultura jurídica, devem-se estabelecer, primeiramente, os traços culturais comuns na comunidade.

Segundo alguns autores, as culturas jurídicas, entre as populações latino-americanas, podem ser idealistas, paternalistas, legalistas e fortemente formalistas.

Para os antropólogos, as culturas jurídicas locais encontram-se no interior dos Estados e não devem ser entendidas como subculturas, tampouco como algo próprio de comunidades harmônicas e integradas, mas de uma comunidade que compartilha uma herança cultural comum, com similaridades, valores e normas, exercendo a mesma percepção da ordem social.

De acordo com Combe (2001, p. 264), a cultura jurídica "deve ser novamente reconceituada como uma atividade de luta e não como uma coisa, como práticas significativas em conflito mais do que sistemas integrados de significados".

Conforme Claudett (2001, p. 363),

> considerando-se a cultura como um fenômeno local, se faz necessário trabalhar com três ideias de análises:
> 1. definir os traços centrais que dão identidade ao espaço local onde se reproduz a cultura jurídica;
> 2. identificar quais são as representações, ideias e discursos que, acerca do "direito" e do "jurídico", portam e manejam os diferentes atores que interatuam e se relacionam no interior do espaço local;
> 3. estabelecer as jurisdições internacionais, locais, para que possam ser consideradas propriamente jurídicas ou não, nas quais se produzem, reproduzem e circulam ideias, representações e discursos sobre o direito.

Dessas três ideias, o que interessa analisar é a questão da definição dada à cultura jurídica entre as populações de um determinado lugar.

Ao analisar a maneira como se vêm entendendo a presença do direito no espaço urbano, deve-se definir o que é direito formal e direito informal. Nas cidades, encontram-se os dois tipos:

1. Formal – que dá sustento e significado às práticas que se encontram dentro das cidades.
2. Informal – que se caracteriza por aqueles que moram nas periferias das cidades.

Devem-se estabelecer as diferenças ocorridas no interior da periferia jurídica, integrada no conjunto de práticas e ideias do legal, que têm diferentes fontes, sentidos e finalidades. Assim, a mesma conduta, ideia ou discurso podem ter diferentes significados legais, dependendo do espaço no qual se pratica, podendo ser considerados válidos em alguns casos e transgressores em outros. **Exemplo:** os esquimós. Devido às severas condições de vida, eles não têm como sustentar famílias grandes, por isso, alguns devem ser sacrificados para que outros sobrevivam. Entre eles, meninas recém-nascidas, solteiros, idosos e enfermos são abandonados para morrer de frio, de fome ou devorados por animais.

Em resumo, conclui-se que a cultura jurídica, entre determinadas sociedades, pode apresentar diferentes marcos a partir dos quais a população define o que é lei e se relaciona com as instituições, sejam estatais ou não, devendo falar sobre uma cultura jurídica ou concluindo que há diferentes marcos culturais.

18.7 Pluralismo jurídico

O pluralismo jurídico, surgido entre as décadas de 1970 e 1980, aparece como corrente particular da Antropologia Jurídica, quando cientistas sociais consideram importante refletir sobre as implicações sociais e políticas da pluralidade de ordens jurídicas existentes nas sociedades. Vários antropólogos se interessam por entender a coexistência de ordens jurídicas diferenciadas, sobretudo em sociedades com passado colonial. Para Moore (2002, p. 153), o pluralismo jurídico "trata da interação de diferentes sistemas jurídicos no mesmo campo social".

286 Capítulo 18

Há duas versões em relação ao Pluralismo Jurídico:

a. Clássico – que se refere à situação histórica resultante do colonialismo.
b. Novo Pluralismo Jurídico Legal – que diz respeito a toda forma de regulamentação vigente em qualquer sociedade.

O conceito de campo social semiautônomo dá uma visão da pluralidade de direitos em sociedades complexas, demonstrando que os sistemas sociais geram seus próprios regulamentos por meio de regras, costumes e símbolos.

Antropólogos, advogados e sociólogos que integram a Comissão de Direito Consuetudinário e o Pluralismo Jurídico estão interessados em compreender a relação entre sistemas jurídicos e sociedades com passados coloniais e também estudar as formas de regulamento não oficiais em sociedades urbanas contemporâneas. Questionam também a visão centralista do Direito e dão por definida a existência de um Direito Consuetudinário.

O Direito Consuetudinário consiste em um dos referentes tradicionais da Antropologia Jurídica que, em novo enfoque, deve ser considerado como construções do colonialismo; como um conjunto de registros e tradições e não como uma expressão atemporal de um Direito pré-colonial; interessam-se, também, em documentar tensões e conflitos e expressar a definição dos costumes e do Direito.

18.8 Direito internacional dos indígenas

Os novos direitos internacionais dos direitos indígenas, que estão sendo construídos nos mercados das organizações multilaterais, refletem também na procura de uma nova relação entre os povos indígenas e o Estado nacional, que caracteriza a etapa atual em vários países latino-americanos. Nessa dinâmica, encontram-se envolvidas as organizações indígenas, algumas agrupações políticas, associações de profissionais e academias, assim como setores do Estado que não podem desvincular-se da evolução do indigenismo.

O indigenismo oficial teria objetivos e propósitos relativamente claros:

1. Considerar que uma adequada política indigenista se faz necessária para acelerar e consolidar a integração nacional dos países latino-americanos.
2. Servir para promover o desenvolvimento econômico e social das comunidades indígenas geralmente marginalizadas ante o progresso material que ocorre em outras regiões, principalmente nos centros urbanos.

O Primeiro Congresso Indigenista Interamericano, realizado em Pátzcuaro (México), em abril de 1940, estabelece os seguintes princípios fundamentais:

a. Respeitar a personalidade e as culturas indígenas.
b. Rechaçar os procedimentos legislativos ou práticos que tenham origem em conceitos de diferenças raciais com tendências desfavoráveis para os indígenas.
c. Ter igualdade de direitos e de oportunidades para todos os grupos da população americana.

d. Respeitar os valores positivos da cultura indígena.

e. Facilitar os grupos indígenas, sua elevação econômica e a assimilação para aproveitamento dos recursos da técnica moderna e da cultura universal.

f. Contar com a aceitação da comunidade, toda ação que se intente sobre as comunidades indígenas.

Os princípios de direitos humanos incorporados ao DU (Direito Universal) são, geralmente, aceitos como direito consuetudinário internacional ou *jus cogens*, querendo dizer que os países do sistema assumam a obrigação de comportar-se de acordo com seus preceitos.

O DU pretende romper com a visão hierárquica e exclusiva das sociedades humanas e o problema *urbis et orbis*, que todos os seres humanos são iguais e têm os mesmos direitos que o Estado – qualquer que seja seu regime político e ideológico –, estando obrigados a respeitar.

A American Anthropological Association (Associação de Antropologia Norte-Americana) susteve:

a. que o indivíduo realize sua personalidade por meio de sua cultura e, desse modo, que o respeito às diferenças individuais implica o respeito às diferenças culturais;

b. que o respeito às diferenças entre culturas é válido pelo fato científico de que ainda não se descobriu qualquer técnica de valorização qualitativa das culturas;

c. que as normas e os valores se relacionam com a cultura da qual derivam, de modo que qualquer intenção por formular postulados que procedem das crenças ou códigos morais da cultura dada devem, pelo menos, diminuir a aplicabilidade de qualquer Declaração de Direitos Humanos à humanidade em conjunto.

De acordo com a Associação Americana de Antropologistas, somente quando se incorpora a Declaração, a afirmação de que os homens têm direito de viver conforme suas próprias tradições, é que se poderia dar o próximo passo (1947).

Para Colaço (2011), atualmente o campo de pesquisa da Antropologia Jurídica é muito amplo. No Brasil, além das atividades de pesquisa, os antropólogos contribuem para a reflexão dos problemas da sociedade brasileira e têm atuado diretamente em diversos segmentos, participando de debates nacionais, colaborando na definição de políticas públicas, assessorando: o Legislativo, o Judiciário, o Executivo e o Ministério Público quanto às questões fundiárias, à defesa dos direitos das "minorias", populações específicas; movimentos sociais; organizações governamentais e não governamentais, entre outros.

19
A Antropologia no Século XXI

Para Eduardo Viveiros de Castro, renomado antropólogo brasileiro,

[...] Se estamos todos mais ou menos de acordo para dizer que a Antropologia, embora o colonialismo constitua um de seus *a priori* históricos, está hoje encerrando seu ciclo cármico, é preciso então aceitar que chegou a hora de radicalizar o processo de reconstituição da disciplina, levando-o a seu termo. A Antropologia está pronta para assumir integralmente sua verdadeira missão, a de ser a teoria-prática da descolonização permanente do pensamento (2015, p. 20).

19.1 Críticas à Antropologia

Com o objetivo de contribuir para a "reconstituição da disciplina" proposta por Viveiros de Castro, consideramos importante destacar algumas críticas feitas pelos próprios antropólogos.

290 **Capítulo 19**

Roger Keesing (1935-1993) ao longo das últimas décadas foi um dos principais contribuintes para o desenvolvimento da Antropologia. Em um artigo publicado em 1994, destaca as críticas que renomados estudiosos fazem a essa ciência:

1. A Antropologia trata os sujeitos que estuda, por exemplo, índios potiguares, como seres humanos totalmente diferentes (alteridade radical) a nós.

De acordo com Keesing (1990), um outro (alter) concebido pelo antropólogo, totalmente diferente ao pesquisador (nós), preenche uma necessidade do pensamento social europeu, a busca de uma outra filosofia própria de Ocidente.

1. A Antropologia tem sido sempre a-histórica, analisando estruturas sociais que representam experiências culturais únicas.
2. Em geral, os antropólogos têm analisado cada cultura como uma unidade isolada, desconectada de qualquer outra.

Mario Sanchez Dávila (2013), antropólogo peruano, apresenta as seguintes situações que contribuem para a paralisia antropológica e que devem ser enfrentadas para ter uma Antropologia pertinente ao mundo do século XXI.

19.1.1 Crítica epistemológica

Hoje em dia, as tecnologias da informação e da comunicação vêm configurando novos modos de produção de saber, modificando, inevitavelmente, objetos e sujeitos de estudo. O pesquisador deve compreender e aceitar a mudança de seu sujeito-objeto de estudo. Isso não acontece com a disciplina antropológica. No início, o sujeito-objeto de estudo da Antropologia foi o exótico, o distante e o outro diferente.

Posteriormente, seus objetos-temas de estudo tornaram-se os marginais, colonos rurais semelhantes não tão distantes nem tão diferentes. Hoje, devem ser o próximo e nós, o multiculturalismo e a socialização dos habitantes da cidade. Sem embargo, a Antropologia transformou no seu totem de estudo os sujeitos-objetos das duas primeiras preocupações, negligenciando a terceira preocupação.

19.1.2 Crítica etnográfica

Se a compreensão dos vários antropológicos fosse o objetivo principal da Antropologia, a etnografia seria um meio perfeitamente válido para alcançá-lo. Mas, cuidado: um meio, não um fim em si mesmo. Lamentavelmente, o "projeto principal" dessa ciência considera a etnografia e, portanto, os dados coletados no trabalho de campo, a sua missão redentora. Mas onde fica a análise e a reflexão científico-social? Muitos dados permanecem na etnografia.

19.1.3 Crítica teórica

Atualmente, a metalinguagem (discurso superior) da Antropologia Clássica – e de outras ciências – é uma referência distante e perdida no tempo da modernidade. Não existe um discurso que represente uma verdade absoluta. Em outras palavras, a linguagem é,

A Antropologia no Século XXI   291

então, uma estrutura em movimento, formada por símbolos e palavras que não são fixos, mas passíveis de nova significação por meio do seu uso.

A metalinguagem da Antropologia encerra a possibilidade de reformulações teóricas que explicam o funcionamento das novas realidades e fenômenos socioculturais que estão emergindo e desenvolvendo-se na atualidade.

Para Arjun Appadurai (2001), historicamente, a Antropologia teve uma tendência profissional de privilegiar a cultura no momento de se aproximar, visualizar ou analisar características dos povos estudados.

De acordo com Thomas Eriksen (2003), nas últimas décadas, a Antropologia foi duramente criticada pela sua visão conservadora da cultura e da sociedade. No entanto, a capacidade de descrever e analisar mudanças, combinações, descontinuidades têm aumentado consideravelmente. Hoje em dia, a mudança não é mais vista como um problema teórico ou metodológico, mas como uma propriedade inerente da vida social. O autor centra suas críticas nos aspectos metodológicos da Antropologia.

O "campo de trabalho" tem sido o centro simbólico da Antropologia. É nesse campo onde se constrói a experiência e se produz o conhecimento. "O campo de trabalho é o rito de iniciação do antropólogo profissional, constitui parte importante do seu capital simbólico. O antropólogo que nunca fez trabalho de campo é um estranho no ninho" (p. 19). A maioria dos estudos da Antropologia tem-se concentrado numa visão espacial do local. A premissa básica é que é possível obter uma imagem relativamente completa de um modo de vida, se o pesquisador permanecer em um lugar durante um bom tempo, de olhos e ouvidos abertos.

Para Eriksen (2003), uma pergunta surge rapidamente. Por que se deve escolher esse ponto de vista? Não seria melhor olhar mais de um local, procurando perspectivas diversas? Em tempos de trens-bala, aviões a jato, internet, comunicação virtual, empresas transnacionais, TV's a cabo etc., torna-se particularmente evidente que a cultura e as pessoas estão em movimento permanente, e as estruturas sociais se estendem no espaço de tal forma que, a partir de um ponto de vista local, só se pode obter uma imagem incompleta do cotidiano das pessoas.

19.2 O que deve mudar

O que deve ser feito? Parafraseando Michel-Rolph Trouillot (1991), quando afirma que a Antropologia ocupou o "nicho selvagem" (*savage slot*) no escaninho das ciências humanas (TROUILLOT, 1991, apud RIBEIRO, 2006) em um diálogo ocidentalizado da cultura dos povos estudados. Para Appadurai, uma Antropologia regenerada deve reconhecer que o "gênio escapou da lâmpada", que isso não é mais possível, e que, em suma, as especulações sobre a utopia são hoje prerrogativas de todos. Uma nova Antropologia deve procurar responder a seguinte pergunta: em que consiste a natureza do local como experiência vivida num mundo globalizado e desterritorializado? (2006, p. 61.)

Para Santos (2013), a preocupação dos estudos modernos deu lugar a uma reflexão que se direciona para a problemática relação entre pesquisador e pesquisado, e a questão de como o antropólogo poderia dividir o "cenário" da prática antropológica com os sujeitos pesquisados, já que hoje reconhecemos a importância desses indivíduos na construção de nossas teorias. E possível um fazer etnográfico a partir do desvencilhamento do caráter etnocêntrico, ao mesmo tempo que é tarefa do pesquisador atentar para a tradução de

Capítulo 19

culturas distintas da sua, mas realizando em campo uma mediação entre o *nós* e os *outros*, sendo assim possível um diálogo científico de base humanista-igualitário.

Segundo Hart (apud ERIKSEN, 2003), o trabalho etnográfico que exige a participação observante do pesquisador acrescenta a sua experiência social, tornando-se um aspecto da socialização. Porém, para alguns indivíduos, é possível guardar experiências sociais diferentes em compartimentos separados. Mas, para a compreensão da sociedade mundial, é necessário que a Antropologia desenvolva uma metodologia que permita sintetizar experiências variadas. Significa tentar integrar todos os fragmentos da experiência social em um todo coerente, um mundo em outras palavras, tão singular como o "Self".

Manuel Castells (2000) se refere à sociedade em rede (veja item 19.5) para explicar as características das relações sociais na sociedade do século XXI. A integração das diversas experiências sociais coloca uma pergunta técnica: Que tipo de dados e instrumentos de coleta serão utilizados para conseguir essa integração? Historicamente, a técnica própria da Antropologia tem sido a "observação participante". Mas, em diversas oportunidades, tem-se argumentado que o grau de participação pode variar, e que as possibilidades de uma maior ou menor integração no grupo local podem depender de circunstâncias alheias à vontade do observador.

Portanto, é necessária a revisão da utilização dessa técnica, pois em campos de trabalho multifocais há muita coisa para se observar. Para Hannerz (apud ERIKSEN, 2003), na sociedade do conhecimento e na era da informação, os textos (discurso) e a mídia tomam um espaço central em muitas pesquisas das Ciências Sociais. Assim, o trabalho de campo dos antropólogos pode agora incluir entrevistas, por exemplo, a líderes locais, leitura de jornais, revistas, documentos, usar meios de comunicação para trocar ideias com outros pesquisadores etc. Isso significa que o antropólogo pode e deve procurar utilizar todas as técnicas disponíveis para a coleta e análise das informações. Na sociedade do século XXI, o antropólogo nunca estará "fora do campo".

19.3 O futuro

Existem renomados antropólogos que são muito pessimistas com relação ao futuro da Antropologia. Por exemplo, o antropólogo americano Marshall Sahlins

> diz que, quanto ao futuro, apenas duas coisas são seguras na disciplina: a primeira é que estaremos mortos; a segunda é que o que tivermos escrito será considerado errado. A sorte é quando a segunda não acontece antes da primeira (CARNEIRO DA CUNHA, 2006).

De acordo com a autora Manuela Carneiro da Cunha (2006), antropóloga luso-brasileira e professora na Universidade de Chicago,

> nas últimas décadas, passou-se muito tempo explicando até seu próprio passado. O futuro da disciplina, esse ninguém sabe. Ela foi declarada em estado grave há umas duas décadas, mas até agora não vi atestado de óbito.

Em fevereiro de 2012, foi realizada em Brasília uma mesa redonda organizada pelo IPEA e pela ABA (Associação Brasileira de Antropologia) para conversar sobre o engajamento da categoria em projetos de desenvolvimento. Participaram do evento importantes antropólogos: Bela Feldman-Bianco (Unicamp), Andrea Zhouri (UFMG), Alfredo Wagner Martins Pinto (UFAM), Cornelia Eckert (UFRGS), José Sérgio Leite Lopes (UFRJ), João Pacheco (UFRJ) e Gustavo Lins Ribeiro (UnB). Do debate, pode-se concluir que os antropólogos brasileiros estão comprometidos com uma ciência crítica, preocupada com as consequências da globalização e políticas neoliberais que ameaçam a existência de grupos minoritários. Como afirma Gustavo Ribeiro:

> Não fosse a presença de uma Antropologia tão forte quanto a brasileira, os problemas decorrentes do avanço econômico sobre populações tradicionais ou minorias étnicas seriam muito maiores e essas questões manchariam o nome do Brasil mundo afora. A Antropologia não se preocupa apenas com o contexto local e imediato. Ela estuda o desenvolvimento num grande espectro, com heterogeneidade de perspectivas e abordagens (IPEA, 2012).

Outro aspecto importante é a preocupação dos antropólogos não apenas com indígenas, mas com migrantes, operários metalúrgicos, têxteis, químicos, trabalhadores da cana etc. De acordo com José S. Lopes (IPEA, 2012), também se trata de estudar a proletarização de grupos tradicionais, uma consequência do capitalismo.

Pierre Sanchis (1928-2018), professor emérito da Universidade Federal de Minas Gerais, fornece algumas dicas para melhorar os cursos de Antropologia (SANCHIS apud ABA, 2006):

- criação de graduação própria, ao contrário da supressão da Antropologia no Curso de Ciências Sociais para dispersar estrategicamente o essencial do seu enfoque na formação destes e de outros cientistas;
- envolvimento dos alunos de Pós-Graduação na difusão antropológica permeando a Universidade;
- a frequentação das monografias;
- o laço entre ensino e pesquisa, entre teoria e método;
- a necessidade de estudos comparativos;
- a conexão com outros saberes institucionalizados;
- o não desconhecimento de problemas só aparentemente descartados pela história recente da teoria;
- a necessidade, primeiro, de implantar e cultivar, nos alunos, depois de difundir, entre os seus pares nas Ciências Sociais e além deste campo particular, as coordenadas fundamentais do "olhar antropológico.

De acordo com James Peacock, prestigiado antropólogo norte-americano, para sobreviver e prosperar no século XXI,

> a Antropologia deve procurar e conseguir uma sinergia entre teoria e prática. Historicamente, ambas tem discrepado, à medida que a teoria se abstrai além de qualquer uso na prática, a Antropologia Aplicada tem sido desprezada como não teórica, ultrapassada, ou intelectualmente pobre. As duas esferas – teoria e prática – esgotaram seu isolamento. Chegou o momento de uma sinergia efetiva: a prática reflexiva e a pesquisa relacionada (2004, p. 138-139).

294 Capítulo 19

Para esse autor, o futuro da Antropologia apresenta três cenários:

1. Sua extinção, motivada pela redução de candidatos e recursos financeiros para as universidades. *Provável.*
2. Buscar refúgio em si mesma, fechando-se para os outros. *Improvável.*
3. Redirecionar a disciplina em procura de uma posição de destaque na sociedade. *Provável.*

De acordo com Peacok (2004), só um dos cenários vale o nosso esforço: a Antropologia é intrigante e criativamente diversa, até mesmo enfrentando os desafios complexos de um humanidade transnacional e real. O que devemos fazer para alcançar essa visão?

Olhar para fora. Procurar aspectos vitais para a sociedade e para o conhecimento aos quais a Antropologia pode contribuir além da própria disciplina e da academia.

Trabalho. Fazer essas contribuições.

Liderança. Assumir papel de liderança no trabalho com pessoas de outras áreas além da disciplina e da academia.

E, finalmente, um credo:

- Procuremos e alcancemos um degrau mais alto, onde a pesquisa e a prática se relacionam em benefício da disciplina, da academia e da sociedade.
- Procuremos e alcancemos um degrau mais alto, onde a soma de todas as nossas partes – ciência, interpretação, os quatro, os oito ou os 50 campos – seja maior do que a soma de nossos limitados esforços individuais.
- Procuremos e alcancemos um degrau mais alto, onde, apesar de nossas capacidades individuais e concepções do mundo, os antropólogos se juntem, aprendam um com o outro, trabalhem solidariamente, para enfrentar os problemas mundiais (1997, p. 14).

Em continuação, apresentam-se três das mais importantes correntes atuais da Antropologia que procuram responder às críticas acima mencionadas:

- Antropologia da globalização.
- Antropologia das redes sociais.
- Antropologia Feminista.

19.4 Antropologia da globalização

19.4.1 Origem do conceito globalização[1]

A origem dos termos sociedade global e globalização é anterior à globalização neoliberal. Data de finais dos anos 1960 e deve ser creditada a McLuhan e a Brzezinski, au-

---

[1] Pontos 19.4.1 – 19.4.6, transcritos e adaptados do Capítulo 15 de Lakatos e Markoni *Sociologia Geral*. Versão atualizada (2018).

tores norte-americanos de dois livros famosos na época: *Guerra e Paz na Aldeia Global*, de Marshall McLuhan, e *A Revolução Tecnotrônica*, de Zbigniew Brzezinski. McLuhan anunciou a emergência da "aldeia global", com base numa extrapolação da intervenção militar americana no Vietnã, quando a derrota do EUA foi transmitida ao vivo pelas redes de TV, transformando-se na primeira "realidade virtual global", assistida por milhões de telespectadores do mundo. Por sua vez, Brzezinski colocou em circulação as expressões "cidade global" e "sociedade global" para designar a nova reconfiguração do planeta, operada pelas redes tecnotrônicas, termo introduzido por ele para designar a conjugação do computador, da TV e da rede de telecomunicação (CASTRO, 2009).

19.4.2 Conceitos

O conceito de Globalização implica, primeiro e acima de tudo, um alongamento das atividades sociais, políticas e econômicas pelas fronteiras, de tal modo que acontecimentos, decisões e atividades numa região do mundo podem ter significado para indivíduos e atividades em regiões distintas do globo (HELD, 1999).

Por globalização entendemos o fato de vivermos cada vez mais num "único mundo", pois os indivíduos, os grupos e as nações tornaram-se mais *interdependentes* (GIDDENS, 2008, p. 52).

> A globalização pode ser definida como a intensificação das relações sociais em escala mundial que ligam localidades distantes de tal maneira que os acontecimentos de cada lugar são modelados por eventos que ocorrem a muitas milhas de distância e vice-versa (GIDDENS, 1991, p. 60).

Assim, a transformação local é tanto uma parte da globalização quanto a extensão lateral das conexões sociais por meio do tempo e do espaço.

Para Giddens (2008), fala-se frequentemente em globalização como se se tratasse apenas de um fenômeno econômico. Muitas vezes, a análise centra-se no papel das transnacionais, cujas operações ultrapassam as fronteiras dos países, influenciando os processos globais de produção e distribuição do trabalho. Outros apontam para a integração eletrônica dos mercados financeiros e para o enorme volume de transação de capitais em um nível global. Outros ainda se preocupam com o âmbito do comércio mundial que, em relação ao que se passava antigamente, envolve hoje em dia uma gama muito maior de bens e serviços.

Para esse autor, embora constitua parte integrante do fenômeno, é errado pensar que as forças econômicas fazem por si só a globalização – que na realidade é resultado de uma conjugação de fatores econômicos, políticos, sociais e culturais. O seu progresso é devido sobretudo ao desenvolvimento das tecnologias de informação e comunicação, que vieram intensificar a velocidade e o âmbito das interações entre os povos do mundo inteiro. Tome-se, como exemplo, o campeonato mundial de futebol que ocorreu na França em 1998. Graças às redes mundiais de difusão televisiva, alguns jogos foram vistos por cerca de 2 milhões de pessoas em todo o mundo.

19.4.3 Características da globalização

A globalização, com o seu poder de transformação, tem **características** marcantes, segundo Manuel Castells (2002):

296   Capítulo 19

- As novas tecnologias da informação estão integrando o mundo em redes globais de instrumentalidade. A comunicação através do computador gera um vasto desdobramento de comunidades virtuais.

- Introduziu-se uma nova forma de relação entre Economia, Estado e sociedade em um sistema de geometria variável, em função da capacidade de certas atividades funcionarem em tempo real.

- No mundo de fluxos globais de riqueza, de poder e de imagens, a busca da identidade coletiva ou individual, atribuída ou construída, transforma-se na fonte fundamental de significado social.

- A tendência social e política é a construção da ação social e da política, em torno das identidades primárias, assim estão atribuídas ou enraizadas na História e na Geografia ou são de recente construção na busca do significado e espiritualidade. As primeiras etapas históricas das sociedades informatizadas parecem caracterizar-se pela preeminência da identidade como princípio organizativo.

19.4.4 Fatores que contribuem para a globalização

A explosão à qual se assistiu na comunicação em âmbito global foi possível graças a importantes avanços na tecnologia e nas infraestruturas das telecomunicações mundiais. Depois da Segunda Guerra Mundial, deu-se uma profunda transformação no âmbito e intensidade do fluxo de telecomunicações. O sistema tradicional de comunicação telefônica foi substituído por sistemas digitais. A banalização do recurso via satélite de comunicação, fenômeno que teve início na década de 1960, foi extremamente importante para a expansão das comunicações internacionais. Hoje em dia, está em funcionamento uma rede que compreende mais de 200 satélites, facilitando a transferência de informação pelo mundo inteiro.

A internet afirmou-se como a ferramenta de comunicação de maior crescimento da história; em 1998, havia cerca de 140 milhões de internautas no mundo inteiro. Em 2001, eram mais de 700 milhões. Segundo a União Internacional das Telecomunicações, órgão vinculado à Organização das Nações Unidas (ONU), em 2015 o número de internautas no mundo era de 3,2 bilhões, quase a metade da população mundial.

De acordo com Giddens (2008), a Economia global reflete no seu *modus faciendi* as mudanças que ocorreram na era da informação. Muitos aspectos da Economia processam-se hoje em dia através de redes internacionais, não se limitando às fronteiras de um país. Para se tornarem competitivas nas condições que a globalização impõe, as empresas tiveram de se reestruturar, no sentido de uma maior flexibilização e de uma menor hierarquização.

19.4.5 O futuro da globalização

Para Giddens (2008), algumas influências fizeram avançar o processo de globalização:

1. Uma das mais importantes foi o colapso do comunismo de estilo soviético do Leste da Europa em 1989. Com a queda dos regimes comunistas, os países que constituíam o bloco soviético – Rússia, Ucrânia, Polônia, Hungria, República Checa, Estados Bálticos, países do Cáucaso e Ásia Central, e muitos outros – ficaram mais

próximos do sistema econômico e político de estilo ocidental. Deixaram de estar isolados da comunidade mundial, integrando-se cada vez mais a ela. As economias comunistas de planejamento centralizado e o controle cultural da autoridade política comunista acabaram por não conseguir sobreviver numa era de comunicação global e numa Economia mundial integrada eletronicamente.

2. Um segundo fator importante para a intensificação da globalização é o aumento dos mecanismos internacionais e regionais de governo. As Nações Unidas e a União Europeia são os dois principais exemplos de organizações internacionais que agregaram os estados-nação em fóruns políticos comuns.

3. Finalmente, as organizações intergovernamentais (OIG's) e as organizações não governamentais internacionais (ONG's) estão avançando a globalização. As ações de milhares de organizações menos conhecidas unem também entre si comunidades e países.

19.4.6 Desafios da globalização

De acordo com Domingos, Lemos e Canavilhas (2009), são muitos os riscos que as mudanças que estão ocorrendo implicam. Elas são o resultado da confrontação com um futuro em que o grau de incerteza é maior. Por isso, os desafios a enfrentar são inúmeros, como:

A escassez/esgotamento ou inacessibilidade dos recursos (água potável, serviços de saúde, alimentos, emprego, habitação digna etc.); a iminência de catástrofes humanas e ambientais (acidentes nucleares, diminuição da biodiversidade etc.); a intensificação do comércio internacional e a transnacionalização das economias; os impactos da introdução de novas tecnologias; a "precarização" do emprego/desemprego de longa duração; o enfraquecimento do "Estado-Providência" ou "Estado Social"; o aumento das assimetrias sociais; a mudança nos modos de comportamento e nos estilos de vida ante a expansão de um modelo de civilização dominante; a "americanização" cultural e econômica, baseada na ação conjunta de empresas gigantescas de comunicação ligadas ao cinema e à televisão e de transnacionais que difundem uma cultura de massas e promovem produtos que são referências de consumo; o aprofundamento da integração europeia (política, monetária, econômica, cultural etc.); a intensificação e internacionalização dos conflitos regionais; a afirmação de nacionalismos e de fundamentalismos.

No discurso que proferiu na Assembleia Geral, em setembro de 2003, o Secretário-Geral das Nações Unidas, Kofi Annan, avisou os Estados-membros de que a Organização chegara a uma encruzilhada. Podia mostrar-se à altura do desafio e enfrentar com êxito as novas ameaças ou correr o risco de ser cada vez mais marginalizada, devido ao agravamento das divergências entre os Estados e à tomada de ações unilaterais por parte destes. Foi isso que o levou a criar o Grupo de Alto Nível sobre Ameaças, Desafios e Mudança, para suscitar novas ideias sobre os tipos de políticas e de instituições de que uma ONU eficaz precisaria no século XXI.

No seu relatório, o Grupo propõe uma visão nova e ambiciosa da segurança coletiva no século XXI. Vivemos num mundo de ameaças novas e em mutação, que não se poderiam prever, quando a ONU foi fundada, em 1945 – é o caso do terrorismo nuclear, do desmoronamento dos Estados sob os efeitos conjugados da pobreza, da doença e da guerra civil, as quais constituem uma mistura explosiva.

Hoje em dia, uma ameaça a um de nós constitui uma ameaça a todos. A globalização significa que um ataque importante que se produza em qualquer lugar do mundo industrializado tem consequências devastadoras para o bem-estar de milhões de habitantes do mundo em desenvolvimento. Qualquer dos 700 milhões de passageiros das companhias aéreas internacionais pode ser o portador involuntário de uma doença infecciosa mortal. E a erosão da capacidade do Estado, em todas as partes do planeta, o enfraquece perante ameaças transnacionais como o terrorismo e o crime organizado. Todos os Estados precisam da cooperação internacional, para garantir a sua segurança.

Hoje e nas próximas décadas, o mundo deve preocupar-se com seis tipos de ameaças, a saber:

- a guerra entre Estados;
- a violência no interior dos Estados (guerras civis, violações maciças dos direitos humanos, genocídio etc.);
- a pobreza, as doenças infecciosas e a degradação do ambiente;
- as armas nucleares, radiológicas, químicas e biológicas;
- o terrorismo;
- o crime transnacional organizado.

Figura 19.1 – As armas nucleares representam umas das ameaças com as quais o mundo deve se preocupar.

Para Lino (2016), é indesmentível que a globalização trouxe benefícios únicos à sociedade mundial. O aumento do comércio e a diminuição das barreiras à circulação de pessoas e de capitais foram importantes conquistas, cimentadoras de um longo período de paz e prosperidade. No entanto, assistimos a um descontentamento generalizado, materializado nas urnas, com consequências no processo de globalização. Não restam dúvidas que o mundo chegou ao limite da sua incompetência no que diz respeito à criação e distribuição da riqueza. A disparidade de rendimentos forçará um processo de hibernação, ou seja, de protecionismo.

19.4.7 Consequências da globalização: Zygmunt Bauman

Zygmunt Bauman (1925-2017), sociólogo polonês, um dos grandes pensadores das últimas décadas. Perspicaz analista dos problemas contemporâneos. O seu livro *Globalização: as consequências humanas* (1999) apresenta importantes críticas à globalização, muito pertinentes para ser trabalhadas por uma nova Antropologia.

1. A territorialidade/extraterritorialidade

Em vez de homogeneizar a condição humana, a anulação tecnológica das distâncias temporais/espaciais tende a polarizá-la (BAUMAN, 1999, p. 25).

Steven Flusty, citado por Bauman (1999, p. 28),

> opina que os tradicionais espaços públicos são cada vez mais suplantados por espaços de produção privada (embora muitas vezes com subsídios públicos), de propriedade e administração privadas, para reunião pública, isto é, espaços de consumo [...] [O] acesso é facultado pela capacidade de pagar [...] Aí reina a exclusividade, garantindo os altos níveis de controle necessários para impedir que a irregularidade, a imprevisibilidade e a ineficiência interfiram com o fluxo ordenado do comércio (FLUSTY,1997, p. 48-49, 51-52).

As elites *escolheram* o isolamento e pagam por ele prodigamente e *de boa vontade*. O resto da população *se vê* afastada e *forçada* a pagar o pesado preço cultural, psicológico e político do seu novo isolamento.

2.Segurança/insegurança

O mercado político é responsável pelo acompanhamento e estabelecimento das melhores condições para o desenvolvimento do mercado econômico. Nas democracias liberais, as pessoas votam naquelas opções que prometem acabar com o crime e, consequentemente, apresentam cenas de captura operativa e subsequente de personagens "perigosos" para a sociedade. Dessa forma,

> a tendência atual de criminalizar casos que não se adéquam à norma idealizada e o papel desempenhado pela criminalização para compensar os desconfortos da "vida em movimento" torna ainda mais odiosa e repulsiva a imagem da realidade da vida alternativa, a vida da imobilidade. A complexa questão da insegurança existencial colocada pelo processo de globalização tende a se reduzir à questão aparentemente direta da "lei e da ordem" (BAUMAN, 1999, p. 10-11).

3. Mobilidade/imobilidade

No sentido da mobilidade, uma grave consequência da globalização é a perda de poder do Estado ante os fluxos financeiros e sua capacidade de se mudar de repente ou sem aviso, é a liberdade para explorar e abandonar às consequências dessa exploração. "Livrar-se da responsabilidade pelas consequências é o ganho mais cobiçado e ansiado que a nova mobilidade propicia ao capital sem amarras locais, que flutua livremente. Os custos de se arcar com as consequências não precisam agora ser contabilizados no cálculo da 'eficácia' do investimento" (Op. cit., p. 17).

As distâncias já não importam, ao passo que a ideia de uma fronteira geográfica é cada vez mais difícil de sustentar no "mundo real". Parece claro que as divisões dos continentes e do globo como um todo foram função das distâncias, outrora impositivamente reais devido aos transportes primitivos e às dificuldades de viagem.

Por exemplo, o banco de dados é um instrumento de seleção, separação e exclusão. Aponta para consumidores confiáveis, enquanto separa outros que não acreditam que sejam capazes de participar no jogo de consumo, simplesmente porque em sua vida não há nada que valha a pena registrar. Quanto mais informação sobre você contenha o banco de dados, mais livremente você poderá se movimentar.

4. Inclusão/exclusão

No sentido da inclusão, as redes *on-line* e a internet são o **sinóptico moderno**.[2] Para Bauman,

> o ato de vigiar desprende os vigilantes de sua localidade, transporta-os pelo menos espiritualmente ao ciberespaço, no qual não mais importa a distância, ainda que fisicamente permaneçam no lugar. Onde quer que estejam e onde quer que vão, eles podem ligar-se – e se ligam – na rede extraterritorial que faz muitos vigiarem poucos. O Sinóptico não precisa de coerção – ele *seduz* as pessoas à vigilância. E os poucos que os vigilantes vigiam são estritamente selecionados (Op. cit., p. 60).

É o lugar onde as pessoas localizadas observam as globalizadas.

As pessoas economicamente marginalizadas pagam para acessar o sinóptico, as pessoas pagam para se manterem informadas não da política, mas dos bastidores dos políticos; não sobre a Economia, e sim sobre as consequências da inflação; não sobre a Ciência, mas sim sobre a ética distorcida de alguns cientistas; não sobre tecnologia, e sim sobre a última invenção que será obsoleta e aumentará os resíduos do planeta; não sobre a cultura, mas sim sobre as imagens e os discursos dominantes que serão impostos na educação.

A elogiadíssima "interatividade" do novo veículo é um grande exagero. Os poucos (provedores) determinam o que deve ser oferecido. Poucos controlam muito. Os menos privilegiados ficam com a TV, muitos observam pouco.

5. Satisfação/insatisfação

Só vale a volatilidade, a temporalidade dos compromissos. São mais importantes que o compromisso em si. Por exemplo, os bens consumidos

> deveriam satisfazer de imediato, sem exigir o aprendizado de quaisquer habilidades ou extensos fundamentos; mas a satisfação deveria também terminar "num abrir e fechar de olhos", isto é, no momento em que o tempo necessário para o consumo tivesse terminado. E esse tempo deveria ser reduzido ao mínimo. A necessária

---

[2] A vigilância é a disciplina da "alma", isto é, a criação de seres humanos dotados de autocontrole e que, assim, se ajustam a uma sociedade denominada capitalista democrática. É uma tarefa que de fato é cumprida por um sinóptico moderno considerando que Foucault havia já previsto (LIVISKI, 2014).

redução do tempo é mais bem alcançada se os consumidores não puderem prestar atenção ou concentrar o desejo por muito tempo em qualquer objeto; isto é, se forem impacientes, impetuosos, indóceis e, acima de tudo, facilmente instigáveis e também se facilmente perderem o interesse. A cultura da sociedade de consumo envolve sobretudo o esquecimento, não o aprendizado (Op. cit., p. 90).

19.4.8 Antropologia da globalização

A Antropologia encerra a possibilidade de reformulações teóricas que contribuam para explicar o funcionamento das novas realidades e fenômenos socioculturais que estão emergindo e desenvolvendo-se na atualidade.

Como os antropólogos podem analisar e escrever sobre o mundo contemporâneo?

Para Marc Abélès, a Antropologia atual deve enfrentar as consequências teóricas da globalização. O autor pergunta se podemos continuar a falar, por exemplo, de identidades étnico-culturais, ou agora só podemos pensar em infinitos processos de hibridização? Podemos falar de cultura, em um sentido antropológico clássico, que, mais cedo ou mais tarde, se referirá a algum tipo de territorialização, quando uma das características centrais da globalização é a desterritorialização, produzida pelos fluxos incessantes de populações (e, portanto, de culturas) que estão permanentemente "negociando" suas herdades culturais? Podemos ainda falar sobre Estados-nação em um mundo onde a mídia de massa, a internet, ou as migrações incessantes de capitais financeiros atravessam as antigas fronteiras em tempo real, reduzindo os Estados a um papel de administradores? (GRÜNER, 2008).

De acordo com Abélès (2008), a Antropologia deve apoiar-se na força de sua abordagem: "Descrever o que é". Não se limita à análise de um mundo ou de uma cultura morta, mas deve compreender o que está nascendo. Para isso, deve seguir os atores e sair do local, da identidade na procura da atividade humana e seguir esses fluxos complexos para entender as interdependências que afetam a estrutura familiar, as redes de solidariedade etc. Cabe lembrar Eric Wolfe, que mostra que há muito tempo que os povos aborígenes não são mais aborígenes (PETRIC, 2009).

Por sua vez, Appadurai (1996) considera que um dos maiores desafios enfrentados pela Antropologia atual é o estudo das formas culturais cosmopolitas do mundo de hoje, sem cair no suposto da autoridade da experiência de Ocidente ou modelos derivados dessa experiência. Há, portanto, uma necessidade urgente de focar a atenção na dinâmica cultural do que agora é chamado de desterritorialização.

Hansen (2003) acrescenta que uma Antropologia do presente deve reconhecer a necessidade de trabalhar melhor o passado. Isso pode parecer como um paradoxo. É fundamental fazer uma Antropologia sobre o mundo de hoje, não sobre as sociedades de ontem. Isso exige uma Antropologia que faça um estudo mais aprofundado da história global que aquele feito no século XX, época na qual ignorou-se a construção histórica do Ocidente.

Em termos metodológicos, Eriksen (2003) faz referência aos seguintes aspectos:

- Em primeiro lugar, os estudos de processos transnacionais dependem de uma maior diversidade de materiais do que a etnografia clássica. Não obstante a observação participante seja importante, cabe considerar todas as outras técnicas que a pesquisa social oferece: questionários, entrevistas, análise documental, de conteúdo, de discurso. A Antropologia atual exige bons historiadores que dominem as técnicas de investigação histórica.

302   **Capítulo 19**

- Em segundo lugar, a tendência da pesquisa transnacional é a procura de uma menor complexidade que aquela procurada quando se estudam as inter-relações de um grupo físico ou territorial.

- Em terceiro lugar, a investigação sobre processos transnacionais frequentemente inclui trabalho de campo em diversas localidades. Isso pode contribuir no estudo de diversos aspectos, por exemplo, analisar a estrutura dos diferentes grupos sociais que integram a pesquisa ou os níveis de abstração de processo social em estudo.

- Em quarto lugar, para poder compreender os fluxos transnacionais, eles devem ser contextualizados e sistematizados historicamente. Além disso, devem ser relacionados com processos mais amplos, no nível macro. A compreensão desses processos permitirá uma melhor análise de microprocessos.

Para concluir, Krohn-Hansen (2003) considera de extrema importância não ficar preso a alguma das poderosas ideologias dos tempos atuais, a um "globalitarismo" a-histórico, ou a um discurso do surgimento de um novo mundo sem fronteiras. As manifestações globalizantes de hoje estão longe de ser fenômenos novos. Indubitavelmente as coisas mudam, sempre foi assim. No entanto, os antropólogos devem reconhecer e usar a análise histórica. Devem compreender historicamente a vida política e social. Além do trabalho de campo, devem utilizar as fontes históricas: documentos, arquivos, bibliotecas etc. Como afirma Peacock (2004), a Antropologia é intrigante e criativamente diversa.

19.5 Antropologia das redes sociais

19.5.1 As redes sociais[3]

Manuel Castells, sociólogo espanhol, considerado o principal estudioso da sociedade de informação e a sociedade em rede, afirma que,

> a revolução da tecnologia da informação e a reestruturação do capitalismo introduziram uma nova forma de sociedade, a sociedade em rede. Essa sociedade é caracterizada pela globalização das atividades econômicas decisivas do ponto de vista estratégico, por sua forma de organização em redes; pela flexibilidade e instabilidade do emprego e pela individualização da mão de obra. Por uma cultura de virtualidade real construída a partir de um sistema de mídia onipresente, interligado e altamente diversificado (2000, p. 17).

Para Castells (2005, p. 17),

> o nosso mundo está em processo de transformação estrutural desde há duas décadas. É um processo multidimensional, mas está associado à emergência de um novo paradigma tecnológico, baseado nas tecnologias de comunicação e informação, que começaram a tomar forma nos anos 1960 e que se difundiram de forma desigual por todo o mundo.

---

[3]   Transcrição de texto incluído no Capítulo 19 de *Sociologia Geral* de Marconi e Lakatos, versão atualizada (2019).

Nós sabemos que a tecnologia não determina a sociedade: é a sociedade. A sociedade é que dá forma à tecnologia de acordo com as necessidades, valores e interesses das pessoas que utilizam as tecnologias [...]. Frequentemente, a sociedade emergente tem sido caracterizada como sociedade de informação ou sociedade do conhecimento. Eu não concordo com esta terminologia. Não porque conhecimento e informação não sejam centrais na nossa sociedade. Mas porque eles sempre o foram, em todas as sociedades historicamente conhecidas. O que é novo é o fato de serem de base microeletrônica, através de redes tecnológicas que fornecem novas capacidades a uma velha forma de organização social: as redes.

Continua o autor, afirmando que "as redes de comunicação digital são a coluna vertebral da sociedade em rede, tal como as redes de potência (ou redes energéticas) eram as infraestruturas sobre as quais a sociedade industrial foi construída" (p. 18). Nos primeiros anos do século XXI, a sociedade em rede não era a sociedade emergente da Era da Informação: ela já configurava o núcleo das nossas sociedades. De fato, nós temos um já considerável corpo de conhecimentos recolhidos na última década por investigadores acadêmicos, por todo o mundo, sobre as dimensões fundamentais da sociedade em rede, incluindo estudos que demonstram a existência de fatores comuns do seu núcleo que atravessam culturas, assim como diferenças culturais e institucionais da sociedade em rede, em vários contextos (p. 19).

19.5.2 Conceito

De acordo com Castells (2000, p. 693),

> o século XXI não tinha que estabelecer uma nova sociedade. Mas fez. Assim, mais do que nunca a sociedade precisa de Sociologia, no entanto, não de qualquer tipo de Sociologia, precisa-se de uma que estude **cientificamente** os processos de constituição, organização e mudança que, juntos e em sua interação, constituem a estrutura social de uma nova sociedade, que provisoriamente chamo "a sociedade da rede".

A sociedade em rede, em termos simples, é uma estrutura social baseada em redes operadas por tecnologias de comunicação e informação fundamentadas na microeletrônica e em redes digitais de computadores que geram, processam e distribuem informação a partir de conhecimento acumulado nos nós dessas redes. A rede é a estrutura formal (*vide* MONGE, CONTRACTOR e CONTRACTOR, 2003). É um sistema de nodos interligados. E os nodos são, em linguagem formal, os pontos onde a curva se intersecta a si mesma. As redes são estruturas abertas que evoluem acrescentando ou removendo nodos de acordo com as mudanças necessárias dos programas que conseguem atingir os objetivos de performance para a rede. Esses programas são decididos socialmente fora da rede, mas, a partir do momento em que são inscritos na lógica da rede, a rede vai seguir eficientemente essas instruções, acrescentando, apagando e reconfigurando, até que um novo programa substitua ou modifique os códigos que comandam esse sistema operativo.

19.5.3 Características

Para Castells (2000), as dimensões principais da mudança social dessa nova sociedade são as seguintes:

304 **Capítulo 19**

1. É um novo **paradigma tecnológico**, com base na implantação de novas tecnologias da informação e incluindo a engenharia genética como a tecnologia da informação da matéria viva. Seguindo Claude Fischer (1992), a tecnologia, como cultura material, isto é, como um processo socialmente incorporado, não é um fator exógeno que influi na sociedade. Assim, as novas tecnologias de informação permitem a formação de novas formas de organização e interação social baseadas em redes de informação.

2. A **globalização**, compreendida como a capacidade tecnológica, organizacional e institucional dos componentes centrais de um determinado sistema (por exemplo, a Economia) para trabalhar como uma unidade em tempo real ou escolhido em escala planetária. Isto é historicamente novo, em contraste com as formas anteriores de internacionalização avançada, que não podiam se beneficiar de tecnologias de informação e comunicação capazes de lidar com o tamanho atual, a complexidade e a velocidade do sistema global, como foi documentado por David Held et al. (1999).

3. A inclusão das manifestações culturais dominantes em um **hipertexto interativo e eletrônico**, que passa a ser o marco de referência para o processamento simbólico que surge de todas as fontes e mensagens. A internet (mais de 3 bilhões de pessoas conectadas) vincula indivíduos e grupos entre si e ao hipertexto de multimídia compartilhada. Este hipertexto constitui a espinha dorsal de uma nova cultura, a cultura da virtualidade real, na qual a virtualidade se torna um componente fundamental do ambiente simbólico e, portanto, da experiência como seres comunicantes.

4. Como uma consequência das redes globais da Economia, da comunicação, do conhecimento e da informação, o **estado-nação perde importância**. Sua existência como aparelho de poder é profundamente transformada, ou são desconsiderados ou reorganizados em redes de soberania compartilhada formada por governos nacionais, instituições supranacionais (como a União Europeia, OTAN ou NAFTA), governos regionais, governos locais e ONGs, todos interagindo em um processo negociado de tomada de decisões. Como resultado, a questão da representação política também é redefinida, uma vez que a democracia foi constituída com um caráter nacional. Em outro eixo de mudança estrutural, há uma crise fundamental do patriarcado, provocada pelos movimentos das mulheres e aumentada pelos movimentos sociais gays e lésbicos, desafiando a heterossexualidade como alicerce da família. Assim, é difícil imaginar, pelo menos nas sociedades industrializadas, a persistência das famílias patriarcais como norma. Essa crise leva a redefinir a sexualidade, a socialização e, finalmente, a formação de personalidade. Porque a crise do Estado e da família, em um mundo dominado por mercados e redes, está criando um vazio institucional, há (e cada vez mais haverá) afirmações coletivas da identidade primária em torno dos temas-chave da religião, nação, etnia, localidade, que tenderão a romper sociedades baseadas em instituições negociadas, em favor de comunidades baseadas no valor.

5. O **progresso do conhecimento científico**, e o uso da ciência para corrigir seu próprio desenvolvimento unilateral, estão redefinindo a relação entre cultura e

natureza que caracterizou a era industrial. Uma profunda consciência ecológica está permeando a mente humana e influenciando a forma como vivemos, produzimos, consumimos e percebemos a nós mesmos.

Uma característica central da sociedade em rede é a transformação da área da comunicação, incluindo a mídia. A comunicação constitui o espaço público, ou seja, o espaço cognitivo em que as mentes das pessoas recebem informação e formam os seus pontos de vista através do processamento de sinais da sociedade no seu conjunto. Em outras palavras, enquanto a comunicação interpessoal é uma relação privada, formada pelos atores da interação, os sistemas de comunicação midiáticos criam relacionamentos entre instituições e organizações da sociedade e as pessoas no seu conjunto, não enquanto indivíduos, mas como receptores coletivos de informação, mesmo quando a informação final é processada por cada indivíduo de acordo com as suas próprias características pessoais. É por isso que a estrutura e a dinâmica da comunicação social são essenciais na formação da consciência e da opinião, e a base do processo de decisão política.

Nesse sentido, o novo sistema de comunicação é definido por três grandes tendências:

- A comunicação é em grande medida organizada em torno dos negócios de mídia globais e locais simultaneamente, e que incluem a televisão, o rádio, a imprensa escrita, a produção audiovisual, a publicação editorial, a indústria discográfica e a distribuição, e as empresas comerciais *on-line*. Esses conglomerados estão ligados às empresas de mídia em todo o mundo, sob diferentes formas de parceria, enquanto se envolvem, ao mesmo tempo, em ferozes competições. A comunicação é simultaneamente global e local, genérica e especializada, dependente de mercados e de produtos.

- O sistema de comunicação está cada vez mais digitalizado e gradualmente mais interativo. A concentração do negócio não significa que exista um processo comunicativo unificado e unidirecional. As sociedades têm vindo a movimentar-se de um sistema de mídia de massas para um sistema multimídia especializado e fragmentado, em que as audiências são cada vez mais segmentadas. Como o sistema é diversificado e flexível, é cada vez mais inclusivo de todas as mensagens enviadas na sociedade. Em outras palavras, a maleabilidade tecnológica das novas mídias permite uma integração muito maior de todas as fontes de comunicação no mesmo hipertexto. Logo, a comunicação digital tornou-se menos organizada centralmente, mas absorve na sua lógica uma parte crescente da comunicação social.

- Com a difusão da sociedade em rede, e com a expansão das redes de novas tecnologias de comunicação, dá-se uma explosão de redes horizontais de comunicação, bastante independentes do negócio das mídias e dos governos, o que permite a emergência daquilo que chamei "comunicação de massa autocomandada". É comunicação de massas porque é difundida em toda a internet, podendo potencialmente chegar a todo o planeta. É autocomandada porque geralmente é iniciada por indivíduos ou grupos, por eles mesmos, sem a mediação do sistema de mídia. Por exemplo, a explosão de *blogs, vlogs* (*videoblogs*), *podcasts, streaming* e outras formas

Capítulo 19

de interatividade. A comunicação entre computadores criou um novo sistema de redes de comunicação global e horizontal que, pela primeira vez na história, permite que as pessoas se comuniquem umas com as outras sem utilizar os canais criados pelas instituições da sociedade para a comunicação socializante. Assim, a sociedade em rede constitui comunicação socializante para lá do sistema de mídia de massa que caracterizava a sociedade industrial.

19.5.4 Tipos de redes sociais

Sabe qual foi a primeira rede social do mundo? Chamava-se *Classmates* e foi criada em 1995 nos EUA, para ligar colegas de escola. Na época, era paga, o que para nós hoje isso é impensável. Apesar de não ser gratuito, teve imenso sucesso e ainda hoje existe (DIGITAL DISCOVERY, 2017).

Outra novidade é a primeira rede social dedicada aos animais de estimação, criada pelo designer e programador português Afonso Barbosa, a PET2MATE, sendo a primeira comunidade mundial que liga animais de estimação, donos, veterinários, lojas e amantes de animais.

Em geral, as redes sociais permitem estarmos ligados a pessoas com os mesmos interesses e pontos em comum. Encontramos **redes sociais** em que essa ligação vai do mais geral até algo mais específico.

Quadro 19.1 – Tipos mais comuns de redes sociais

TIPOS DE REDES	EXEMPLOS	UTILIZAÇÃO	PROBLEMAS
Comunicação	Facebook, WhatsApp, LinkedIn, Twitter	Contato com amigos e membros da família	Vazamento e falsidade de informações
Intercâmbio de conteúdo multimídia	YouTube, Instagram, Snapchat	Compartilhamento de vídeos e fotografias	Conteúdo prejudicial ou perigoso
Fórum de debates	Reddit, Quora	Compartilhamento de notícias, informações, opiniões	–
Organização de conteúdo	Pinterest	Compartilhamento de conteúdo e multimídia	–
Avaliação de consumidores	Yelp, TripAdvisor, Decolar, Booking	Compartilhamento de informações sobre produtos e serviços	–
De compras	Mercado Livre, eBay, GearBest, Alibaba	Compra de produtos	Qualidade e troca de produtos

continua

TIPOS DE REDES	EXEMPLOS	UTILIZAÇÃO	PROBLEMAS
Interesses específicos	Last.fm, Goodreads, Oppa, Etna	Música, Livros, Decoração	–
Acadêmicos	Academia.edu; Connotea	Compartilhamento de artigos e pesquisas	–

Fonte: Baseado em WHITE, M. (s/d) e FOREMAN, C. (2017).

O quadro anterior mostra que existem diversas maneiras de se conectar com pessoas ou organizações, mas é essencial fazê-lo com cautela. Cabe lembrar que nem todos os que aparecem nos sites de mídia social são o que afirmam ser. Deve-se ter cuidado, particularmente, em defesa das informações pessoais, qualquer que seja a rede utilizada.

19.5.4.1 As 15 redes sociais mais usadas no mundo

Na Figura 19.2 apresenta-se o *ranking* completo das redes sociais mais usadas no mundo, e, ao lado, seu número de usuários (em milhões):

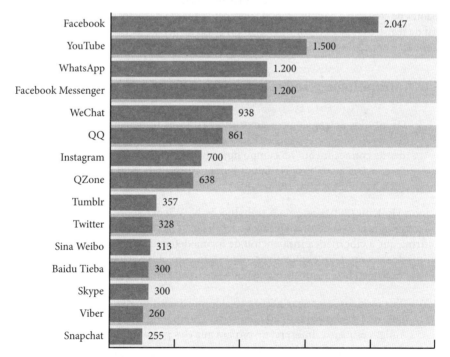

Figura 19.2 – *Ranking* das redes mais usadas no mundo.

O *ranking* foi elaborado pelo portal de estatísticas Statista e se refere aos dados coletados no mês de agosto de 2017.

19.5.5 Desafios

Fica claro que o mau uso da internet está distorcendo o seu verdadeiro propósito. Por isso, é necessário reeducar o usuário quanto ao uso, para que seja benéfico e favorável. Por exemplo, o professor deve desenvolver habilidades relacionadas com a utilização das redes sociais, particularmente, para detectar e responder a situações de maus-tratos ou abandono das crianças ou adolescentes.

Os governos devem organizar campanhas educativas em escolas, universidades e na mídia, explicando os riscos das redes sociais. Além disso, é fundamental a criação de "marcos das redes sociais".

De acordo com Berners-Lee (2017), para a internet verdadeiramente beneficiar e empoderar a todos, certos fundamentos devem ser reconhecidos e protegidos. Eles incluem o direito de acesso à rede a preços acessíveis para todos, o direito de se expressar *on-line* livremente, o direito de se comunicar com segurança e privacidade, e a necessidade de assegurar que todo o conteúdo é tratado da mesma forma, sem priorização, bloqueio ou censura. O Brasil tornou-se o primeiro país a dar um passo importante para colocar em prática uma "Carta de Direitos" para a Internet – **o Marco Civil da Internet**.

No Brasil, destaca-se o acidentado, embora vitorioso, percurso do Marco Civil da Internet ("MCI"), que, em virtude de causar impactos diretos nos interesses empresariais e enfrentar uma série de temas que ainda estavam em aberto – como a proteção aos registros, aos dados pessoais e às comunicações privadas; a neutralidade da rede, a responsabilidade civil dos provedores de conexão e de aplicações de internet, a guarda de dados e registros e a requisição judicial de registros – passou por um longo processo de debate legislativo, terminando com a sua aprovação em 23 de abril de 2014, tornando-se a Lei n. 12.965 (TEFFÉ E MORAES, 2017).

19.5.6 Antropologia e redes

> Os estudos antropológicos em torno das novas tecnologias da informática e das redes eletrônicas não apenas estão associados ao surgimento de novas modalidades de conhecimento no campo dos saberes e fazeres científicos, mas participam da construção da própria figura humana projetada pelo mundo contemporâneo (ROCHA E ECKERT, 2004, p. 8).

Joon Ho Kim (2004) retoma o trabalho de N. Wiener sobre a cibernética dos anos 1940, acompanha essa trajetória até sua generalização nas últimas décadas do século XX. Kim afirma que a cibernética influenciou de forma determinante a cultura moderna com elementos de seus modelos explicativos, que, junto com outros elementos produzidos pela tecnologia e ciência, fazem surgir o que pode-se chamar hoje de "cibercultura".

> Tais resíduos são certas noções e valores oriundos do discurso técnico e científico que, deslocados para o plano do senso comum, introduzem novas distinções nos antigos esquemas interpretativos para que eles possam fazer frente às propriedades de um mundo no qual as fronteiras entre os domínios do orgânico, do tecno-econômico e do textual tornaram-se permeáveis (2004, p. 205).

Por exemplo, o consenso acerca do que é correio eletrônico (*e-mail*) está dentro dos limites de significações de "eletrônico" e "correio" (*electronic e-mail*), sobre os quais já havia um consenso social. O mesmo ocorre com ciberespaço (*cybernetics space*) ou ciborgue (*cybernetics organism*). São exemplos onde os termos que sintetizam o discurso tecnocientífico ("e" de *electronic* ou "cyber" de *cybernetics*) adquirem novas conotações e engendram significados inéditos na sua conjunção com antigos significantes (*mail, space, organism*), projetando o sistema antigo de interpretação da realidade sob novas formas, dentro das dadas possibilidades históricas e culturais de significação. A "cibercultura" pode ser considerada uma resposta positiva da cultura na criação de uma "nova ordem do real" ante os novos contextos práticos que desafiam as categorias tradicionais de interpretação da realidade (KIM, 2004).

19.5.7 Ciborgues: o corpo pós-humano

Um dos elementos mais importantes que a cibernética legou à cibercultura foi a visão de que os seres vivos e as máquinas não são essencialmente diferentes. Essa noção se manifesta, em especial, nas tecnologias especializadas em manipular a vida (as biotecnologias).

Para Haraway (2000, p. 46):

> as máquinas do final do século XX tornaram completamente ambígua a diferença entre o natural e o artificial, entre a mente e o corpo, entre aquilo que se autocria e aquilo que é externamente criado, podendo se dizer o mesmo de muitas outras distinções que se costumavam aplicar aos organismos e às máquinas. Nossas máquinas são perturbadoramente vivas e nós mesmos assustadoramente inertes.

A história do homem biônico Steve Austin tornou-se famosa com a série de TV intitulada *The Six Million Dollar Man* ("O homem de seis milhões de dólares"), veiculada na década de 1970. A figura do homem biônico, cujo corpo natural é melhorado com o acoplamento de máquinas, vem, desde então, sendo reproduzida à exaustão (KIM, 2004).

Assim, o desenvolvimento de próteses também está ligado à superação de limites. Originalmente, tais limites eram os impostos àqueles cuja natureza do corpo fora mutilada, por nascença ou acidente. Mas, hoje, acoplados em próteses de competição, os para-atletas velocistas agregam muita tecnologia. E eles são capazes de ultrapassar, e muito, a velocidade das pessoas comuns e chegam próximo às de recordistas mundiais olímpicos. Por exemplo, Oscar Pistorius, sul-africano, que foi o primeiro atleta olímpico e paraolímpico da história a competir de maneira simultânea e em igualdade de possibilidades com atletas não deficientes em nível mundial e olímpico (Op. cit., 2004).

Sterling (1992) acrescenta que o "ciberespaço" não é uma fantasia de ficção científica, mas um "lugar" onde temos experiências genuínas e que existe há mais de um século.

O que chamamos de realidade virtual é a camada de interação sensível entre o homem e o ciberespaço. Opera em dois sentidos, um que cria mundos sensoriais da informação digital e outro que trabalha ocultando a estrutura essencial e material do ciberespaço (TAUSSIG, 1993, p. 42-43). Para Kim,

> [...] quanto mais humanizamos e tornamos 'amigável' a nossa relação com o ciberespaço, por meio de simulações que imitam a nossa realidade não virtual, mais nos tornamos cibernéticos. A contrapartida da naturalização do ciberespaço é que nos tornamos, também, extensão dele: à medida que a virtualidade se transforma em campo de ação prática, cada vez mais a realização total do ser humano prescinde de sua inserção como coisa virtual do ciberespaço (2004, p. 216).

19.5.8 Antropologia da internet

Algumas das características principais da internet e que colocam em evidência as mudanças sociais relacionadas com as tecnologias e novas lógicas econômicas são tratadas por Keith Hart (2004), especialista em teoria da globalização. Para esse autor, antropólogo inglês, pesquisar o tema da internet é tentar dar conta da própria trajetória da disciplina antropológica na sua relação com a história social e econômica, o que deve levar o antropólogo a refletir sobre sua própria trajetória intelectual, no sentido de situar sua prática no âmbito dos novos arranjos sociais inaugurados nas sociedades contemporâneas.

De acordo com Hart (2004), as pessoas, as máquinas e o dinheiro (nessa ordem) são importantes para o mundo. Os antropólogos têm avançado na compreensão das pessoas, mas não tanto nas outras duas partes. Suas estratégias de estudo ficaram presas por muito tempo à etnografia, baseada no trabalho de campo.

A tradição etnográfica precisa procurar um projeto antropológico inclusivo mais adequado para estudar a sociedade mundial, na qual a internet é talvez a expressão mais marcante. A Antropologia precisa descobrir o que as pessoas reais fazem e pensam juntando-se a eles onde vivem. Mas também precisa de uma perspectiva global sobre a humanidade como um todo, para entender o momento histórico. Isto irá expor as limitações da experiência moderna das Ciências Sociais – a sua dependência de abstrações impessoais e supressão da subjetividade individual.

Para Hart (2004), uma Antropologia da internet depende de uma autoetnografia. O mundo constituído por essa "rede de redes" não existe lá fora, independentemente de nossa própria experiência individual. A internet não é "o mundo", mas sim é um mundo *on-line* para o qual cada um aporta suas particularidades e experiências. Assim, para alcançar o significado humano da internet, é preciso combinar introspecção e julgamento pessoal com etnografia comparativa e História mundial. Cada um de nós deve embarcar em uma viagem para fora, para o mundo e para dentro de si mesmo.

Para compreender o mundo, não devemos começar com a existência empírica de objetos, mas com o raciocínio da própria experiência. Ele está tanto dentro, quanto fora de cada um de nós. Portanto, é impossível aprender Antropologia se não somos, em primeiro lugar, seres humanos. Os antropólogos que lidavam com narrativas indígenas agora devem lidar com mobilidade de massas e comunicações. A Antropologia enfrenta um novo paradigma no qual a internet é o símbolo mais tangível e que espelhará as mudanças sociais e tecnológicas do mundo (HART, 2004).

19.6 Antropologia e gênero

19.6.1 Considerações preliminares

As décadas de 1970 e 1980 caracterizaram-se por recessões nos Estados Unidos, Europa e América Latina. Três crises marcaram essas décadas: a do dólar, a dos preços do petróleo e a da dívida externa. Os dois primeiros provocaram uma espiral inflacionária nas economias desenvolvidas, e este último deixou as economias da América Latina em uma posição muito frágil para enfrentar os desafios da Economia mundial do final desse século (CABRERA, 2014).

Para Alves (2012), a crise estrutural do capital que emergiu em meados da década de 1970 caracterizou-se por um conjunto de fenômenos sociais qualitativamente novos que compõem a fenomenologia do capitalismo global com seus "trinta anos perversos" (1980-2010). A década de 1970 significou, no plano histórico-mundial, a inauguração de um "corte histórico" no processo civilizatório do capital. Surgiram novos fenômenos sociais, uma contrarrevolução neoliberal. Impulsionou-se o processo de reestruturação capitalista nas mais diversas instâncias da vida social.

A crise do capitalismo teve efeitos importantes nas Ciências Sociais e Humanas; o positivismo epistemológico e sua aplicação sociopolítica, o estrutural-funcionalismo foram considerados responsáveis pelos graves problemas sociais que surgiram como consequência da crise do capital. Procuraram-se alternativas que ficaram resumidas em duas correntes – estruturalismo e materialismo – que primaram na década de 1970 e 1980.[4]

Em termos gerais, o estruturalismo trabalha basicamente com **estruturas mentais** (representações) e suas invariantes históricas. Para o estruturalismo, os fenômenos fundamentais da vida humana são determinados por leis de atividades inconscientes. Portanto, o centro não é o indivíduo, mas o inconsciente como sistema simbólico.

A estrutura, embora seja um nível da realidade, não é acessível a um conhecimento imediato e direto dessa realidade e é ela mesma que suscita tal inacessibilidade. O que importa no modelo estruturalista é o estudo das relações entre os elementos. Portanto, o objetivo das Ciências Sociais é compreender o sistema de relações entre os elementos constitutivos da sociedade.

A ideia central do materialismo é que a infraestrutura (elementos materiais, tecnologia, Economia etc.) domina a superestrutura (organização social, ideologia, símbolos etc.). Assim, para explicar os fenômenos socioculturais, a prioridade deve ser dada às teorias baseadas em variáveis infraestruturais. A relação de ambas estruturas contribui para a regulação e desenvolvimento dos sistemas socioeconômicos e culturais.

Gênero e feminismo

A situação colocada anteriormente se reflete claramente na Antropologia nos conceitos de gênero e feminismo. **Gênero** é um termo que se refere a distinções sociais ou culturais associadas ao ser masculino ou feminino. **Identidade de gênero** é a medida em que se identifica como masculino ou feminino (DIAMOND 2002).

Para as ciências sociais e humanas, o conceito de **gênero** se refere à construção social do sexo anatômico. Foi incorporado para distinguir a dimensão biológica da dimensão social, baseando-se no raciocínio de que há machos e fêmeas na espécie humana, no entanto, a maneira de ser homem e de ser mulher é **realizada pela cultura**. Assim, gênero significa que homens e mulheres são produtos da realidade social e não decorrência da anatomia de seus corpos. Por exemplo, o fato de as mulheres, em razão da reprodução, serem tidas como mais próximas da natureza tem sido apropriado por diferentes culturas como símbolo de sua fragilidade ou de sujeição à ordem natural, que as destinaria sempre à maternidade (CLAM, 2009).

Segundo Giddens (2004), nos últimos anos, as teorias da socialização e do papel do gênero têm sido alvo de críticas por parte de um número cada vez maior de sociólogos. Em vez de considerarem o sexo como um fato determinado biologicamente e o gênero como um fato aprendido culturalmente, afirmam que se deveria considerar *tanto* o sexo *como* o gênero enquanto produtos construídos socialmente.

---

[4] Para mais detalhes dessas correntes, ver Capítulos 3 e 4 de *Sociologia geral*, Eva Lakatos e Marina Marconi, 8. ed., Atlas, 2019.

312 **Capítulo 19**

De acordo com diversas fontes, **concretos** são os substantivos que designam os seres propriamente ditos, isto é, de existência independente, reais ou imaginários, como mulher, pedra, homem, Deus, alma e fada.

São **abstratos** os substantivos que dão nome a estados, qualidades, sentimentos ou ações dos seres, dos quais se podem abstrair (ou separar) e sem os quais não podem existir.

Assim, podemos considerar gênero um substantivo abstrato produto de uma construção teórica. Um construto, ideia construída a partir de elementos mais simples. Pelo contrário, mulher é um substantivo concreto, sendo feminino, um adjetivo relativo à mulher.

19.6.2 Antropologia Feminista

De acordo com Dominguez, Franks e Boschma III (s/d), a Antropologia feminista surge como uma reação a um viés androcêntrico percebido dentro da disciplina (LAMPHERE, 1996, p. 488). Relacionados com esta afirmação, cabem destacar dois pontos: em primeiro lugar, algumas das figuras proeminentes da Antropologia norte-americana clássica (por exemplo, Margaret Mead e Ruth Benedict) eram mulheres, e a disciplina tem sido tradicionalmente mais igualitária, em termos de gênero, do que outras ciências sociais (DI LEONARDO, 1991, p. 5-6). Em segundo lugar, de fato na disciplina tem prevalecido o pensamento androcêntrico (REITER, 1975, p. 13-14).

Anderson-Levy (2016) faz uma análise, centrada nos estudos feitos nos EUA, e reforça o aspecto androcêntrico da Antropologia, acrescentando a sua tendência eurocêntrica. Para ela, a Antropologia feminista surge em resposta ao reconhecimento de que, através dos diversos campos da disciplina, a Antropologia operava com paradigmas androcêntricos. As preocupações variavam desde a identificação antropológica das mulheres a explicações universais da subordinação feminina. A época atual é um momento histórico que marca o desenvolvimento de diversos marcos teóricos que procuram compreender a produção dos diversos saberes. É um amplo corpo de literatura através do qual se situam conversas dinâmicas que envolvem questões em torno de gênero, raça, sexualidade, capacidade, classes sociais etc. e classe, entre muito mais.

Para Quiceno (2003), a oposição entre os dois conceitos, feminismo e machismo, produz sérias contradições que dificultam o cotidiano dos estudos antropológicos. Em outras palavras, como o nível subjetivo de análise pode ser superado se a história do pensamento antropológico marginalizou as mulheres? Os movimentos feministas e os estudos da mulher expressam com muita animosidade esse fato. No entanto, é verdade que expressam uma realidade muito concreta: a construção desse conhecimento tem sido um processo desigual e excludente.

Esta questão deixa em evidência uma situação presente nas falas de feministas, a de que muitos estudos sobre a mulher têm sido realizados em um panorama que pode gerar marginalização. Assumir uma posição contra os homens pelos "erros" cometidos no passado pode ser perigoso, porque eles tendem a um "confinamento intelectual" que só aumenta a divisão. Ou seja, o fato de que as mulheres foram excluídas de estudos antropológicos fomentou uma atitude crítica ingênua que, indubitavelmente, prejudica o trabalho da disciplina. No entanto, este é um dos muitos problemas que a Antropologia enfrenta constantemente. A teoria antropológica não tem sido o produto da espontaneidade, mas surgiu como resultado de provações, erros e sucessos. Mas, acima de tudo, a experiência adquirida ao longo do tempo (QUICENO, 2003).

A Antropologia Feminista, como outras disciplinas da Antropologia, é jovem, uma vez que leva pouco tempo no estágio da pesquisa. Duas ou três décadas de trabalho podem ser pouco, se levarmos em conta a luta histórica das mulheres pela igualdade de direitos com os homens.

Britt-Marie Thyrén, citada por Quiceno (2003), "é deprimente ser um estudante de Antropologia e ser uma mulher". Porque tem como referência um meio intelectual de interlocução em si mesmo masculino, e um mundo marcado pela desigualdade pelo mero fato de ser uma mulher.

Em geral, a Antropologia Feminista em conjunto com o Gênero representam um compromisso intelectual de igualdade. Em um mundo globalizado, desigual, dominado por um capitalismo autoritário, é crucial essa nova visão.

Para Bonetti (2012), no campo acadêmico brasileiro, a teoria feminista de forma geral, e a Antropologia Feminista em específico, tem ocupado um lugar inferiorizado por tratar de temas considerados menores segundo critérios definidos num campo de relações de força e de legitimidade constitutivos do campo intelectual (HEILBORN, 1992). Tal situação, segundo Maria Filomena Gregori (1999), é originária de uma dupla resistência de que eram, e ainda são, alvos as pesquisadoras feministas. Por um lado, essa resistência vem do próprio movimento feminista que vê com desconfiança a produção acadêmica e, por outro, da própria comunidade acadêmica,

> [...] cujas concepções mais objetivistas do conhecimento sempre afirmaram o risco de que a identificação com o objeto nos transformasse em 'pesquisadoras pela metade', e que o papel do intelectual estaria reduzido a instrumentalizar transformações sociais e, quando muito, a organizar ou divulgar teorias nativas (GREGORI, 1999, p. 228).

De acordo com Maria Luiza Heilborn e Bila Sorj, 1999 (apud BONETTI, 2012), identifica-se uma pouca disposição das acadêmicas feministas em assumir uma posição de confronto ou de isolamento na academia, não incorporando a contribuição da radicalidade crítica da teoria feminista para o enfrentamento do campo intelectual, como se deu, por exemplo, nos Estados Unidos.

Em concordância com Bonetti (Op. cit.), a Antropologia Feminista, embora ainda enfrente muitas resistências e padeça com a ausência de adesões ao seu projeto epistemológico e político, contribui imensamente para o desenvolvimento e fortalecimento seja do campo político feminista de forma mais geral, seja do antropológico em específico.

19.6.3 Definição

Segundo Burkett e Brunell (S/D), **feminismo** é a crença na igualdade social, econômica e política dos sexos. Embora em grande parte de origem ocidental, o feminismo se manifesta no mundo todo e é representado por várias instituições comprometidas com a atividade em direitos e interesses das mulheres.

Durante a maior parte da história ocidental, as mulheres estavam confinadas à esfera doméstica, enquanto a vida pública era reservada para os homens. Na Europa Medieval, as mulheres não tinham direito de **propriedade, estudar ou participar da vida pública**. Mesmo no início do século XX, as mulheres não podiam votar nem se candidatar a cargos eletivos em quase todo o mundo. As mulheres eram impedidas de conduzir empresas sem um representante masculino, seja ele pai, irmão, marido, agente legal, ou mesmo filho. As mulheres casadas não podiam exercer o controle sobre seus próprios filhos sem a permissão de seus maridos. Além disso, as mulheres tinham pouco ou nenhum acesso à educação e eram barradas da maioria das profissões. Em algumas partes do mundo, tais restrições às mulheres continuam até o dia de hoje (BURKETT E BRUNELL, S/D).

De acordo com Emma Watson, atriz e embaixadora da Boa Vontade da **ONU Mulheres**, responsável da campanha *#HeForShe*, que propaga a liberdade e a igualdade entre os gêneros, parece haver uma confusão sobre a definição do termo "feminismo", alavancada por declarações de celebridades que se tornaram ecos nesse assunto. "Feminismo é sobre dar escolhas às mulheres. É sobre liberdade. É sobre libertação. É sobre igualdade." (AMARA, 2017).

Figura 19.3 – Manifestante segura cartaz com o dizer "O direito das mulheres são direitos humanos", em protesto.

Para Watson (apud AMARA, 2017), o termo "igualdade de gênero", apesar de soar agradável, é prejudicial à habilidade de mulheres em desafiar efetivamente as barreiras comuns que, em algum grau, todas as mulheres experimentam em suas vidas. Mulheres não existem enquanto gênero, existem em corpos de fêmeas; gênero é um termo para designar os estereótipos socialmente construídos de masculinidade e feminilidades, uma hierarquia criada pelos homens para assinalar atributos como algo fixo da biologia. Watson citada por Amara (2017, s/p) afirma que:

> [...] nós vivemos dentro de um sistema patriarcal, em que homens comandam, e os maus-tratos direcionados às mulheres e meninas são para nos manter em uma posição subordinada aos homens. Feminismo não é sobre manter as mulheres, ou os homens, confortáveis dentro da estrutura patriarcal existente, nem devemos centrar os homens dentro de nosso movimento.

O que NÃO é feminismo: dizer que mulheres são melhores que homens e que homens não merecem a atenção que mulheres recebem. O que é feminismo: **o chamado para homens e mulheres serem tratados com igualdade**.

19.6.4 Origens e evolução da Antropologia Feminista

Para Ghorfati (2015), o termo "feminismo" tem uma história ligada ao ativismo feminino de final do século XIX até a data atual. É muito importante distinguir ideias ou crenças feministas de movimentos políticos feministas. Mesmo em períodos sem maior ativismo político em torno da subordinação das mulheres, cientistas de diversas disciplinas têm-se preocupado com a justiça e o direitos das mulheres.

O termo "feminismo" apareceu na França no final dos anos 1880, por Hubertine Auclert, no jornal *A cidadã*, onde ela tentou criticar a dominação do homem e reivindicar os direitos das mulheres, além da emancipação prometida pela Revolução Francesa. Na primeira década do século XX, o termo apareceu na Grã-Bretanha, e, em 1910, nos Estados Unidos da América.

O feminismo origina-se da palavra latina "femina" (relativo à mulher). Preocupa-se com as mulheres, não apenas como uma categoria biológica, mas como uma categoria social.

De acordo com Dominguez, Franks e Boschma III (s/d), existem três ondas da Antropologia Feminista, assim como há múltiplas ondas de feminismo em geral. No entanto, essas ondas não são estritamente cronológicas. Por exemplo, as teorias da Antropologia Feminista da segunda onda ainda são relevantes, apesar das novas teorias da terceira onda. A primeira onda, de 1850 a 1920, procurou principalmente incluir vozes femininas na etnografia. Os poucos dados etnográficos existentes sobre as mulheres, na maioria das vezes, eram relatos de informantes masculinos transmitidos por etnógrafos masculinos (PINE, 1996).

A segunda onda, de 1920 a 1980, incorporou-se às esferas acadêmicas e separou a noção de sexo e a de gênero, ambas previamente utilizadas de forma intercambiável. O gênero foi utilizado para se referir tanto ao sexo masculino quanto ao feminino, na construção cultural dessas categorias e na relação entre elas (PINE, 1996). A definição de gênero pode variar de cultura para cultura; essa situação afastou os antropólogos feministas de possíveis generalizações (LAMPHERE, 1996). Além disso, os antropólogos feministas da segunda onda rejeitaram a ideia de dicotomias inerentes, tais como macho/fêmea. As pesquisas desta onda seguiram, basicamente, aproximações teóricas materialistas sobre mulheres, reprodução e produção popular. Diversos cientistas que seguem essa perspecti-

316 Capítulo 19

va concentram-se na análise de gênero, em relação à classe, às relações sociais de poder e às mudanças nos modos de produção.

Os antropólogos feministas contemporâneos constituem a terceira onda da teoria, que começou na década de 1980. Já não se concentram apenas na questão da assimetria de gênero (GELLNER E STOCKETT, 2006). Reconhecem as diferenças através de categorias como classe, raça, etnia, etc.

Campos e Labastida (2017) opinam que o desenvolvimento da Antropologia Feminista deve ser vinculado aos movimentos de emancipação. Dessa forma, encontramos o que foi chamado de "Antropologia das mulheres" na segunda onda do feminismo. Naquele tempo, os anos 1970, o enfoque central foram as desigualdades que as mulheres enfrentavam e que deveriam ser analisadas do ponto de vista "sexo-gênero-sistema" (RUBIN, 1975) e no seu contexto, ou seja, na estrutura social existente. Nesse sentido, cabe destacar os trabalhos de Michelle Rosaldo e de Louise Lamphere (organizadoras do livro *A Mulher, a Cultura e a Sociedade*). Além disso, deve ser mencionado o trabalho de Sherry Ortner (1974), no qual discute a universalidade da opressão masculina.

A terceira onda, que começa nos anos 1980, foi caracterizada por um embate entre gênero e feminismo, considerando o sexo como uma construção social (BUTLER, 1993), questionando a articulação do gênero com outros elementos geradores de desigualdade, questionando a forma como o poder é construído e representado etc. Em suma, seguindo a antropóloga Carmen Gregorio Gil (2006), "as contribuições feministas para os debates epistemológicos do ambiente da disciplina antropológica com o questionamento da suposta "objetividade" do conhecimento científico e a "crise de representação" ocupam a Antropologia Social desde o período denominado Pós-colonial (2006, p. 23).

19.6.5 Características da Antropologia Feminista

Stanley Barrett (2009) indica as principais características da Antropologia Feminista.

1. *As relações sociais apresentam uma perspectiva de gênero.* Isso significa que o sexo deve ser incluído com a classe social, *status*, papel, poder e idade como um termo básico.

2. *Uma epistemologia diferente.* A separação de sujeito e objeto, ou pesquisador e pesquisado, é rejeitada. A pesquisa deve ser colaborativa, dialógica. Mackinnon (1982, p. 543) argumenta que a base analítica do feminismo é a sexualidade e que seu método é a conscientização.

3. *Uma ética diferente.* O conhecimento como fim em si mesmo é insuficiente. O objetivo principal da pesquisa antropológica feminista é empoderar as mulheres.

4. *Antipositivismo.* A linguagem da ciência é considerada como a língua da opressão. Procedimentos envolvendo hipóteses, definição operacional, escalas, evidência etc. são questionados.

5. *Preferência por métodos qualitativos.* Empatia, subjetividade e diálogo ajudam o investigador a compreender o mundo interno das mulheres.

6. *Assimetria sexual universal.* A Antropologia provou ser fértil para examinar questões tais como a universalidade e historicidade da desigualdade de gênero.

19.6.6 Desafios

Quiceno (2003) afirma que a Antropologia Feminista é muito jovem e, apesar de ser muito crítica da Antropologia Clássica e propor novos sujeitos de estudo, não tem conseguido escapar das dificuldades centrais que sempre existiram nesta ciência. Os problemas teórico-metodológicos, a objetividade e as mudanças impostas pelo ritmo atual de um mundo globalizado permanecem presentes. Não é apenas a Antropologia Geral, mas cada uma de suas especialidades que se depara com novos desafios de pesquisa. Por exemplo: Como superar a subjetividade da análise antropológica se a sua história marginalizou as mulheres? É um fato que a construção desse conhecimento tem sido um processo desigual e excludente.

Para Thyrén, (1993, p. 3):

> se o feminismo quer ser eficaz na sua luta política, precisa dos dados da Antropologia Social, e se a Antropologia quer ser completa, tem que reconhecer todas as relações de poder, e certamente não fechar os olhos para uma das assimetrias mais comuns, o desequilíbrio dos recursos entre homens e mulheres (tradução do atualizador).

De acordo com Bonetti (2009), um dos principais desafios parece ser a aceitação do caráter político do conhecimento. O adjetivo "feminista" remete a uma extrema politização e há uma resistência na academia brasileira à assunção de um caráter tão abertamente político. Cabe lembrar Joan Scott (1992), para quem toda produção de conhecimento é política.

Outro desafio está no risco de se reproduzir o mesmo, ou seja, como a categoria gênero é fortemente consolidada na tradição antropológica brasileira, e, lembrando da distinção feita por Henrietta Moore (1988, tradução, 2009), de que nem todo gênero é feminista, mas todo feminismo usa gênero, há que se cuidar para não deslizar no uso do gênero como constructo simbólico, fenomênico, e não levar adiante a profundidade da revolução epistemológica proposta pelos desenvolvimentos recentes da Antropologia Feminista ao tomar gênero e poder como intrínsecos à constituição do social.

Bonetti (2012) menciona como um dos maiores desafios para a estabilização do campo da Antropologia Feminista no Brasil o próprio sentido do que é comumente entendido por feminismo. Deve-se trabalhar para uma ressignificação do substantivo feminismo e do adjetivo feminista, que se prende muito fortemente ao desafio indicado por Ono: **superar a ideia de o feminismo ter como objeto as mulheres**.

Referências Bibliográficas

ABBEVILE, Claude d'. *História da missão dos pobres capuchinhos na ilha de Maranhão e suas circunvizinhanças*. São Paulo: Biblioteca Histórica Brasileira, 1945. v. 15.

ABECHE, Daniel. Flicts é destaque no cenário punk atual. 2018. Disponível em: http://www.aescotilha.com.br/musica/radar/flicts-e-destaque-no-cenario-punk-atual. Acesso em: 13 nov. 2018.

ABÉLÈS, Marc. *Anthropologie de la globalisation*. Paris: Payot, 2008.

ABREU, Aurélio M. G. de. *Civilizações perdidas das Américas*. Belém: Secretaria da Educação e Cultura, 1977.

_____. *Introdução ao estudo das culturas indígenas do Brasil*. Rio de Janeiro: Nosso Brasil, 1974.

ABREU, Nelsio; BALDANZA, Renata; GONDIM, Sônia. Os grupos focais *on-line*: das reflexões conceituais à aplicação em ambiente virtual. *Journal of Information Systems and Technology Management*, v. 6, n. 1, art. 2, p. 5-24, 2009.

AITCHISON, Jean. *The seeds of speech: language origin and evolution*. Cambridge: Cambridge University Press, 1996.

ALATAS, Syed. Problems of defining religion. *International Social Science*, v. XXIX, n. 2.213, Unesco, Paris, 1977.

ALBUQUERQUE, Julia D. O papel da mediação na resolução de conflitos familiares decorrentes do divórcio e dissolução de união estável. Dissertação apresentada para obtenção do título de Magister. Programa de Pós-Graduação em Economia Doméstica. Universidade Federal de Viçosa. MG, 2016.

ALBUQUERQUE, Wlamyra; FRAGA FILHO, Walter. Uma história do negro no Brasil. Salvador: Centro de Estudos Afro-Orientais; Brasília: Fundação Cultural Palmares, 2006. Disponível em: https://www.geledes.org.br/wp-content/uploads/2014/04/uma-historia-do-negro-no-brasil.pdf. Acesso em: 23 nov. 2018.

ALFONSO, Juan Maestre. *La investigación en antropología social*. Madrid: Akal, 1974.

320 Referências Bibliográficas

ALMEIDA, Ângela. Notas sobre a família no Brasil. In: ALMEIDA, Ângela M. et al. (Org.). *Pensando a família no Brasil*. Rio de Janeiro: Espaço e Tempo/UFRRJ, 1987.

ALMEIDA, M. Regina. Os índios na História do Brasil no século XIX: da invisibilidade ao protagonismo. *Revista História Hoje*. v. 1, n. 2, julho-dezembro 2012. Disponível em: https://rhhj.anpuh.org/RHHJ/article/view/39. Acesso em: 19 nov. 2018.

ALVES, Elizete Lanzoni; SANTOS, Sidney Francisco Reis dos. *Iniciação ao conhecimento da antropologia jurídica*: por onde caminha a humanidade? Florianópolis: Conceito, 2007.

ALVES, Giovanni. *A crise estrutural do capital e sua fenomenologia histórica*, 2012. Disponível em: https://blogdaboitempo.com.br/2012/09/21/a-crise-estrutural-do-capital-e-sua-fenomenologia-historica. Acesso em: 16 jan. 2019.

ALVES, Leonardo. A antropologia simbólica e interpretativa. 2017. Disponível em: https://ensaiosenotas.com/2017/08/31/a-antropologia-simbolica-e-interpretativa. Acesso em: 24 nov. 2018.

ALVES, Roosenberg. Família patriarcal e nuclear: conceito, características e transformações. *II Seminário de Pesquisa da Pós-Graduação em História* – UFG/UCG. 2009. Disponível em: https://pos.historia.ufg.br/up/113/o/IISPHist09_RoosembergAlves.pdf. Acesso em: 8 set. 2018.

AMARA, Ariana. *Feminismo não é sobre igualdade de gênero*. 2017. Disponível em: https://medium.com/qg-feminista/feminismo-n%C3%A3o-%C3%A9-sobre-igualdade-de-g%C3%AAnero-6fca07c41152. Acesso em: 17 jan. 2019.

AMERICAN ANTHROPOLOGICAL ASSOCIATION. In: American Anthropologist. v. 49, n. 4, 1947.

ANCHIETA, Joseph de. *Arte de grammatica da língua mais usada na costa do Brasil*. São Paulo: Edições Anchieta, 1946.

ANDERSON-LEVY, Lisa. Feminist anthropology. Oxford Bibliographies. 2016. Disponível em: http://www.oxfordbibliographies.com/view/document/obo-9780199766567/obo-9780199766567-0007.xml. Acesso em: 16 jan. 2019.

ANDRADE, Maristela. A religiosidade brasileira: o pluralismo religioso, a diversidade de crenças e o processo sincrético. *CAOS – Revista Eletrônica de Ciências Sociais*. Número 14 – setembro de 2009, p. 106-118. Disponível em: http://www.cchla.ufpb.br/caos/n14/6A%20religiosidade%20brasileira.pdf. Acesso em: 3 out. 2018.

APPADURAI, Arjun. Global ethnoscapes: notes and queries for a transnational Anthropology. In: APPADURAI, Arjun. *Modernity at large*: cultural dimensions of globalization. Minneapolis: University of Minnesota, 1996.

_____. *La modernidade desbordada*. Dimensiones culturales de la globalización. Tradução Gustavo Remedi. México: Fondo de Cultura Económica, 2001.

ARAÚJO, Homero. Divórcio: motivos e consequências. Conteúdo Jurídico, Brasília, DF, 24 mar. 2011. Disponível em: http://www.conteudojuridico.com.br/monografia-tcc-tese,divorcio-motivos-e-consequencias,31562.html. Acesso em: 10 set. 2018.

Referências Bibliográficas 321

ARDREY, Robert. *Génesis en África*: la evolución y el origem del hombre. Barcelona: Hispano Europea, 1969.

ASCARI, Rafael. *Introdução a história geral*. 2017. Disponível em: https://vdocuments.mx/introducao-a-historia-geral-por-rafael-ascari.html. Acesso em: 28 ago. 2018.

AUGUSTO, Luis F. A evolução da ideia e do conceito de família. 2015. Disponível em: https://advocaciatpa.jusbrasil.com.br/artigos/176611879/a-evolucao-da-ideia-e-do-conceito-de-familia. Acesso em: 8 set. 2018.

AUZIAS, Jean Marie. *Antropologia contemporânea*. São Paulo: Cultrix, 1978.

_____. *Chaves do estruturalismo*. Rio de Janeiro: Civilização Brasileira, 1972.

AZAMBUJA, Darcy. *Introdução à ciência política*. 17. ed. São Paulo: Globo, 2005.

AZEVEDO, Fábio. O conceito de cultura em Raymond Williams. *Revista Interdisciplinar em Cultura e Sociedade (RICS)*, São Luís, v. 3, Número Especial jul./dez. 2017. Disponível em: http://www.periodicoseletronicos.ufma.br/index.php/ricultsociedade/article/viewFile/7755/4806. Acesso em: 28 nov. 2018.

AZEVEDO, Thales. *Democracia racial*: ideologia e realidade. Petrópolis: Vozes, 1975.

AZEVEDO JUNIOR, José. Apostila de arte – artes visuais. São Luís: Imagética Comunicação e Design, 2007. Disponível em: https://jucienebertoldo.files.wordpress.com/2013/01/apostila-de-artes-visuais.pdf. Acesso em: 12 nov. 2018.

BALDUS, Herbert. *Bibliografia crítica da etnologia brasileira*. São Paulo: Comissão do IV Centenário da Cidade de São Paulo, 1954.

BANDI, Hans-Georg; MARINGER, Johannes. *L'art préhistorique*. Paris: Holbein, 1955.

BANKS, Marcelle. A Dança na história da humanidade. *ArtCult*, julho 18, 2016. Disponível em: http://artecult.com/danca-na-historia-da-humanidade. Acesso em: 2 nov. 2018.

BARBOSA, Vivian. A dança no século XX. 2009. Disponível em: https://www.webartigos.com/artigos/a-danca-no-seculo-xx/15784. Acesso em: 12 nov. 2018.

BARRETT, Stanley R. *Anthropology*: a student's guide to theory and method. 2. ed. Toronto: University of Toronto Press, 2009. (Existe tradução: Antropologia: Guia do estudante à teoria e ao método antropológico. São Paulo: Editora Vozes, 2016.)

BARRETTO FILHO, Henyo. A utilização das terras indígenas e a exploração de recursos naturais, em particular os do subsolo. In: *I Encontro de Estudos*: Questão Indígena. Brasília: Gabinete de Segurança Institucional; Secretaria de Acompanhamento e Estudos Institucionais, 2003. Disponível em: https://www.historia.ufg.br/up/108/o/livro_leandro.pdf. Acesso em: 19 nov. 2018.

BARROS, Marco A. Os grandes fotógrafos da história: Steve McCurry. 2017. https://blog.emania.com.br/os-grandes-fotografos-da-historia-steve-mccurry. Acesso em: 14 nov. 2018.

BARTH, Fredrik. Grupos étnicos e suas fronteiras. In: POUTIGNAT, Philippe; STREIFF-FENART, Jocelyne. *Teorias da etnicidade*. Tradução Elcio Fernandes. São Paulo: Editora Unesp, 1998.

322 Referências Bibliográficas

BASTIDE, Roger. *A arte e sociedade*. São Paulo: Edusp, 1971.

_____. *As religiões africanas no Brasil*. São Paulo: Pioneira: Edusp, 1971. v. 1.

BAUMAN, Zygmunt. *Globalização*: as consequências humanas. Tradução Marcus Penchel. Rio de Janeiro: Jorge Zahar Editor, 1999.

BAUTISTA, Yoko M. The effects of elves to human beings as individuals. 2013. Disponível em: http://bautistayokomae.blogspot.com/2013/12/the-effects-of-elves-to-human-beings-as.html. Acesso em: 22 nov. 2018.

BEALS, Alan R. *Antropología cultural*. México: Pax: RTAC, 1971.

BEALS, Ralph L.; HOIJER, Harry. *Introducción a la antropología*. Madrid: Aguilar, 1969.

BEATTIE, John. *Introdução à antropologia social*. São Paulo: Nacional: Edusp, 1971.

BELTRÃO, Luiz. *O índio, um mito brasileiro*. Petrópolis: Vozes, 1977.

BENEDICT, Ruth. *O crisântemo e a espada*. São Paulo: Perspectiva, 1972.

_____. *Padrões de cultura*. Lisboa: Livros do Brasil, [s.d.]

BENITES, Bruna. Principais movimentos artísticos do século XX. Disponível em: https://www.infoescola.com/artes/principais-movimentos-artisticos-do-seculo-xx. Acesso em: 12 nov. 2018.

BENJAMIN, Walter. A obra de arte na era de sua reprodutibilidade técnica. In: BENJAMIN, Walter. *Obras escolhidas*. São Paulo: Brasiliense, 1985.

BERGER, Peter; LUCKMANN, Thomas. *The social construction of reality*. Garden City, New York: Doubleday 1967.

BERLITZ, Charles. *As línguas do mundo*. Rio de Janeiro: Nova Fronteira, 1988.

BERNARDI, Bernardo. *Introdução aos estudos etno-antropologicos*. Lisboa: Edições 70, 1974.

BERNERS-LEE, Tim. *Uma carta aberta aos legisladores brasileiros/*An open letter to brazilian lawmakers. Web Foundation, 2017. Disponível em: https://webfoundation.org/2016/04/uma-carta-aberta-aos-legisladores-brasileiros-an-open-letter-to-brazilian-lawmakers. Acesso em: 13 jan. 2019.

BERREMAN et al. *Desvendando máscaras sociais*. Rio de Janeiro: Francisco Alves, 1975.

BEZERRA, Karina. História geral das religiões. Disponível em: http://www.unicap.br/observatorio2/wp-content/uploads/2011/10/HISTORIA-GERAL-DAS-RELIGIOES-karina-Bezerra.pdf. Acesso em: 30 set. 2018.

BEZZI, Alexandre. Ser punk no Brasil nos dias de hoje. 2017. Disponível em: https://freakmarket.com.br/revista/vida/ser-punk-no-brasil. Acesso em: 12 nov. 2018.

BHAGTANI, Namrata; VISHNU, Vandana; SANGEETA. Fire and life safety. 2011. Disponível em: http://www.shilpaarchitects.in/downloads/mproject/Fire_Safety.pdf. Acesso em: 6 out. 2018.

BIBLIOTECA NACIONAL. Para uma história do negro no Brasil. Rio de Janeiro, 1988. Disponível em: http://objdigital.bn.br/acervo_digital/div_iconografia/icon1104317/icon1104317.pdf. Acesso em: 23 nov. 2018.

BIESANZ, John; BIESANZ, Mavis. *Introdução à ciência social.* São Paulo: Nacional: Edusp, 1972.

BOAS, Franz. *El arte primitivo.* México: FCE, 1949.

_____. *Cuestiones fundamentales de antropología cultural.* Buenos Aires: Solar: Hachette, 1964.

_____. *The mind of primitive man.* New York: Macmillan, 1965.

_____. *Race, language and culture.* New York: Macmillan, 1966.

BOCK, Philip K. *Introducción a la moderna antropología cultural.* México: Fondo de Cultura Económica, 1977.

BONETTI, Alinne de Lima. Antropología feminista en Brasil. Reflexiones y desafíos para un campo en construcción. Cuadernos. *Antropologia Social,* n. 36, dic. Buenos Aires, 2012.

_____. Etnografia, gênero e poder: antropologia feminista em ação. *Mediações,* v. 14, n. 2, p. 105-122, jul/dez. 2009, Londrina. Disponível em: http://www.uel.br/revistas/uel/index.php/mediacoes/article/view/4509. Acesso em: 16 jan. 2019.

BOURGUIGNON, Erika; GREENBAUM, Lenora. *Diversity and homogeneity in world societies.* New Haven, CT. HRAF Press, 1973.

BOUZNEY, Catherine; MARCOUX, Jon. Cultural materialism. Department of Anthropology, University of Alabama. 2009. Disponível em: http://anthropology.ua.edu/cultures/cultures.php?culture=Cultural%20Materialism. Acesso em: 25 nov. 2018.

BRACE, C. Loring. *Os estágios da evolução humana.* Rio de Janeiro: Zahar, 1970.

BRANNIGAN, John. *New historicism and cultural materialism.* New York: St. Martin's Press, 1998.

BRASIL. *Código civil:* Lei 10.406, de 10 de janeiro de 2002. São Paulo: Editora Revista dos Tribunais, 2002.

_____. GOVERNO FEDERAL. Cultura afrobrasileira se manifesta na música, religião e culinária. Brasília, 2009. Disponível em: http://www.brasil.gov.br/noticias/cultura/2009/10/cultura-afro-brasileira-se-manifesta-na-musica-religiao-e-culinaria. Acesso em: 22 nov. 2018.

_____. MINISTÉRIO DO INTERIOR – FUNAI. *Lei nº 6.001, de 19 de dezembro de 1973 (Estatuto do Índio),* Brasília, 1975.

_____. Índios do Brasil – Quem são. Disponível em: http://www.funai.gov.br/index.php/indios-no-brasil/quem-sao. Acesso em: 22 nov. 2018.

_____. Índios do Brasil – Política indigenista. Disponível em: http://www.funai.gov.br/index.php/nossas-acoes/politica-indigenista?start=4. Acesso em: 19 nov. 2018.

324 Referências Bibliográficas

BROCA, Paul. Histoire des progrès des études anthropologiques depuis la fondation de la société, compte rendu décennal (1859-1869) lu dans la séance solennelle du 8 juillet 1889. Paris: Typographie A. Hennuyer, 1870. Disponível em: https://gallica.bnf.fr/ark:/12148/bpt6k831389.texteImage. Acesso em: 19 ago. 2018.

BURKE, Peter (Org.). *A escrita da história*. São Paulo: UNESP, 1992.

BURKETT, Elinor; BRUNELL, Laura. Feminism. Encyclopaedia Britannica. Disponível em: https://www.britannica.com/topic/feminism. Acesso em: 17 jan. 2019.

BUTLER, Judith. *Bodies that matter*: on the discursive limits of "sex". New York: Routledge, 1993.

CABRERA, Abraham. Historia Económica Mundial 1950-1990. *Economía informa*, n. 385 março – abril, 2014. Disponível em: https://www.sciencedirect.com/science/article/pii/S0185084914704207. Acesso em: 17 jan. 2019.

CALDERÓ, Alaor A. *Antropología social*. 4.ed. México: Oasis, 1971.

CÂMARA CASCUDO, Luís da. *História da alimentação no Brasil*. São Paulo: Nacional, 1967.

CAMARGO, Orson. A fantasia das três raças brasileiras. *Brasil Escola*. Disponível em: https://brasilescola.uol.com.br/sociologia/o-brasil-varias-cores.htm. Acesso em: 3 set. 2018.

CAMINHA, Pero Vaz de. *Carta a el rey D. Manuel*. Estudo de Jaime Cortesão. Lisboa: Livros de Portugal, [s.d.]

CAMPOS, Ana; LABASTIDA, Ixone. Teorías y prácticas en torno a la Antropología Feminista: Nuevos retos. XIV Congreso de Antropología. Antropologías en transformación: sentidos, compromisos y utopías. Valencia, 5-8/9/2017.

CAMPI, Monica. Consumo colaborativo é o novo escambo 2.0. *Info Exame,* 2 jun. 2011. Disponível em: http://consumidoresconscientes.blogspot.com/2011/06/consumo-colaborativo-e-o-novo-escambo.html. Acesso em: 19 nov. 2018.

CAMPREGHER, Chistoph. Conservación de la diversidad bio-cultural en Costa Rica: comunidades indígenas y el ambiente. *Cuadernos de Antropología*, n. 21, 2011. Universidad de Costa Rica.

CARNEIRO, Édison. *Candomblés da Bahia*. 3.ed. Rio de Janeiro: Conquista, 1961.

CARNEIRO DA CUNHA, Manuela. Antropologia. *Folha de São Paulo: Mais*, domingo, 17 dez. 2006. Disponível em: https://www1.folha.uol.com.br/fsp/mais/fs1712200609.htm. Acesso em: 23 nov. 2018.

CARRIFO, Bianca; BARBOSA, Vagner. Cultura negra no Brasil. Universidade Presidente Antônio Carlos Faculdade Regional de Araguari, Araguari-MG. Disponível em: https://www.ebah.com.br/content/ABAAAe3vUAA/cultura-negra-no-brasil. Acesso em: 23 nov. 2018.

CARVALHO, Edgar Assis (Org.). *Antropologia econômica*. São Paulo: Ciências Humanas, 1978.

CASSIA, Anna de. Período Paleolítico – características. Disponível em: https://www.estudopratico.com.br/periodo-paleolitico-caracteristicas. Acesso em: 22 ago. 2018.

Referências Bibliográficas 325

_____. Período Mesolítico – características. Disponível em: https://www.estudopratico.com.br/periodo-mesolitico-caracteristicas. Acesso em: 22 ago. 2018.

CASTELLS, Manuel. *A sociedade em rede*. 8.ed. São Paulo: Paz e Terra, v. 1, 2000.

_____. *A sociedade em rede*: do conhecimento à ação política. Lisboa: Imprensa Nacional – Casa da Moeda, 2005.

_____. La dimensión cultural de la Internet. Universitat Oberta de Catalunya, 2002. Disponível em: http://www.uoc.edu/culturaxxi/esp/articles/castells0502/castells0502.html. Acesso em: 14 jan. 2019.

CASTRO, Eduardo V. *Metafísicas canibais*: elementos para uma antropologia pós-estrutural. São Paulo: CosacNaify, 2015.

CASTRO, Ramón. Globalização. In: *Dicionário da educação profissional em saúde*. Rio de Janeiro: Fundação Oswaldo Cruz/Escola Politécnica de Saúde Joaquim Venâncio, 2009.

CAVALCANTI, Maria Laura. Drama, ritual e performance em Victor Turner. *Sociologia & Antropologia*. Rio de Jabeiro, v. 3 e 6, p. 411-440, novembro, 2013. Disponível em: http://www.scielo.br/pdf/sant/v3n6/2238-3875-sant-03-06-0411.pdf. Acesso em: 26 nov. 2018.

CAVALLI-SFORZA, Luigi. Cultural evolution. *American Zoology*, 26:845-855 (1986).

CERQUEIRA E FRANCISCO, Wagner de. Diversidade cultural no Brasil. Disponível em: https://mundoeducacao.bol.uol.com.br/geografia/diversidade-cultural-no-brasil.htm. Acesso em: 21 ago. 2018.

CEVASCO, Maria E. Estudos literários × Estudos Culturais. In: *Dez lições sobre Estudos Culturais*. São Paulo: Bomtempo Editorial, 2003.

CHACON, Paulo. *O que é Rock*. São Paulo: Nova Cultural; Brasiliense, 1985.

CHAPPLE, Eliot D. *El hombre cultural y el hombre biológico*: antropología de la conducta. Buenos Aires: AID, 1970.

CHEGG STUDY. Symbolic anthropology. Disponível em: https://www.chegg.com/homework-help/definitions/symbolic-anthropology-51. Acesso em: 22 nov. 2018.

CLEMMER, Richard; MYERS, Daniel; RUDDEN, Mary E. *Steward Julian and the great basin*: the making of an anthropologist. Utah: University of Utah Press, 1999.

CHILDE, V. Gordon. *A evolução cultural do homem*. Rio de Janeiro: Zahar, 1966.

_____. *Evolução social*. Rio de Janeiro: Zahar, 1961.

CHINOY, Ely. *Sociedade*: uma introdução à sociologia. 2. ed. São Paulo: Cultrix, 1971.

CENTRO LATINO-AMERICANO EM SEXUALIDADE E DIREITOS HUMANOS (CLAM). *Gênero e diversidade na escola*. Rio de Janeiro, IMS/UERJ, 2009.

CLASTRES, PIERRE. *A sociedade contra o Estado*: investigações da antropologia política. Porto: Editora Afrontamento, 1975.

326 **Referências Bibliográficas**

CLAUDETT, Eduardo Castillo. Cambios y continuidades en la cultura jurídica popular. *Boletim del Instituto Riva-Aguero (BIRA)*, Lima, 2001.

COELHO, Larissa. O que é cultura material e imaterial? 2016. Disponível em: https://descomplica.com.br/blog/historia/o-que-e-cultura-material-e-imaterial. Acesso em 21 ago. 2018.

COIMBRA, Creso. *Fenomenologia da cultura brasileira*. São Paulo: LISA – Livros Irradiantes, 1972.

COLAÇO, Thais. Ensino e pesquisa do direito e da antropologia jurídica. *Cadernos da Escola de Direito* – Edição Especial. v. 3, n. 16, 2011.

COLLIER, Jane; YANAGISAKO, Sylvia. *Gender and kinship*: essays toward a unified analysis. Stanford, CA: Stanford University Press, 1989.

COLLIER, JR., John. *Antropologia visual*: a fotografia como método de pesquisa. São Paulo: EPU: Edusp, 1973.

COMAS, Juan. *Manual de antropología física*. México: Fondo de Cultura Económica, 1957.

_____ et al. *Raça e ciência*. São Paulo: Perspectiva, 1960.

COMBE, Rosemary. In: CLAUDETT, Eduardo Castillo. Cambios y continuidades en la cultura jurídica popular. *Boletim del Instituto Riva-Aguero (BIRA)*, Lima, 2001.

CONKEY, Margaret; SPECTOR, Janet. Archaeology and the study of gender. *Advances in Archaeological Method and Theory*, 7, 1984.

COPANS, Jean et al. *Antropologia*: ciência das sociedades primitivas? Lisboa: Edições 70, 1971.

CROSSMAN, Ashley. Definition of cultural materialism. 2018. Disponível em: https://www.thoughtco.com/cultural-materialism-3026168. Acesso em: 23 nov. 2018.

CTav – CENTRO TÉCNICO AUDIOVISUAL. *A EMBRAFILME*, 2008. Disponível em: http://ctav.gov.br/2008/10/10/a-embrafilme. Acesso em: 20 nov. 2018.

CULTURA AFROBRASILEIRA. Uma breve introdução cultura afrobrasileira. 2012. Disponível em: https://influencianegranobrasil.wordpress.com/2012/03/19/breve-introducao. Acesso em: 23 nov. 2018.

DA COSTA, Fabiana. A mímesis, os estudos culturais e a balada da infância perdida: a literatura em questão. Tese apresentada à Coordenação de Pós-Graduação em Letras Universidade Federal de Pernambuco (UFPE), RECIFE,2010. Disponível em: https://repositorio.ufpe.br/bitstream/123456789/7447/1/arquivo468_1.pdf. Acesso em: 23 nov. 2018.

DA CUNHA, Manuela. Antropologia. + MAIS, 2006. Disponível em: https://www1.folha.uol.com.br/fsp/mais/fs1712200609.htm. Acesso em: 16 jan. 2019.

DA MATTA, Roberto. *Ensaios de antropologia estrutural*. Petrópolis: Vozes, 1973.

_____. *Relativizando*: uma introdução à antropologia social. 3. ed. Petrópolis: Vozes, 1983.

_____. A família como valor: considerações não familiares sobre a família à brasileira. In: ALMEIDA, Ângela, et al. (Orgs.). *Pensando a família no Brasil*. Rio de Janeiro: Espaço e Tempo/UFRRJ, 1987.

Referências Bibliográficas 327

DANTAS, Patrícia. Arte. Disponível em: https://mundoeducacao.bol.uol.com.br/artes/arte.htm. Acesso em: 14 nov. 2018.

DÁVILA, Mario E. La antropología ha muerto. Cinco críticas para reconstituir la antropología del siglo XXI. *Cuadernos de H Ideas*, v. 7, n. 7, diciembre 2013.

DATA BASE BRASIL. Breve histórico do cinema brasileiro, 2001. Disponível em: http://www.filmeb.com.br/database2/html/historico01.php. Acesso em: 19 nov. 2018.

DAY, Michael H. *O homem fóssil*. São Paulo: Melhoramentos: Edusp, 1978.

DEMOULINS, Antoine. *Histoire naturelle des races humaines*. Paris: Méquignon-Marvis, 1825.

DENIKER, Joseph. *The races of man*: an outline of anthropology and ethnography. New York: Charles Scribner, 1900.

DEY, Sukesh. *What are the main principles of primitive economy?* Disponível em: http://www.preservearticles.com/what-are-the-main-principles-of-primitive-economy.html. Acesso em: 22 ago. 2018.

DE FRANCISCO ZEA, Adolfo. Comentarios al proceso histórico de la obra científica del académico guillermo sanchez medina. 2012. Disponível em: https://encolombia.com/libreria-digital/lmedicina/pensamiento-magico/biografia-de-un-pensamiento. Acesso em: 19 ago. 2018.

DEL VALLE, Teresa. Contribuciones, significatividad y perspectivas futuras de la Antropología Feminista. *KOBIE (Serie Antropología Cultural)*, n. XII, p. 35-60, 2006/7, Bilbao. Disponível em: http://www.bizkaia.eus/fitxategiak/04/ondarea/Kobie/PDF/5/Kobie_12AC_CONTRIBUCIONES,%20SIGNIFICATIVIDAD%20Y%20PERSPECTIVAS%20FU.pdf?hash=8f44122e5b93899474ef91f3dc7996a2. Acesso em: 16 jan. 2019.

DIAMOND, Milton. Sex and gender are different: sexual identity and gender identity are different, 2002. Disponível em: http://journals.sagepub.com/doi/pdf/10.1177/13591045020 07003002. Acesso em: 17 jan. 2019.

DIANA, Daniela. Pop Art. 2017. Disponível em: https://www.todamateria.com.br/pop-art. Acesso em: 14 nov. 2018.

DIAZ, Adriana. Antropologia simbólica. 2018. Disponível em: https://prezi.com/_3bgb1tqt0ga/antropologia-simbolica. Acesso em: 23 nov. 2018.

DIÉGUES JR, M. *Etnias e culturas no Brasil*. Rio de Janeiro: Biblioteca do Exército, 1980.

DIGITAL DISCOVERY. Que tipos de redes sociais existem actualmente? 2017. Disponível em: http://digitaldiscovery.eu/que-tipos-de-redes-sociais-existem-actualmente. Acesso em: 13 jan. 2019.

DI LEONARDO, Micaeila. *Gender at the crossroads of knowledge*: feminist anthropology in the postmodern era (Introduction). Los Angeles: University of California Press, 1991.

DINIZ, Edson Soares. *Algumas noções sobre a etnologia e a arqueologia da Amazônia brasileira*. Marília: Unesp, 1972 (mimeografado).

DINIZ, Thays. História da dança – sempre. VII-SEPECH - Seminários de Pesquisa em Ciências Humanas. Unversidade Estadual de Londrina, 2008. Disponível em: http://www.uel.br/eventos/sepech/sepech08/arqtxt/resumos-anais/ThaysDiniz.pdf. Acesso em: 12 nov. 2018.

328   Referências Bibliográficas

_____. Convívio e dependência. Os Tenetehara-Guajajara. *Journal de la Societé des Américanistes*. Paris, 69, 1983.

_____. *Dependência e destino*: os Guarani e os Terena do Araribá. Tese (livre-docência). Marília: Unesp, 1976.

_____. *Os índios Makuxi de Roraima*: sua instalação na sociedade nacional. Marília: Unesp, 1972.

DINIZ. Maria Helena. *Curso de Direito Civil Brasileiro*. Volume 5: Direito de Família. 24.ed. ref. São Paulo: Saraiva, 2009.

DITTMER. Kunz. *Etnología general*. México: Fondo de Cultura Económica, 1960.

DIVERSOS, Terra indígena. Boletim mensal do GEI (Grupo de Estudos Indígenas). *Kurumin*, Araraquara, v. 3, n. 27, 1984.

DJAIA, Julia. História da dança. Disponível em: https://identidadesdadanca.wordpress.com/historia-da-danca. Acesso em: 16 nov. 2018.

DOBZHANSKY, Theodosius. *O homem em evolução*. São Paulo: Polígono: Edusp, 1968.

_____; DUNN, Leslie. *Herança, raça e sociedade*. São Paulo: Pioneira, 1972.

DODA, Zerihun. *Introduction to Sociology*. Ethiopia Public Health Training Initiative, 2005.

DOMINGOS, Cristina; LEMOS, Jorge; CANAVILHAS, Telma. *Desafios globais a enfrentar*. Geografia, C. ano 11, v. 1, n. 1. Lisboa: Edição Plátano; Editora Abril, 2009.

DOMINGUES, Joelza. Ensinar história: a década de 20 – os anos loucos. 2015. Disponível em: https://ensinarhistoriajoelza.com.br/decada-de-1920-os-anos-loucos. Acesso em: 14 nov. 2018.

DOMINGUEZ, Johnna; FRANKS, Marsha; BOSCHMA III, James. Feminist anthropology. Department of Anthropology, University of Alabama. Disponível em: https://anthropology.ua.edu/theory/feminist-anthropology. Acesso em: 16 jan. 2019.

DOMÍNIO PÚBLICO. A cultura dos povos indígenas. Disponível em: http://www.dominiopublico.gov.br/download/texto/mre000005.pdf. Acesso em: 19 nov. 2018.

DOS SANTOS, Luciana. Artes. Supletivo EJA. Federação de Escolas Simonsen. Rio de Janeiro, 2014. Disponível em: https://jucienebertoldo.files.wordpress.com/2014/02/apostila-de-arte-eja.pdf. Acesso em: 14 nov. 2018.

DUBAL, William. Personalidade e cultura: como se relacionam? 2006. Disponível em: http://williamdubal.blogspot.com/2006/04/personalidade-e-cultura-como-se.html. Acesso em: 3 nov. 2018.

DUARTE, Rosália. *Cinema & educação*: refletindo sobre cinema e educação. Belo Horizonte: Autêntica, 2002.

EBLE, Alroino. B. Cultura e linguagem. *Revista de Ciências Humanas*, v. 1, n. 2, 1982. Disponível em: https://periodicos.ufsc.br/index.php/revistacfh/article/view/23610. Acesso em: 23 nov. 2018.

EDUCABOLIVIA. Las razas humanas conceptos básicos clasificación de las razas, 2007. Disponível em: http://www.educabolivia.bo/index.php/sitios-educativos/405-f81e-c7af-8e52-4511-9ee0-911bee944ec1. Acesso em: 21 ago. 2018.

ELIADE, Mircea. *El chamanismo*. México: Fondo de Cultura Económica, 1960.

ENCICLOPAEDIA BRITANNICA. Leslie A. White. Disponível em: https://www.britannica.com/biography/Leslie-A-White. Acesso em: 25 nov. 2018.

ERIKSEN. Thomas H. (Ed.). *Globalization*: studies in Anthropology. London: Pluto Press, 2003.

ERVIN, Alexander. Applied anthropology: tools and perspectives for contemporary practice. 2. ed. Boston: Pearson/Allyn & Bacon, 2005.

ESPM – CENTRO DE FOTOGRAFIA. Edward Steichen, fotógrafo e amante das artes. 2012. Disponível em: http://foto.espm.br/index.php/sem-categoria/edward-steichen-fotografo-e-amante-das-artes. Acesso em: 15 nov. 2018.

ESTEVAM, Mariana. O neolítico/barbárie. 2012. Disponível em: http://historyconceito.blogspot.com/2012/11/o-neolitico-barbarie.html. Acesso em: 22 ago. 2018.

EVANS-PRITCHARD, E. E. *Antropología social*. Buenos Aires: Nueva Visión, 1967.

_____. *Los nuer*. Barcelona: Anagrama, 1977.

_____. *Antropologia social da religião*. Rio de Janeiro: Campus, 1978.

FABBRI, Dino (Dir.). *Antropologia*. Milano: Fratelli Fabbri, 1964.

_____. *Museo dell'uomo*. Milano: Fratelli Fabbri, 1964. v. 10.

FADIMAN, James; FRAGER, Robert. *Teorias da personalidade*. Tradução de Camila Pedral Sampaio e Sybil Douek. São Paulo: HARBRA, 1986.

FAIRCHILD, Henry Pratt (Ed.). *Diccionario de antropología*. México: Fondo de Cultura Económica, 1949.

FANTIN, Monica. Cinema e imaginário infantil: a mediação entre o visível e o invisível. Santa Catarina, 2009. Disponível em: https://seer.ufrgs.br/educacaoerealidade/article/%20viewFile/9357/5546. Acesso em: 19 nov. 2018.

FARO, Antonio J. *Pequena história da dança*. 2. ed. Rio de Janeiro: Jorge Zahar Ed., 1986.

FELÍCIO, Rogério. Prefiro ver o mundo com os olhos da minha alma. 2011. Disponível em: https://bibliobelas.wordpress.com/2011/08/17/a-importancia-da-fotografia. Acesso em: 15 nov. 2018.

FERNANDES, Maria Cremilda. Relações de parentesco. Pontifícia Universidade Católica de Goiás, 2013. Disponível em: http://professor.pucgoias.edu.br/SiteDocente/admin/arquivosUpload/12035/material/Parentesco.pdf. Acesso em: 11 set. 2018.

FERNÁNDEZ, Juan. *Antropología*. Madrid: Alianza Editorial, 2013.

FERREIRA, Francilu. A liberdade religiosa nas constituições brasileiras e o desenvolvimento da Igreja Protestante. 2018. Disponível em: http://www.ambitojuridico.com.br/site/?n_link=revista_artigos_leitura&artigo_id=13496&revista_caderno=27. Acesso em: 3 out. 2018.

FERREIRA, Letícia O cinema como fonte da história: elementos para discussão. *MÉTIS: história & cultura*, v. 8, n. 15, p. 185-200, jan./jun. 2009.

330 Referências Bibliográficas

FERREIRA, Márcio. A influência africana no processo de formação da cultura afro-brasileira. 2009. Disponível em: https://www.webartigos.com/artigos/a-influencia-africana-no-processo-de-formacao-da-cultura-afro-brasileira/21319. Acesso em: 23 nov. 2018.

FERRO, Marc. *Cinema e história*. Rio de Janeiro: Paz e Terra, 1992.

FICHTER, Joseph H. *Sociologia*. São Paulo: Pedagógica Universitária, 1973.

FIGUEIREDO, Napoleão. *Amazônia*: tempo e gente. Belém: Secretaria Municipal de Educação e Cultura, 1977.

FIRTH, Raymond. *Elementos de organização social*. Rio de Janeiro: Zahar, 1974.

_____. *Temas de antropología económica*. México: Fondo de Cultura Económica, 1974.

FISCHER, Claude. *America calling*: a social history of the telephone to 1940. Berkeley: University of California Press, 1992.

FISCHER, Ernst. *A necessidade da arte*. Rio de Janeiro: Zahar, 1983.

FLUSTY, Steven. Building paranoia. In: NAN ELIN (org). *Architecture of fear*. New York: Princeton Architectural Press, 1997. p. 48-9, 51.

FONTANARI, José F. Reflexões sobre a origem e evolução da linguagem. *Ciências & Letras*, Porto Alegre, n. 45, p. 247-258. jan./jun. 2009. Disponível em: http://www.producao. usp.br/bitstream/handle/BDPI/49381/Reflex%F5es+sobre+a+origem.pdf;jsessionid=729E 2A15A61104950AAD0FF0346087F9?sequence=1. Acesso em: 19 nov. 2018.

FORDE, C. Daryll. *Habitat, economía y sociedad*. Barcelona: Oikos-tan, 1965.

FOREMAN, Curtis. 10 tipos de redes sociales y cómo pueden beneficiar a tu negocio, 2017. Disponível em: https://blog.hootsuite.com/es/8-tipos-de-redes-sociales. Acesso em: 14 jan. 2019.

FOSTER, George. M. *Las culturas tracionales y los cambios técnicos*. México: Fondo de Cultura Económica, 1964.

FRANCHETTO, Bruna (Org.). Alto Xingu uma sociedade multilíngue. Rio de Janeiro. Museu do Índio – Funai 2011. Disponível em: http://www.etnolinguistica.org/index:xingu. Acesso em: 19 nov. 2018.

FRAZER, James. *El totemismo*. México: Juan Pablos, 1971.

FREEDMAN, Maurice. *Antropologia social e cultural*. Lisboa: Bertrand, 1978.

FREITAS, Eduardo. Origens do povo brasileiro. Disponível em: https://brasilescola.uol. com.br/brasil/as-origens-povo-brasileiro.htm. Acesso em: 19 nov. 2018.

FREUD, Sigmund. *Esboço de Psicanálise*. Pequena Coleção das Obras de Freud. 1940. Livro 7. Rio de Janeiro: Editora Imago, 1974.

_____. *Novas conferencias introdutórias de Psicanálise*. Pequena Coleção das Obras de Freud. 1933. Livro 28. Rio de Janeiro: Editora Imago, 1976.

FREYRE, Gilberto. *Casa-grande e senzala*. Rio de Janeiro: José Olympio, 1966. v. 1.

_____. *Casa-grande & senzala*: formação da família brasileira sob o regime da economia patriarcal. 21. ed. Rio de Janeiro: José Olympio, 1981.

Referências Bibliográficas 331

_____. *Casa-Grande & Senzala*. 43. ed. Rio de Janeiro: Record, 2001.

FRIED, Morton H. On the evolution of social stratification and the State. In: DIAMOND, Stanley. (Ed.). *Culture in history*. New York: Columbia University Press, 1960.

FROMM, Erich. *O medo à liberdade*. Rio de Janeiro: Zahar, 1983.

FROST, E. Adamson; HOEBEL, Everett, A. *Antropologia cultural e social*. 8. ed. São Paulo: Cultrix, 2006.

GALLO, Ivone C. Punk: cultura e arte. *Varia História*, Belo Horizonte, v. 24, n. 40, p. 747-770, jul/dez 2008. Disponível em: http://www.scielo.br/pdf/vh/v24n40/24.pdf. Acesso em: 12 nov. 2018.

GALVÃO, Eduardo. *Encontro de sociedades*: índios e brancos no Brasil. Rio de Janeiro: Paz e Terra, 1979.

GARAUDY, Roger. *Dançar a Vida*. Prefácio de Maurice Béjart; Tradução de Antonio Guimarães Filho e Glória Mariani. Rio de Janeiro: Nova Fronteira, 1980.

GARCIA, Claudia. Anos 20: a era do jazz. Disponível em: http://almanaque.folha.uol.com.br/anos20.htm. Acesso em: 14 nov. 2018.

GARCÍA, Misael. Los dilemas de la antropologia contemporanea. 2011. Disponível em: https://www.monografias.com/trabajos87/dilemas-antropologia-contemporanea/dilemas-antropologia-contemporanea2.shtml. Acesso em: 19 nov. 2018.

GATTI, Bernardete. Grupo focal: fundamentos, perspectivas e procedimentos. In: TAVARES, Manuel; RICHARDSON, Roberto. (Orgs.). *Metodologias qualitativas*: teoria e prática. Curitiba: CRV, 2015.

GAXIOLA, Carmen. Las 7 características principales de la religión. Disponível em: https://www.lifeder.com/caracteristicas-de-la-religion. Acesso em: 6 out. 2018.

GEE, Henry. Neanderthal DNA confirms distinct history nature. *Nature*, Londres: Macmillan, 2004.

GEERTZ, Clifford. *A interpretação das culturas*. Rio de Janeiro: Zahar, 1973.

_____. *A interpretação das culturas*. Rio de Janeiro: Guanabara Koogan, 1989.

_____. *O saber local*: novos ensaios em antropologia interpretativa. 10. ed. Petrópolis: Vozes, 2008.

GELLNER, Pamela; STOCKETT, Miranda. *Feminist anthropology*: past, present and future. University of Pennsylvania Press, 2006.

GHORFATI, Amina. *Feminism and its impact on woman in the modern society*. Algeria: University of Tlemcen, 2015.

GIACCARIA, B.; HEIDE, A. *Xavante*: povo autêntico. São Paulo: Dom Bosco, 1972.

GIDDENS, Anthony Sociologia. 4. ed. Lisboa: Fundação Calouste Gulbenkian, 2004.

_____. *Sociologia*. 4. ed. Porto Alegre: Artmed, 2005. Reimpressão, 2008.

332 Referências Bibliográficas

_____. Raça, etnicidade e migração. In: GIDDENS, Anthony. *Sociologia*. 4. ed. Lisboa: Fundação Calouste Gulbenkian, 2004.

_____. *As consequências da modernidade*. São Paulo: Unesp, 1991.

GIL, Carmen Gregorio. Contribuciones feministas a problemas epistemológicos de la disciplina antropológica: representación y relaciones de poder. *AIBR: Revista de Antropología Iberoamericana*, v. 1, n. 1, 2006.

GIMPERA, Pedro Bosh (Dir.). *Las razas humanas*. Barcelona: Gallach, 1972. v. 2.

GLANZ, Semy. União estável. *Revista dos Tribunais,* v. 676, n. 18, São Paulo, 1992.

GONZÁLES, José Marín. Las "razas" biogenéticamente, no existen, pero el racismo sí, como ideologia. *Revista Diálogo Educacional*, v. 4, n. 9, mayo-agosto, 2003, pp. 1-7. Pontifícia Universidade Católica do Paraná Paraná, Brasil. Disponível em: www.redalyc.org/pdf/1891/189118067008.pdf. Acesso em: 21 ago. 2018.

GREGORI, Maria Filomena. Estudos de gênero no Brasil. (Comentário crítico). In: MICELI, S. (Org.). *O que ler na ciência social brasileira (1970-1995)* – Sociologia. São Paulo: Sumaré/Capes/Anpocs, 1999.

GROSSI, Miriam; TASSINARI, Antonella; RIAL Carmen (Orgs.). *Ensino da Antropologia no Brasil*: formação, práticas disciplinares e além-fronteiras. Associação Brasileira de Antropologia (ABA). Blumenau, SC: Nova Letra, 2006.

GRÜNER, Eduardo. *Reseña del libro Antropologia de la globalizacion*. 2008. Disponível em: https://www.cuspide.com/Libro/9789876329019/Antropologia+De+La+Globalizacion. Acesso em: 15 jan. 2019.

GUERRA, Luiz A. *Antropologia*. Disponível em: https://www.infoescola.com/ciencias/antropologia. Acesso em: 18 ago. 2018.

GUIA PRÁTICO DE ANTROPOLOGIA. São Paulo: Cultrix, 1979.

GUIART, Jean. *Chaves da etnologia*. Rio de Janeiro: Zahar, 1973.

GURUMETA, Judith. Evolución de la danza y su lugar de representación a lo largo de la historia: Desde la prehistoria hasta las vanguardias de la modernidade. *AXA. Una revista de arte y arquitectura*. Universidad Alfonso X el Sabio, Villanueva de la Cañada/ Madrid, 2017. Disponível em: https://www.uax.es/publicacion/evolucion-de-la-danza-y-su-lugar-de-representacion-a-lo-largo-de-la-historia.pdf. Acesso em: 16 nov. 2018.

HAGEGE, Claude. Dejamos al inglés dominar, por fatalismo o servilismo. *Entrevista con el Profesor Claude Hagège (S/D)*. Disponível em: http://inmf.org/dlfhagegerencontre.htm. Acesso em: 14 set. 2018.

HANNERZ, Ulf. Several sites in one. In: ERIKSEN. Thomas H. (Ed.) *Globalization*. London: Pluto Press, 2003.

HARAWAY, Donna. Manifesto ciborgue: ciência, tecnologia e feminismo- socialista no final do século XX. In: SILVA, Tomaz Tadeu da (Org.). *Antropologia do ciborgue*. Belo Horizonte: Autêntica, 2000.

HARGREAVES, Lisa Minari; VULCÃO, Maria G. História das artes visuais 1. Brasília: Uab/UnB, 2010. v. 1. Disponível em: https://issuu.com/design.ead/docs/historia_da_arte_i. Acesso em: 13 nov. 2018.

HARRIS, Marvin. Referential Ambiguity in the Calculus of Brazilian Racial Identity. *Southwestern Journal of Anthropology, v.* 26, n. 1, 1970.

_____. *El materialismo cultural.* Madrid: Alianza, 1982.

_____. *Teorías de la cultura en la época pós-moderna.* Barcelona: Crítica, 1999.

HART, Keith. Epilogue: studying world society. In: ERIKSEN. Thomas H. (Ed.). *Globalization.* London: Pluto Press, 2003.

HART, K. Notes towards an Anthropology of the Internet. In: ROCHA, A. L.; ECKERT, C. (Orgs.). *Antropologi@web. Horizontes Antropológicos.* v. 10, n. 21 Porto Alegre jan./jun. 2004. Disponível em: http://www.scielo.br/scielo.php?script=sci_issuetoc&pid=0104-718320040001&lng=pt&nrm=iso. Acesso em: 13 jan. 2019.

HAUSER, Arnold. *História social da arte e da literatura.* São Paulo: Martins Fontes, 2003.

HAWKES, Jacquetta. *The atlas of early man.* New York: St. Martin's Press, 1976.

HEBERER, Gerhard et al. *Antropologia.* Lisboa: Meridiano, 1967.

HECK, Egon; LOEBENS, Francisco; CARVALHO, Priscila D. Amazônia indígena: conquistas e desafios. *Estudos Avançados.* v. 19, n. 53 São Paulo, jan./abr. 2005. Disponível em: http://www.scielo.br/scielo.php?script=sci_arttext&pid=S0103-40142005000100015. Acesso em: 22 nov. 2018.

HEDGES, S. Blair. Human evolution: a star for population genomics. *Nature,* Londres: Macmillan, n. 408, 2000.

HELD, David et al. *Global transformations*: politics, economics, and culture. Stanford University Press, CA, 1999.

HEILBORN, Maria Luiza; SORJ, Bila. Estudos de gênero no Brasil. In: S. MICELI (Org.). *O que ler na ciência social brasileira (1970-1995)*: Sociologia. São Paulo: Sumaré/Capes/Anpocs, 1999.

_____. Fazendo gênero? A antropologia da mulher no Brasil. In: COSTA, A.; BRUSCHINI, C. (Orgs.). *Uma questão de gênero.* Rio de Janeiro; São Paulo: Rosa dos Tempos; Fundação Carlos Chagas, 1992.

HERNÁNDEZ, Antonio. *Epistemología de la Antropología*: conocimiento, técnica y hominización. México: Ediciones y Gráficos Eón, 2015.

HERSKOVITS, Melville J. *Antropologia cultural*: man and his works. São Paulo: Mestre Jou, 1963.

_____. *Antropología económica.* México: Fondo de Cultura Económica, 1974.

HISTÓRIA DO 9° ANO. Estilos de dança surgidos nos loucos anos 20. 2013. Disponível em: https://historia-9-ano.webnode.pt/news/estilos-de-dan%C3%A7a-surgidos-nos-loucos-anos-20. Acesso em: 12 nov. 2018.

HISTÓRIA Y BIOGRAFIAS. Las razas humanas conceptos basicos clasificacion de las razas. Disponível em: https://historiaybiografias.com/razas_humanas. Acesso em: 28 ago. 2018.

334 Referências Bibliográficas

HOCK, Klaus: What is religion? Chapter 2 from Einführungi in die Religionswissenschaft, Traduzido do alemão por CSS, ETH Zurich (2014); Wbg, Darmstadt 2002. Disponível em: http://www.css.ethz.ch/content/dam/ethz/special-interest/gess/cis/center-for-securities-studies/pdfs/Hock_What_is_Religion3.pdf. Acesso em: 3 set. 2018.

HOEBEL, E. Adamson. In: SIERRA, María Teresa; CHENAUT, Victoria. *Los debates recientes y actuales en la antropología jurídica*: las corrientes anglosajonas. México: Anthropos, 2002.

_____; FROST, Everett L. *Antropologia cultural e social*. São Paulo: Cultrix, 1981.

HOPKINS, Michael. Early man steered clear of Neanderthal. *Nature*, Londres: Macmillan, 2004.

HOWELL, F. Clark. *O homem pré-histórico*. Rio de Janeiro: J. Olympio, 1965.

HOEY, Brian. What is ethnography. 2018. Disponível em: http://brianhoey.com/research/ethnography. Acesso em 14 ago. 2018.

HOYT, Sarah F. The etymology of religion. *Journal of the American Oriental Society*, v. 32, 1912-01-01, JSTOR. Disponível em: https://archive.org/details/jstor-3087765. Acesso em: 6 out. 2018.

HUDSON, Scott et al. Symbolic and interpretive anthropologies, 2009. Disponível em: http://anthropology.ua.edu/cultures/cultures.php?culture=Symbolic%20and%20Interpretive%20Anthropologies. Acesso em: 22 nov. 2018.

HULSE, Frederick S. *La especie humana*: introducción a la antropología física. Madrid: Aguilar, 1968.

HUXLEY, Thomas H. *Lay sermons, addresses and reviews*. New York. Macmillan and Co., 1870.

INSTITUTO BRASILEIRO DE GEOGRAFIA E ESTATÍSTICA (IBGE). Brasil 500 anos. 2018. Disponível em: https://brasil500anos.ibge.gov.br. Acesso em: 21 nov. 2018.

INSTITUTO DE EDUCAÇÃO SUPERIOR DE ESPÍRITO SANTO (IESES). Arte e educação. Módulo 1. Curso Livre. 2012. Disponível em: https://pt.scribd.com/document/106079714/Arquivo-1-Modulo-I-Arte-e-Educacao. Acesso em: 12 nov. 2018.

IMBROISI, Margaret; MARTINS, Simone; LOPES, Márcio. Op Art. Disponível em: https://www.historiadasartes.com/nomundo/arte-seculo-20/op-art. Acesso em: 10 nov. 2018.

INGMAN, Max et al. Mitochrondial genome variation and the origin of modern humans. *Nature*, Londres: Macmillan, n. 408, 2000.

INNATIA. O que é família nuclear. Disponível em: http://br.innatia.com/c-organizacao-familiar/a-o-que-e-a-familia-nuclear-1919.html. Acesso em: 8 set. 2018.

INSTITUTO DE PESQUISA ECONÔMICA APLICADA (IPEA). Os antropólogos e o desenvolvimento. *Desafios do Desenvolvimento*, ano 9, edição 72, 15 jun. 2012. Disponível em: http://www.ipea.gov.br/desafios/index.php?option=com_content&view=article&id=2760:catid=28&Itemid=23. Acesso em: 26 nov. 2018.

INSTITUTO DO PATRIMÔNIO HISTÓRICO E ARTÍSTICO NACIONAL (IPHAN). Patrimônio cultural. Disponível em: http://portal.iphan.gov.br/pagina/detalhes/218. Acesso em: 16 set. 2018.

Referências Bibliográficas 335

INSTITUTO SOCIOAMBIENTAL (ISA). Artes. Disponível em: https://pib.socioambiental.org/pt/Artes. Acesso em: 10 nov. 2018.

JARDIM, Suzane. Racismo, raça e etnia. 2018. Disponível em: https://www.institutonetclaroembratel.org.br/educacao/para-ensinar/planos-de-aula/racismo-raca-e-etnia-pensando-as-politicas-raciais. Acesso em: 21 ago. 2018.

JOHANSON, Donald; SHREEVE, James. *O filho de Lucy*: a descoberta de um ancestral humano. Tradução de Fernando Py. Rio de Janeiro: Bertrand Brasil, 1998.

JOHNSON, Harry M. *Introdução sistemática ao estudo da sociologia*. Rio de Janeiro: Lidador, 1967.

KAHN, J. S. *El concepto de cultura*: textos fundamentales. Barcelona: Anagrama, 1975.

KAPLAN, David; MANNERS, Robert A. *Teoria da cultura*. Rio de Janeiro: Zahar, 1975.

KARNAL, Leandro. Os textos de fundação da América: a memória da crônica e alteridade. *Ideias*, Campinas, v. 11, n. 1, p. 9-14, 2004.

KEESING, Felix M. *Antropologia cultural*: a ciência dos costumes. Rio de Janeiro: Fundo de Cultura, 1961.

KEESING, Roger. Theories of culture revisited. *Canberra Anthropology*, v. 13, n. 2, p. 46-60, 1990.

KELLNER, Douglas. *A cultura da mídia*: estudos culturais, identidade e política entre o moderno e o pós-moderno. São Paulo: EDUSC, 2001.

KIM, J. Cibernética, ciborgues e ciberespaço: notas sobre as origens da cibernética e sua reinvenção cultural. In: ROCHA, A. L.; ECKERT, C. (Orgs.). *Antropologi@web*. Horizontes Antropológicos. v.10, n. 21, Porto Alegre, jan./jun. 2004. Disponível em: http://www.scielo.br/scielo.php?script=sci_issuetoc&pid=0104-718320040001&lng=pt&nrm=iso. Acesso em: 13 jan. 2019.

KLAMMER, Celso; FORTUNATO, Jaqueline; MELO, Rodrigo. A importância do cinema por meio do cineclube na escola, 2015. EDUCERE – XII Congresso Nacional de Educação, PUC/PR 26-29 de Outubro de 2015.

KOTTAK, Conrad. *Anthropology appreciating human diversity*. 14. ed. New York: McGraw Hill, 2011.

KLUCKHOHN, Clyde. *Antropologia*: um espelho para o homem. Belo Horizonte: Itatiaia, 1972.

_____; MURRAY, Henry. *Personalidade na natureza, na sociedade e na cultura*. Belo Horizonte: Itatiaia, 1965. v. 2.

KOTTAK, Conrad. *Anthropology appreciating human diversity*. 14. ed. New York: McGraw Hill, 2011.

_____. *Window on humanity*. New York: McGraw Hill, 2010.

_____. *Cultural anthropology*: appreciating cultural diversity. New York. McGraw-Hill. 2012.

KRADER, Lawrence. *A formação do Estado*. Rio de Janeiro: Zahar, 1970.

KROEBER, Alfred. *Antropología general*. México: Fondo de Cultura Económica, 1945.

336 Referências Bibliográficas

_____; KLUCKHOHN, Clyde. Culture: a critical review of concepts and definitions. *Papers of the Peabody Museum of Archeology and Ethnology*, v. 47, n. 1, 1952.

KROHN-HANSEN, Christian. Into our time: the anthropology of political life in the era of globalization. In: ERIKSEN, Thomas H. (Ed.). *Globalization*: studies in anthropology. London: Pluto Press, 2003.

KROTZ, Esteban (Ed.). *Antropología jurídica*: perspectivas socioculturales en el estudio del derecho. México: Anthropos, 2002.

KUPER, Adam. *Antropólogos e antropologia*. Rio de Janeiro: Francisco Alves, 1978.

LABRADOR, José Sánchez. *El Paraguay católico*. Buenos Aires, 1910.

LABURTHE-TORA, Philipe; WARNIER, Jean-Pierre. *Etnologia antropológica*. Petrópolis: Vozes, 1997.

LA GUIA. La religión en la prehistoria, 2010. Disponível em: https://www.laguia2000.com/la-prehistoria/la-religion-en-la-prehistoria. Acesso em: 6 out. 2018.

LAKATOS, Eva Maria. *Metodologia do trabalho científico*. São Paulo: Atlas, 1983.

_____; MARCONI, Marina de Andrade. *Metodologia científica*. São Paulo: Atlas, 1983.

LAMPHERE, Louise. Gender. In: LEVINSON, D.; EMBER M. (Eds.). *Encyclopedia of cultural anthropology*, v. 2. New York: Henry Holt and Co., 1996.

LANGENDONCK, Rosana. História da dança. 2006. Disponível em: https://docplayer.com.br/1698017-Historia-da-danca-rosana-van-langendonck.html. Acesso em: 12 nov. 2018.

LARAIA, Roque. *Cultura*: um conceito antropológico. Rio de Janeiro: Zahar, 2003.

_____; DA MATTA, Roberto. *Índios e castanheiros*. São Paulo: Difusão Europeia do Livro, 1967.

LAVENDA, Robert; SCHULTZ, Emily. *Anthropology*: what does it mean to be human? New York: Oxford University Press, 2014.

LÁZARO, M. José. *História de la danza*: recorrido por la evolución de la danza desde los orígenes hasta el siglo XIX. PILES. Valência: Editorial de Música, 2009.

LEACH, E. R. *Repensando a antropologia*. São Paulo: Perspectiva, 1974.

_____. *As ideias de Lévi-Strauss*. São Paulo: Cultrix, 1973.

LEAF, Murray. *Uma história da antropologia*. Rio de Janeiro: Zahar, 1981.

LEAKEY, Richard E. *A evolução da humanidade*. Brasília: Melhoramentos: EUB, 1981.

_____; LEWIN, Roger. *Origens*. São Paulo: Melhoramentos: EUB, 1980.

LECLERC, Georges (Conde de Buffon). Historia natural, general y particular. Madrid, 1794. Disponível em: https://archive.org/details/bub_gb_D935PBfnnGgC/page/n4. Acesso em: 14 ago. 2018.

LECLERC, Gérard. *Crítica da antropologia*. Lisboa: Estampa, 1973.

LEITE. Eduardo. *Direito Civil aplicado, volume 5*: Direito de Família. São Paulo: Editora Revista dos Tribunais, 2005.

Referências Bibliográficas   337

LEROI-GOURHAN, André. *Evolução e técnica*. Lisboa: Edições 70, 1984.

_____. *As religiões da pré-história*. Lisboa: Edições 70, 2007.

LÉRY, Jean de. *Viagem à terra do Brasil*. São Paulo: Martins, 1960.

LÉVI-STRAUSS, Claude. *Antropologia estrutural*. Rio de Janeiro: Tempo Brasileiro, 1967.

_____. *Las estructuras elementares del parentesco*. Buenos Aires: Paidós, 1969.

_____. *O pensamento selvagem*. São Paulo: Nacional, 1970.

_____. *Tristes trópicos*. São Paulo: Anhembi, 1957.

LINNEU, Carl. *Systema Naturae*. Holm. Laurentii Salvii, 1758.

LINO, Pedro. Consequências da globalização. *Jornal Econômico*, dez. 2016. Disponível em: https://jornaleconomico.sapo.pt/noticias/consequencias-da-globalizacao-95660. Acesso em: 26 nov. 2018.

LINTON, Ralph. *Cultura e personalidade*. São Paulo: Mestre Jou, 1973.

_____. *O homem*: uma introdução à antropologia. São Paulo: Martins Fontes, 1965.

LIVISKI, Izabel. Panóptico global e as modernas sociedades de controle. *Incontros, Contemporartes*, 2014. Disponível em: https://revistacontemporartes.blogspot.com/2014/10/o-panoptico-global-e-as-modernas.html. Acesso em: 16 jan. 2019.

LLOBERA, José R. et al. (Org.). *La antropología como ciencia*. Barcelona: Anagrama, 1975.

LOCHS, Paulo. O conceito de família no contexto atual. 2015. Disponível em: https://projetoredacao.com.br/temas-de-redacao/o-que-e-uma-familia/o-conceito-de-familia-no-contexto-atual/3567. Acesso em: 8 set. 2018.

LOIPRI. Les premiers hommes. Le blog de loipri (2010). Disponível em: http://loipri.over-blog.com/article-les-premiers-hommes-47040217.html. Acesso em: 19 ago. 2018.

LOPES, Ana Maria; MATTOS, Karine. O Direito fundamental dos indígenas à terra: do Brasil-Colônia ao Estado Democrático de Direito. Brasília, ano 43 n. 170, abr./jun. 2006. Disponível em: https://docplayer.com.br/21160804-O-direito-fundamental-dos-indigenas-a-terra-do-brasil-colonia-ao-estado-democratico-de-direito.html. Acesso em: 22 nov. 2018.

LOPEZ, Pedro; ARIAS, Selena. Las razas humanas no existen. *Pensamientos*, 9. 2007. Disponível em: www.vascodelazarza.com/revista/revista_9/pensamiento9.pdf. Acesso em: 28 ago. 2018.

LOWIE, Robert. *The origin of the state*. Nova York: Harcourt, Brace & Co., 1927.

LUBÃO, Zélia. Cultura popular brasileira. Disponível em: http://www.simonsen.br/semi-presencial/cultura-brasileira-apostilas.php. Acesso em: 23 nov. 2018.

MACKINNON, Catharine A. Feminism, Marxism, Method, and the State: An Agenda for Theory. Signs, v.. 7, n. 3, Feminist Theory, Spring, 1982. Disponível em: http://www.jstor.org/stable/3173853. Acesso em: 6 nov. 2018.

MAGALHÃES, Erasmo D'Almeida. *As atividades do Summer Institute of Linguistics no Brasil*. Coimbra: Biblos, 1981. v. 57.

338 Referências Bibliográficas

MAIR, Lucy. *Introdução à antropologia social*. 2.ed. Rio de Janeiro: Zahar, 1972.

MALINOWSKI, Bronislaw. *Los argonautas del Pacífico Occidental*. 2.ed. Barcelona: Península, 1975.

_____. *Crimen y costumbre en la sociedad salvaje*. Barcelona: Ariel, 1973.

_____. *La sexualité et la représsión dans les sociétés primitives*. Paris: Payot, 1971.

_____. *Magia, ciencia y religión*. Barcelona: Ariel, 1974.

_____. *Uma teoria científica da cultura*. Rio de Janeiro: Zahar, 1962.

MANSANERA, Adriano; SOUZA, Raquel. Psicologia social. Palmas: UNITINS, 2007. 74 p. (apostila). Disponível em: https://www.unitins.br/biblioteca/Arquivos/Apostilas.pdf. Acesso em: 14 nov. 2018.

MARCHANT, Alexandre. *Do escambo à escravidão*: as relações econômicas de portugueses e índios na colonização do Brasil, 1500-1580. São Paulo: Nacional, 1943.

MARCONI, Marina de Andrade. *Garimpos e garimpeiros em Patrocínio Paulista*. São Paulo: Secretaria da Cultura, Ciência e Tecnologia, 1978.

MARCONI, Marina de Andrade; LAKATOS, Eva Maria. *Técnicas de pesquisa*. São Paulo: Atlas, 1982.

MARQUER, Paulette. *Las razas humanas*. 2. ed. Madrid: Alianza, 1973.

MARTIN, Gabriela. Pintura rupestre. Portal São Francisco. 2018. Disponível em: https://www.portalsaofrancisco.com.br/arte/pintura-rupestre. Acesso em: 14 nov. 2018.

MARTINS, Alethéia. Cultura e seus vários conceitos. 2014. Disponível em: https://aletheiamartinsgo.wordpress.com/2014/08/17/cultura-e-seus-varios-conceitos. Acesso em: 19 nov. 2018.

MARTINS, Antônio. Sobre a origem da religião. Disponível em: http://fsd.edu.br/revista-eletronica/arquivos/2Edicao/artigo18.pdf. Acesso em: 6 out. 2018.

MARTIUS, Carlos Frederico Ph von. O passado e o futuro da humanidade americana. *Revista do Instituto Histórico e Geográfico*, v. 9, São Paulo, 1905.

MATOS, Alderi Souza de. Breve História do protestantismo no Brasil. Vox Faifae. *Revista de Teologia da Faculdade FASSEB*, Goiás, v. 3, n. 2, 2011. Disponível em: http://www.faifa.edu.br/revista/index.php/voxfaifae/article/view/27. Acesso em: 6 out. 2018.

MATOS, Leticia. Fotografia e sua importância para a sociedade. Disponível em: http://www.jornalismounaerp.com.br/blogs/leticia/2016/30/fotografia-e-sua-importancia-para-a-sociedade. Acesso em: 15 nov. 2018.

MATTEI, Leana. A estrada vai além do que se vê: uma análise sobre impactos sociais de concessões de rodovias. Dissertação apresentada ao Curso de Mestrado Interdisciplinar e Profissional em Desenvolvimento e Gestão Social do Programa de Desenvolvimento e Gestão Social da Universidade Federal da Bahia, Salvador, BA, 2017.

MATTOSO CÂMARA JR., J. *Introdução às línguas indígenas brasileiras*. Rio de Janeiro: Livros Técnicos, 1977.

Referências Bibliográficas   339

_____. *Princípios de linguística geral*. 4.ed. Rio de Janeiro: Acadêmica, 1964.

MAUSS, Marcel. *Manual de etnografia*. Lisboa: Pórtico, 1967.

_____. *Sociología y antropología*. Madrid: Tecnos, 1971.

MEAD, Margaret. *Adolescencia y cultura en Samoa*. Buenos Aires: Paidós, 1967.

_____. *Growing up in New Guinea*. New York: Morrow, 1930.

_____. *Sexo e temperamento em três sociedades primitivas*. São Paulo: Perspectiva, 1969.

MELATTI, Júlio César. *Índios do Brasil*. Rio de Janeiro: Eldorado Tijuca, 1970.

MELLARS, Paul. Neanderthals and the modern human colonization of Europe. *Nature*, v. 432, 25 november 2004. Disponível em: https://www.unl.edu/rhames/courses/current/readings/mellars-human-dispersal.pdf. Acesso em: 26 ago. 2018.

MELLO, Luiz Gonzaga de. *Antropologia cultural*: iniciação, teoria e tema. Petrópolis: Vozes, 1982.

MENDES, Josué Camargo. *Introdução à paleontologia geral*. São Paulo: Nacional, 1965.

MERCIER, Paul. *História da antropologia*. Rio de Janeiro: Eldorado, 1974.

MINISTÉRIO PÚBLICO DO PARANÁ. *Direito de Família* – divórcio e dissolução de união estável. Disponível em: http://www.mppr.mp.br/pagina-6660.html. Acesso em: 5 set. 2018.

MIRANDA, Claudio. *A história do cinema*. São Paulo: Universidade Paulista, 2008.

MIRANDA, Maria B. Regime de bens no casamento. *Direito Brasil Publicações*. Disponível em: http://www.direitobrasil.adv.br/arquivospdf/revista/revistav51/aulas/RB.pdf. Acesso em: 9 set. 2018.

MONGE, Peter; CONTRACTOR, Peter; CONTRACTOR, Noshir. *Theories of communication networks*. Oxford University Press, 2003.

MONTAGU, Ashley. *Introdução à antropologia*. São Paulo: Cultrix, 1972.

MONTANHINI, Guilherme. Portfolio de artes. 2018. Disponível em: https://prezi.com/p/inne1rjd2hhf/portfolio-de-artes. Acesso em: 17 nov. 2018.

MOORE, Henrietta L. Antropología y feminismo. 51.ed. Madrid: Cátedra, Colección Feminismos, 2009. Disponível em: http://www.cieg.unam.mx/lecturas_formacion/genero_y_critica_cultural/sesion_3/Henrita_L_Moore_Antropologia_y_feminismo.pdf. Acesso em: 17 jan. 2019.

_____. *Feminism and anthropology*. Minneapolis: University of Minnesota Press, 1988.

MOORE, Sally Falk. In: KROTZ, Esteban (Ed.). *Antropología jurídica*: perspectivas socioculturales en el estudio del derecho. México: Anthropos, 2002.

MOTTA, Luiz. Aprender com os índios – entrevista a Adriana Ramos. 2017. Disponível em: https://redesustentabilidade.org.br/2017/04/19/aprender-com-os-indios. Acesso em: 19 nov. 2018.

MOULOUD, Noel et al. *Estruturalismo e marxismo*. Rio de Janeiro: Zahar, 1968.

340 **Referências Bibliográficas**

MOURA, Clóvis. *História do negro brasileiro*. São Paulo: Ática, 1992.

MOUTINHO, Mário. *Introdução à etnologia*. Lisboa: Estampa, 1980.

MUGGIATI, Roberto. *Rock*: de Elvis a beatlemania (1954-1966). São Paulo: Brasiliense, 1985.

MUNANGA, Kabengele. Uma abordagem conceitual das noções de raça, racismo, identidade e etnia. In: Seminário Nacional Relações Raciais e Educação-PENESB. Rio de Janeiro, 2003. *Anais...* Rio de Janeiro, 2003. Disponível em: http://www.acaoeducativa.org.br/downloads/09abordagem.pdf. Acesso em: 26 de jan. de 2009.

MUNDO EDUCAÇÃO. *Brasil Colônia expansão territorial* – séc. XVII-XVIII. 2015. Disponível em: https://www.mundoedu.com.br/uploads/pdf/5420933ae6ce7.pdf. Acesso em: 19 nov. 2018.

_____. O que aconteceu no Mesolítico? 2015. Disponível em: http://pergunte.mundoedu.com.br/325/aconteceu-mesolitico. Acesso em: 22 ago. 2018.

MURARI, Lucas. A retomada do cinema brasileiro. 2007. Disponível em: http://www.cineplayers.com/artigo/a-retomada-do-cinema-brasileiro/47 Acesso em: 20 nov. 2018.

MURDOCK, George Peter. *Nuestros contemporáneos primitivos*. México: Fondo de Cultura Económica, 1945.

_____. *Social structure*. New York: Macmillan, 1949.

MUSSOLINI, Gioconda (Org.). *Evolução, raça e cultura*. São Paulo: Nacional/Edusp, 1969.

MYTHOLOGICA. Religion. Disponível em: https://mythologica.fr/religions/religion02.htm. Acesso em: 19 ago. 2018.

NADEL. Siegfried. *La teoria de la estrutura social*. Madrid: Ediciones Guadarrama, 1966.

NASCIMENTO, Antonio. Sociologia – cultura e sociedade. Centro de Ciências e Tecnologia Ambiental. Universidade Federal de Campina Grande. Campus de Pombal – PB. 2012. Disponível em: http://www.ebah.com.br/content/ABAAAgJPYAC/sociologia-cultura-sociedade. Acesso em: 3 nov. 2018.

NASH, Manning. Organização da vida econômica. In: TAX, Sol. *Panorama da antropologia*. Rio de Janeiro: Fundo de cultura, 1966.

NEENA, Sara. T. T. Social Anthropology Ba Sociology V Semester Core Course 2011. Calicut University P.O. Malappuram, Kerala, India. 2011. Disponível em: http://www.universityofcalicut.info/SDE/Social_anthropology.pdf. Acesso em: 14 ago. 2018.

NEVES, Elaine. Pesquisa sobre sítio arqueológico. 2016. Disponível em: http://supervisoraelaine.blogspot.com/2016/01/pesquisa-sobre-sitio-arqueologico.html. Acesso em: 14 set. 2018.

NIGRO. Juan Carlos. La evolución de la humanidad: del pensamiento mágico al racional. Sindicato Médico del Uruguay. *Jornada de Reflexión*. 27 de mayo de 2017. Disponível em: http://www.smu.org.uy/elsmu/comisiones/reencuentro/charla_sobre_evolucion_humana.pdf Acesso em 28 ago. 2018.

NIMUENDAJÚ, Curt. *Mapa etno-histórico de Curt Nimuendajú*. Rio de Janeiro: IBGE, 1981.

Referências Bibliográficas 341

_____. Os índios Parintintin do rio Madeira. *Journal de la Société des Américanistes de Paris*. v. 16, Paris, 1924.

NUNES DIAS, Manuel. *A companhia geral do Grão-Pará e Maranhão, 1755-1778*. História. São Paulo: USP, 1971. v. 37.

NUTTIN, Joseph. *A estrutura da personalidade*. São Paulo: Duas Cidades, 1969.

ORGANIZAÇÃO BRASILEIRA DE ASSISTÊNCIA AOS POVOS INDÍGENAS (OBAPI). *Línguas*, 2006. Disponível em: http://obapi.blogspot.com/2006/11/lnguas.html. Acesso em: 20 nov. 2018.

OFFE, Claus. A atual transição da história e algumas opções básicas para as instituições da sociedade. In: BRESSER PEREIRA, Luiz Carlos; WILHEIM, Jorge; SOLA, Lourdes (Orgs.). *Sociedade e Estado em transformação*. São Paulo: Unesp, 2001.

OLIVEIRA, Irama; OLIVEIRA, Livia. *Arte*: conceito, origem e função. Disponível em: http://www2.ufersa.edu.br/portal/view/uploads/setores/241/texto%205.pdf. Acesso em: 17 nov. 2018.

OLIVEIRA, Izilda. Memórias de professora negra: discutindo a prática docente na sala de aula de Maria Silva de 2009. Universidade Estadual de Campinas. Faculdade de Educação. Curso de Especialização em Educação de Jovens e Adultos. Disponível em: www.bibliotecadigital.unicamp.br/document/?down=41045. Acesso em: 19 nov. 2018.

OLIVEIRA, Jucelene. As características marcantes e o toque mágico de Annie Leibovitz. 2016. Disponível em: https://fhox.com.br/portfolio/moda/as-caracteristicas-marcantes-e-o-toque-magico-de-annie-leibovitz. Acesso em: 16 nov. 2018.

OLIVEIRA, Leonardo. Os vários "tipos" de família. 2017. Disponível em: https://leonardopetro.jusbrasil.com.br/artigos/459692174/os-varios-tipos-de-familiar. Acesso em: 8 set. 2018.

OLIVEIRA, Relivaldo. Antropologia e filosofia: estética e experiência em Clifford Geertz e Walter Benjamin. *Horizontes Antropológicos*, Porto Alegre, ano 18, n. 37, p. 209-234, jan./jun. 2012. Disponível em: http://www.scielo.br/scielo.php?script=sci_arttext&pid=S0104-71832012000100009. Acesso em: 24 nov. 2018.

OLIVEIRA, Roberto Cardoso de. *A sociologia do Brasil indígena*. Rio de Janeiro: Tempo Brasileiro, 1972.

_____. *Identidade, etnia e estrutura social*. São Paulo: Pioneira, 1976.

_____. *O índio e o mundo dos brancos*. São Paulo: Pioneira, 1976.

_____. *Anuário antropológico 84*. Rio de Janeiro: Tempo Brasileiro, 1985.

OLIVEN, RG. Metabolismo social da cidade e outros ensaios [online]. Rio de Janeiro: Centro Edelstein de Pesquisas Sociais, 2009. *3 – Cultura e personalidade*. Disponível em: http://books.scielo.org/id/mth59. Acesso em: 18 nov. 2018.

O'NEIL, Dennis. Overview of anthropology. Palomar College, San Marcos, Ca. 2013. Disponível em: https://www2.palomar.edu/anthro/intro/overview.htm. Acesso em: 18 ago. 2018.

342 Referências Bibliográficas

ONO, Sarah. Feminisms without women: experimentation and expansion in feminist anthropology. In: ONO, S.; COMITO, J. *Who's afraid of Margery Wolf*: tributes and perspectives on anthropology, feminism and writing ethnography – an anthology by students of Margery Wolf. Working Paper N. 277. Lansing: Michigan State University, 2003

OPENSTAX. *Introduction to sociology*. Texas: Rice University Houston, 2013. Disponível em: https://cnx.org/contents/r-QzKsl_@7.23:_97x1rAv@2/Introduction-to-Sociology. Acesso em: 22 ago. 2018.

OROZCO, M. Jose. El Paleolítico: una economía depredadora. 2012. Disponível em: http://cienciassocialesalgodonales.blogspot.com/2012/04/el-paleolitico-una-economia-depredadora.html. Acesso em: 4 out. 2018.

ORTNER, Sherry B. Is female to male as nature is to culture? In: ROSALDO, Michelle Z.; LAMPHERE, Louise (Eds.). *Woman, culture, and society*. Stanford, CA: Stanford University Press, 1974.

_____. Teoria na Antropologia desde os anos 60. *Mana*, 17(2): 419-466, 2011. Disponível em: http://www.scielo.br/pdf/mana/v17n2/a07v17n2.pdf. Acesso em: 28 nov. 2018.

OVCHINNIKOU, I. V. et al. Molecular analysis of Neanderthal DNA from the Northern Caucasus. *Nature*, Londres: Macmillan, 404, 2000.

PAGANO, Luiz. Arte plumária indígena no Brasil. Disponível em: http://indigenasbrasileiros.blogspot.com/2016/02/arte-plumaria-indigena-no-brasil.htm. Acesso em: 14 set. 2018.

PAIVA, Carlos E. Cultura comum, reflexões acerca da obra de Raymond Williams. *Revista Espaço Acadêmico*, n. 163, dezembro 2014. Disponível em: http://periodicos.uem.br/ojs/index.php/EspacoAcademico/article/view/25172. Acesso em: 29 nov. 2018.

PAIVA, Eduardo França. *Escravidão e universo cultural na Colônia*. Minas Gerais: UFMG, 2001.

PANOFF, Michel. *Malinowski y la antropología*. Barcelona: Labor, 1974.

PASSAES, Fernando et al. Poderes do Estado, formas de Estado e formas de governo. *Revista Eletrônica de Divulgação Científica da Faculdade Don Domênico*, v. 5, 2012. Disponível em: http://faculdadedondomenico.edu.br/revista_don/artigos5edicao/4ed5.pdf. Acesso em: 16 nov. 2018.

PASSOS, J. Affonso de Moraes E. *Por que a história (escrita) começa no Fértil Crescente*. São Paulo: Instituto de Pré-história, USP, 1983 (mimeografado).

PEACOCK, James. *The anthropological lens*: harsh Light, Soft Focus. 2.ed. Cambridge University Press, 2004.

_____. The future of Anthropology. *American Anthropologist New Series*, v. 99, n. 1, p. 9-29. American Anthropological Association, 1997.

PEDAGOGIA AO PÉ DA LETRA. O valor essencial e as funções da família contemporânea. 2012. Disponível em: https://pedagogiaaopedaletra.com/o-valor-essencial-e-as-funcoes-da-familia-contemporanea. Acesso em: 4 set. 2018.

PELTO, Perti J. *Iniciação ao estudo da antropologia*. Rio de Janeiro: Zahar, 1967.

Referências Bibliográficas 343

PEREIRA, Carlos Alberto M. *O que é contracultura*. 8.ed. São Paulo: Brasiliense, 1992.

PETRIC, Boris; ABÉLÈS Marc. *Anthropologie de la globalisation*. 2009. Disponível em: https://www.ethnographiques.org/ABELES-Marc-2008-Anthropologie-de-la-globalisation. Acesso em: 13 jan. 2019.

PIAGET, Jean. *O estruturalismo*. São Paulo: Difusão Europeia do Livro, 1968.

PILLAR, Miriam; TASSINARI, Antonella, RIAL, Carmen. (Orgs.). *Ensino de Antropologia no Brasil*: formação, práticas disciplinares e além-fronteiras. Associação Brasileira de Antropologia. Florianópolis, SC: Nova Letra, 2006.

PINE, Frances. Gender. In: BARNARD; SPENCER, J. (Eds.). *Encyclopedia of social and cultural anthropology*. New York: Routledge, 1996.

PINEZE, Reges. Revelando as 7 principais importâncias da fotografia, 2014. Disponível em: https://www.fotografia-dg.com/7-principais-importancias-da-fotografia. Acesso em: 15 nov. 2018.

POINT DA ARTE. A história da arte pré-histórica. 2011. Disponível em: https://pointdaarte.webnode.com.br/news/a-historia-da-arte-pre-historical. Acesso em: 12 nov. 2018.

POIRIER, Jean. *História da etnologia*. São Paulo: Cultrix: Edusp, 1981.

POLIPPO, Juliana. A fotografia de capa. 2018. http://atelliefotografia.com.br/grandes-nomes/a-fotografia-de-capa-robert. Acesso em: 13 nov. 2018.

POLITIZE. O movimento indígena. 2016. Disponível em: https://www.politize.com.br/movimento-indigena. Acesso em: 19 nov. 2018.

PONTES DE MIRANDA, Francisco. *Tratado de direito de família*. (Atualizado por Vilson Rodrigues Alves.) Campinas: Bookseller, 2001.

PORTAL SÃO FRANCISCO. História do casamento. Disponível em: https://www.portal-saofrancisco.com.br/historia-geral/historia-do-casamento. Acesso em: 3 set. 2018.

PORTO, Gabriella. Twist. Disponível em: https://www.infoescola.com/danca/twist. Acesso em: 13 nov. 2018.

POUILLON, François (Dir.). *A antropologia econômica*. São Paulo: Martins, 1976.

POUILLON, Jean et al. *Problemas do estruturalismo*. Rio de Janeiro: Zahar, 1968.

POVIÑA, Alfredo. *Diccionario de sociología*. Porto Alegre: Globo, 1969.

PRADO, Francisco Rodrigues do. História dos índios cavaleiros ou da nação Guaycurú. *Revista do Instituto Histórico e Geográfico do Brasil*. Rio de Janeiro, 1908. v. 1.

PRANDO, Alisson. Músicas dos anos 60: o sucesso que balançou o mundo. Disponível em: https://www.uppermag.com/musicas-dos-anos-60/2016. Acesso em: 13 nov. 2018.

PREPARADOS – BRASIL. Os povos indígenas do Brasil. 2013. Disponível em: https://plus.google.com/+PreparadosbrasilBlogspot337/posts/Xq1CErdqkr5. Acesso em: 19 nov. 2018.

PRESOTTO, Zelia Maria Neves. A propósito de uma visita a um posto indígena. *Revista da Faculdade de Filosofia de Franca*, v. 2, ano I, Franca: Unesp, dez. 1968.

344 Referências Bibliográficas

_____. *Aspectos do mundo feminino Bororo*. Tese (Doutoramento) a ser publicada pelo Museu Paulista. Franca: Unesp, 1974.

_____. Processo aculturativo dos índios Xavante. *Logos*. Faculdade de Filosofia de São José do Rio Pardo. Rio Pardo, v. 3, ano III, 1971.

PRESOTTO NETTO, Angelo. *Psicopatologia das deficiências mentais*. Franca: Unifran, 1979.

PROFESOR 3.CERO. Arbol geneológico de la espécie humana segun el Grupo Atapuerca. 2014. Disponível em: https://profesor3punto0.wordpress.com/tag/prehistoria. Acesso em: 4 fev. 2019.

QUIAIOS, André et al. O cérebro e a personalidade. 2010. Disponível em: http://personalidade-ap.blogspot.com/2010/02/o-cerebro-e-personalidade.html. Acesso em: 3 nov. 2018.

QUICENO, Claudia. Antropología y Mujer. *Revista de Antropologia Iberoamericana*, n. 28 Marzo, 2003. Disponível em: http://www.aibr.org/antropologia/28mar/index.html. Acesso em: 16 jan. 2019.

QUIJANO, Anibal. Colonialidade do poder, eurocentrismo e América Latina. In: LANDER, Edgardo (Org.). *A colonialidade do saber: eurocentrismo e ciências sociais*. Buenos Aires: CLACSO, 2005.

RADCLIFFE-BROWN, A. R. *Estrutura e função na sociedade primitiva*. Petrópolis: Vozes, 1973.

RAMOS, Arthur. *O negro na civilização brasileira*. Rio de Janeiro: Casa do Estudante do Brasil, 1956.

RAMOS, Fábio. Religião e religiosidade no Brasil. *Para entender a História*, ano 1, volume ago., Série 29/08, 2010, p. 1-6. Disponível em: http://fabiopestanaramos.blogspot.com/2010/08/religiao-e-religiosidade-no-brasil.html. Acesso em: 3 out. 2018.

RAMOS, Jefferson. Pré-História. 2018. Disponível em: https://www.suapesquisa.com/prehistoria. Acesso em: 22 ago. 2018.

REDDING, Arthur. New historicism and cultural materialism. Resenha de John Brannigan. *Style*, v. 34, n. 2, Concepts of Narrative (Summer 2000), p. 332-336, Penn State University Press.

REDFIELD, Robert. *Civilização e cultura de folk*. São Paulo: Martins, 1949.

_____. *O mundo primitivo e suas transformações*. São Paulo: Sociologia e Política, 1964.

REITER, Rayna. *Towards an anthropology of women*. New York: Monthly Review Press, 1975.

REVISTA DE ANTROPOLOGIA. Resoluções da I Reunião Brasileira de Antropologia, São Paulo, v. 2, n. 3, p. 150, 1954.

REVISTA PAU BRASIL. Debate à questão agrária e o índio, 1986.

REYNOSO, Carlos. *Corrientes en Antropología Contemporânea*. Buenos Aires: Biblos, 1998. Disponível em: http://carlosreynoso.com.ar/archivos/carlos-reynoso-corrientes-en-antropologia-contemporanea.pdf. Acesso em: 23 nov. 2018.

Referências Bibliográficas   345

RIAL Carmen (Orgs). *Ensino da Antropologia no Brasil*: formação, práticas disciplinares e além-fronteiras. Associação Brasileira de Antropologia (ABA). Blumenau, SC: Nova Letra, 2006.

RIBEIRO, Berta G. *O índio na história do Brasil*. São Paulo: Global, 1983.

RIBEIRO, Darcy. Culturas e línguas indígenas do Brasil. *Educação e Ciências Sociais*. Rio de Janeiro, 1957. v. 6.

_____. *As Américas e a civilização*. Petrópolis: Vozes, 1977.

_____. *Os índios e a civilização*. Petrópolis: Vozes, 1977.

_____. *Kadiwéw*. Petrópolis: Vozes, 1980.

_____. *O povo brasileiro*: a formação e o sentido do Brasil. 2.ed. Companhia das Letras, São Paulo, 1995.

_____; RIBEIRO, Berta G. *Arte plumária dos índios Kaapor*. Rio de Janeiro: Seikel, 1957.

RIBEIRO, Gustavo. Antropologias mundiais: para um novo cenário global na Antropologia. *Revista Brasileira de Ciências Sociais*, v. 21, n. 60, 2 fev. 2006.

RICHARDSON, Peter. *Origins of religion*. 2014. Disponível em: http://thegreatstory.org/richardson-origins-religion.pdf. Acesso em: 6 out. 2018.

RIVET, Paul. *As origens do homem americano*. São Paulo: Anhembi, 1960.

ROCHA, A. L.; ECKERT, C. (Orgs.) Antropologi@web. *Horizontes Antropológicos*, v. 10, n. 21, Porto Alegre, jan./jun. 2004. Disponível em: http://www.scielo.br/scielo.php?script=sci_issuetoc&pid=0104-718320040001&lng=pt&nrm=iso. Acesso em: 26 nov. 2018.

RODRIGUES, Aryon Dall'Igna. *Línguas brasileiras*: para o conhecimento das línguas indígenas. São Paulo: Loyola, 1974.

RODRIGUES, Nina. *Os africanos no Brasil*. 4.ed. São Paulo: Nacional, 1976. (Coleção Brasiliana, n. 9.)

ROJAS, Esther. Breve historia del cine: el cine ficción y el cine documental, 2016. Disponível em: https://docplayer.es/17186276-Breve-historia-del-cine-el-cine-ficcion-y-el-cine-documental.html. Acesso em: 19 nov. 2018.

ROLDÁN, Arturo. Marvin Harris y la primacía de la infraestructura: 1. Materialismo cultural. Disponível em: http://teoriaehistoriaantropologica.blogspot.com/2012/04/marvin-harris-y-la-primacia-de-la.html. Acesso em: 23 nov. 2018.

ROSA, Francis Mary Soares Correia da. A invenção do índio. *Espaço Ameríndio*, Porto Alegre, v. 9, n. 3, p. 257- 277, jul./dez. 2015. Disponível em: http://seer.ufrgs.br/EspacoAmerindio/article/download/58523/36101. Acesso em: 19 nov. 2018.

ROSALDO Michelle; LAMPHERE, Louise (Eds). *Woman, culture, and society*. Stanford, CA: Stanford University Press, 1974.

ROSCETE, Giseli. A mão enquanto instrumento e registro de impressões. TCC – Curso de Artes Visuais. Universidade Alto Vale do Rio do Peixe – UNIARP, Caçador-SC, 2014.

346 Referências Bibliográficas

ROULAND, Norbert. *Nos confins do direito*: antropologia da modernidade. São Paulo: Martins, 2008.

RUBIN, Gail. The traffic in women: notes on the "political economy" of sex. In: REITER, Rayna R. (Ed.). *Toward an anthropology of women*. New York. Monthly Review Press, 1975, p. 157-210.

SAHLINS, Marshall. *Sociedades tribais*. Rio de Janeiro: Zahar, 1970.

_____. *Cultura e razão prática*. Rio de Janeiro: Jorge Zahar Editor, 2003.

SAMARA, Eni de Mesquita. *A família brasileira*. 4.ed. São Paulo: Brasiliense, 2003.

SÁNCHEZ MEDINA, Guillermo. Orígenes de la Religión. 2014. Disponível em: https://encolombia.com/libreria-digital/lmedicina/pensamiento-magico/origenes-religion. Acesso em: 19 ago. 2018.

SANCHIS, Pierre. Uma leitura dos textos da mesa redonda sobre o ensino de Ciências Sociais em questão: a Antropologia. In: PILLAR, Miriam; TASSINARI, Antonella; RIAL, Carmen (Orgs.). *Ensino de antropologia no Brasil*: formação, práticas disciplinares e além-fronteiras. Associação Brasileira de Antropologia. Florianópolis, SC, Nova Letra, 2006.

SANTIAGO, Marcelo; FEITOSA, Lourdes. Família e gênero: um estudo antropológico. *Mimesis*, v. 32, n. 1, p. 29-41, 2011, Bauru. Disponível em: https://secure.usc.br/static/biblioteca/mimesis/mimesis_v32_n1_2011_art_03.pdf. Acesso em: 10 set. 2018.

SANTOS, Sílvio Coelho dos. *Índios e brancos no sul do Brasil*: a dramática experiência dos Xokléng. Florianópolis: Edeine, 1973.

SANTOS, Vanessa. *De Malinowski aos pós-modernos*: uma breve reflexão acerca da pesquisa etnográfica na Antropologia. Número temático: Metodologias de pesquisa em ciências sociais e humanas. A Cor das Letras – UEFS, n. 14, 2013.

SATRIANI, Luigi M. *Antropologia cultural*: e análise da cultura subalterna. São Paulo: Hucitec, 1986.

SAUSSURE, Ferdinand de. *Course in general linguistics*. Translated to English by Wade Baskin. New York: McGraw-Hill, 1966.

SCHADEN, Egon. *Aculturação indígena*. São Paulo: Pioneira: Edusp, 1969.

SCHERF, Beate. *World watch list for domestic animal diversity*. 2000. Rome, Italy: FAO. Disponível em: https://cgspace.cgiar.org/handle/10568/10343. Acesso em: 28 ago. 2018.

SCHMIDLIN, Elaine. Sobre anos 60. Instituto Arte na Escola. Material educativo para professor-propositor. 2010. Disponível em: https://artenaescola.org.br/uploads/dvdteca/pdf/sobre_anos_60.pdf. Acesso em: 17 nov. 2018.

SCHUSKY, Ernest. *Manual para análise de parentesco*. São Paulo: EPU, 1973.

SCHWEITZER, Albert. *Decadência e regeneração da cultura*. São Paulo: Melhoramentos, 1948.

SECRETARIA DE EDUCAÇÃO – PARANÁ (SEED-PR). Dança de salão. Disponível em: http://www.educacaofisica.seed.pr.gov.br/modules/conteudo/conteudo.php?conteudo=30. Acesso em: 12 nov. 2018.

Referências Bibliográficas 347

SEELIG, Ricardo. Pra entender: o que é post-punk? 2017. Disponível em: https://whiplash.net/materias/biografias/260983-joydivision.html. Acesso em: 14 nov. 2018.

SCOTT, Joan. História das mulheres. In: BURKE, Peter (Org.). *A escrita da história*. São Paulo: UNESP, 1992.

SEKI, Lucy. *Gramática do Kamaiurá*: língua tupi-guarani do Alto Xingu. Campinas: Imprensa Oficial, 2000.

_____. Alto Xingu uma área linguística? In: FRANCHETTO, Bruna (Org.). *Alto Xingu uma sociedade multilíngue*. Rio de Janeiro. Museu do Índio – Funai 2011. Disponível em: http://www.etnolinguistica.org/index:xingu. Acesso em: 19 nov. 2018.

SENE, André. *L'homme à la recherche de ses ascêstres*. Paris: Plon, 1954.

SENSAGENT. Arte móvel pré-histórica. 2013. Disponível em: http://dicionario.sensagent.com/Arte%20m%C3%B3vel%20pr%C3%A9-hist%C3%B3rica/pt-pt. Acesso em: 14 nov. 2018.

SERRE, D. et al. Plos biology. *Nature*, Londres: Macmillan, 2003.

SERVICE, Elman. *Primitive social organization*: evolutionary perspective. New York: McGraw-Hill, 1962.

_____. *Organização social primitiva*. Porto: Despertar, 1970.

SHORTCUTSTV. Seven functions of culture. 2015. Disponível em: https://www.shortcutstv.com. Acesso: 28 ago. 2018.

SHAPIRO, Harry (Org.). *Homem, cultura e sociedade*. Rio de Janeiro: Fundo de Cultura, 1966.

SHIRLEY, Robert W. *O fim de uma tradição*. São Paulo: Perspectiva, 1977.

_____. *Antropologia jurídica*. São Paulo: Saraiva, 1987.

SIERRA, Maria Teresa; CHENAUT, Victoria. *Los debates recientes y actuales en la antropología jurídica*: las corrientes anglosajonas. México: Anthropos, 2002.

SIGNIFICADOS. Significado de raça. 2016. Disponível em: https://www.significados.com.br/raca. Acesso em: 25 ago. 2018.

_____. O que é família. 2015. Disponível em: https://www.significados.com.br/familia. Acesso em: 8 set. 2018.

_____. Significado de culto. 2016. Disponível em: https://www.significados.com/culto. Acesso em: 4 out. 2018.

_____. O que é personalidade. 2017. Disponível em: https://www.significados.com.br/personalidade. Acesso em: 3 nov. 2018.

SILVA, Benedicto (Coord.). *Dicionário de ciências sociais*. Rio de Janeiro: FGV, 1982.

SILVA, Franciele Queiroz da. Crise na literatura: um incômodo marginal? *Mafuá*, n. 11, Florianópolis, Santa Catarina, Brasil, 2009.

SILVA, Joana. Diversidade linguística e cultural no Brasil. 1998. A Página da Educação. Disponível em: https://www.apagina.pt/?aba=7&cat=73&doc=7458. Acesso em: 24 nov. 2018.

348 Referências Bibliográficas

SILVA, Lucas. Independência e exogamia – a sociedade contra o Estado. 2017. Disponível em: https://colunastortas.com.br/independencia-e-exogamia. Acesso em: 9 set. 2018.

SILVA, Tomaz Tadeu da (Org.). *Antropologia do ciborgue*. Belo Horizonte: Autêntica, 2000.

SIQUEIRA, A. M. O conceito de família ao longo da história e a obrigação alimentar. *Revista Jus Navigandi*, ano 15, n. 2664, 2010, Teresina. Disponível em: http://jus.com.br/artigos/17628. Acesso em: 10 set. 2018.

SOCIOLOGIA. Cultura e contracultura, 2016. Disponível em: http://download.uol.com.br/educacao/aquecimento_enem_sociologia.pdf. Acesso em: 22 ago. 2018.

SOTTOMAIOR, Daniel. O Estado laico. Coleção O Que Saber. Fundação Perseu Abramo. São Paulo, 2014. Disponível em: https://fpabramo.org.br/publicacoes/wpcontent/uploads/sites/5/2017/05/colecaooquesaber-06-2015.pdf Acesso em: 3 out. 2018.

SOUSA, Gabriel Soares de. *Tratado descritivo do Brasil em 1587*. São Paulo: Biblioteca Pedagógica Brasileira, 1938. Brasil, 117.

SOUSA, Gilvan; FARIAS, Rosa. A contribuição do ensino de artes para a socialização dos educandos da Escola Municipal Euclides da Cunha, no municipio de Vitória da Conquista-BA Seminário Gepráxis 24-27 out. 2017, UESB. Vitória da Conquista – Bahia – Brasil, v. 6, n. 6, p 1520-1530, 2017. Disponível em: http://periodicos.uesb.br/index.php/semgepraxis/article/viewFile/7308/7085. Acesso em 18 nov. 2018.

SOUSA, Rainer. Contracultura. Sociologia. Disponivel em: https://mundoeducacao.bol.uol.com.br/sociologia/contracultura.htm. Acesso em: 22 ago. 2018.

SOUZA, Geraldo. Dança nas tradições populares – arte. 2017. Disponível em: https://plus.google.com/117124007896669622052/posts/J3SfSEs1kbT. Acesso em: 12 nov. 2018.

SPENCER, Jonathan. Symbolic Anthropology. In: BARNARD, Alan; SPENCER, Jonathan (eds.). *Encyclopedia of social and cultural anthropology*. London and New York: Routledge, 1996.

SPERDER, Dan. *Estruturalismo e antropologia*. São Paulo: Cultrix, 1970.

STEINER, Karl von den. *O Brasil central*. São Paulo: Nacional, 1942.

STERLING, Bruce. *The hacker crackdown*: law and disorder on the electronic frontier. New York: Bantam Books, 1992.

STEWARD, Julian H. (Ed.). *The indians of eastern Brazil*. Washington: Handbook of South American Indians, 1946.

SUAPESQUISA. Mesolítico. Disponível em: https://www.suapesquisa.com/prehistoria/mesolitico.htm. Acesso em: 22 ago. 2018.

_____. História do cinema brasileiro. Disponível em: https://www.suapesquisa.com/musicacultura/cinema_brasileiro.htm. Acesso em: 23 nov. 2018.

_____. Escravidão no Brasil. Disponível em: https://www.suapesquisa.com/historiadobrasil/escravidao.htm. Acesso em: 22 nov. 2018.

SUTHERLAND-SMITH, James. Multiple visions: approaches to cultural studies. 2018. Disponível em: https://www.pulib.sk/web/kniznica/elpub/dokument/Sutherland_Smith1. Acesso em: 20 nov. 2018.

TAGLIONI, Maria. A história da dança. 2015. Disponível em: https://vdocuments.mx/download/a-historia-da-danca. Acesso em: 14 nov. 2018.

TAUSSIG, Michael. *Mimesis and alterity*: a particular history of the senses New York: Routledge, 1993.

TATTE, Ian. The last Neanderthal: the rise, sucess and misterious extinction of our closet human relatives. *Nature*, Londres: Westiew, 2002.

TAX, Sol et al. *Panorama da antropologia*. Rio de Janeiro: Fundo de Cultura, 1966.

TEFFÉ, Chiara; MORAES, Maria Celina. Redes sociais virtuais: privacidade e responsabilidade civil: análise a partir do marco civil da Internet. *Pensar*, v. 22, n. 1, p. 108-146, jan.-abr. Fortaleza, 2017. Disponível em: http://periodicos.unifor.br/rpen/article/view/6272. Acesso em: 13 jan. 2019.

TERRAY, Emmanuel. *El marxismo ante las sociedades "primitivas"*. Buenos Aires: Losada, 1971.

TEUBAL, Ruth et al. *Violencia familiar, trabajo social e antropología jurídica*. Buenos Aires: Paidós, 2001.

THEVET, André. *As singularidades da França Antártica*. São Paulo: Brasiliana, 229, 1944.

THYRÉN, Britt-Marie. *El poder generizado*: el desarrollo de la antropologia feminista. Universidad Complutense. Técnicas Gráficas Forma, S.A. 1993.

TINTI, Simone. História do rock. Disponível em: http://www.clubrock.com.br/news/historiadorock.htm. Acesso em: 15 nov. 2018.

TIPOS DE DANÇA. Estilos de dança. Disponível em: http://tipos-de-danca.info. Acesso em: 12 nov. 2018.

TISCHNER, Herbert (Coord.). *Etnologia*. Lisboa: Meridiano: Fischer, 1972.

TISCORNIA, Sofía (Com.). *Burocracias y violencia*: estudos de antropología jurídica. Buenos Aires: IBA, 2004.

TITIEV, Mischa. *Introdução à antropologia cultural*. Lisboa: Fundação Calouste Gulbenkian, 1963.

TIWARI, Piyush. The cultural evolution of humans (with its stages). Disponível em: http://www.geographynotes.com/human-geography/the-cultural-evolution-of-humans-with-its-stages/1000. Acesso em: 28 ago. 2018.

TODA MATÉRIA. Anos 60. 2015. Disponível em: https://www.todamateria.com.br/anos-60. Acesso em: 13 nov. 2018.

_____. Características do período Mesolítico. 2015. Disponível em: https://www.todamateria.com.br/caracteristicas-do-periodo-mesolitico. Acesso em: 22 ago. 2018.

350 Referências Bibliográficas

TRIGGER, Bruce G. *Além da história*: os métodos da pré-história. São Paulo: Edusp, 1973.

TROUILLOT, Michel-Rolph. Anthropology and the savage slot: the poetics and politics of otherness, In: FOX, Richard (Org.). *Recapturing anthropology*: working in the present. Santa Fe, School of American Research Press, 1991.

TUDO SOBRE FILOSOFIA. Materialismo cultural e a filosofia marxista. Disponível em: https://www.allaboutphilosophy.org/portuguese/materialismo-cultural.htm. Acesso em: 24 nov. 2018.

ULLMANN, Reinholdo Aloysio. *Antropologia*: o homem e a cultura. Petrópolis: Vozes, 1991.

UNESCO. *Convención sobre la protección y la promoción de la diversidad de las expresiones culturales*. Paris, 2005. Disponível em: https://es.unesco.org/creativity/contenido-cultural. _____¿Qué es el patrimonio cultural inmaterial? Disponível em: https://ich.unesco.org/es/que-es-el-patrimonio-inmaterial-00003.

UNIVERSIA. Brasil: *Os anos 20*. Disponível em: http://www.universiaenem.com.br/sistema/faces/pagina/publica/conteudo/texto-html.xhtml?redirect=197490082211752795708598919 21. Acesso em: 18 nov. 2018.

VALENTE, Waldemar. *Sincretismo religioso afro-brasileiro*. São Paulo: Nacional, 1976.

VALLOIS, H. V. *As raças humanas*. 3.ed. São Paulo: Difusão Europeia do Livro, 1966.

VAN GENNEP, Arnold. *Os ritos de passagem*. Petrópolis: Vozes, 1978.

VARAGNAC, A. (Dir.). *O homem antes da escrita*. Lisboa: Cosmos, 1963.

VARELA, Roberto. *Natureza/cultura, poder/política, autoridad/legalidad/legitimidad*. México: Anthropos, 2002.

VASCONCELOS, Simão de. *Chronica da companhia de Jesus do Estado do Brasil*. 2.ed. Lisboa, 1985.

VELHO, Gilberto. *A utopia urbana*: um estudo de antropologia social. Rio de Janeiro: Zahar, 1973.

VIANA, Nildo. O Dinheiro como valor fundamental. *Sociologia dos Valores*, 2014. Disponível em: http://sociologiadosvalores.blogspot.com/2014/10/o-dinheiro-como-valor-fundamental-nildo.html. Acesso em: 20 ago. 2018.

VIDAL, Jean-Jacques. Cerâmica indígena do Brasil. *Unespciência, Arte, Edição 93*. fev./mar. 2018. Disponível em: http://unespciencia.com.br/2018/02/01/ceramica-93. Acesso em: 14 set. 2018.

VIDAL, Lux (Org.). *O índio e a cidadania*. São Paulo: Brasiliense, 1983.

VIOLATTI, Cristian Neolithic Period. *Ancient History Encyclopedia*. 2018. Disponível em https://www.ancient.eu. Acesso em: 18 ago. 2018.

VIVOMÚSICA. Os anos 1980 e o pós-punk no Brasil. Disponível em: https://vivomusica.napster.com/blog/post/pos-punk-brasil-anos-80. Acesso em: 12 nov. 2018.

WADE, Peter. Raza y naturaleza humana. *Tabula Rasa*, n.14: 205-226, enero-junio 2011, Bogotá – Colômbia.

WAGNER, Daize. Identidade étnica, índios e direito penal no Brasil: Paradoxos insustentáveis. *Revista Direito GV*, São Paulo, v. 14, n. 1, 123-147, jan-abr 2018. Disponível em: http://bibliotecadigital.fgv.br/ojs/index.php/revdireitogv/article/view/74844. Acesso em: 22 nov. 2018.

WALLACE, A. F. C. *Cultura y personalidad*. Buenos Aires: Paidós, 1963.

WEBSTER'S NEW WORLD ENCYCLOPEDIA, New Jersey: Prentice Hall, 1993

WERNER, Dennis. Martin Harris (1927-2001). *ILHA – Florianópolis*, v. 4, n. 1, julho de 2002. Disponível em: https://periodicos.ufsc.br/index.php/ilha/article/download/15060/15657. Acesso em: 23 nov. 2018.

WHITE, Leslie A. *O conceito de sistemas culturais*. Rio de Janeiro: Zahar, 1978.

_____. *The science of culture*. New York: Farrar-Strauss, 1949.

WHITE, Mary. *What types of social networks exist?* Disponível em: https://socialnetworking.lovetoknow.com/What_Types_of_Social_Networks_Exist. Acesso em: 13 jan. 2019.

WILLENS, Emílio. *Antropologia social*. São Paulo: Difusão Europeia do Livro, 1966.

WINICK, Charles. *Dicionário de antropología*. Buenos Aires: Troquel, 1969.

WOLF, Eric R. *Sociedades camponesas*. Rio de Janeiro: Zahar, 1970.

WRIGHT, Pablo; CERNADAS, César Antropología simbólica: pasado y presente. Relaciones de la Sociedad Argentina de Antropología XXXII. 2007. Buenos Aires. Disponível em: http://sedici.unlp.edu.ar/handle/10915/21043. Acesso em: 21 nov. 2018.

ZVELEBIL, Marek. Hunters in transition: mesolithic societies of temperate Eurasia and their transition to farming. Nova York: Cambridge University Press, 2009. Disponível em: https://www.infoescola.com/pre-historia/periodo-mesolitico. Acesso em: 22 ago. 2018.